转发最多的一条微博™信息

转发最多的一条微博™信息是TFBOYS成员王俊凯于2014年9月21日发布的一条原创微博。截止到2015年6月19日，这条微博的转发量达到了42,776,438次。

吉尼斯
世界纪录大全
2016

在世的最高和最矮的人

2014年11月13日，世界上**在世的最高的人**苏丹·克森（土耳其）和**在世的最矮的人**钱德拉·巴哈杜尔·丹吉（尼泊尔）首次相见。作为2014年吉尼斯世界纪录日庆祝活动的一部分，这一历史性的相见被安排在英国伦敦的圣·托马斯医院。此二人身高相差196.4厘米，极端的身型给他们的生活带来了挑战——也让他们有许多相似之处。事实上，他们相处得非常好，苏丹还邀请了钱德拉去土耳其看他。第56—57页可以使您对这些非凡纪录的保持者有更多的了解。

目录

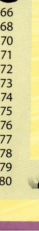

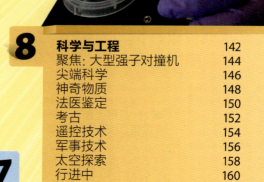

额外惊喜

我们的图片编辑迈克尔和摄像师马特为了获得新的好照片和影片已经走遍全球。登录www.guinnessworldrecords.com/bonus，你就有机会看到前所未见的内容，这些内容记录了《吉尼斯世界纪录大全》和《吉尼斯世界纪录大全》游戏版背后所发生的不可思议的故事。而且，你也会从吉尼斯世界纪录镜头背后的故事中获得独一无二的感受。

这部分的内容是独有的，你需要当场破解线索。请在本书里寻找答案，开启惊喜之门。

独家报道：

映象长廊

镜头外的故事

纪录保持者专访

WWW.GUINNESSWORLDRECORDS.COM/BONUS

做一名打破纪录的人……

……通过电视

你想创造奇迹吗？

要想被载入史册，你不必成为一名奥林匹克运动员或者好莱坞明星，世界纪录永远为那些想进行尝试的人敞开大门。你甚至不必在官方赛事上或电视上露面，在舒适的家中你就可以创造吉尼斯世界纪录。

不管你打算怎样尝试，我们都建议你遵循以下几个基本步骤：

1 网上申请

首先你要尽可能详细地告诉我们的纪录经理你要破纪录的想法。最好是登录www.guinness-worldrecords.com/set-a-record。

给我们提供尽可能详细的信息：要破什么纪录，在哪里，什么时候，以及你计划怎样作出尝试。

2 获得规则

如果你想尝试打破已有的纪录，我们会将每个人必须遵循的官方规则通过电子邮件发送给你。

如果是一个新的想法，我们的纪录经理们会进行探讨以确定是否符合挑战吉尼斯世界纪录的要求。如果获得批准，我们就会撰写规则并发送给你。

3 尝试打破纪录

一拿到规则，你就可以为打破纪录作准备了。

按照规则的要求准备收集所有证据来证明你的实力。通常我们会请你出示比如证人证词、记录簿、照片、视频和GPS记录这样的证据。

4 递交证据

将你的证据打包邮寄给我们进行审批。这个过程也许要花上几周的时间，所以如果你的时间紧迫，可以使用我们优质的快速通道服务。

如果还有什么疑问的话，可以联系给你指派的纪录经理。如果挑战成功，你就可以收到官方邮寄的证书了！祝你好运！

吉尼斯世界纪录电视节目会被录制并在全世界播放。每年都会有上百万的观众见证新纪录的诞生、旧纪录的打破——你会成为下一个破纪录的电视明星吗？

我们有专业的星探负责为面向世界各地的电视节目寻找非同一般的纪录创意。上电视的话当然是越激动人心越具有冒险性就越好！如果你申请的是新纪录，那么让我们知道是否适合在电视观众面前进行。

如果你是一个现有纪录保持者，你可能会接到我们的星探团队邀请你上电视节目的电话。

下方图示就是两名破纪录者在电视节目中庆祝自己的成功，他们只是数百名破纪录者的一分子。

吹爆一个热水袋所使用的最短时间（女性）

大力女子肖芭·S.蒂皮尼斯（印度）在2011年3月17日印度孟买的电视节目《吉尼斯世界纪录——印度要挑战》中展现了她惊人的肺活量。这位健身教练仅用了41.2秒就吹爆了一个橡胶制成的热水袋——只靠吹气。

钩子穿过鼻子和嘴拖动的最重汽车

2012年3月21日，在意大利罗马录制的电视节目《纪录秀》（上图）里，里安·斯托克（加拿大）用一个从鼻孔穿入并通过鼻腔从嘴里穿出的金属钩拖动了重达725千克的汽车！之后，他于2013年打破了这个纪录。

吉尼斯世界纪录在中国

目前，吉尼斯世界纪录在北京设有办公室，负责处理来自中国的纪录申请和认证等咨询工作；并通过网站、微博、微信等平台，与使用中文的纪录申请者时时互动。吉尼斯世界纪录中文官方网站的地址为：http://www.guinnessworldrecords.cn。吉尼斯世界纪录新浪微博的链接是：http://e.weibo.com/gwrchina。吉尼斯世界纪录的微信二维码是：

　　吉尼斯世界纪录北京办公室的团队密切关注着中国人的成就和梦想，并期待未来能挖掘出更多具有特色的中国文化相关纪录，传播到全世界，让更多的人了解中国文化的魅力。我们，就在您身边！

……现场！

你要做的就是出现在"现场吉尼斯世界纪录！"场馆内，先从所有纪录中选择你要尝试的项目，并当时当地就在认证官面前尝试打破纪录。

　　"现场吉尼斯世界纪录！"这种体验可以在美国两个永久性地点——加利福尼亚州好莱坞和得克萨斯州圣安东尼奥的吉尼斯世界纪录博物馆——得以实现。另外还有各种各样的巡回演出和赛事在全世界不同的国家进行。去年我们去了英国、日本、西班牙、希腊、阿联酋和加拿大。

最大的拉则

位于中国青海省贵德县拉脊山巅的宗喀拉则高37米，建筑面积1672.24平方米，是世界上最大的拉则，于2016年4月8日通过吉尼斯世界纪录认证。

一部影片中身兼职务最多的电影人

一部影片中身兼职务最多的电影人的纪录是15个，由来自中国香港的成龙创造。成龙在电影《十二生肖》（2012年）中身兼出品人、监制、导演、主演、编剧、武术指导、摄影、美术指导、场务经理、生活制片、灯光、音乐、道具、替身、主题曲演唱等15项职务。

30秒之内立起的最多硬币（两人组）

阿龙·金斯利恩和阿什顿·韦尔兹（均为美国人）作为普通观众于2015年2月19日走进位于美国加利福尼亚州好莱坞的吉尼斯世界纪录博物馆，出来的时候已经成为纪录保持者！活力四射的二人组合立起20枚硬币，与之前纪录的数量恰恰一样，但这足以让二人获得吉尼斯世界纪录的官方认证。

30秒内最多的有氧台阶跳

杰克·皮克顿（英国）于2015年4月25日在英国斯凯格内斯的巴特林斯挑战台阶跳，把纪录推上了一个新的台阶。在节日夏令营所提供的众多纪录中有一项利于健康的有氧台阶跳的挑战，脚步轻快的杰克在30秒内完成了40个台阶跳，让人印象深刻。

编者寄语

地球上1/10的已知物种都可以在**亚马孙**地区找到，这个地区横跨**8个拉丁美洲国家**

数字集锦

438,575.8 平方千米
瑞典的国土面积，瑞典是欧盟国家中国土面积第三大的国家

70%
芬兰的森林覆盖率——超过欧盟的其他任何国家

90%
丹麦人拥有自行车的比率

欢迎阅读最新版的世界**最畅销年度图书**。这本书不仅介绍过去一年中破纪录的全貌，而且还提供了我们档案中最经典的内容。和以往一样，所有的页面都有全新的插图和数百张以前从未出现过的照片。

我们在吉尼斯世界纪录度过了不同寻常的12个月，在这里，我们庆祝吉尼斯世界纪录第一版出刊60周年。我们非常荣幸地见证了世界纪录诞生，这些纪录为我们过去60年的吉尼斯世界纪录书籍增光添彩——你会发现这本书中精选了部分世界纪录——每个纪录创造者都高兴地收到特殊的60周年纪念证书和奖牌。我个人想对他们、对每一位将过去的一年变得非常特殊的朋友说声谢谢。与过去相比，因为有我们的书、网站、电视节目、现场活动和博物馆（见第4—5页），大家有更多的方法成为纪录创造者。而且公众对创纪录的成就的兴趣也从未减弱。

今年，我们的编辑和纪录管理团队已经收到了39,740份申请，其中4281份被正式认证为吉尼斯世界纪录。

在这些最新的世界纪录中，有3000多个是由我们外部顾问团队提供的。吉尼斯世界纪录

最大的水下画

2014年10月19日，耶斯佩尔·凯肯伯格（丹麦）在丹麦首都哥本哈根的国家水族馆"蓝色星球"的海洋坦克区完成了一幅4.5平方米的水下画。这幅题为《海洋母亲》（见插图）的画历时九天花费18个小时完成。凯肯伯格有大约10年水下作画的经验。

最快的拖拉机

2015年2月19日，尤哈·坎库宁（芬兰）代表诺记轮胎（芬兰）驾驶拖拉机在芬兰的于勒耶尔维市创造了每小时130.16千米的世界纪录。改装过的维美德T234拖拉机安装了诺记Hakkapeliitta TRI轮胎。这一纪录是在冬天厚厚的冰雪路面上创造的。我们大多数人都会觉得这样的条件非常恶劣，但坎库宁并不这么认为：因为他赢得过四次世界汽车拉力锦标赛的冠军。

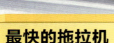

25,000+
委内瑞拉兰花的种类

5
2001年至2002年间，阿根廷在两周时间内更换总统的人数

60+
官方正式确认的墨西哥本土语言的种类

摩托车冰上后轮驾驶最快速度

当你驾驶摩托车用后轮以最快速度在冰上行驶时，你需要一个非常冷静的头脑。2015年2月28日，罗伯特·古尔（瑞典）在瑞典奥松达市驾驶摩托车创造了每小时行驶206.09千米的纪录。他驾驶一辆宝马S1000RR摩托车——除装防滑钉胎外无其他改装——创造了这一纪录。

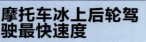

背后有许多（通常是无名的）英雄，今年我们想把他们的名字和面孔介绍给大家。你可以在第250—251页中找到那些发掘世界纪录的人员的更多信息。他们属于不同的领域，有考古学家、宇宙学家、老年学家和动物学家。我们的创始编辑诺里斯和罗斯·麦克沃特总是这样描述他们的角色：哄诱"……学家"挖掘"……之最"。如今这项工作依然如此，61年如一日。

摄影团队今年一如既往地忙碌，他们与吉尼斯世界纪录的天才摄像师合作，拍摄了许多最有代表性的纪录保持者，

去了解他们的个人故事，找出吸引他们打破世界纪录的原因。

除了将一些最"令人瞠目的"的客人请到吉尼斯世界纪录总部的聚光灯下外（见第50—51页），我们团队还飞到世界各地，在打破纪录者的家乡采访他们。在今年的行程中我们仅举如下几个地点：美国——拍摄**犄角最长的牛**的令人畏惧的特写（见第118页）——他们那天务必不能穿红色衣服！荷兰——拍摄一辆自行车，他们将摄影专长发挥到了极致（见第161页）；意大利——在动感十足的电视节目《纪录秀》捕捉奇葩的世界纪录。

我们团队第一次去印度探险——当然这次探险是不会令人失望的。除了拍摄新纪录的创造者如**最小的牛**（见第119页）和**最大的圆珠笔**（见第90页）外，

世界上脚最大的人

2014年10月6日，在委内瑞拉阿拉瓜州的马拉凯市，杰森·奥兰多·罗德里格斯·埃尔南德斯（委内瑞拉）向前一步来测量他那震撼世界的脚。测量得出他的右脚是40.1厘米，但他的左脚"只有"39.6厘米。不过，这样的名气是要付出代价的：由于他的脚太大，埃尔南德斯不得不穿在德国专门制作的特殊的鞋子。

身高最高的少年

这个吉尼斯世界纪录的保持者叫凯文·布拉德福德（美国，生于1998年10月27日）。2015年4月30日，在美国佛罗里达州多拉尔市的儿科协会，测得凯文的身高为215.9厘米。认证当天，凯文16岁零185天。对于吉尼斯世界纪录认证官迈克尔·安普瑞克来说，他必须仰视才能看得到高大的凯文。

巴塞罗那萨格拉达−法米利亚大教堂始建于1882年，至今仍未完工，它的建筑时间比**埃及大金字塔**还要长

数字集锦

三分之一
生活在首都圣地亚哥的人口数量占智利总人口的比例

950万
在加拿大讲法语的人数

1700万平方千米
俄罗斯的国土面积——比矮行星冥王星（1660万平方千米）还要大

3%
土耳其国土在欧洲所占的比例

0.9%
匈牙利国土在欧洲所占的比例（93,030平方千米）

17,185米
位于葡萄牙首都里斯本的瓦斯卡·达·伽马桥的长度，它是欧洲最长的桥

2303千米
捷克共和国边境线的长度

迈克尔的团队也接触到一些吉尼斯世界纪录的代表人物，最令人印象深刻是什里达尔·奇拉尔——**世界上单手最长指甲**的拥有者（见第59页）。当然，想要看到更多的摄影团队的独家幕后故事，请访问www.guinnessworldrecords/bonus网站。

规模感

我们对吉尼斯世界纪录的测量值和度量着迷。今年，我们对"尺寸大小"规模比以往有了更加深入的探索，所以每一页的底部都有一个常规专题。在第10页有关于这个部分的介绍，在那一页还可以找到第一个测定值——量子泡沫，宇宙中已知的最小的"东西"。如果你翻到第243页，你会发现最大的东西：宇宙本身。在这之间，我们还介绍了许多令人感兴趣的测量结果，如亚原子的直径、人类的平均身高、距离月球的距离、我们的星球银河系的宽度等。

聚焦

在深度了解"大小"的同时，我们在每一章的开始都对一个世界纪录进行了更详细的描述。我们称他们为"聚焦"，因为他们详细研究了经典纪录背后的故事，如**最致命的火山**（坦博拉，见第14—15页）、**最大的动物**（蓝鲸，见第30—31页）、**速叠杯最快**（见第68—69页），或者**最大的粒子加速器**（大型强子对撞机，见

最古老的人造礼拜场所

1994年，来自于海德堡大学的一组队员由克劳斯·施密特带队，开始对土耳其东南部的哥贝克力石阵进行现场挖掘。他们挖掘出一系列由六个9英尺（2.7米）高的巨石组成的圆圈。每个圆圈都有石墙包围着，还有T型柱子，每块T型巨石上都刻有动物图案（见插图）。这些石头来自于公元前10,000年左右的新石器时代，比巨石阵的兴建和农业的出现还要早约7000年。

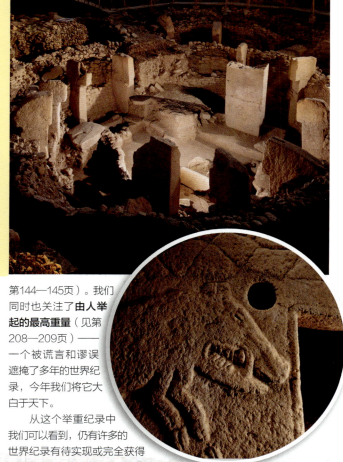

第144—145页）。我们同时也关注了**由人举起的最高重量**（见第208—209页）——一个被谎言和谬误遮掩了多年的世界纪录，今年我们将它大白于天下。

从这个举重纪录中我们可以看到，仍有许多的世界纪录有待实现或完全获得

最大的由人组成的五角星

2015年5月7日，在政府的支持下，6398名奥列利市（俄罗斯）市民组成了一个大的五角星。创造这一纪录是为了庆祝俄罗斯的胜利日——5月9日。1945年的这一天，第二次世界大战临近结束的时候，纳粹德国向苏联投降。

机构的认证。吉尼斯世界纪录从第一天开始就是这样的：打破纪录永无止境。由于新的技术层出不穷，这就意味着我们的认证官和研究人员将永远忙于确认极限。

这种最令人兴奋和快速变化的新奇只有在数字领域才能体会得到。除了通常网络纪录的探索（见第164—165页），请关注今年关于播客（见第176—177页）的新的类别，如Netflix公司（见第179页）、YouTube（见第180—181页）和APP应用程序（见第182—183页）。其他新主题包括双胞胎（见第62—63页）、海盗（见第110—111页）、气球——无论是热气球（见第202—203页）还是气球塑像（见第92—93

打10个领结用时最短

2014年11月18日，在捷克共和国布拉格的加拉尔时装展示厅，翁德雷·拉比尼亚克（捷克）仅用2分10.37秒便打好了10个蝴蝶结。他儿时的梦想就是希望有一天能创造吉尼斯世界纪录，在这一天他终于他实现了他的梦想。领饰是翁德雷的专长：他也是拉比尼亚克领带结的发明者。这次创造纪录所使用的领结是由加拉尔时装提供的。

页）——和《我的世界》（见第140—141页）。

最后，今年另一个新的亮点是人物简介版块，你会发现它们位于大多数对开页的右手边。在这里，我们深入研究一个特定的话题，在某些情况下，我们能够带给你独家的问答。大家可以看一看那些纪录保持者的访谈，如高尔夫球手罗里·麦克罗伊、珠峰向导阿帕·谢尔巴、绘画小说家艾伦·穆尔、探险家雷纳夫·法因斯、企业家和风筝冲浪者理查德·布兰森等等。这些纪录持有者一再证实，每个世界纪录的背后都有一个故事，今年的这本书充满了成千上万个这样的故事，一个比一个精彩。我希望你们全都喜欢……

Craig Glenday

主编
克雷格·格伦迪

史上单手指甲最长

2014年11月17日，在印度马哈拉施特拉邦的浦那城，什里达尔·奇拉尔（印度）的左手指甲被测量出总长度为909.6厘米。每个指甲的长度为：小指——179.1厘米；无名指——181.6厘米；中指——186.6厘米；食指——164.5厘米；拇指——197.9厘米。见第59页。

最大的领巾和童子军领带的皮环

每年主办的童子军活动周是为了纪念童子军运动的创始人罗伯特·巴登-鲍威尔男爵。作为2015年庆祝的一部分，圣艾蒂安-德-洛宗（加拿大）的121E童子军制作了一个913.64平方米的领巾，这个领巾的皮环（见插图）深度达1.82米，高1.11米。这个领巾和皮环是于2015年2月21日在加拿大魁北克省的莱维市与公众见面的。

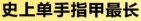

数值常识

已命名的最大数是古戈尔普勒克斯（googolplex）：
一个1后面带10的100次方个零！

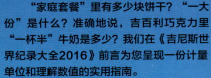

"家庭套餐"里有多少块饼干？"一大份"是什么？准确地说，吉百利巧克力里"一杯半"牛奶是多少？我们在《吉尼斯世界纪录大全2016》前言为您呈现一份计量单位和理解数值的实用指南。

长度：米
光在真空中于1/299,792,458秒内行进的距离

质量：千克
物理千克"原器"的质量

时间：秒
铯-133原子基态的两个超精细能级之间跃迁所对应辐射的9,192,631,770个周期的持续时间

电流：安培
真空中相距1米的两根平行直导线之间产生2×10⁻⁷牛顿的力时通过的电流

温度：开尔文
水的三相点热力学温度的1/273.16

上面提到的**非正式计量单位**可以体现在售商品的分量大小，只是它们太模糊，无法在广告以外的地方使用——毕竟，你会相信一个用"大概分量"测量麻醉剂的牙医吗？

为了找到精确的测量和描述世界的方法，我们的探索一直追溯到古代，那时公平贸易的需求促使人们第一次尝试标准化。最早的一些标准度量衡基于谷物和种子的重量和体积——例如：如今仍然在珠宝贸易中使用的"克拉"这一术语，可以追溯到使用角豆树种子作为测量重量的方法，"克拉"（carat）这个词就是"角豆树"（carob）的讹用。

长度测量是基于手头最近的工具，例如，手（别忘了还有手臂和手指）。五千年前，人们就常使用"腕尺"测量一切——从

布料到省会城市。腕尺就是从胳膊肘到中指端的长度。短一些的长度是用手和手指来测量的——例如，"英寸"的其中一个定义就是基于大拇指的宽度（另一个定义是基于大拇指的长度）；马的高度仍常用"掌"来测量（见第11页的"维特鲁威人"）。

当然，鉴于人类与马的联系才有了"马力"这个词，至今它仍然作为发动机的动力测量单位而存在，然而它已经不再是一个模糊的概念。精确地讲，一马力为745.699872瓦特。

改进所有形式的度量衡的精确程度是非常必要的。当我们逐渐从修建泥棚发展到组建国际空间站，人们对标准化需求达成了一个共识；如今，除了三个国家——利比亚、缅甸和美国，

世界上其他国家至少都官方采用了公制。

这就是为什么我们现在可以绝对肯定地说，"一杯半"纯牛奶——曾经用来描述吉百利巧克力的广告语——精确地说，相当于每227克巧克力中含426毫升牛奶。

有关度量衡基本单位：国际制单位

SI制基本单位（即国际单位制基本单位）是1960年由国际计量局制定并通过的7个通用固定测量单位。某些基本单位有相关性（下图所示），例如，米由光速定义，因此也取决于秒的定义。

物质的量：摩尔
1摩尔任何物质所包含的结构粒子的数目都等于0.012千克碳-12所包含的原子个数

发光强度：坎德拉
发出频率为540×10¹²赫兹，且每球面度辐射强度为1/683瓦特光源的照射强度

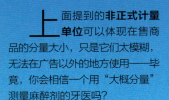

最昂贵的公制–英制换算错误

1999年9月23日，美国航空航天局的火星气候探测器运行到火星背面，并在火星大气层中坠毁。什么原因呢？人为的运算单位出错所致。设计人员一直用推进力的公制单位来编写星载软件，但是从地面控制中心传来的进入轨道更正指令使用的却是英制计量单位。此项任务成本为3.276亿美元。

NEXT GAS 100 MILES

小知识
在美国，路标普遍使用英制单位，但也允许使用公制单位，通常是两种单位在同一块标识牌上同时使用（尤其在临近加拿大和墨西哥的公路上）。

大约公元前30,000年
已知最早使用的计数棍（以垂直计数的形式雕刻着数量的骨头）。

大约公元前3000年
埃及腕尺（从胳膊肘到中指端的距离）成为第一个标准化的测量单位。

大约公元前2600年
除了其他东西，在印度河流域角豆树种子（上图）和麦粒被用作标准重量。

大约公元前2540年
吉萨大金字塔是使用皇家腕尺完成的；塔身两边间缝可以精确到0.05%以内。

0.0000000000000000000000000001米 根据量子力学理论，空间"沸腾"变成多泡的"量子泡沫"的尺寸

指宽：即手指的宽度或"一指宽"，约等于0.75英寸，"接近1英寸"（1.905厘米）或者，复杂的是，在时装界，相当于1/8码（1码等于11.43厘米）

头发："一发之宽"曾被定义为1/48英寸；实际上大概为50—100微米

耳孔：埃塞俄比亚文化中，传统上用来测量药物剂量的单位

腰围：萨克逊人使用的"码"（成年男性的"围长"或者"腰围"）

手（掌）：仍被用来测量马的高度，1"手掌"相当于4英寸，即10.16厘米；"英寸"曾被指男性大拇指指甲根部位的厚度

胳膊肘到指尖的长度：也称"腕尺"，从胳膊肘到中指端的距离

臂距：用来测量水深（英寻）的长度单位，现在被精确地定义为1.8288米

英尺：现公认为0.3048米；罗马人将英尺分成12份，我们由此得来英语单词中的"英寸"（inch）和"盎司"（ounce）

跨距：用于定义古代的"步伐"和罗马"步长"，即两步长（152.4厘米）；1罗马英里为1000步长

人体比例

上图为"维特鲁威人"，是意大利博学的莱奥纳多·达·芬奇的画作（约1490年）。其灵感来自于罗马建筑师维特鲁威（公元前1世纪），他记录了人体比例与建筑学之间的关系，以及运用人体部位使度量单位标准化。

根据维特鲁威的解释，人体实际上是最古老的测量工具。例如，脚在历史上一直作为度量衡标准，就像许多其他身体部位如手臂和手指一样。久而久之，这些地区性的、非正式的度量衡被正式标准化，以物理原型的方式实现——如皇家腕尺——从而避免因身材不同而产生的差异。

小知识

巴西亚马孙地区的皮拉罕部族没有计算的概念（除了"大于"和"小于"），这使他们成为拥有最少数字的文明。

展开的宇宙

50米 奥林匹克游泳池的长度

看一眼页面下方，你会注意到一些非常长的数字。再翻页，你还会发现更多这样的数字。那是因为整本书都会展示测量这一主题。按照从宇宙中最小的事物到最大的事物顺序排列。一直观察这些数字，你会发现，各种各样的奇迹和惊喜从普通事物的不同寻常的本质中显现出来。的确，这正是这本书的一贯初衷。

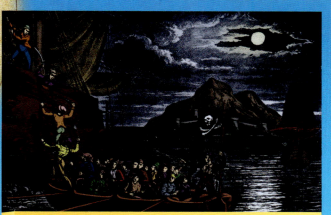

这就是美国不用公制计量单位的原因吗？

1794年1月17日，法国科学家约瑟夫·东贝起航前往美国，向美国国会赠送新命名为米和千克的固体铜原型，用来帮助美国改革传承于英国的度量衡系统。唉！东贝根本没能到达美国本土。

3月，他的船被卷入一场非常猛烈的风暴，以致被吹到南部的安的列斯群岛，迫使东贝在瓜德罗普岛的皮特尔角避难。刚一登陆，他立即被地方长官——一位反对法国新政权的法国保皇党人逮捕监禁。东贝被释放后，重新上路，却严重高烧。

更加雪上加霜的是，东贝的船刚刚离开港湾，就遭到一伙坏血病缠身的英国海盗的袭击。海盗们偷了米和千克的固体铜原型，绑架了东贝，把他带到蒙特塞拉特岛并索要赎金。

4月，东贝仍被困在海盗手里，死于高烧。他的米和千克原型永远丢失，美国也错失了一个接受公制计量单位的机会，直至今日成为世界上三个仍未使用公制计量单位的国家之一。

有趣的单位

可能有人认为，一米就是一米，因为由非常重要的人组成的委员会已经就此达成共识。但是，为什么我们非要局限于那些精确的计量单位呢？为什么不使用"沃霍尔"或者是"卡戴珊"？这里，我们在网上搜索了一些国际标准单位的替代单位。

卡戴珊
时间单位，用来衡量婚姻长度；基于金·卡戴珊和克里斯·汉弗莱斯仅72天的婚姻而定，所以一年的婚姻相当于5.07卡戴珊。

纽约秒
虽有争议，但这可能是整个宇宙中最短的时间单位；相当于交通信号灯变绿和你身后的司机鸣笛之间的时间。

千分之一海伦
根据特洛伊海伦的"挑起了千艘之战的脸蛋儿"，"千分之一海伦"指能使一艘轮船为之停锚的美貌。

沃霍尔
基于艺术家安迪·沃霍尔的有关名声的测量单位，沃霍尔普声称"每个人都应当上15分钟名人"；引申开来，1000沃霍尔等于聚光灯下的15,000分钟（或者10.42天），而100万沃霍尔约等于一个职业生涯的名声（28.5年）。

大约公元前1650年
"迈纳"以一种货币单位的形式出现，是第一个被广泛使用的标准砝码；这种单位（现在估计介于640克和978克之间）由巴比伦人发明，被赫梯人、腓尼基人、亚述人、埃及人、犹太人和希腊人采用。

1215年
在英国，《大宪章》除了规定其他条款，还统一了葡萄酒和啤酒的测量标准。

1586年
数学家、工程师西蒙·斯泰芬是佛兰芒人，他向欧洲推广了小数点记号。他提议了一个基于十进制的测量系统，为最终公制计量系统奠定了基础。

1799年
法国成为第一个采用公制的国家；此图为置于巴黎的一米杆，方便为公众使用。

1960年
7个国际基本单位被通过，（几乎）被全世界普遍采用（详见第10页最左侧）。

普朗克长度，**最短的计量单位**，等于1.6×10的-35次方米 0.000000000000000000000000000000000016米

11

地球

最古老的国家公园

黄石国家公园主要位于美国怀俄明州，1872年3月1日由总统尤利塞斯·S.格兰特指定。公园拥有超过10,000种的地热特征，如各种喷泉、泥温泉和火山区喷气孔（地上开口排蒸汽和天然气）等。图中的大棱镜温泉是美国最大的温泉。正如这美丽的景观一样，值得被记住的还有所有这些现象都是因为地下潜伏着休眠长达640,000年未爆发的超级火山。

根据联合国教科文组织发布的数据，黄石国家公园是**世界上最多的间歇泉聚集地**——超过300个，其中包括"忠实泉"（如上小图）。这数量相当于全球间歇泉总数的三分之二。

0.000000000000000000000001米　中微子是已知的**最轻的粒子**，最重为0.000000000000000000000000000000000000000018千克

！小知识

大棱镜温泉中鲜艳的红色、橙色、黄色、绿色和蓝色环是因为水里有细菌的聚集地。这些细菌在富含矿物质的不同温度的水域能大量繁衍。

坦博拉火山

坦博拉火山爆发导致大约71,000人死亡，是有史以来导致死亡人数最多的一次火山爆发

1
坦博拉火山
印度尼西亚 1815年
7级

2
长白山
中国/朝鲜
公元1000年
7级

3
锡拉岛（圣托里尼岛）
希腊 公元前1610年
7级

4
哈特皮
新西兰 公元180年
7级

5
萨马拉斯
印度尼西亚
1257—1258年
7级

6
安布里姆
瓦努阿图共和国
公元50年
6+级

7
皮纳图博
菲律宾 1991年
6级

8
诺瓦鲁普塔
美国阿拉斯加 1912年
6级

9
圣玛丽亚
危地马拉 1902年
6级

10
喀拉喀托
印度尼西亚 1883年
6级

火山爆发强度指数

火山爆发强度指数（VEI）测量的是火山爆发强度。从0级到8级是以喷射物的体积、云状物的喷发高度以及一系列其他变量作为衡量标准的。因为是对数比例，所以8级的威力就比7级大10倍，比6级大100倍。幸运的是，在过去的10,000年里还没有过8级的火山爆发。这里我们给大家列出的是过去2000年间火山爆发指数前十的数据。

坦博拉山位于印度尼西亚松巴哇岛上，最初欧洲人发现它的时候以为这是一座死火山。然而，1815年4月5日，这个沉睡的巨人苏醒过来，开始喷发。

火山内部，岩浆房的压力不断增加，这座复合型火山再也无法压制这股力量了。如炮火般的爆发声即便远在1400千米以外也能听得到，第二天附近的区域全部覆盖了一层薄火山灰，但是这才刚刚开始而已。

4月10日，坦博拉火山的顶部发生爆炸，三个明显的火柱向天空喷射岩浆和火山灰，然后三个火柱合为一体，惊人的柱状岩流达到了43千米高。

液体的岩浆流裹挟着已经分解的气体，就像一瓶充满二氧化碳的苏打水一样。在足够的压力之下，气体能够保持分解状态，但是当岩浆到达地面，压力就会消失，气体在液态岩石中形成气泡。这些气泡爆炸后产生的威力让坦博拉火山形成"普林尼式"的爆炸，与其说像我们今天看到的夏威夷群岛火山缓缓喷出糖状岩浆，不如说像极了原子弹爆炸的场景。

这个阶段的火山爆发持续了大约一个小时，释放出最致命的火山碎屑流。这些火山灰流沿着山体以725千米/小时的速度奔涌下来，所到之处一切都被1000摄氏度高温的炙热气体和岩石所摧毁。所有半岛上的植被都被焚毁殆尽，村庄被1.5米厚的火山灰和岩石埋在了地下。

到4月15日，爆炸已经停止，但是接下来的一周内火山还在不断地向外喷射出云状火山灰。当一切都结束的时候，火山呈现出全新的形状：原来的锥状冠顶已经完全坍塌进去，填补了下面岩浆房留下的空间。一个直径6—7千米、深700米的巨大火山口已经取代了原来的峰顶，现在的火山比原来矮了三分之一。

这次火山爆发造成的伤亡非常惨重：多达12,000人在坦博拉火山初期爆发中丧生，在火山爆发后造成的次生灾害中还有59,000人死亡，庄稼颗粒无收，人们忍受着饥荒带来的苦难。

地理位置

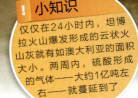

弗洛勒斯海

坦博拉火山

桑加尔半岛

松巴哇

坦博拉火山（南纬8.25°，东经118°）位于印度尼西亚的松巴哇岛上，是一座复合型火山。坦博拉火山在岛的北部构成了60千米宽的桑加尔半岛的一部分。

！小知识

仅仅在24小时内，坦博拉火山爆发形成的云状火山灰就有如澳大利亚的面积大小。两周内，硫酸形成的气体——大约1亿吨左右——就蔓延到了全球。

坦博拉火山剖面图：喷发前后

高度（米）
- 喷发前
- 喷发后

4000
3000
2000
1000
海平面

4300 米
2850 米

爆炸相当于8亿吨TNT炸药爆炸的威力，喷射物达43千米高

普林尼式喷发最开始是三个明显的火柱

灰色的火山灰喷出几千米高，蔓延在松巴哇岛上空

火山碎屑流摧毁了植被和附近所有居民区

烟火冲天，持续了三个小时

距离1400千米外的印度尼西亚特尔纳特岛听到了火山最初喷发时的声音

第二喷射口

岩浆从中心喷射口喷出

居民区

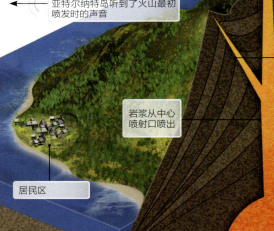

岩浆房：火山爆发前4000—5000巴的地下液态岩石池（1巴＝大气压强）

0.000000000000000000003米　底夸克（或美夸克）；第三代携带－1/3电荷的夸克味（见第144—145页）

喷发柱到达平流层

经典"蘑菇云"形成

2000多千米以外的苏门答腊岛都能听见火山爆发的声音

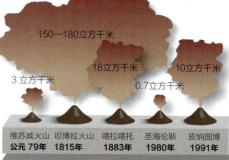

维苏威火山	坦博拉火山	喀拉喀托	圣海伦斯	皮纳图博
公元79年	1815年	1883年	1980年	1991年

150—180立方千米

18立方千米

10立方千米

3立方千米

0.7立方千米

持续两天的黑暗

坦博拉火山爆发释放的碎屑流一路向西，将周边的岛屿覆盖在火山灰下50厘米处。火山爆发之后，坦博拉火山周围600千米范围内的区域两天内一片漆黑。云状火山灰到达平流层，迅速扩散至整个北半球，美国和英国都曾报道过这种非正常的天气（见下文中"无夏之年"）。

至少1300千米以外的雅加达也有火山灰降落的记录

喷发出1400亿吨的岩石

创纪录的火山喷射物

坦博拉火山的喷射物（岩石、岩浆和灰尘）达到了150—180立方千米——相当于吉萨金字塔体积的66,000倍，是有史以来已知**最大体积的火山喷射物**。

相比之下，发生在公元79年意大利境内更为著名的维苏威火山爆发曾经吞没了庞贝古城，但"仅仅"释放了3立方千米的喷射物。

火山口坍塌

远在400千米以外的火山灰浓度纪录为636千克/平方米

+ 无夏之年

● 坦博拉火山爆发喷射的火山灰和硫磺气体释放到大气中，致使全球气温下降0.4—0.7摄氏度，从而导致了"无夏之年"。1816年阴冷的天气可在当时的画作中找到证据。例如约翰·康斯特布尔的画作《韦默思海湾》（见下图）就描绘了夏日里的暴风天气。

● 许多国家都亲历了大范围的庄稼绝收和饥荒。其他方面的影响还包括印度雨季失调，以及霍乱和伤寒爆发。在德国，由于饥荒农民损失大量的马匹，一位名叫巴伦·卡尔·冯·德雷斯的公务员发明了一种交通工具来代替马匹：脚蹬两轮车（见左上图），这就是**第一辆自行车的雏形**。

● 阴沉的天气也对年轻的玛丽·雪莱产生了影响。由于大半个夏天都得在室内度过，18岁的她阅读了大量恐怖小说，并完成了自己的经典恐怖小说《弗兰肯斯坦》的创作。

炙热的岩浆向上喷出20千米，最终将整个岛屿吞噬

4米高的海啸袭击了沿海地区

大量的火山碎屑流入大海

4月11日

4月10日下午10点

20厘米宽的轻石如雨水般流过此区域

4月10日下午7点

! 小知识
坦博拉火山的爆发释放出相当于沙皇核弹14倍的能量。沙皇核弹是**经过试验的威力最大的核弹**（于1961年10月30日在前苏联引爆）。

百万吨（MT）：比较大规模爆炸产生的威力大小（而非测量体积大小）

0.015 MT	10-15 MT	24 MT	57 MT	800 MT
广岛	通胡斯卡	圣海伦斯山	沙皇核弹	坦博拉火山
1945年	1908年	1980年	1961年	1815年

4月5日

W N E S

Megaton是什么?

大规模的爆炸是以Megaton（MT）为单位进行衡量的，1MT相当于1百万吨TNT炸药，也就是烈性炸药所释放的能量。（"mega-"这个前缀的意思是一百万。）仅1MT就足以给一户普通的西半球家庭提供约120,000年的电量。

Frankenstein
MARY SHELLEY

闪电

对闪电的**科学研究**被称为**雷电学**

数字集锦

26
2014年在美国因闪电死亡的人数

100次以上
闪电每秒钟袭击地球的次数

120分贝
每次雷鸣产生的声音

10%
人类被闪电击中的死亡率；70%的幸存者会留下长期的严重后遗症

200毫秒
闪电的平均持续时间

16千米
暴风雨中闪电可以击中的距离

10亿
闪电电压最大值

25
平均每年袭击帝国大厦的闪电次数；在一次暴风雨中，帝国大厦24分钟内被击中8次！

闪电致死人数之最

1971年平安夜，航空噩梦变成悲惨的现实，兰萨航空公司的508航班在飞行至亚马孙上方时遭遇雷击而坠落。在登机的92名乘客中，只有一人幸存——17岁的尤利亚妮·克普克（德国；见上图）。难以置信的是，她不仅从飞机失事地走了出来，身上仅有一根锁骨骨折和几道伤口，而且在被发现前她还在雨林险境中支撑了10天之久。

最长类型的闪电

闪电是大自然修复电荷不均的方式，它可以以多种方式显现出来。1956年，一次云内闪电（IC）——如上图所示——被雷达记录下来，其覆盖距离达149千米。云内闪电常被称为片状闪电，发生在云间，并不触及地面。

与此相反，**最高的闪电**被称为"巨大喷流"（右图），呈现为超大型的"蓝色喷流"，这种垂直的闪电最高可达90千米。

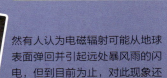

最常见的闪电

云内闪电（见上图）因在积雨云层内聚集的正负电荷层而起，占闪电的比例高达90%。其他罕见类型的闪电包括云际闪电、云地闪电和云空闪电。

同类闪电间最大的距离

自太空时代开始以来，绕地球轨道飞行的宇航员们注意到雷暴中的闪电可以引发相距至少100千米之外的其他暴风雨的闪电。美国宇航员爱德华·吉布森把这一现象称为"共鸣的闪电"，虽然有人认为电磁辐射可能从地球表面弹回并引起远处暴风雨的闪电，但到目前为止，对此现象还没有任何解释。

有闪电时发射的火箭之最

暴风雨的夜晚并不是发射火箭的最佳时间，但在1987年6月9日，当从美国弗吉尼亚州瓦罗普斯飞行研究所升空的三艘无人火箭因闪电起火时，美国宇航局对此并未做过多解释。两艘火箭开始按预定轨道飞行，而第三艘火箭却猛冲至离发射台约90米的海洋，未免让人贻笑大方。更讽刺的是，第三艘火箭是被设计用来研究暴风雨的。

最大的闪电传感器网络

40多个国家安装了800多个探测器，地球网络总闪电网（ENTLN）成为全球最大的闪电探测系统。这种宽频传感器可以探测出云内闪电和云地闪电。

最长的人造闪电

有传言称，克罗地亚科学家兼工程师尼古拉·特斯拉出生在一场暴风雨中，他因发明交流发电机而被人熟知。1899年，他在美国科罗拉多州科罗拉多斯普林斯的实验室里制造出一道40米长的闪电束。据报道，远在35千米之外都可以听到随后的雷声。

第一个闪电探测器

1742年，英国发明家安德鲁·戈登在德国爱尔福特大学创造出闪电铃，它把电能转化成动能，使一个铃锤在两个带相反电荷的铃铛间反射。这个设备被用来警示即将来临的暴风雨，因其发出悦耳的声音而被称为"电铃"。1749年，美国本杰明·富兰克林发明了**第一个避雷针**。

闪电集中发生之最

在卡塔通博河汇入委内瑞拉马拉开波湖之地，一年中有大约300个夜晚，你都能看到闪电，在超强风暴中，闪电可持续9个小时！事实上，这一地区每年每平方千米会有将近250次闪电。这种不间断的暴风雨是由被阻隔在湖周围山脉的冷暖气流相互碰撞导致的。

0.000000000000000000004米　奇异夸克，第二代"口味"的夸克，带电荷为-⅓（见第144—145页）

带负电荷的云底

这些金属棒给闪电提供了一个更安全的路线，使其从建筑物顶端引入地下，从而保护建筑。

第一次火箭触发闪电

闪电因其不可预测和转瞬即逝的特质，让科学家很难对它进行研究。一个解决办法是发射一枚拖带铁或铜做的电线的小型火箭至雷云，为潜在的雷击创造一条最小阻力的路径。在经历数次失败后，1977年，中国科学院终于在甘肃省成功实现了这一计划。

最长的闪电岩

当闪电击中如二氧化硅或土壤等某些矿物时就形成了闪电岩。闪电岩有玻璃样的管道，记录下电流通过地面时的移动轨迹。1996年，地质学家在美国佛罗里达州发现一独特样本，其中一个分支延伸至地下达5.2米。

不幸被闪电击中

幸运的是，没有几个人被闪电击中过⋯⋯

根据美国国家海洋和大气管理局（NOAA）的数据，被闪电击中的几率是12,000:1，某一年该几率升至1,000,000:1。来自美国弗吉尼亚州的罗伊·沙利文（上图）保持着不少于7次的被闪电击中次数最多的幸存者的离奇纪录，这一特例让所有统计学家都感到困惑（参见第204—205页"其他不可思议的幸存者"）。

作为布卢里奇山脉间谢南多厄国家公园的一名公园管理员，他在1942年4月第一次遭遇雷击。当他在雷雨天从一座着火的瞭望塔中逃出来时，沙利文的右腿遭受了几百万伏的直击电压，留下烧伤的印记，大脚趾甲脱落。

他并不大清楚这只是他和大自然母亲不断斗争的开始。在接下来的35年间，六次闪电在他身上留下了印记（和伤疤很相似，右图）。这些让他有了"火花管理员"的绰号。

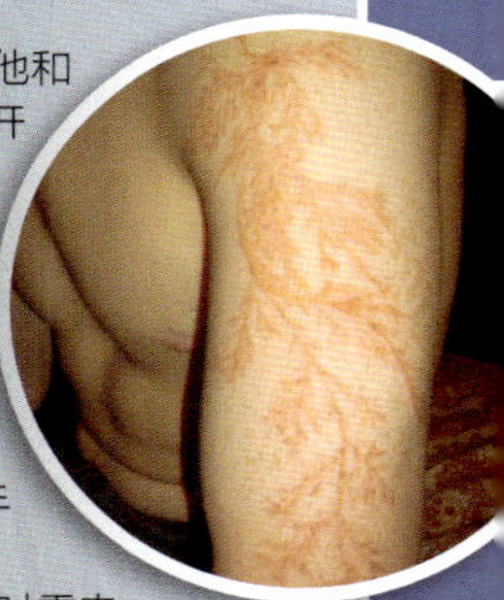

1969年7月：开车时闪电烧毁了他的眉毛，手表被毁

1970年7月：在花园时雷电将他的左肩烧伤

1972年4月：在警卫室工作时雷电引燃他的头发

1973年8月：开车时头发再次被烧着，腿部烧伤

1976年6月：走路时雷电伤到脚踝

1977年6月：在船上钓鱼时，胸部、腹部被烧伤

不幸的是，尽管他多次幸运地逃脱雷击，罗伊在1983年死于枪伤，时年71岁。

闪电周围的空气迅速膨胀引发雷声

新鲜词汇

梯级先导： 虽然看起来云地闪电是一下子发生的，实际上，它向下穿行的路径是一系列交错的带负电荷的空气通道，每一个通道长约50米，称为"先导"。

向上闪流： "闪流"通常是带正电的通道，从地面高处向上散发，地面高处包括建筑物及人，闪流吸引先导电场中的负电荷。

回击： 当梯级先导遇到向上的闪流时，电路完成，形成明亮的闪光。电流逆转前，突然爆发的能量首先冲向地面，再向上猛冲向云层；正是这个"回击"让我们得以感知天空中的闪电。

小知识

一些科学家认为闪电可能促成地球上生命的形成。有实验表明，把闪电束应用到无机化合物中会产生有机氨基酸。

空气粒子过度升温至30,000摄氏度

闪电束的平均直径为2.5厘米

梯级先导

电流在电离空气中流动

回击

地面上带正电荷的装置

地球上最热的自然温度

你可能以为这个题目将引领你去沙漠甚至是地球的熔融核心，但实际上，与闪电产生的温度相比，其他温度根本就是极地的温度。尽管发生时仅有几毫秒，被闪电穿过的空气，温度可高达30,000摄氏度——这比太阳表面温度高约5倍。因热量剧烈，我们可以看到空气粒子发出白光。

"正雷电"是**最强的闪电**，是最有可能产生如此炽热温度的闪电，发生于电荷从云层向地面的净传递是正电荷，而不是更常见的负电荷。这些闪电形成于更高的雷云中，可产生更强的电场及10亿伏电压，足以使岩石粉碎。

冰雪

大约7亿1500万年前，**地球**几乎**完全被冰所覆盖**

冰制旅馆数字集锦

100
帮助建造旅馆的大约人数

1000吨
用于建造旅馆的冰的重量

30,000吨
用于建造旅馆的"雪冰"（雪和冰的混合物，作用相当于砂浆）的重量

200千米
旅馆所在地距北极圈以北的距离

50,000
平均每年去冰制旅馆参观的客流量

最大的冰灯展览

近年来，雕刻冰灯已成为瑞典武奥勒里姆的冬季传统。2013年2月5日，当地人做了2651只冰灯，把他们放在拉普兰村庄周围，这些冰灯的数量超过了当地人口的数量。

最冷的沙漠

南极洲的麦克默多干燥谷可能看起来不是典型的沙漠，但它不到100毫米的年平均降雨量意味着这一地区完全符合沙漠的特质。

年平均温度零下20摄氏度对于南极洲来说实际上是很温暖的了。山谷覆盖的4800平方千米的区域是这块冰冻大陆上最大的不冻区域。

最大的冰雕建筑物

瑞典尤卡斯耶尔维的冰之酒店每年都从托尔讷河开凿冰块进行修缮，酒店覆盖面积达5500平方米。2015年，第25次修缮的冰之酒店主要特色是冰吧、冰教堂和许多定制的卧室——从"伦敦地铁车厢"到"钢管舞北极熊"的造型，所有的东西都是冰造的。

首次由摄像机捕捉到的冰柱的形成

冰柱是当极冷、极咸的海水下沉并冻住时，在海面冰层之下形成的管型冰柱。如果冰柱到达大洋底部，处于较浅的状态下，极冷的海水能扩散蔓延到整个海床，冰冻并杀死它途经的任何生命体。2011年BBC在南极洲的麦克默多湾准备"冰冻的星球"系列时首次拍摄到了这一过程。

最大的冰河

南极洲的兰伯特冰河覆盖了100万平方千米的区域，其长度为700千米，它也是**最长的冰河**。每年，它将330亿吨的冰从南极洲东部冰原运到南部的大洋。

最长的冰架

最初是由英国海军军官詹姆斯·克拉克·罗斯船长于1841年观测到的。472,000平方千米的罗斯冰架位于南极洲的西部边缘，是地球上最大的浮冰块之一。冰架的边缘几乎是垂直的面向大海，可达15米高。

最长的冰路

建于1982年，从加拿大蒂比特到康特沃伊托的冬季公路是通往西北部领地和努纳武特矿区的关键补给通道。这条路每年都会修缮，道路全长568千米，其中有495千米跨越冰冻的湖泊之上。

最长的冰跑道

每年，南极洲麦克默多站附近的海冰面上都会刻出两条临时飞机跑道。长10,000英尺（3048米），宽约219英尺（67米）。

首次人工降雪

20世纪40年代，雷·林格博士（加拿大）和他的同事们使用机器首次人工降雪。

这一发现出于偶然，当时他们正在研究喷气式飞机引擎上冰的形成。他们往喷气式飞机引擎前面的冷冻风洞里面喷水，风洞后部产生了雪。林格发表了他的研究成果，这为后来1954年第一个"雪炮"的研制提供了灵感。

最早的有文字记载的雪人

《祈祷书》，一本于1380年左右由修道士编写的祈祷用书，在页边空白处有一幅类似

最大的圆顶冰屋

2011年2月19日，滑绳缆公司ZipZag.ca（加拿大）用2,500块冰块（上图和插图）建了一个圆顶小屋。其内部直径为9.2米，地面到屋顶的高度为5.3米。**最大的圆顶冰屋**是2011年2月7日由德国电视七台Galileo节目组的工作人员建造的。内部直径为12.1米，室内高度为8.1米。

雪人的涂鸦。如今，这本书被保存在荷兰海牙的荷兰国家图书馆。

最大的野生驯鹿群

2011年加拿大北部的乔治河驯鹿群（学名：Rangifer tarandus caribou）有大概50,000只鹿。然而，和1992年超过800,000只的数量相比，这一规模已经大幅减少了。

0.000000000000001米　中子的大小；中子是亚原子粒子，连同质子一起构成原子核

最久的全身触冰

2014年9月4日，金松浩（中国）在中国福建省中央电视台电视节目《吉尼斯中国之夜》拍摄现场被埋入冰里度过了寒冷的1小时53分10秒。之前他在2011年曾创下了这项纪录。此次的成绩比上次增加了8秒。

一小时内堆最多的雪人

2015年2月28日，由"戏剧24笨拙的勤杂工"（日本）组织的1406人在日本北海道的赤平堆起了2036个雪人。所有雪人都要求用胡萝卜做鼻子，煤块做眼睛，树枝做手臂。

最短时间雕刻出60个冰雕

备受赞誉的冰雕雕刻家理查德·戴利（美国）于2013年10月20日在美国宾夕法尼亚州的莱克维尔雕刻了60个艺术品，用

最大的雪迷宫

2015年2月15日经测量，一个1,696平方米的雪迷宫在威廉堡历史公园（加拿大，上图）建成，作为第十三届旅客冬季嘉年华的一部分。

最大的冰迷宫——形状有点像水牛——由美国纽约州布法罗的北极冰川冰迷宫（美国）建成。根据2010年2月26日的测量，它覆盖了1194.33平方米的区域。

时2小时52分12秒。戴利的雕刻品以不同的主题为基础，包括饮食、建筑和万圣节（当时临近万圣节）。

最北部的……

● **旅馆**：北半球纬度最高的旅馆是位于挪威斯瓦尔巴群岛朗伊尔城的斯匹次卑尔根岛极地丽笙酒店。群岛位于北纬74度到81度，是欧洲最北点。大约有60%的岛屿被冰川覆盖。

● **餐馆**：在朗伊尔城还发现有被称作"红色北极熊"的移动烤串店。由卡齐姆·阿里艾万德（伊朗）所有，在当地大约2000居民中非常畅销。

● **皇家领地**：位于北纬83°40′的卡菲克卢本（"咖啡馆"）岛，在北格陵兰附近，是由君主统治的最北部领土。格陵兰在1814年成为丹麦殖民地，并于1953年成为丹麦领地的一部分。尽管格陵兰在1979年准许地方自治，它如今仍然是丹麦王国的一部分。

● **栖居地**：北纬82°30′、西经62°，距离地理北极约800千米处，是埃尔斯米尔岛上加拿大的阿勒特军用电台警报站。比起最近的加拿大城市艾伯塔省的埃德蒙顿，阿勒特距离瑞典的斯德哥尔摩更近。

最高的雪人

如果问美国缅因州贝塞尔的居民，他们是否想堆雪人，答案一定是响亮的"是"。在大约一个月的时间里，来自贝塞尔和附近城镇的人们堆了一个37.21米高的"女雪人"。该雪人于2008年2月26日完成。

小知识

意大利艺术历史学家乔治·瓦萨里注意到，1494年，文艺复兴时期著名的艺术家米开朗琪罗（意大利）在一个寒冷的冬季过后，受命在意大利佛罗伦萨建造一个"雪雕"。

👤 勘察南极洲

英国南极调查局（BAS）建于1962年，最初由英国探险家维维安·富克斯爵士领导，目的是协调调查这个冰冻的大陆。关于他们的主要工作，吉尼斯世界纪录的工作人员询问过BAS的科学部主管戴维·沃恩教授（英国，上图）。

你们做什么样的研究？

我们研究地球磁场与太阳微粒的相互作用，它们在高层大气层引发极光，对电力的供应、通信及卫星产生威胁。

我们致力于揭秘地球上的气候历史和这个星球上被封锁于南极洲冰层和岩石中的生命，并预测未来的气候以及它将如何改变冰盖的大小和全球的海平面高度。

现在，我们在南极和北极地区工作，在任何能使我们的极地专业知识得以应用的地方工作。

在南极洲工作最现实的挑战是什么？

寒冷是个问题，但实际上广阔无垠的地域和与世隔绝是更大的问题。每个冬季几个月的极夜在心理上也是很难克服的。

你们有什么发现？

我们在20世纪80年代首先确认了南极洲臭氧洞（左图）。通过分析冰芯，我们在研究气候改变和它如何被温室气体控制这些方面取得了显著的进展。

瀑布

第一夫人埃莉诺·罗斯福在第一眼看到壮观的伊瓜苏瀑布时赞叹道，"可怜的尼亚加拉瀑布！"

数字集锦

47
冷林尔瀑布的小瀑布数量（右行）

275
伊瓜苏瀑布有275个小瀑布（位于巴西和阿根廷边界）这2.7千米

165米
最高的人工瀑布
一马雷斯特尔瀑布的高度。雷布位于意大利特尔附近，约公元前270年由古罗马人建造而成。

1115英尺
位于印度的焦格瀑布的高度（340米），是最高的瀑布。

1,500,000
正如我们可以在电视剧《双峰》中看到的那样，位于美国华盛顿州，每年接待1,500,000名游客

20%
美国的饮用水有20%来自尼亚加拉瀑布

史上最大的瀑布

大约18,000年前，即上一冰河时代将要结束时，在北美形成了一个巨大的湖，现在美国蒙大拿州米苏布附近。当一块移动的巨大冰川挡住一条河时，造成约500立方英里（2000立方千米）的河水被困。最终，米苏拉冰川湖的河水冲破了由冰川构成的大坝而米苏拉冰川湖，消失在一次泥灾性的水灾中。随着河水渐渐枯竭，一部分流经悬崖，现被称为干瀑布，这个壮观的瀑布有3.5英里被困。

最高的多级瀑布

德拉肯斯堡山脉（龙山）的图盖拉瀑布共有5级，总落差948米，位于南非夸祖鲁-纳塔尔省皇家纳塔尔国家公园。图盖拉瀑布也是世界第二高瀑布。

最高的海边瀑布

夏威夷莫洛卡伊岛是世界最高的海边之乡。奥卢马拿瀑布从崖顶倾泻而下约900米，注入太平洋，流量最大时宽度达约112米，是世界第四高的瀑布。

最高的水下瀑布

位于格陵兰和冰岛之间的丹麦海峡下面，来自格陵兰三海的温度低、密度大的海水流向稍暖的伊尔明厄海时会向下沉，形成了一个水下瀑布。低温海水下降超过3.5千米，至少是安赫尔瀑布之外高度的3倍。这个水下瀑布于1989年被

最大的跌水潭

跌水潭是在瀑布的底部由水的冲蚀作用形成的湖或池地。最大的跌水潭当属澳大利亚西部不远的珀斯底海峡峡谷，深约300米，面积约2×6千米。由史前代形成的一个瀑布形成，当时这地区还在海平面以上。

最高的室内瀑布

美国底特律密歇根市根州底特律市国际中心有8层的天井和整栋栋大楼同高，因高114英尺（34.75米）的水景巨作而增色添彩。水流沿着面积9000平方英尺（836平方米）的矩形大理石瀑布而下，在自然光下闪闪发光。

立面最大的瀑布

维多利亚瀑布位于津巴布韦和赞比亚之间的赞比西河上，宽1708米，高108米，面积约为184,400平方米以维多利亚女王的名字为其命名，但当地人称之为"雷鸣之烟"。瀑布产生的雾气在20千米以外就能看到。

相比之下，今天的尼亚加拉瀑布（下图）宽约1英里（1.6千米），高约165英尺（50米）。

其水量每秒达约5,000,000立方米，成为水量最大的瀑布。

被称为丹麦海峡瀑布，380英尺（115米）高，（5.6千米）宽，

单个瀑布内的最高落差

萨尔托·安赫尔瀑布又名安赫尔瀑布，位于委内瑞拉玻利瓦尔州，拥有一段长807米连续的垂直瀑布。下降到这个距离后，瀑布形成一条细带。安赫尔瀑布也是最高的瀑布，包括垂直下降和倾斜瀑布在内，其高度达979米。它以美国飞行员吉米·安赫尔的名字命名，他曾于1933年11月16日把该瀑布记录在他的航空日志上。

参观人数最多的瀑布

位于加拿大和美国边境的尼亚加拉瀑布每年接待22,500,000名游客，因此它不仅是参观人数最多的瀑布，而且是世界上第五大最受欢迎的观光胜地，排名超越了所有的迪斯尼乐园，巴黎圣母院和中国的长城。

它包括三部分瀑布：美国瀑布，新娘面纱瀑布和马蹄加拿大瀑布。虽然世界上有约500个更高的瀑布，但尼亚加拉瀑布是大多数瀑布中最容易驾车即可到达，数以百万计的当地游客只需驾车就可前往。

十大最高瀑布

这些瀑布高度的测量是"从顶到底，不考虑瀑布是垂直而下还是以某个角度跌落至山崖"。

排名	瀑布名称	高度	地点
1	安赫尔瀑布	979米	委内瑞拉玻利瓦尔州
2	图盖拉瀑布	948米	南非夸祖鲁-纳塔尔省
3	三姊妹瀑布	914米	秘鲁库斯科胡宁
4	奥卢马普纳瀑布	900米	美国夏威夷
5	云比亚瀑布	896米	秘鲁亚马孙省
6	韦努弗利特瀑布	865米	挪威莫勒和罗姆斯达尔郡
7	斯高鹅瀑布	864米	挪威莫勒和罗姆斯达尔郡
=8	普乌卡欧库瀑布	840米	美国夏威夷州
=8	詹姆士布鲁斯瀑布	840米	加拿大不列颠哥伦比亚省
10	布朗瀑布	836米	新西兰南岛

来源：世界百科词库

年流量最大的瀑布

因加瀑布位于刚果民主共和国西部的刚果河上，每秒流量达910,000立方英尺/秒（25,768立方米/秒），据记载最大流量可达250万立方英尺/秒。世界瀑布资料库监控着全球流量最高的和流量最大的瀑布，据其资料显示，因加瀑布高315英尺（96米），流量50,000英尺（15,240米），最宽处达13,200英尺（4023米），最高的单落下来落差为70英尺（21米）。

流经最多天然桥的瀑布

黎巴嫩的巴勒贝克以"三桥裂口"著称的深渊于1952年被发现，瀑布的水经过这深渊时从255米高的地方倾泻而下，穿过距今1.6亿年的侏罗纪时期的石灰岩，流经三座天然石桥。

最宽的瀑布

老挝南部湄公河上的孔瀑布总宽度为10.78千米。该瀑布高15~21米，洪流可达每秒42,500立方米。

乘皮划艇而下的最长的瀑布（女性）

2009年5月10日，克里斯蒂·格利斯迈尔（美国）在美国俄勒冈州伊格尔特拉科瀑布乘皮划艇（25米）高的特拉科瀑布垂直落下。这次瀑布的高度是她跳的两倍。

最高的瀑布跳水

2008年10月5日，在中国牡丹江市的镜泊湖，狄焕然（中国）从12.19米的吊水楼瀑布一跃而下。人们用专业的装备测量了这次瀑布跳水的具体高度。

乘皮划艇而下的最长的瀑布

2009年4月21日，极限皮划艇手泰勒·布拉特·布拉顿（美国，见插图）从美国华盛顿186英尺（57米）高的帕卢斯瀑布俯冲而下，用约4秒。他手持折断的划桨落出水面，手腕扭伤，此次出举打破了之前59英尺（18米）的记录。

72

海洋

迄今为止，世界上只有**不到5%**的海洋得到了开发

数字集锦

4千米
地球上海洋的平均深度

70%
我们所呼吸的氧气中，有70%是由海洋提供的

90%
地球上火山活动中发生在海洋中的比例

1000年
1立方米海水绕地球一周所需的时间

65,000千米
最长的水下山脉的长度，位于大西洋和北冰洋之间的洋中脊

940万平方千米
北冰洋的面积，它是最小的大洋

1亿6620万平方千米
最大的大洋太平洋的面积

最深的蓝洞

蓝洞发现于海平面或恰在海平面之下，曾经是干枯的洞穴或上一次冰河时代结束后冰盖融化、水位上升时填满了海水的井。上一次冰河时代约12,000年前结束。迪安蓝洞位于巴哈马群岛大西洋沿岸的克拉伦斯城龟背湾，是一个76米宽的垂直井，深202米。迪安蓝洞在离海岸不远处，存有110万立方米的水。

最温暖的全球平均海洋表面温度

根据美国国家海洋与大气管理局（NOAA），2014年1月到9月是有记录以来全球海面温度最高的时期。相对于20世纪及21世纪到目前为止的平均温度，其温度值高出0.66摄氏度。这些研究结果由NOAA国家气候资料中心发表于《气候状态：2014年9月全球分析》的在线报告中。

根据同一资料显示，1911年1月到9月，是迄今为止记录显示的20世纪及21世纪全球平均海洋表面温度最低的时期：-0.49摄氏度。

最深海底生物群

浮游带的底部（远海，远离海岸线或海床）被称作超深渊带。它覆盖了深海沟渠，其起始深度大约为6000米，并继续向海洋底部延伸。

最高的海蚀柱

位于澳大利亚豪勋爵岛东南部的太平洋上，博尔斯皮拉米德岛有561米高，尽管它的底座轴长只有200米。通过比较，它的高度是自由女神像（包括底座）的6倍还多一点。

然而，这块高耸的岩石曾经要高得多。博尔斯皮拉米德岛是700万年前一次大规模火山喷发的残留物目前仅是其最初大小的0.5%。

这一区域的特点是完全没有阳光，压力值达到986.9大气压（1.01吨每平方厘米）。这一深度大多数动物都是无色的，通过生物体发光作为光源。这一生物群包括深海热泉喷出口，其热量和化学养分使奇特的生物种群得以生存。这些生物种群包括足部覆盖着铁硫化物的鳞足蜗牛。

最快的海洋酸化

全球的海洋吸收了高达30%的二氧化碳排放量，通过化学反应形成碳酸。每天大约有2000万吨以这种方式从大气中被"清除"。因此，随着时间的推移海洋的酸性变得越来越大。自18世纪工业革命开始以来，其酸性已增加了大约30%。海洋酸碱度水平有地域性变化，目前全球酸碱度变化比例大约比最近的2000万年间任何时候都要快大概100倍。

最高的内波

内波出现在部分海水分层的海洋中——换句话说，是由不同的层面构成的。内波发生在不同盐度和密度的水层分界处，而不是海洋表面。迄今为止发现的最大内波在中国南海，高达170米的内波以每秒钟仅几厘米的速度移动。这一发现是麻省理工学院（美国）的科学家在2014年1月8日揭示出来的。

最大的……

海冰区域

根据美国航空航天局记载，2014年9月20日，环绕南极洲的海冰达到有记录以来的最广范围，为2015万平方千米。此数据来自美国国家冰雪数据中心，该中心从1979年以来一直监测着全球的海冰情况。

地下水体

2014年6月12日，美国科学家揭示了被困于地壳和地核之间的地幔中大约深达700千米处的尖晶橄榄矿物岩层中发

> **! 小知识**
> 由于波浪长期击打悬崖底部，裂缝开始产生，然后出现洞穴。如果这发生在海角的任意一侧，洞穴将形成一个拱门。接下来慢慢侵蚀底部，形成一个柱形或垛形。

0.000000000025米　氦（He）原子半径，最初的稀有气体和**最具惰性元素**

最大的海洋污染物

　　根据联合国环境规划，塑料袋占所有海洋垃圾的50%以上，海洋中每平方英里的塑料制品达到46,000件。在部分太平洋区域，对于每1千克生物量来说就有6千克塑料制品。海洋保护学会估计每年超过100万鸟类和10万海洋哺乳动物因塑料制品窒息或被缠住致死。

最大区域的发光的海

　　1995年，美国海军研究实验室通过卫星在索马里沿岸的印度洋地区发现了发光的海。这一片海水超过250千米长，大约有14,000平方千米的区域。据说这不寻常的光是由生物发光菌体造成的。

👤 唐纳德·沃尔什上尉

　　1960年1月23日，雅克·皮卡尔（瑞士，下图右）和唐纳德·沃尔什（美国，上图和下图左，后来成为海军上尉）在美国海军深海潜水艇"的里雅斯特"中进行了**最深载人海洋下潜**：10,911米。地点？马里亚纳海沟挑战者深水区，**地球上的最深点**（见第155页）。沃尔什上尉亲切地回顾了吉尼斯世界纪录历史性的一天。

在深海潜水艇里感觉怎么样？

　　当所有的设备都安装完毕，球体内部是相当狭小的。我们两个成员的空间基本一样大，有大概一个大号的家庭冰箱那么大，里面的温度也和冰箱里差不多！

你能解释一下下潜是如何实现的以及花了多长时间吗？

　　这次下潜花费了9个小时。大概5个小时是在下降，20分钟在海底，余下的时间用来返回海面。下降的速度要慢得多，要确保我们不会遇到未知的阻碍。

学过程自然地产生于海洋底部，需要几百万年的时间才能形成。他们的大小从用显微镜可见到直径大约20厘米不等。最大的沉淀物出现在克拉里恩–克利珀顿断裂带，覆盖了太平洋底部约900万平方千米的面积。据估计这一区域包含大约210亿吨的锰结核。

最清澈的海水

　　1986年10月13日，来自德国不来梅港阿尔弗雷德·韦格纳研究所的科学家测量了南极洲附近的威德尔海的透明度。为此，他们在水中放入了一个30厘米宽的黑白磁盘，被称为透明度板，放到直到看不到磁盘的深度为止。磁盘在水下80米深处是可见的——其透明度近似于蒸馏水。

现了水。这一发现源自对地震震波的分析，在通过这一岩层时，震波变慢，表明有水的存在。迄今为止，这一层尖晶橄榄矿物岩层和水体仅发现于美国大陆。该水体含有大约40亿立方千米的水，大约是地球所有海洋水量的3倍。

锰结核沉淀物

　　大致讲，锰结核是海洋残骸周围锰氢氧化物和铁的球形结合体。它们由于金属沉淀及其他化

最大的冰川崩解拍摄

　　2012年11月16日，纪录片《逐冰之旅》在美国发行。影片由杰夫·奥尔洛夫斯基执导，跟随摄影师詹姆斯·巴洛格及他的极端冰调查（EIS）团队，在格陵兰岛、冰岛和美国阿拉斯加州收集人类活动造成气候变化的证据。在拍摄过程中，团队在格陵兰岛的雅各布港（伊卢利萨特）格拉西尔露营了几个星期。在那里他们目睹了长达75分钟的冰川崩解，导致大约4立方千米的冰陷入海洋（上图）。这也是**拍摄过的最长时间的冰川崩解**。

你如何总结你这次下潜的贡献？

　　嗯，通常去征服世界上最后的地理疆界都是很令人兴奋的。要估量我们所做的一切如何能使年轻人感到兴奋从而成为海洋探险者、科学家或工程师是不可能的。

　　更具体地说，我们的"指纹"和"DNA"可以在如今的大部分潜水交通系统中找到。在商业展示中看到一个新型潜水器的设备并引发思考的感觉是很好的。"是的，我们在50年前第一次做到了。"

宝石与矿物

一台电视机中含有约35种不同的矿物，一部车中就含有约15种

英国皇冠数字集锦

2.23千克
英国君主加冕用皇冠，圣·爱德华皇冠的重量

530.2克拉
英王权杖顶端"非洲之星I"的重量。它是**最大的无瑕切割钻石**（106.04克）

3000
帝国皇冠的宝石数量。乔治六世（现任女王的父亲）曾用其加冕

317克拉
"非洲之星II"的重量，镶嵌在帝国皇冠上（63.4克）

3106克拉
目前发现的**最大钻石**卡利南的重量（621.2克）。非洲之星I和非洲之星II都由其切割而来

6000
印度帝国皇冠上钻石、红宝石和绿宝石的数量。1911年，乔治五世在德里的仪式上佩戴过一次

将钻石作为工具的最古老的应用

美国马萨诸塞州剑桥市哈佛大学的研究人员表示，古中国大约在6000年前使用钻石来打磨、抛光仪式上用的墓葬石斧。当时工艺的水平即使是现代技术也难以媲美。这些石斧的尺寸从13到22厘米不等，可以追溯到公元前4000年—公元前3800年的三星村文化及大约公元前2500年的良渚文化。这一发现在2005年2月期的《考古学》杂志上有报道。

钻石，碳（C）的同素异形体，莫氏硬度为10级，是**最坚硬的元素**。钻石主要产出地为印度、巴西、南非和我罗斯。

滑石是地球上**最软的矿物**。莫氏硬变采用滑石作为起始的1.00级。滑石是一种硅酸盐矿物，和地球上许多其他重要的矿物一样，含有二氧化硅、镁以及微量水元素。

最大的钻石矿床

位于俄罗斯萨哈（雅库特）的尤比列伊内露天钻石矿就在已知储量最大的钻石矿床上。这个矿藏也被称作禾比利矿，截止到2013年1月，该钻石矿含有的可开采钻石含量达1.53亿克拉之多，包括5100万克拉的地下储备。1986年起，该矿产由俄罗斯国有埃罗莎钻石公司的艾克哈尔开采与加工部持有经营。

地壳中含量最多的矿物

长石（右图）是一种在岩浆中结晶的矿物质，分子式为$KAISi_3O_8$-$NaAISi_3O_8$-$CaAl_2Si_2O_8$。与石英和云母一样，长石也是花岗岩的组成成分之一。长石有各种形态，包括斜长石、正长石、钠长石和钙长石，在地壳所有岩石中占有60%的比例。

地球上最丰富的矿物质是硅酸盐（由硅酸和氧构成）——包括长石——在地壳中的比例约为95%。这就解释了为什么氧在大部分地壳中占据了如此大的比例——约46%。左图所示为一块结晶硅。

最大的铅生产商

铅是一种金属，已经被人类开采使用了几千年。它很容易从铅矿中提取，而且具有高度延展性。2014年，中国铅产量最高，达到了295万吨，约占全球产量的一半。

最大的……

鲍鱼珍珠

2010年5月31日，在美国加利福尼亚州门多西诺市，达特·维·张（美国）发现了一颗尺寸为 14 x 8 x 4厘米，重达718.50克拉的巴洛克鲍鱼珍珠。因其不能人工养殖，所以所有的鲍鱼珍珠都是天然生成的。这种软体动物（鲍鱼属）习惯于生活在中温的海洋，非常常见，但极少产珍珠。鲍鱼珍珠形状不规则，有着红色、绿色、蓝色和黄色的彩虹色泽。

玛瑙

2009年10月25日，在中国辽宁省阜新市一项由阜新市市政府发改委组织的活动中验证了一块重达61,090.2千克的玛瑙。

琥珀

琥珀屋和哥本哈根琥珀博物馆（均属丹麦）拥有一块47.56千克重的琥珀。这个数据是2015年3月31日在丹麦哥本哈根一座名为坎尼沃尔夫斯的房子（琥珀屋和琥珀博物馆所在地，译者按）里测量的。这件独特的物品在2014年印度尼西亚西苏门答腊省的德哈马斯雅地区被发现，极有可能已有1500万——2500万年的历史。

紫晶洞

位于中国山东省的山东天宇自然历史博物馆展出了最大的紫晶洞。长3米，宽1.8米，高2.2米，重13吨。

海蓝宝石

1910年在巴西马拉巴亚附近发现了一块重达52万克拉的海蓝宝石（$Al_2Be_3[Si_6O_{18}]$）。它分割出了超过20万克拉宝石级的海蓝宝石。

第一颗人造钻石

1955年2月，美国纽约州斯克内克塔迪市的通用公司实验室里，科学家揭晓了一套超高压设备——"钻石压力机"。由活塞围造出来的小舱室可以产生约150万镑/平方英尺（10亿千克力/平方米）的压力和2760摄氏度的高温。随着电流，金属和碳被融合在一起，然后冷却10—20分钟。结果：重1/10克拉的完美人造钻石就诞生了。

黑曜石的最早应用

黑曜石——火山喷发后迅速冷却的长石熔岩——被镁和铁赋予了深棕到黑的色彩。经过处理黑曜石可以打磨出锋利的边缘，这对于早期的人类来说是无价之宝，因为可以应用于切割。肯尼亚的卡利安度西史前遗址中发现了人类最早使用黑曜石的依据，可以追溯到约70万年前的旧石器时代早期。

0.00000000016米 碳原子直径；碳是**具有最多同素异形体的元素**，因为碳原子可以以7种不同的形态连接在一起

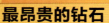

最大的石膏晶体

2000年，在墨西哥奇瓦瓦沙漠奈卡山下方，人们首次发现了这个水晶洞。洞内有半透明的单一石膏晶体，其中最大的一块长11米，重约55吨。

黑猫眼石

最大的黑猫眼石由达拉斯、朱迪斯、香农、杰弗里和肯·韦斯特布鲁克（均为澳大利亚人）共有。尺寸为2450×1460×527毫米，重11,340.95克拉。它是在澳大利亚新南威尔士的闪电岭被发现的。

蓝宝石雕刻品

2005年3月19日，美国北卡罗来纳州锡克里都市会议中心举办的宝石、矿物、珠子、化石及珠宝联展

上展出了一件重达80,500克拉（16.1千克）的蓝金灰色的蓝宝石雕刻品。它的主人花费了3年的时间用钻石来雕琢它。

砂金

1872年10月19日，这块名为霍尔特曼的金块在澳大利亚新南威尔士得的希尔恩德（当时叫秃山）被拜耳&霍特尔曼希望之星金矿公司发现。在235.14千克的金板中含有约82.11千克的黄金。

最昂贵的钻石

2010年11月16日，在瑞士日内瓦苏富比拍卖行，这颗名为"格拉夫粉红"的24.78克拉浓彩粉红钻石售出了45,442,500瑞士法郎（46,158,674美元；28,757,507英镑）。它也是**拍卖售出的最昂贵的珠宝**。左图为**拍卖售出的最昂贵的艳橙色钻石**。2013年11月12日，它在瑞士日内瓦佳士得拍卖会上的售出价格为3260万瑞士法郎（3550万美元；2200万英镑）。

👤 未得逞的抢劫

2015年4月，正值复活节银行假期的周末，窃贼们在伦敦哈顿公园珠宝区抢走了价值2亿英镑（3.8亿美元）的70个装有珠宝的盒子后潜逃。这是一笔巨款，然而这起案件的金额却轻而易举地被未能得逞的**最大起珠宝抢劫**超过了……

2000年伦敦千禧年穹顶纪念馆正在举办卓越的珠宝公司德比尔斯公司的美石展。其中一件顶级展品，仅一颗名为"千禧之星"（上图）的重达203克拉的无瑕宝石就价值2亿英镑（2.85亿美元）。

一伙窃贼策划了一个阴谋，打算驾驶挖掘机闯入展览会，抢走约价值3.5亿英镑（5亿美元）的12颗钻石，然后乘坐快艇从泰晤士河逃跑。

结果未能得逞。在这场策划抢劫之前的两个月，这个团伙中的两名成员已经被警方认出，被监控展览会的摄像头拍个正着。2000年11月6日，警方用水晶赝品替换了钻石。当天这个团伙本打算实施抢劫的，但泰晤士河天气状况不佳，于是他们推迟了24个小时。第二天，他们在烟雾弹和面具（右上图）的掩护下，打碎了展示柜（左上图），但迅速被警方包围了。

该团伙的一个成员懊悔地说，"如果不是有140个警察守株待兔，我们本来应该已经带着钻石跑掉了。"

最大的玫瑰石英球

直径为96.6厘米最大的玫瑰石英球为日本东京町田市的西山义行所有。2013年5月21日，其尺寸得到了认证。这颗巨大的带有粉色纹理的宝石重1220千克，最初产自巴西。

地球资源

海洋中的黄金是已开采**黄金**数量的8倍

数字集锦

1.5千克
为制作一个32兆的微芯片所需的矿物燃料的重量

28%
发达国家从煤中获得的能量所占比例；从天然气中获得的能量是20%，而石油是能量的主要来源，达40%

60
手机里化学元素的大致数量

75磅
从每100万回收的手机中可提取的黄金的重量（34千克）

190亿
美国每日消耗的石油桶数

600亿吨
全球每年提取的原材料的重量；这比40,000座帝国大厦还要重

第一个禁止水力压裂的国家

　　水压致裂法，也称作"水力压裂法"，是一种使用高压的水、沙子和化学制品的混合物提取碳氢化合物的技术。其潜在的风险，如造成地下水污染甚至引发地震，使得这一技术颇受争议。2011年6月30日，法国议会投票表决在法国全面禁止这一技术。

最深的海底钻井

　　2009年9月，归美国越洋公司所有的深海地平线钻井平台钻出史上最深的油井，其测量深度为35,055英尺（10,685米）。这比**最高的山**——美国夏威夷冒纳凯阿山还高，该山从海底到山顶高33,480英尺（10,205米）。钻井位于基思利峡谷102区块的泰伯勘探油井，在美国得克萨斯州休斯敦东南方约250英里（400千米）处，距水面4132英尺（1259米）。

最大的油轮

　　韩国的大宇造船海洋工程公司于2002—2003年间建造了四艘国际油轮级的超大型原油运输船。船长379米，宽68米，满载时排水量达517,659吨。四艘船名字分别为"国际油轮欧洲"号、"国际油轮大洋洲"号（均属欧航公司所有）、"国际油轮非洲"号和"国际油轮亚洲"号，它们是自"亚勒维京"号（也被称作"海上巨人"号和"诺克·内维斯"号）之后建造的最大的船只。

第一个开采天然气水合物的国家

　　天然气水合物有时被称为"可燃冰"，是类似冰状的固体，在其晶体结构中内含甲烷气体，出现在海底沉淀物下。2013年3月，日本宣布在距日本本土约50千米的南海海槽，从水合物中提取出甲烷气体。然而，截止到2015年2月，此地还没开始商业开采。

最高的天然气管线

　　2009年8月16日，经测量，由秘鲁的液化天然气SLR公司和德兴国际会共同管理的最高的天然气管线的高度为海拔4900米。它穿过秘鲁，从阿亚库乔省的齐昆切卡到潘帕·莫尔乔利塔，全线超过400千米。

　　最长的海上天然气管线是北溪管线，它是一对平行的管道，在波罗的海下面延伸1222千米。2012年10月8日，这对管线开始运行，连接着俄罗斯的

维堡市和德国的格赖夫斯瓦尔德市。这对管线每年可从俄罗斯向欧洲输送550亿立方米的天然气——足够2600多万欧洲家庭使用。

最大的天然气田

　　1971年，人们发现了位于跨越伊朗——卡塔尔边境的南帕斯/北方天然气田，地下覆盖面积为9700平方千米。估计

第一口油井

　　有证据证明，油井打钻可追溯到公元347年的中国，人们使用的是基本的钻头，钻头被固定在竹子做的管道上。用这种办法可以钻到240米的深度。上图是现代对这一过程的再现。

最大的页岩气存储量

　　2013年，美国能源信息管理局（EIA）发布了对全球页岩气存储的分析报告。中国页岩气存储量最大——约31.57万亿立方米，且当今的技术可以对页岩气进行开采。存储量第二的是阿根廷，约22.71万亿立方米。

　　相比较而言，中国的页岩气存储量在体积上约等于126亿个奥林匹克比赛用的游泳池。

! 小知识

在地球表层以下是页岩层——页岩是一种可以将天然气存于其中的岩石。这是一种好的能源来源，但环保人士担心提取它可能会带来破坏。

0.00000000028米　水分子直径，微小的V形分子是现存的最小的分子之一

最重的海上石油平台

海伯尼亚石油平台位于加拿大纽芬兰岛沿岸上的大西洋中。它上端有37,000吨的生产设备，下面有600,000吨的底座，可以储存130万桶石油。底座还存放着450,000吨的固体压载，使平台固定到海底。平台上有280名工作人员，上层设备的设计可以承受来自北极冰山的影响。

它的存储量和塞浦路斯或3600亿桶石油相当。

最深的矿

南非卡尔顿维尔附近的陶托纳金矿归盎格鲁金矿阿散蒂公司所有。它开采于1962年，到2008年开采深度已达3.9千米。

最大的青金石矿

青金石因其浓郁的深蓝色彩而具有较高的价值，是一种半宝石。在阿富汗巴达赫尚省的科克恰峡谷的萨雷-桑矿床，估计每年可发掘9000千克矿石。

持续时间最长的溢油燃烧

2010年5月19日，伊莱斯特/美国海环公司（美国）故意点燃溢油，使其持续燃烧达11小时48分。此举是为了清除在美国墨西哥湾的深水地平线钻井平台爆炸后泄漏的石油。

最深的露天矿

位于美国犹他州盐湖城的宾厄姆坎宁铜矿，归里奥·廷托·肯尼科特（美国）所有。此矿宽约4千米，深约1.2千米，于1906年开始运营。2012年，该矿场生产铜、金和其他金属共约179,317吨。

最大的煤炭消费国

中国国家统计局数据显示，2013年，中国消耗了36.1亿吨煤炭。

美国是**最大的天然气消费国**。美国能源信息管理局数据显示，2013年，美国天然气消耗量约为7300亿立方米。

最大的产油公司

沙特阿拉伯石油公司（也被称作沙特阿拉伯国家石油公司）拥有3,032,850亿桶价值的石油储量。

最大的海上钻机制造商是吉宝远东（新加坡），从2013年1月1日到12月31日生产了21架海上钻机。

位置最北的全年运转油港

瓦兰杰伊海上钻井位于北纬69°03′11″，东经58°09′07″，距离俄罗斯涅涅茨自治区的瓦兰杰伊海岸22千米。它归俄罗斯卢克公司所有，于2008年6月9日开始运转。

采矿业

现代人类出现于200,000年前。考古学家估计最古老的矿场——埃及加尔巴省吉萨娑婆诃的黑硅石（二氧化硅）矿——是在100,000年后，在旧石器时代中期才第一次被人们使用。我们的祖先使用硅石制作工具、生火。自那时起，为了寻求宝贵的金属、能量供给及有用的矿物质，我们一直在挖掘，越挖越深。

位于印度尼西亚巴布亚省的格拉斯贝格矿场（上图）是**最大的金矿**，坐落于**最大的金矿矿床**。截止到2012年12月31日，估计这里已知的金储备总量达202,172.6千克。格拉斯贝格矿场也出产其他金属，是世界上第三大铜矿。

位于加拿大萨斯喀彻温省北部的麦克阿瑟河铀矿大部分（69.8%）归加拿大卡梅科公司所有，是**产量最大的铀矿**。2013年，它出产7744吨铀，这在当时占全球铀矿产量的13%。

位于巴西北部帕拉州的卡拉加斯铁矿（下图）是**最大的铁矿**，截止到2012年12月，其铁矿石储量为72.7亿吨。同年，其出产的铁矿有10,670万吨。20世纪60年代，丰富铁矿床无意中被测量员们发现，他们的直升机需要加油，降落在山上，因注意到这片土地非常贫瘠，他们做了取样分析。同格拉斯伯格矿场一样，卡拉加斯铁矿也出产包括金、铜和锡在内的其他金属。

> **小知识**
>
> 宾厄姆坎宁铜矿约为巴黎埃菲尔铁塔高度的四倍，宽度和美国纽约州曼哈顿岛的宽度大致相等，曼哈顿岛最宽处为3.7千米。

动物

最大的掠食性鱼类

成年大白鲨（学名：Carcharodon carcharias）平均体长14—15英尺（4.3—4.6米），体重约1980磅（898千克）。许多未经证实的说法称庞大的大白鲨长达33英尺（10米），并有大量的间接证据表明，个别大白鲨体长超过20英尺（6米）。

这张非同寻常的雌性大白鲨照片是由一位名叫阿曼达·布鲁尔的鲨鱼爱好者于2014年8月22日拍摄的。她是一名来自美国新泽西州的教师，在南非莫塞尔湾的非洲大白鲨慈善机构做志愿者。在锡尔岛沿海特制的防咬笼里，她用新的GoPro相机拍摄到了这只大白鲨；10月5日，照片被贴到"推特"上之后迅速传开。

0.0000000008米　葡萄糖（也称右旋糖）分子（C$_6$H$_{12}$O$_6$）

目录

聚焦
蓝鲸

科学家们可以通过计算蓝鲸耳内的**蜡质层**来判断**其年龄**

长度（成年）：
可达30米

重量（成年）：
可达200吨

平均寿命：
80—90年

妊娠期：
10—12个月

速度：
可达50千米/小时

全球数量：
10,000—25,000头

最大潜水深度：
500米

很多人都会觉得奇怪，地球上最大的哺乳动物居然不是恐龙。事实上，**迄今为止世界上最大的哺乳动物**，也是**世界上最大的动物**今天依然活蹦乱跳，或者说摇头摆尾。

蓝鲸（学名：Balaenoptera musculus）长约30米，重约200吨，通常能长到平均23—27米长，100—150吨重。具体尺寸见反面信息图。

与恐龙相比，蓝鲸的体重上限是暴龙的28倍，估算重量约为迄今已知最大的恐龙目恐龙的3倍。

究竟是什么使得这种生物长得如此巨大，以至于超过世界上所有在它以前存在的生物呢？原因就在于它的生存环境。恐龙与其他陆地动物不得不与重力对抗，而水的自然浮力抵消了这股向下的力量。虽然陆地动物可以长成巨大的身形，但总会遇到一个生物分界点。因为能支撑如此巨大身躯并保证其有效运动的骨骼与肌肉会按照比例逐渐长到极限。

定位器

迁徙路线
冬季主要繁殖地区
蓝鲸活动范围

地球上除了两极水域以外的所有海洋中都有蓝鲸的身影。冬季它们通常在热带繁殖，夏季迁徙到纬度较高的地区进食，这使得蓝鲸成为了世界上**最大的迁徙动物**。

体积庞大，数据惊人

无论从哪个角度而言，蓝鲸都是庞大的。没有哪种动物能够比蓝鲸更重，它的数个脏器都打破过纪录，即使是蓝鲸幼崽也比许多成年动物尺寸还大。我们通过这幅剖面图来探索一下它超大的结构……

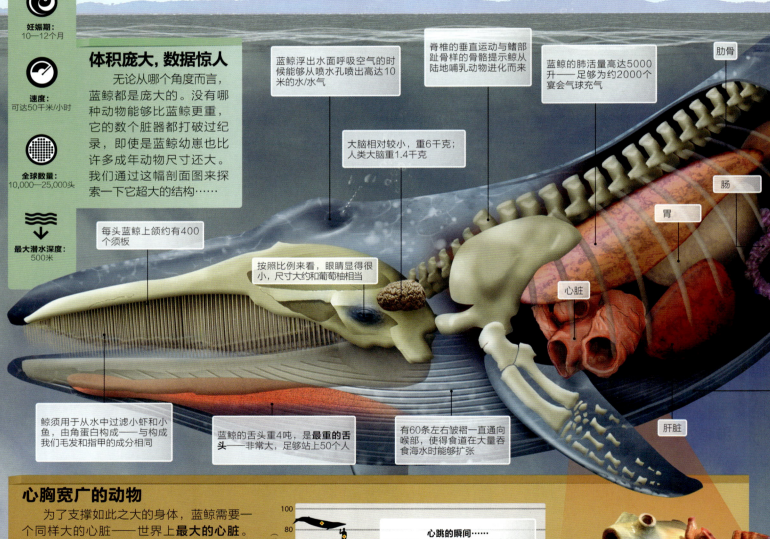

蓝鲸浮出水面呼吸空气的时候能够从喷水孔喷出高达10米的水/水气

脊椎的垂直运动与鳍部趾骨样的骨骼提示鲸从陆地哺乳动物进化而来

蓝鲸的肺活量高达5000升——足够为约2000个宴会气球充气

肋骨

大脑相对较小，重6千克；人类大脑重1.4千克

肠

胃

每头蓝鲸上颌约有400个须板

按照比例来看，眼睛显得很小，尺寸大约和葡萄柚相当

心脏

鲸须用于从水中过滤小虾和小鱼，由角蛋白构成——与构成我们毛发和指甲的成分相同

蓝鲸的舌头重4吨，是**最重的舌头**——非常大，足够站上50个人

有60条左右皱褶一直通向喉部，使得食道在大量吞食海水时能够扩张

肝脏

心胸宽广的动物

为了支撑如此之大的身体，蓝鲸需要一个同样大的心脏——世界上**最大的心脏**。它重达680千克——比人类的心脏重2226倍，尺寸与大众甲壳虫汽车相近。主动脉足够人葡匐通过（右图）。

心跳快慢与寿命长短相关——见人类与其他动物比较表。蓝鲸是**心跳速度最慢的哺乳动物**，心跳每分钟4至8次，他们的寿命可达80—90年。

心跳的瞬间……
研究表明，通常心跳缓慢者寿命较长，这也解释了为什么蓝鲸长寿而鼠类短命的原因。

生命周期（年）
心跳（每分钟次数）

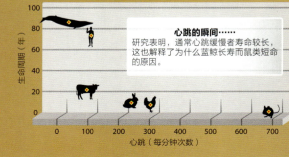

0.000000003米　DNA分子的宽度；如果将其散开排列，人体内所有的DNA分子足够从太阳到地球间往返多次

如果上述情况属实的话，按理说你也许会这样问：为什么蓝鲸不能长得更大一些呢？哦，它们的身体结构也有其局限性。随着鲸的成长，它身体的所有部分也都在成长；诸如肝脏、心脏一类的重要脏器只能与这样的体重相匹配。还有一个问题是如何找到足够食物来为如此巨大的身体提供能量来源。所以，就目前可

预测的未来来看，蓝鲸的尺寸是相当安全的。

如今野生蓝鲸数量仅有10,000—25,000头，已经被国际自然保护联盟列为濒危物种。这个数字听起来虽然很大，但只是1911年总数的3%—11%。蓝鲸大量减

少主要是20世纪初密集的商业捕鲸造成的。

自从1966年被列为保护物种以来，蓝鲸数量有了稳定增长，所以对这些温和的巨型动物而言，前途看起来一片光明。

+ 回味无穷

蓝鲸的食物不是单一的，大部分是一种名为磷虾的甲壳纲动物，不过几厘米长。这一极端的尺寸差距是自然界**捕食者与被捕食者最大的差距**。

蓝鲸进食时张开洞穴一样的大口，吞进满是磷虾的海水，然后世界上**最重的舌头**（见第30页）就会发挥它的作用，抬高上颚，挤出海水，因为蓝鲸上颌有鲸须的阻隔，磷虾无法逃脱。看这里，它们还没有被吞掉之前就已经深陷其中了。

与名字不太相符，蓝鲸的颜色其实是蓝与灰的混合色，在水下显得更蓝。科学家们用这一独特的标记来辅助识别个体

膀胱

肾脏

尾鳍宽7.6米——与足球网的尺寸相近

如果按照每个人平均身高为1.75米来计算，一头成年蓝鲸大约是人的13—15倍。但体重却是人的1560—2340倍！

幼鲸是**最大的幼崽**，出生时长6—8米，重2—3吨

! 小知识
一头蓝鲸幼崽在最初的几个月每天能消耗190升脂肪含量达40%—50%的奶，一年后，它的体重将增加约32,850千克！

皮下厚厚的鲸脂层为内脏保温，在迁徙中也是能量的来源

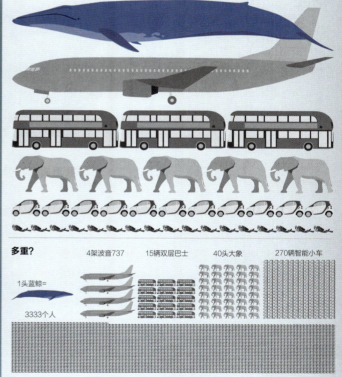

多长？

多重？

	4架波音737	15辆双层巴士	40头大象	270辆智能小车

1头蓝鲸=

3333个人

以最大尺寸为准（非平均值）

结识鲸的家族
蓝鲸不是唯一创纪录的鲸类……

座头鲸
座头鲸每次迁徙的距离长达8200千米，是**最长的哺乳动物迁徙**。

虎鲸
尽管它的名字叫虎鲸，但其实是海豚，虎鲸是**速度最快的海洋哺乳动物**，速度可达55.5千米/小时。

居维叶突吻鲸
2013年的一项研究跟踪这些鲸鱼到达深度为2992米的深度——这是**潜水最深的哺乳动物**。

抹香鲸
抹香鲸的大脑重9千克——是**最重的大脑**。

小头鼠海豚
这种**世界上最小的海豚**野生数量不足100只，而且被困在加利福尼亚湾，被世界自然保护联盟列为**最稀有的鲸类动物**。

蝙蝠

蝙蝠是唯一能够**真正飞行**的哺乳动物

数字集锦

225
世界上**蝙蝠种类最多的国家**印度尼西亚境内蝙蝠的种类

1240
现今科学界已发现的蝙蝠物种大致数量，这一数字在逐年增加

300,000
美国佛罗里达大学人工蝙蝠栖息地汇集的蝙蝠数量，这里已经成为**蝙蝠最多的人工蝙蝠栖息地**

最大的蝙蝠族系

蝙蝠科目前有多达300余个种类，并且记录的种类仍在逐年增加，包括：伏翼蝠、大棕蝠、管鼻蝠、鼠耳蝠属和宽耳蝠。**最小蝙蝠族系**为凹脸蝠科，只包括一个单一种类：Craseonycteris thonglongyai，也称泰国猪鼻蝙蝠或大黄蜂蝠（见下图）。

最大的蝙蝠栖息地

每年3月至10月，多达两千万只墨西哥游离尾蝠（学名：Tadarida Brasiliensis）的雌性和幼崽会出现在美国得克萨斯州圣安东尼奥的布拉肯洞穴。当地机场雷达总能检测到他们夜间飞行觅食的影像。

同样具有迁徙性的蝙蝠迁徙出现在美国得克萨斯州奥斯汀市安·W. 理查兹国会大道大桥，这也成为**最大的城市蝙蝠栖息地**。夏天，大概有75万到150万只蝙蝠倒挂在桥下或栖息在桥构架的缝隙中。

最罕见的蝙蝠

澳洲假吸血蝠（学名：Macroderma gigas）的具体数量还是一个未知数，据推测可能不超过1500只。这种蝙蝠早先发现于澳大利亚北部，现最大的族群栖息于澳大利亚昆士兰的埃特纳火山洞。1966年，在石灰岩采石场开采之前，有450只蝙蝠栖息在洞穴中。尽管在采石过程中进行了充分的保护，但目前这种蝙蝠数量不足150只。

最早的蝙蝠物种

1966年，官方命名并正式予以描述确认的最古老的蝙蝠物种为伊神蝠（学名：Icaronycteris index）。这种蝙蝠的起源可追溯到始新世（5350万—4850万年前）。

这种蝙蝠之所以被熟知，是因为在美国怀俄明州的格林里弗地层中发现了四组保存完好的化石，这些骨架属于小蝙蝠亚目。化石显示这种蝙蝠长约5.5英寸（14厘米），翼展达14.5英寸（37厘米）。

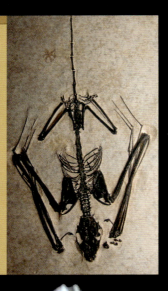

小知识

在刚出生时，一只蝙蝠幼崽的重量能达到它母亲体重的四分之一，这相当于一位妇女生了一个14千克重的小孩——14千克是三岁小孩的平均体重！

最大的蝙蝠

在蝙蝠家族中，狐蝠又称果蝠（果科）是公认的巨型蝙蝠。果蝠（学名：Pteropus）族群中一般种类的蝙蝠头身长约45厘米，翼展约1.7米，重达1.6千克。其中最大的要属大狐蝠（学名：P. vampyrus）和巨型飞蝠，又名印度狐蝠（学名：P. giganteus）。与其他蝙蝠靠回声定位来捕食昆虫不同，狐蝠生活在亚洲热带雨林中，以花蜜、花朵、花粉和水果为食。

最小的哺乳动物

小小的猪鼻蝙蝠（学名：Craseonycteris thonglongyai）的身体不比大黄蜂大。它的头身长仅有2.9—3.3厘米左右，平均翼展13—14.5厘米，重量也仅有1.7—2克。

真实大小

听觉最敏锐的非水生动物

蝙蝠以超声波回声定位来搜寻猎物和交流。它们用嘴和鼻子发送声波。当声波碰撞到障碍物，回声反弹回来。大多数物种声波频率为20—80千赫。人类仅能听到20千赫以下的声音。蝙蝠的回声定位系统十分精确，可探测到像蚊子那样小的昆虫。

0.000000012 米　抗体的长度

哺乳动物最盛大的聚会

每年10月份，有500万到1000万只来自非洲的黄毛果蝠（学名：Eidolon helvum）聚集在面积为1公顷的赞比亚国家公园湿地森林。在六个星期的停留中，夜间，它们靠猎取野果为食；白天，它们则倒挂在树上睡觉，树枝常常因为蝙蝠数量太多而折断。

欧洲哺乳动物的新成员

2007年，正式记录的塞浦路斯岛地域性动物塞浦路斯高音伏翼蝙蝠（学名：Pipistrellus pygmaeus cyprius）是在欧洲最新发现的哺乳动物。它独特的回声定位波可达到55千赫兹，比与它有近缘关系的普通伏翼蝙蝠（学名：P. Pipistrellus）要高10千赫兹。

最北部的蝙蝠物种

北部蝙蝠（学名：Eptesicus nilssonii）主要分布在挪威北极圈的欧亚地区。有记录的样本来自北纬70°东经25°的挪威奥斯特塔娜。

蝙蝠飞行的最远距离

一只欧洲褐山蝠（学名：Nyctalus noctula）的实验样本飞行了2347千米的惊人距离。1957年8月，俄罗斯蝙蝠专家皮特·P.斯特列尔科夫博士首次在俄罗斯沃罗涅日给这只蝙蝠蝠上了跟踪环。1961年1月，在保加利亚南部这只蝙蝠再次被发现。

在飞行中能承重最大的蝙蝠是雌性的东部赤蓬毛蝠（学名：Lasiurus borealis）。这种体型强壮的飞行者平均体重为9.5—14克。它们可以带着2—3只幼崽飞行，飞行时幼崽紧紧抓着雌性赤蓬毛蝠浓密的皮毛。这些幼崽的总重量早已超过它妈妈的自身重量。

蝙蝠的最长妊娠期

相较于人类9个月的孕期，常见的圆形叶口蝠（学名：Desmodus rotundus，右图）孕期长达7—8个月。蝙蝠的哺乳期长达9个月，甚至更久。

蝙蝠最大繁殖量

大多数品种的蝙蝠只能生育一个幼崽，但是蓬毛蝠中某些种类，如东部赤蓬毛蝠（学名：L. borealis）、霜红蝠（学名：L. cinereus）和北部黄蝠（学名：L. intermedius），它们都最多可生育四只幼崽。

长耳蝙蝠（相对于身体长度）

加拿大西南部、美国西部以及墨西哥北部一带的斑纹蝙蝠（学名：Euderma maculatum）有着半透明的粉色的耳朵，每只耳朵长达5厘米。它的整个头和身体的长度也不过6—7.7厘米。

舌头最长的哺乳动物（相对于身体长度）

厄瓜多尔的安第斯山脉有一种舌头长达8.49厘米的管唇花蜜蝙蝠（学名：Anoura fistulata）。它的舌头是它身体长度的1.5倍。不用舌头的时候，它会把它放在胸腔里。这种动物是由美国佛罗里达州迈阿密大学的内森·穆察哈拉博士在2005年首次发现和描述的。管唇花蜜蝙蝠是仅有的能为有长达8—9厘米管状花朵的长管花传播花粉的传播媒介。

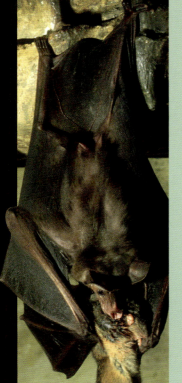

最大的食肉蝙蝠

生活在墨西哥、美国中部和南美北部的尖齿光谱蝙蝠（学名：Vampyrum spectrum）当之无愧被冠以"新世界最大蝙蝠"的称号。它的翅膀展开后长度超过100厘米，头尾长12.5—13.5厘米，是一种美洲假吸血蝠，曾一度被误认为是吸血为生的物种。但实际上，它以捕食小型哺乳动物（包括其他种类的蝙蝠）、鸟、小型爬行动物、两栖动物和昆虫为生。

嗜血成性

布拉姆·斯托克经典哥特式小说《德库拉》催生了惊悚电影《吸血鬼诺斯费拉图》（下图），让我们对吸血蝙蝠有了深刻的印象，与其说惊骇，不如说让人着迷。

普通的吸血蝙蝠（学名：D. rotundus，上图）仅有20颗牙齿，是蝙蝠类中牙齿最少的种群。门齿和犬齿较大，用以咬破皮肤，形成流血的伤口，但是其他的牙齿则很小。美国中部和南部现有三种此类蝙蝠。

吸血蝙蝠每顿要吸1盎司（28.4毫升）的血，否则它们很快就会饿。一群约100只的吸血蝙蝠一年能喝掉相当于25头奶牛的血，但它们的个头仅比成年人的大拇指要大一些。

相对于人的血液来说，吸血蝙蝠更喜欢吸猪、鸡、牛或马的血液。它们用门齿咬破皮肤，然后它们用沟槽形的舌头来舔舐伤口流出的血液，而不是吮吸血液。这种蝙蝠的唾液中含有一种名叫得古林的抗凝血剂，能够防止血液凝固。被吸血的人不会死，但是可能因为这些不速之客而受到感染。

熊

灰熊以皮毛末端或白或灰（"灰白"）的颜色而得名

数字集锦

**30,000
平方千米**
北极熊的活动范围，陆地上哺乳动物范围最大的活动范围

15
大熊猫每天用来进食的小时数

8
现今存活的熊的种类

200,000
生活在欧亚大陆和北美洲野生棕熊的大概数目

82摄氏度
阳光直射下黑熊的皮毛可以达到的温度

50
寿命最长的圈养棕熊安德烈亚斯的年龄，它于2013年5月24日死于希腊

5,300,000
5,300,000年前，几种熊属谱系出现，懒熊是其中的幸存者

25年
野生灰熊的平均寿命；圈养熊的寿命是其两倍

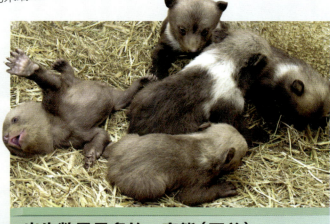

出生数量最多的一窝熊（圈养）

2002年1月6日，5只可爱的毛茸茸的小棕熊（学名：Ursus arctos），出生在斯洛伐克科希策州卡韦凯尼的科希策动物园。三只雄性熊宝宝和两只雌性熊宝宝，分别被命名为米索、塔皮克、达泽尔、布布和辛迪。一次生出5只小熊使得其父母和动物园备受瞩目，因为大多数熊通常一次只生一只或两只幼崽。

最常见的熊

美国黑熊（学名：U. ame-ricanus）的数量约为600,000—800,000只，是世界上其他七种熊总数的两倍。它们生活在陆地上的大部分森林中。

拥有最多亚种的熊是棕熊（学名：U. arctos），原产于欧亚大陆和北美洲。它的家谱中有15种幸存的亚种，包括红毛的喜马拉雅棕熊（学名：U. a. isabellinus）、西藏蓝熊（学名：U. a. pruinosus）、常见的灰熊（学名：U. a. horribilis，见下图）和科迪亚克棕熊（学名：U. a. middendorffi）。

最新种类的大熊猫

2005年，秦岭大熊猫（学名：Ailuropoda melanoleuca qinlingensis）第一次被正式承认为一个独立的亚种。不同于我们熟悉的大熊猫，它有深棕和浅棕色的皮毛，头较小、较圆，牙齿稍长。目前有200—300只栖息在中国南部的秦岭山区。

最小的大熊猫是现已灭绝的小型大熊猫（学名：A. microta），在距今200万年至240万年前进化而成。大约1米长，像肥胖的家养狗，曾生活在中国热带低地的竹林里。

小知识

美洲黑熊体色有很多种，从黑色、深浅不同的棕色到白色。这些不同的颜色有助于伪装和控制热量，毛皮颜色越浅越能反射更多的阳光，颜色越深吸收的阳光越多。

尾巴最长的熊

大多数熊的尾巴都很短或几乎没有（不像他们早期的祖先）。亚洲懒熊（学名：Melursus ursinus）是尾巴最长的熊，长达15—18厘米。

进化论者认为，熊的尾巴变短是因为它没什么用处。熊的近亲——狗，其尾巴在交流中起着非常重要的作用，因此狗的尾巴至今还是又长又明显。而熊在展示动作的时候，往往采取直面或脸朝上的姿势，根本看不见尾巴。

最快的熊（持续运动）

熊一般不快速活动。据可靠记载，熊最快速度为56千米/小时，这是由一只北极熊（学名：U. maritimus）于2011年12月16日在加拿大马尼托巴省丘吉尔城的公路上创下的纪录。

北极熊具有同类动物中**最有效的保温系统**。由于其毛皮和脂肪层厚达10厘米，即使当外部温度降低至零下37摄氏度，它的体温和新陈代谢还能保持正常。

北极熊的**鼻子**是陆地哺乳动物中最灵敏的，可以探寻到30多千米外，甚至冰层下的猎物，如海豹。据记录，一只熊为获取食物行走了直线距离为32千米的路程。

最小的熊

马来太阳熊（学名：U. malayanus）成年雄性体长1.4米，夺得最小体型奖。太阳熊因其胸部金色新月形斑纹而得名。它是敏捷的爬树能手，能用长舌和15厘米长的爪子去搜寻水果、蜂蜜和虫子。

史上最大的熊

中更新世（距今250万至100万年前）时期的暴君北极熊（学名：U. m. tyrannus）大致体貌如下图左一，要不是当时环境的酷虐，它能比以后出现的其他所有熊都高很多。它直立时肩高1.83米，身长3.7米，体重平均至少1吨。这个化石亚种也是**最早期的北极熊**，曾经是陆地上最大的食肉类哺乳动物。

在它旁边的是现代北极熊，目前体型最大的熊（见下页），雄性熊从鼻子到尾巴长达2.4—2.6米。现代北极熊旁边是灰熊（学名：U. a. horribilis），身长1.5—2.5米，这样的身高仍使人类显得十分矮小。大熊猫（学名：A. melanoleuca）身长没有那么惊人——不到1.9米，但和体型最小的熊马来熊（见上图）在一起，看起来还是个庞然大物。

摩肩接踵的熊类游行——体型从大到小

0.00000006米　紫外线波长

食物种类最丰富的熊

眼镜熊（学名：Tremarctos ornatus）是南美洲唯一的一种熊，也是最大的陆地食肉哺乳动物。它的食物种类超过80种，包括小羊驼（美洲驼的一种）、野兔、鹿、鸟、32种水果、11种仙人掌、22种凤梨科植物、各种各样的苔藓和兰科植物的球茎。它强壮的下颌肌肉和锋利的牙齿能够撕裂并咀嚼最坚硬的植物。

世界上最稀有的熊

麦克法兰熊（又名"重男轻女熊"或"意想不到的熊"），是一个有争议的物种。它唯一的个体——一只黄色皮毛的熊于1864年6月24日被两个猎人在加拿大的荒原地区（加拿大北部的大片亚极地草原地区）杀害。

它最初被认为是灰熊的一种，但是1918年，著名的美国博物学家，C. 哈特·梅里亚姆教授检查了它的头骨和毛皮后认为这种熊和其他种类的熊非常不同，并将其视为一个新的物种，学名为Vetularctos inopinatus。现在的研究人员认为它可能是一种罕见的灰熊或是灰熊与北极熊的杂交物种——灰北极熊。

👤 大熊猫的种种

大熊猫（学名：A. melanoleuca）一直被视为动物保护的标志。这种现实生活中的泰迪熊具有许多独特性，这些特点令它不负其名。

起源： 早在1800万年至2500万年前大熊猫就脱离了熊科，并且有了自己的亚科大熊猫科，是**现存熊科最原始的物种**。

栖息地： 中国特有。大熊猫生活在长满竹子的茂密山林中，它99％的食物都是竹子。位于邛崃和夹金山脉的四川大熊猫栖息地是世界**最大的邻近的大熊猫栖息地**。世界上超过30％的大熊猫生活在这片由自然保护区和风景优美的公园组成的9245平方千米的土地上。

育种和幼崽： 大熊猫平时独居，只有当雌性大熊猫到了交配季节，她才通过连续不断的独特叫声向雄性大熊猫表达爱意并达成交配。雌性大熊猫一次可产下一到两只幼崽。刚出生的幼崽全身几乎没有毛，身长只有15厘米，是熊猫妈妈的九百分之一，是**世界上相对于成年个体体型最小的胎生哺乳动物**。

圈养： 圈养的大熊猫全部都属于中国。美国四个动物园每年分别向中国政府交100万美元（66万英镑）作为每对大熊猫的租金。一次性支付60万美元可以得到一只刚出生的幼崽。高额的养护费，如竹子的供给和大熊猫安全的保护，使大熊猫成为**世界上最昂贵的动物园物种**。

陆地上最大的食肉动物

一只成年雄性北极熊（学名：U. maritimus）一般重400至600千克，它的胃容量约70千克。相对于素食，它的消化系统更适应肉类食物。北极熊以能够杀死海象（500千克）和白鲸（600千克）而闻名，这是动物中**最大的猎物**。

在远海上，他们用巨大的前爪划水，为了猎捕海豹能够游3000英里（4800千米）。

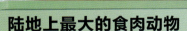

蜜蜂、胡蜂与大黄蜂

一群蜜蜂为酿造1千克蜂蜜，要飞行**14.5万千米**——这个距离比绕地球飞行三圈还长！

数字集锦

25,000+
蜂的种类

7
真正酿蜜的蜂种

20+
大黄蜂的种类

200
一只飞行的蜜蜂每秒钟振翅的次数

1盎司
一只蜜蜂绕地球飞行所消耗蜂蜜的重量

3—6000
平均每个蜂巢里胡蜂的数量

12—22
工蜂的平均寿命（天）

40
平均每年有40人被亚洲大黄蜂（学名：Vespa mandarinia japonica）蜇过后丧命

最大的大黄蜂物种

巨型大黄蜂（学名：Bombus dahlbomii）是存在于南美洲温带雨林的唯一本土蜂种，有着姜黄色外表的蜂王体长达4厘米。巨型大黄蜂曾遍布南美最南端巴塔哥尼亚地区数千千米，但近些年来，大黄蜂数量变得稀少，在不远的将来面临绝种，专家对此表示担忧。

最轻的胡蜂

Caraphractus cinctus是体型较小的寄生小胡蜂，常被称为柄翅卵蜂，体重轻至0.005毫克。567万个这种小胡蜂组合在一起重量才能达到一盎司（大约是一支铅笔的重量）。它遍布欧洲，是一种水栖淡水物种。它把卵寄生在水甲虫身上，把翅膀当作划动游动的工具。

不出所料，柄翅卵蜂创造了**胡蜂产下的最轻卵**的纪录，

每个卵仅重0.0002毫克，因此，1.4175亿个卵的重量才够一盎司，这一数字十分惊人。

最古老的膜翅目昆虫

此目最古老的成员隶属于长节叶蜂科，包括史前叶蜂，可追溯到24.5亿年到20.8亿年前的三迭纪。在世界上不同地区——亚洲中部、南非和澳大利亚被发现。最先被发现的此类物种是Archexyela crosbyi，以两个标本为代表，第一个发现于澳大利亚昆士兰州伊普斯威奇附近克罗斯比山岩层中，于1955年由官方命名并做了描述。第二个物种以在同一岩层找到的一个标本为代表，于2005年被描述并命名为A. ipswichensis。

最大的胡蜂巢

1963年4月，新西兰外麦库的一个农场发现了一个胡蜂巢，长3.7米，直径1.75米，周长5.5米。

下图是一张胡蜂巢的照片，2013年拍摄于西班牙拉戈梅拉岛上一栋废弃的房屋中；尽管没有经过精确的测量，警方估计其长度为6.6米。

> **! 小知识**
>
> 大黄蜂是"纯种胡蜂"，属于胡蜂科。其他一些胡蜂不能定义为纯种胡蜂——包括蛛蜂科昆虫，如塔兰托鹰属昆虫（学名：Pepsis heros）（见第37页）。

最长的膜翅目昆虫卵

膜翅目昆虫包括蜜蜂、胡蜂、蚂蚁和叶蜂。有些卵是金翅木蜂（学名：Xylocopa auripennis）产下的，这是一种斯里兰卡木蜂——得此命名是因为它们在枯木或木料中打洞以修筑蜂巢——长度达1.65厘米，但宽度仅为0.3厘米。

真实大小

最大的黄蜂和最大的纯种胡蜂

日本大黄蜂（学名：Vespa mandarinia）原产于日本山脉，体长可达2.2英寸（5.5厘米），翼幅约3英寸（7.6厘米）。它的针刺长达0.25英寸（0.6厘米），排出的毒液腐蚀力超强，能够分解人体组织。

它既是最大的黄蜂，也是**最大的纯种胡蜂**（见下面的小知识）。我们夏天常见的胡蜂也是纯种胡蜂。

最大的……

蜂巢

蜜蜂为了建造六角形细胞的蜂巢，在蜂巢中分泌蜂蜡用来储存幼体、蜂蜜和花粉。2007年8月30日，从阿尔吉里乌斯·科什科齐（希腊）的蜂窝移下来一个蜂巢，重达10.4千克。

0.00000013米 流感病毒的直径；在1918年到1919年间，**最严重的流感使全世界2160万人丧生**

真实大小

最大的胡蜂

巨型塔兰托鹰属胡蜂（学名：Pepsis heros）捕食花金龟科捕鸟蛛和其他狼蛛。在秘鲁的亚娜查加一切米廉国家公园发现的一只雌蜂是有记载以来的最大标本。目前，该标本收藏在秘鲁首都利马的圣马科斯大学里。标本里蛛蜂身形弯曲，体长6.2厘米，整个翼展长达12.15厘米——**是膜翅目昆虫的最大翼展**。

体型比雌蜂小非常多的雄蜂并不捕食蜘蛛。他们以开花的植物为食。

黄蜂巢雕塑

日本雕塑家吉国盐泽创造了富士山形状的合成黄蜂巢，共由160个真实的黄蜂巢拼合而成。它底部宽4.8米，高3.7米，内含约16万个日本黄蜂（学名：Vespa simillima xanthoptera）。

因为这个雕塑内部藏有活的黄蜂，所以它被认作**最大的黄蜂巢**。

蜂房

2011年6月18日，伦敦野生生物基金会（英国）在伦敦市巴金一达格南区巴金里弗赛德建成了一个蜂房，长宽高分别为13.04米、1.27米和0.36米。这个蜂房由2万多片竹子建成，特为吸引独居蜂，这些蜜蜂占英国

最大的蜜蜂

真实大小

雌性大王蜂（学名：Megachile pluto）体长4.5厘米（含上颚部分）。雄性蜜蜂体长相对较小，有2.4厘米。蜂王只出现在印度尼西亚的摩鹿加群岛，是英国博物学家艾尔弗雷德·拉塞尔·华莱士在1859年发现的。

真实大小

最小的蜜蜂

原产于美国西南部，微小的独居蜂（学名：Perdita minima）体长不到0.2厘米，体重仅为0.333毫克（一盎司的重量可多达85个）。它在沙质土壤中建造一个极小的蜂巢，以大戟植物的花粉和花蜜为食。

蜜蜂总数的90%，但它们却没有建立自己的领地。

最危险的蜜蜂

非洲化蜜蜂（学名：Apis mellifera scutellata）一般只在被激怒时发起攻击，会对目标物紧追不放。它非常有攻击性，拼命保护多达半英里（0.8千米）范围的领地。它们经常发动群体攻击，因此，尽管它的毒液的破坏力不比其他蜜蜂的强，但因多处被蜇伤，受害者很容易死亡。

! 小知识

20世纪50年代，巴西科学家把非洲南部的蜜蜂和本地的蜜蜂放在一起繁殖，试图培育出能适应巴西热带气候的杂交品种，结果培育出非洲化蜜蜂。

👤 终极嗡鸣

人们认为"蜂人大赛"可以追溯到19世纪的狂欢节活动。表演者身上放着蜂王，吸引几千只蜜蜂前来。中国的阮良明创下了目前"蜂人"挑战的最高纪录，他**身上附着的蜜蜂重量最重，而且在头部布满蜜蜂坚持时间最长**。

你参加"蜂人大赛"，你的家人怎么想？

我从1995年开始养蜂，2000年开始参加"蜂人大赛"，当时我24岁。我的家人非常支持我。当我在户外收集蜜蜂时，我的几个哥哥用车帮我运送蜜蜂，在纪录挑战活动时，他们帮我搬运蜂箱。

你习惯了被蜜蜂蜇伤吗？

在学习阶段，我被蜜蜂蜇伤过，但现在我渐渐熟悉蜜蜂的习性，因此几乎很少被蜇到了。

你头部布满蜜蜂那53分34秒你在想什么？

起初，我只有半边脸布满了蜜蜂。我一直在想，"如何能让蜜蜂爬满整张脸？"当满脸都被蜜蜂覆盖时，认证官宣布挑战开始。

面对蜜蜂，挑战者必须保持冷静。蜜蜂一旦蜇人，就会死，因此，除非觉得受到威胁，蜜蜂常会避免蜇人。如果你注意到蜜蜂的情绪"不稳定"，必须迅速分析其原因或终止挑战活动。

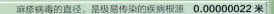

蝴蝶与蛾

蝴蝶通过脚上的感受器 "品尝" 植物

数字集锦

174,250
据估计蝴蝶和飞蛾种类的数量

4000
蝴蝶幼虫身上的肌肉数量（超过人类体内肌肉数的六倍）

6毫米
蓝灰蝶（学名：Zizula hylax）的前翅长，前翅最短的蝴蝶

2毫米
最小飞蛾的翼展长度，此飞蛾学名为：Stigmella ridiculosa

31.2克
一只最重的飞蛾——雌性大木蠹蛾（学名：Endoxyla cinereus）的重量

5
每秒振翅次数，振翅最慢的昆虫是欧洲燕尾蝶（学名：Papilio machaon）

2—4周
蝴蝶的生命周期；有些可以越冬的品种可以生存9个月

13摄氏度
当环境温度低于该温度时，蝴蝶无法飞行

最早被发现的鳞翅目

1985年，人们正式描述了一种体型小的远古昆虫，形如飞蛾，学名为Archaeolepis mane，它是最早为人所知的鳞翅目化石。这种化石在英国多塞特被发现，从早侏罗纪时期开始已有约1亿9千万年。

最早被发现着色的飞蛾是约4700万年中新世起出现的一种不知名的化石物种。2011年11月，耶鲁大学的科学家使用电子显微镜观察一些保存完好的化石，通过它们的解剖细节，推理出这种飞蛾背部的前翅有一种非常生动、"迷幻"的黄绿色，翼尖呈蓝色。在石化过程中通常颜色会逐渐退去。

蝴蝶中最大的科

蛱蝶科，或称毛足蝶，目前世界范围内约有6000种，包括一些著名的最美丽的种类，例如帝王蝶、豹斑蝶、荨麻蛱蝶、眼蝶（眼蝶科蝴蝶）、袖蝶、闪蝶和花蝶。蛱蝶科之所以被称为毛足蝶，是因为他们前足小并且多毛，就像毛刷一样。

所有的雄蛱蝶以及大部分的雌蛱蝶是蝴蝶中功能足最少的。通常在它们的六只足中，第一对（前足）尺寸缩小，就像缺少前臂一样。

夜蛾科是飞蛾中最大的科，全世界已知超过35,000种。许多夜蛾前翅上部有伪装的颜色和图案，使得它们难被发现，所以也许还有大量其他种类（可能达到65,000种左右）仍待被正式发现。

最毒的毛虫

属于天蚕蛾科（学名：Lonomia）的巨型蚕蛾在浓密毛发的覆盖下携带了烈性的抗凝血剂。毒素能造成身体内部大出血、肾衰竭甚至死亡。

嗅觉最灵敏的飞蛾

雄生天蛾（学名：Eudia pavonia）可以觉察到11千米范围内处女雌虫释放出的性引诱剂。雌性天蛾只携带了不足0.0001毫克的气息，但是雄性天蛾触角上灵敏的化学感受器竟可以侦测出雌性气息中的单个分子。

昆虫可承受的最低温度

生长在高纬度寒带地区的格林兰虎蛾（学名：Gynaephora groenlandica）的多毛幼虫可以在零下50摄氏度的极寒温度下生存10个月。

最大的飞蛾

在亚洲东南部当地发现的乌柏大蚕蛾（学名：Attacus atlas，左图）因为体型巨大成为飞蛾中最大的一种。这种飞蛾因为翼展达到30厘米而常被误认为是鸟类。乌柏大蚕蛾没有嘴，只能生存四天左右，它们依靠生命周期初期储备的脂肪存活。

澳大利亚和新几内亚岛热带地区的雌性黑长尾蛾（学名：Coscinocera hercules）翼展28厘米，表面可达300平方厘米，是翼展表面面积最大的飞蛾。

翼展最长的飞蛾

强喙夜蛾（学名：Thysania agrippina）的翼展通常达到28厘米。它们生长在南美洲、美洲中部和墨西哥，但有时飞向北方，例如美国德克萨斯。1934年出现的一种独特的品种翼展超过30.8厘米。

最大的弄蝶

在弄蝶的大家庭中，因为其拥有飞蛾的特征多于蝴蝶特征，它们从所谓的真正的蝴蝶中被分离出来。全球范围内已认证的弄蝶超过4000种。

弄蝶中最大的品种是熊大弄蝶（学名：Megathymus ursus），它们生活在美国南部各州，包括得克萨斯州、亚利桑那州和新墨西哥州。它的翼展可达6.3—7.6厘米。

0.00000044米 智利巨型病毒（学名：Megavirus chilensis）的直径长度，为最大的病毒；在智利沿岸发现，会攻击变形虫

最吵的毛虫

北美天蛾的胡桃毛虫（学名：Amorpha juglandis）在被天敌袭击时，通过呼吸系统突然排出气流，发出达22千赫高声调的哨声。

昆虫最长的舌头

马达加斯加的一种体型较大的天蛾非洲长喙天蛾（学名：Xanthopan morganii praedicta）有长达30至35厘米的舌头或喙。这一长度是其身长的两倍，能让它们触及到彗星兰星型花朵深处存储的花蜜。在这个过程中，这种飞蛾也能帮助花朵传播花粉。

翼展最小的蝴蝶

南非的雄性裙小灰蝶（学名：Oraidium，曾为Brephidium，barberae）的翼展为1.4厘米，体重不足10毫克。这种蝴蝶得名是因为它们属于灰蝶的亚科，而不是因为它们的颜色。

爬行最快的毛虫

当受到威胁时，珍珠母蛾（学名：Pleuroptya ruralis）的幼虫能以每秒38.1厘米的速度爬行（1.37千米/小时）。它通过转变为一种"车轮"的形态快速行动来脱离危险。2011年，这种形式的"移动轨道"启发了机器人研究专家发现一种移动力，并制造出了"毛虫机器人"——一种身体柔软可以蜷起运动的机器人。

真实大小

相对自身体重食量最大的动物

北美蚕蛾（学名：Antheraea polyphemus）的幼虫依靠橡树、桦树、柳树和枫树的叶子生存。在它们生命的前56天，需要消耗相当于自身重量86,000倍的食物。按人类的比例来看，这相当于一个3.17千克的婴儿在同一阶段吃掉273吨的食物。

听觉最敏锐的昆虫

生活在欧洲和亚洲的大蜡蛾（学名：Galleria mellonella）可以侦测到300千赫的声音频率。这是人类能听到的最高声频20千赫的15倍。人们认为大蜡蛾这种卓越的听觉是为了躲避它们的主要天敌蝙蝠的一种进化，因为蝙蝠是通过超声波叫声的声波定位器相互沟通的（见第32页）。

最大的蝴蝶

生活在巴布亚新几内亚的亚历山大鸟翼凤蝶（学名：Ornithoptera alexandrae），其雌性翼展可以达到28厘米，体重超过25克。雌性比雄性大（插图），雄性翼展为16至20厘米。这种蝴蝶有毒，因为它们的幼虫生活在含有毒素的马兜铃中。

小知识
雄性亚历山大鸟翼凤蝶不同于雌性，它们的翅膀上有梦幻般的绿黑图案和细小的斑点（插图），这种区别属于两性异形。

👤 破茧成蝶的过程

茧状的毛虫似乎与在花丛中盘旋的脆弱蝴蝶或飞蛾不同。这个从茧到蝶的变化过程是大自然的奇迹。

由卵而来……
蝴蝶初为雌性蝴蝶产在树叶上的许多细小的卵。这些卵可能是圆形、椭圆形或者圆柱形的。有些蝴蝶的卵，例如帝王蝶的卵就能看见其中的幼虫。

母蝶会把卵产在幼虫喜欢的叶子上。一旦卵吸附在树叶上，幼虫会肆无忌惮地食用树叶使自己成长。幼虫的皮肤还不能伸展，所以它们长大的过程中多次蜕皮。

幼虫一旦达到成熟的长度和体重，它们将停止摄食，变为茧或蛹。在干燥的外壳中，它们的躯干彻底改变，发育为蝴蝶的组织、肢体和翅膀。

完全成熟后，它们会往褶皱的翅膀注入血液，使翅膀膨胀发力。一旦它们学会飞行，只需3小时到4小时，就能找到同伴。

迁徙的品种
不是所有的蝴蝶都短命。有些蝴蝶是迁徙性的，例如北美的帝王蝶（右图），它们从10月份开始入冬会飞往南方的加利福尼亚州和新墨西哥州。这成为蝴蝶中迁徙的最长旅途——大约3000英里（4828千米）。只有在夏末形成的成蝶才能完成一轮的迁徙，并且它们只能迁徙一次。此后，需经过几代蝴蝶，才会出现新的迁徙。但是那些新的成蝶能确切地知道自己该什么时候出发，去哪里。

帝王蝶的迁徙也被认为是昆虫迁徙的最长路途，胜过与之最相近的对手沙漠蝗（学名：Schistocerca gregaria）2800英里（4500千米）的迁徙距离。

海豚

海豚妈妈为了让新出生的海豚宝宝**识别出自己的声音**，会连续几天向它发出**持续的叫声**

数字集锦

2
海豚的胃的数量

30分钟
海豚屏住呼吸能坚持的最长时间

43
海豚的种类，其中7种为淡水海豚

3
海豚能发出的主要声音种类：哨声、脉冲声（呼噜呼噜的声音或粗粝的叫声）和滴答声

700
回声定位过程中海豚每秒发出的超声滴答声

色彩最明亮的海豚

成年中华白海豚（学名：Sousa chinensis）的粉红色皮肤是由于表皮下血管扩张以降低体温所致。它们出生时皮肤是黑色的，随着成长渐渐变成灰色再到粉红色。

种类最多的海豚属

分布于世界各地的斑纹海豚属拥有6个种类，分别是白腰斑纹海豚（学名：L. acutus）、白吻斑纹海豚（学名：L. albirostris）、皮氏斑纹海豚（学名：L. australis）、大西洋斑纹海豚（学名：L. cruciger）、太平洋斑纹海豚（学名：L. obliquidens）和暗黑斑纹海豚（学名：L. obscurus）。

最小的海豚

极为罕见的娇小的赫克托海豚（学名：Cephalorhynchus hectori）仅见于新西兰沿海地区。一个发育完全的成年海豚总体长为1.2—1.6米，体重为40—60千克。

第一种海洋混血哺乳动物物种

细斑原海豚（学名：Stenella clymene）栖息在大西洋，身体小而光滑，是第一个有文献记载的海洋哺乳动物，它由其他两种海豚自然杂交而成。2014年1月发表的一份分子分析报告显示它是长吻原海豚（学名：S. longirostris）和条纹原海豚（学名：S. coeruleoalba）的杂交物种，现在已确认其为一个既有物种。通过自然杂交创造新物种在植物界很常见，但在动物界很罕见。

最新淡水鲸目动物

2014年1月，科学界公布发现新物种阿拉瓜亚亚河豚或阿拉瓜亚河亚河豚（学名：Inia araguaiaensis）。

这是巴西阿拉瓜亚亚河流域居民几乎一个世纪以来第一次发现新物种。

跳的最高的海豚

瓶鼻海豚（学名：Tursiops truncatus）——以又短又宽的喙得名——能跃出水面26英尺（8米）。海豚在自然环境下跳跃的原因有很多争论，可能是为了保存能量，为了清洁身体，为了定位猎物，为了和同伴交流，甚至只是为了好玩。

最大的淡水豚物种

亚河豚或亚马孙河豚（学名：I. geoffrensis）长度可达2.6米，发现于南美洲的亚马孙河和奥里诺科河。它是灵巧的游泳健将，因为椎骨很灵活，它能把脖子弯曲到和身体成90°角。它也是唯一有毛发的海豚，让它在理论上成为**毛发最多的海豚**。人们认为它细长的喙上长出的硬毛能帮助它在河床的淤泥中感知到猎物。

现代灭绝的第一种海豚

2006年12月，官方正式宣布原产于中国长江的白鳍或白鱀豚（学名：Lipotes vexillifer）灭绝。迄今为止，未曾有可证实的目击记录。

❓ 新鲜词汇

鲸脂： 海豚皮肤下厚厚的脂肪层，能帮助它调节自身体温。

额隆： 海豚额头处的脂肪组织，它能够定位滴答声（滴答序列声）——动物用它来定位水下食物和障碍物。当滴答声撞到物体，回声通过下颌和内部的耳朵返回给海豚有关物体的大小、距离等信息。

0.0000015米 人类Y染色体的长度；它的出现与否决定了你是会成为男性还是女性

在空中旋转次数最多的海豚

高水平杂技演员长吻飞旋原海豚（学名：Stenella longirostris）单次飞跃能旋转7次。它纤细健壮的身体长1.3—2米，重45—47千克，这种生活在热带水域喜欢群体活动的海豚或是为了摆脱身上的寄生虫，或是练习回声定位能力，或是求偶示爱，或是表达情感，所以才会不断飞旋。然而，就像所有海豚的跳跃一样（见左图），其真正的原因仍不得而知。

它和已知的两种南美洲海豚同属**最大的淡水海豚科**。其他两种海豚是亚马孙河豚（学名：I. geoffrensis）和玻利维亚河豚（学名：I. boliviensis）。

有关虎鲸的第一个科学描述

1558年，瑞士博物学家康拉德·格斯纳第一次描述了虎鲸，并把它收录到他卷帙浩繁的经典动物百科全书《动物史》

（1551—1558）鱼类卷中。他的描述基于一只搁浅在格赖夫斯瓦尔德海湾而死去的虎鲸。该海湾位于波罗的海西南部的德国外海岸，可以想象当时这令当地人感到很奇特。

仿佛是为了庆祝这个历史性的事件，四个世纪之后，人们测量到一只大约有20—25英尺（6.1—7.6米）长的牛头虎鲸，刷新了速度**最快的海洋哺乳动物**的纪录。1958年10月12日，在太平洋东北

部，它被测出正以每小时34.5英里（55.5千米/小时）的速度行进。据报道，无喙鼠海豚（学名：Phocoenoides dalli）也有相似的速度，但只是瞬间。

成年雄性虎鲸一直是**鲸目动物中背鳍最高的**纪录保持者。可测量的垂直总高度有5英尺11英寸（1.8米），和一个成年男子一样高。

牙齿最少的海豚

栖息在热带、亚热带、温带和亚南极水域鲜为人知的灰海豚（学名：Grampus griseus）通常有7对牙齿，集中在下颌前端，少的只有两对。一般上颌根本没有牙齿。不像其他海豚，它几乎没有喙，圆圆的脑袋类似巨头鲸。它主要吃鱿鱼和其他各种各样的鱼类。

相比之下，长吻真海豚（学名：Delphinus capensis）上下颌各有47—67对小的圆锥形牙齿，用来抓捕光滑的猎物，这使它成为**牙齿最多的海豚**。

视力最差的海豚

恒河豚（学名：Platanista gangetica），一种栖息在亚洲恒河和印度河的淡水海豚，是唯一眼睛没有晶状体的海豚。事实上，它的每只眼睛视觉开口非常小——不超过一个针孔的直径——没有什么光线能真正进入眼睛，这使得恒河豚几乎没有视力。

小知识

海豚通过头部的呼吸孔进行呼吸，它们定时浮到水面呼吸空气。海豚睡觉时有一半大脑保持清醒以维持呼吸——否则它就淹死了！

最大的海豚

不管是哪个名字，杀人鲸还是逆戟鲸（学名：Orcinus orca），属于海豚科大家庭，而且是个头最大的。雄性逆戟鲸体长6—8米，重约6吨。

援助之鳍

少许水生动物聪明友善，和人类有许多互动，就像海豚。关于善良的海豚的传说甚至出现在古希腊和古罗马的文学作品中，例如历史学家普卢塔赫在描述这种生物时写道："它们经常给予人们极大的帮助，是所有人的朋友"。

直至今日，海豚仍然向我们伸出援助之"鳍"。2007年，冲浪者托德·恩德里斯在美国加利福尼亚州遭到大白鲨袭击，一群瓶鼻海豚挡在他和大白鲨之间形成一道屏障，让他得以逃生。

2013年，澳大利亚女警察林恩·吉彻姆强调说海豚不仅救了她，还救了她的可卡犬拉迪赛。当时她和她的狗被汹涌的海浪困住，已经溺水成"马蹄铁形"了，是海豚把他们推向了海岸。

这些海洋哺乳动物也是勤劳的工人。巴西拉古纳市的渔民和当地的海豚联手捕鱼，这些哺乳动物把乌行鱼赶向岸边等待的渔网里，然后帮助渔民收网（见下面插图）。帮手们很乐意收到鱼作为报酬。

1970—1971年，越南战争期间，五只经过美国海军训练的瓶鼻海豚被派到越南金兰湾，保护美国军用船只以防它们落入敌方游泳者手中——**在防御战中第一次使用海洋哺乳动物**。1960年，美国海军开始训练海豚探测水雷，目前一支约有80只海豚的队伍正在积极服役（见上图）。美国海军坚持宣称海豚没有任何危险，他们已经训练海豚与任何发现的水雷保持安全距离。

大象

一群大象在洗澡时，它们通常会启动预警系统

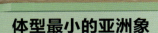

数字集锦

2
非洲象的种类：灌木象和森林象

1
亚洲象的种类

27
大象的脉搏，人类的脉搏为70，金丝雀的脉搏为1000

17厘米
象牙每年生长的长度

8—100
由母象和小象组成的象群规模

12—15
公象离开象群的年龄

160千克
一头象每天摄入的枝叶、树干和草的大概重量

最老的象

大象平均寿命为60岁，但是一头名为林王的亚洲象（学名：Elephas maximus）2003年2月26日在台北动物园去世时已经86岁。"林爷爷"在第二次世界大战期间往返于缅甸丛林为日本军队运送补给，直到1943年被中国人捕获。1954年它被送入动物园与一头母象生活在一起。它死后，很多人哀悼纪念它。

最早的大象

大象属于长鼻目，已知最早的长鼻目物种学名为：Eritherium azzouzorum。有记载以来的第一个物种生活在距今大约6000万年前。2009年，人们在摩洛哥发现它们的头骨和下颌骨碎片并予以正式描绘。

与今天真正的大象有同目亲缘关系的早期动物是生活在北美的乳齿象。它们的腿比较短、头骨长、皮毛蓬乱，还有极具特色的牙齿——齿尖形状像乳突，这正是这种象名称的由来。距今最近的乳齿象是灭绝于10,500至11,500年前的美洲乳齿象（学名：Mammut americanum）。

第一批真正的大象学名为：Primelephas gomphotheroides和P. korotorensis，它们生活在2303万—258万年前的中新世和上新世时期的非洲。人们认为它们不仅是现代非洲象和亚洲象的祖先，也是现已灭绝的长毛猛犸象的祖先（参见第43页）。

体型最小的亚洲象

婆罗洲侏儒象（学名：E. m. borneensis）是这个家族的"小婴孩"——比生活在亚洲大陆的同血缘大象体型小30%。2003年9月经过DNA研究，这种象被认定为独立的亚种。一头成年公象身高1.7—2.6米，平均体重约2500千克。在南亚的婆罗岛上生活的这种大象约有3500头。

最多的大象亚种

研究人员普遍认为亚洲象（学名：E. maximus）拥有最多的亚种，共有4种，分别为：婆罗洲侏儒象（学名：E. m. borneensis，见上框）、印度象（学名：E. m. indicus）、斯里兰卡象（学名：E. m. maximus）以及苏门答腊象（学名：E. m. sumatrensis）。

斯里兰卡象是**体型最大的亚种**。它肩高可达3.5米，体重可达5500千克，比其他亚洲象颜色深，同时身上还有更多的浅色斑块。不同寻常的是，斯里兰卡象没有长长的象牙。

最珍稀的亚种是苏门答腊象，估计在印度尼西亚的苏门答腊岛上野生的大象个体仅有2400—2800头。在过去的75年间由于人类猎杀和栖息地减少，这一象种的数量减少了大约80%。

最早的驯化

已知最早被驯化的大象属于亚洲种属。据记载，至少4000年前，印度河流域文明（今巴基斯坦和印度地区）时期，大象就被驯化为力畜。

迄今发现的体型最小的象

蒂洛岛侏儒象（学名：Palaeoloxodon falconeri），是生活在地中海的西西里岛和马耳他岛上的直牙象，肩高不足一米，是岛屿侏儒化的著名案例。岛屿侏儒化是指正常体型的物种因为被隔绝在孤岛上常常体型明显变小的现象。11,700年前这一物种灭绝。

陆地上最大的哺乳动物

成年非洲灌木象（学名：Loxodonta africana）公象肩高3—3.7米，体重4—7吨。已知这一物种里最大的象体重为12.24吨，相当于146个成年男性的总重量。它长着**陆地上哺乳动物中最重的大脑**，重达5.4千克——哺乳动物中只有最大的鲸的大脑会更重一些。

0.000004米 酵母细胞的一般长度，酵母菌有大约1500种，但只有一种——面包酵母（学名：Saccharomyces cerevisiae）——主要用于烘焙和酿造

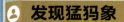

最大的牙套

斯皮克，一头生活在加拿大艾伯塔市卡尔加里动物园的亚洲象（学名：E. maximus），骄傲地拥有50厘米长、13厘米宽的不锈钢牙套，每个牙套重达13千克。所用金属是克鲁斯钢铁集团（加拿大）捐助的。2002年7月4日，经过3小时30分钟的手术，这个牙套被安装在斯皮克碎裂的长牙上。

哺乳动物最长的妊娠期

一头亚洲母象平均妊娠期为650天（21个多月），最长孕期为760天（两年多）——是人类孕期的2.5倍。

刚出生的小象体重约90千克，身高一米，大脑已经发育成熟。

最重的鼻子

非洲象的鼻子长约两米，重量为150—200千克，可以拎起8升多的水。

人们认为鼻孔长在末端的大象鼻子可以变成潜水设备：大象是唯一一种身体深入水下时，能将呼吸器官置于水面上的动物。

灵活的鼻头使大象能够拿起并任意操控物体。

所有陆上哺乳动物中最长的尾巴

亚洲象（学名：E. maximus）的尾巴可以长到1.5米长——相当于它鼻子的长度，可以充当巨大的苍蝇拍。人们注意到大象面临威胁时会竖起尾巴奔跑，或许是向象群内部发出警示。相对于其身体而言，体型最小的亚洲象亚种（学名：E. m. borneensis）长着长尾巴，有时能拖到地上。

最发达的鼻部肌肉组织

两种非洲象（灌木象或称普通象，学名：L. africana，和森林象，学名：L. cyclotis）长着比任何其他大象和任何其他哺乳动物都多的鼻部肌肉。

它们的鼻子两侧各有8块主肌及150,000个肌肉束。这些肌肉组织赋予象鼻多种功能，包括拿食物、饮水、清洁和抓握。

最大的大象迁移工程

1993年8月，野生动物慈善机构——国际野生动物关怀组织运送一个完整象群的500多头大象横跨津巴布韦，行程250千米。从戈纳雷若国家公园迁移到萨韦河谷保护区，以防止它们被宰杀。

最长的义肢

1999年穆塔拉被地雷炸掉一只脚。2011年8月，在泰国南邦湄瑶国家自然保护区，人们给她安装上新的定制义肢，这个义肢能承受3—5吨的重量。

发现猛犸象

2007年，一头最完整的长毛猛犸象（学名：Mammuthus primigenius）在俄罗斯西伯利亚的尤里别尔伊河附近被驯鹿饲养员尤里·胡迪和他的儿子们发现。2014年5月，英国伦敦国家历史博物馆展出了这头小猛犸象，这是生活在距今42,000年前的古老物种（上图）。

这头小猛犸象被命名为柳芭，俄语意思是"爱"，这也是尤里妻子的名字。科学家估计这头猛犸象在只有一个月大的时候就死了。她的体型——身高85厘米，体长130厘米，体重50千克——比罗特韦尔犬略大。她的保存状况良好（甚至内脏都还清晰可见），这得益于她被发现时周围覆盖着的湿粘土和淤泥。寒冷的气候使她的尸体冷冻在这些沉积物中，永久冻土层形成一个真空层，防止了尸体被氧化分解。

很可能柳芭在温暖的春天里被人从她安息的冰冻地里挖出来后融化，然后身体在尤里别尔河岸上被冲洗。她身上猛犸象典型的长毛应该是很多年前就掉了，剩下的表皮使她更像与之有血缘关系的现代大象。

猛犸象灭绝于5000年前，原因至今不详，可能是因为过分捕猎或者气候变化，也或者二者兼而有之。

青蛙与蟾蜍

巨蛙能够跳跃的距离为3米

数字集锦

355
目前已知蟾蜍种类的数量，但依然有新品种正在被发现

6000+
目前已知青蛙种类的数量

2亿
现今澳大利亚甘蔗蟾蜍的总数

15千米
最长的两栖动物迁徙，由池蛙（学名：Rana lessonae）和绿蛙（学名：Rana esculenta）完成

1
已知现存的拉布树蛙（学名：Ecnomiohyla rabborum）的数量——最稀有的树蛙

青蛙与蝌蚪最大的尺寸差异

在特立尼达岛和亚马孙部分丛林均有发现的奇异多指节蛙（学名：Pseudis），从蝌蚪成长为成年蛙后反而缩小了。当奇异多指节蛙还是蝌蚪时可达16.8厘米长。上图即为一些科学家认定的样本。然而成年奇异多指节蛙身长不会超过6.5厘米——缩短了10.3厘米。

最早的青蛙和蟾蜍

青蛙和蟾蜍属于两栖纲无尾目。已知最早的两个两栖纲活化石物种可以追溯到大约2亿5千万年前的三叠纪，被称为"始蛙"或者"原无尾目动物"。其中一个是马达加斯加岛上的"三叠蛙"（学名：Triadobatrachus massinoti）；另一个是在波兰发现的"祖蛙"（学名：Czatkobatrachus polonicus）。

最早的无肺青蛙

2008年的研究证实，加都巴蟾（学名：Barbourula kalimantanensis）不需要用肺呼吸，因为它是用皮肤来直接呼吸氧气的。

蟾蜍科中最大的属

根据目前的科学统计，蟾蜍属目前至少包括了蟾蜍科355个种类中的205个。一些研究者已经把某些种类从这个属中划分走，安排在其他属中，但即使是经过了这样的选择分类，蟾蜍属也依然是目前为止最大的属。

而这个数字被最大的蛙属几乎扩大了一倍。原产于中美洲南部和南

最大的青蛙

距今大约七千万年前的晚白垩纪时期，原产于马达加斯加的魔鬼蟾蜍（学名：Beelzebufo ampinga）——实际是青蛙——身长40厘米，头部特别大。上图可见，它的第一块有记载的化石在1993年出土。

最早的能喷射毒素的蟾蜍

有一些种类的蟾蜍眼睛后部有一对被称为巨腮腺的腺体，在咬合的时候会被动地分泌出毒素。然而，亚马孙河蟾蜍，学名Rhaebo guttatus，原产于巴西，是已知最早的能够在受到潜在捕食者的威胁时自己主动喷射毒素的蟾蜍物种。直到2011年才有档案记载，这种防御机制使得这种蟾蜍能够喷射达2米距离的毒素。

美洲北部的摇滚蛙属有400多种，每年都有新的种类被发现。

分布最广的蛙科

动物分类学中的蛙科，包含了蛙科动物和真正的青蛙，存在于除南极洲以外的每一块大陆上。这个科中包括了一些世界上最著名的青蛙，比如巨蛙、食用蛙、池蛙和牛蛙。

最小的蟾蜍

比最大的蟾蜍（见第45页）小约16倍，在非洲已有记录的标本中，这种山地蟾蜍（学名：Bufo taitanus beiranus）最大的也只有24毫米。

气味最难闻的青蛙

委内瑞拉臭鼬蛙（学名：Aromobates nocturnus）的名字很贴切，如果受到攻击，它会通过皮肤分泌出具有恶劣气味的液体。这种分泌物中含有和

臭鼬一样的散发臭味的成分。尽管和箭毒蛙（见第45页）关系较近，但这个物种并没有毒。

最具父爱的两栖动物

西欧的产婆蟾（学名：Alytes obstetricans）因其在照料后代时的积极角色而得名。雌性产卵后，雄性使卵受精，然后将长达3—4英尺（0.9—1.2米）的卵带缠绕于后肢上。雄性产婆蟾身长仅有3英寸（7.6厘米），却以这种方式携带蟾卵最多长达4周之久，直到卵将要孵化为止。

最高频率的蛙鸣

凹耳急流蛙（学名：Odorrana tormota）的叫声能够高达128赫兹，是名副其实的超声波，大大超过了我们的听觉上限（人类不能察觉20赫兹以上的声音）。这种蛙生活在中国东部，为了盖过周围瀑布发出的低频率嘈杂的

最大的青蛙

1989年4月安迪·科夫曼（美国）在喀麦隆的萨纳加河发现的一种非洲巨谐蛙（学名：Conraua goliath）从鼻尖至肛门的长度为36.8厘米，算上四肢的全身长度为87.6厘米。这种青蛙平均长度为30厘米，体重高达3.3千克，和新生儿体重相当。图中抓着青蛙的是罗德·克拉克（英国），为BBC《行星地球》节目工作的外景摄影师。

！小知识
通常情况下，作为夜间捕食昆虫、鱼和甲壳类动物的行家，巨蛙的食物和其他种类的青蛙一样。然而确实曾经有一位研究者在青蛙标本的胃中发现了一只蝙蝠！

最大的蟾蜍

南美的热带地区和澳大利亚昆士兰（引进）的甘蔗蟾蜍或海蟾蜍（学名：Bufo marinus）平均重量为450克。已报道的最大蟾蜍是霍坎·福斯贝里（瑞典）拥有的一只名为"王子"的雄性蟾蜍。1991年，"王子"从鼻尖至肛门的长度为38厘米，超出了平均长度15—25厘米。全身展开的尺寸是53.9厘米。这个物种也是**生殖力最强的两栖动物**，雌蛙每年最多产35,000只卵。

!小知识

20世纪30年代，澳大利亚在甘蔗园中引进了甘蔗蟾蜍来控制害虫。尽管很有效，但日益增多的蟾蜍本身反而构成了对本地物种的威胁。

最小的青蛙

某些成年巴布亚新几内亚的阿马乌童蛙（学名：Paedophryne amauensis）身长仅有7毫米，同时也是世界**上最小的两栖动物**。这个物种在2012年才被发现，它能够轻易地趴在指甲上或者美分硬币上（如图所示）。考虑到它的尺寸，这真是个奇妙的小东西。

真实大小

声音，能够和它的邻居交流，它才发出这样高频的蛙鸣。

最耐寒的两栖动物

林蛙（学名：Rana sylvatica）原产于温度经常下降到冰点以下的北极圈，是唯一的冻僵后还能存活的两栖动物。他们血液中的葡萄糖集中在重要的器官，起到了防冻剂的作用，当身体的其他部分冻僵的时候依然能够保护它们不受伤害。

春天它们能够控制融化的速度，确保身体均衡解冻；如果头部比心脏先融化，这只青蛙就会窒息。

毛发最多的青蛙

在交配季节，西非的雄性壮发蛙（学名：Trichobatrachus robustus）的后肢会长出细毛状皮肤。科学家们认为这种青蛙用这些细毛状的皮肤来辅助呼吸，像鱼鳃一样来帮助它可怜的肺部。

青蛙跳的最远距离（相对于身体大小）

相对于自身的大小，单次跳跃最远距离的青蛙是南部蟋蟀雨蛙（学名：Acris gryllus）。这种青蛙原产于北美州的大西洋沿岸平原，只有大约2.5厘米长，但是能跳跃达自身长度60多倍的距离。

受美国民间故事启发，尤其是受马克·吐温的《卡拉韦拉斯县驰名的跳蛙》（1865）影响，青蛙跳远比赛测试的是连续3次跳跃的长度总和。1977年5月21日，在南非彼得斯堡卢如拉纳塔尔Spa的青蛙大赛上，一只名为"圣洁"的尖鼻青蛙（学名：Ptychadena oxyrhynchus）以10.3米的成绩获得了**青蛙三级跳最远距离**的冠军。

连续跳跃次数最多的青蛙是春雨蛙（学名：Hyla crucifer），1952年爬虫学家斯坦利·兰德（美国）报道说这种青蛙在美国东部的草地上连续跳跃了120次。

杀手克米特

它可能没有巨大的牙齿、锋利的爪子或者残暴的力量——它甚至可能看起来非常可爱——但是千万不要被欺骗：金色箭毒蛙（学名：Phyllobates terribilis，如图），不仅是毒性最强的青蛙，也是这个星球上所有动物中最致命的一种。事实上，平均每只箭毒蛙皮肤上所含的毒素就足以毒死10人或者20,000只老鼠！

这种金色箭毒蛙原产于哥伦比亚西海岸热带雨林中的一小片区域，当地部落的男子冒险捕捉这种青蛙，将它的毒液涂在他们吹镖的箭尖上（下图），用于狩猎猴子这样的动物，金色箭毒蛙因此得名。这种青蛙尤为珍贵，它比其他近亲物种能分泌更多的毒素，主要因为它是**最大的箭毒蛙**，体长约为6厘米。

现在普遍认为这种青蛙的毒素来自于它捕食的蚂蚁、甲壳虫以及其他昆虫，这些虫蚁在食用植物的时候也吸收了毒素。任何胆敢靠近的生物中了这种箭毒蛙毒素都会导致肌肉麻痹，心脏骤停。动物园里的箭毒蛙不具备这样的毒素，因为他们的食物中不含有有毒的昆虫。

即使这样强大的生物也不得不非常警惕，因为有一种蛇（学名：Leimadophis epinephelus）就以它为食。这种蛇已经对箭毒蛙的生物武器有了抵抗力。然而对这种濒危的两栖动物更大的威胁是森林的滥砍滥伐，农耕和伐木持续不断地侵占着他们雨林中的家园。

第一个复活的灭绝青蛙胚胎

胃育溪蟾（学名：Rheobatrachus silus）因吞下蟾卵，用嘴孕育幼蟾而闻名（左图）。这种蟾在1983年就已经灭绝。但2013年在澳大利亚悉尼的新南威尔士大学，科学家将冰冻胃育蛙的细胞核样本基因与一个新鲜的蛙卵结合，复活了胃育溪蟾的胚胎。蟾卵来自另一个关系较近的物种。

蜥蜴

蜥蜴像**蛇**一样用**舌头**闻气味

数字集锦

1.2米
某些角蜥（学名：genus Phrynosoma）能从眼睛喷射出血液的射程

30英尺
飞蜥（学名：genus Draco）通常可以"飞行"的距离（9.1米）；实际上，它将褶皱的翼膜向外展开，进行滑翔

50年
科莫多龙（学名：Varanus komodoensis）的平均寿命

90%
科莫多龙一餐能吃下的食物占其体重的比例

317
普通叶尾壁虎（学名：Uroplatus fimbriatus）的牙齿个数，拥有现存陆栖动物中最多的牙齿

6000
蜥蜴物种的估计数量

最长的无腿蜥蜴

欧洲玻璃蛇（学名：Pseudopus [又名Ophisaurus] apodus）分布在欧洲东南部到中亚地区，可长至135厘米。尽管它的名字为"无腿"，但有些仍长有2毫米长的后腿。

最毒的蜥蜴

体型粗壮，身长达60厘米的大毒蜥（学名：Heloderma suspectum）是体表华丽的蜥蜴，分布于墨西哥和美国西南部的干旱地区。它们的下颌里有八个成熟的毒液腺，其毒素足以杀死两个成年人。正常情况下，它们是相对无害的——除非被激怒。

史上最大的蜥蜴

贝尔纳迪属海诺龙是一种被称为沧龙的史前海洋蜥蜴（见右页）。它生活于白垩纪末期——大约7060万年至6600万年前。大多数研究者认为它身长达15米，尽管一位研究人员已经把这个长度降至12.2米。近来，有人估计其近缘属种霍夫曼沧龙身长可达18米。

人们认为，除了沧龙再没有蜥蜴身长超过8米，不过，无论上述两个物种哪个更长些，最大的蜥蜴的纪录非沧龙莫属。

史上最大的陆生蜥蜴

史上最大的陆生蜥蜴是巨蜥（学名：Megalania prisca），一个更新世时期原产于澳大利亚南部的巨大物种。它消亡于30,000年至40,000年前，迄今还未发现完整的骨骼化石。澳大利亚爬行动物化石专家拉尔夫·莫尔纳博士对于它的长度作了最新权威估测。2004年，依据其体重和尾巴的大小，他提出它的身长应为7至7.9米。

产卵最多的蜥蜴

米勒变色龙（学名：Trioceros [又名Chamaeleo] melleri）原产于东非（马拉维、莫桑比克、坦桑尼亚）的大草原和内陆山脉。通常，它一年只生一窝，多达80个卵。

米勒变色龙是一种非常大的变色龙物种，为栖息在非洲大陆最大的变色龙。只有在马达加斯加岛上才有更大的个体。

最大的蜥蜴家族

最大的蜥蜴分类家族是石龙子科石龙子家族，其中包含超过1500个分布全球的物种，并且每年都有新的发现和描述。石龙子的整体形态像典型的蜥蜴，但是它们没有明显的颈部，一般只有小或非常小的四肢。实际上，一些物种缺少一对甚至两对肢体。

最大的孤雌生殖的蜥蜴

孤雌生殖，或者"单性生殖"，是由未经雄性受精的雌性无性繁殖生产的后代。一些蜥蜴物种已被证实为孤雌繁殖——事实上，有些是专门孤雌生殖的。

已被证实的孤雌生殖最大物种也是**最大的现存陆地蜥蜴物种**，科莫多龙（学名：Varanus komodoensis，见右页），可以长到3.1米。

蜥蜴吃掉的最大一餐

人们完全确定的被蜥蜴吃掉

速度最快的蜥蜴

栉尾蜥，中美洲刺尾飞蜥鬣蜥，经美国加州大学伯克利分校的雷蒙德·休伊（美国）和他的同事们测试，其速度达到34.9千米/小时。1988年该结果出现在他与西奥多·加兰（美国）合著的一篇论文中。

> **！小知识**
> 当大毒蜥咬伤受害者时，毒液不会被注射到体内，但会渗入被毒蜥咬破的伤口内。大毒蜥咬住猎物后不会主动松口，几分钟后开始咀嚼。

沧龙

拥有长而可怕的下颌、锋利而倾斜的牙齿的顶级掠食者——沧龙，6600万年至9300万年前就开始在海洋上巡游，直至白垩纪末期。它们被称为海上霸王龙。

它们在似舵的尾巴的驱动下，在水中蜿蜒游动，吃掉碰到的一切生物。没有哪个硕大强壮的猎物能逃脱那些凶险的下颌。

安哥拉丰富的挖掘现场表明，它们也吃自己的同类：在第四只沧龙化石的肚子里发现了三只沧龙的遗骸。这些化石发现于本帝阿瓦砂岩悬崖。

与陆生恐龙一样，沧龙在6600万年前的大灭绝事件中灭绝。它们的化石一直都隐藏在白垩岩层中，直到18世纪70年代在荷兰马斯特里赫特附近的默兹河中发现了第一具沧龙化石。这就是它们名字的来历，意为"默兹河蜥蜴"。

三种主要的沧龙属（群）原产于今天的加拿大的马尼托巴省，那里发现了展出的最大的沧龙——海诺龙（常称为"布鲁斯"）。它在下图中的位置即为发现地——加拿大马尼托巴省的莫登的加拿大化石发现中心。布鲁斯游走在西部内陆航道，一个横贯北美洲的深海环境，其身长为13米，比普通的霸王龙还要大。海诺龙属是最大的沧龙：它们身长可达15米。

的最大的一餐是一头重达41千克的野猪，这是一只科莫多龙（学名：V. komodoensis）一口气吃掉的（见上图）。在吃野猪之前，蜥蜴体重只有46千克，吃完野猪之后，饕餮大餐使它体重几乎增加了一倍。

相对于母蜥蜴体型最大的早产脊椎动物幼崽

一只澳大利亚短尾松果蜥（学名：Tiliqua rugosa）出生时，体重可以超过其母亲体重的三分之一。这相当于一个女人产下一个体重相当于六岁孩子的婴儿。

最小的巨蜥

巨蜥，原产于亚洲、非洲和大洋洲（作为入侵物种出现在新世界），应列为最大的陆生蜥蜴。据说，澳大利亚的短尾侏儒巨蜥（学名：Varanus brevicauda）仅能长到25厘米，可能是有史以来最小的巨蜥——包括化石物种。

现存最大的蜥蜴

科莫多龙（学名：Varanus komodoensis），也称科莫多巨蜥或奥拉，发现于印度尼西亚的科莫多岛、林卡岛、帕达尔岛和弗洛雷斯岛。成年雄性科莫多巨蜥平均身长2.25米，体重大约59千克。最大的准确测量过的个体长3.1米，重166千克。

听觉最灵敏的蜥蜴

和平壁虎（学名：Delma pax），一种尾肢壁虎或者澳大利亚无腿壁虎物种，能觉察60分贝11.1赫兹频率的声音。这要高于标准钢琴最高音八度——其他蜥蜴无法察觉。

最小的蜥蜴

雅拉瓜壁虎和侏儒壁虎是平均体长只有16毫米的蜥蜴。它们是23,000个脊椎动物物种中最小的两种。"脊椎动物"这一术语表示物种的受精卵保存在母体，或者产在陆地上，而不是在水里。

真实大小

具有最敏锐夜间色视觉的动物是夜间活动的头盔壁虎（学名：Tarentola chazaliae）。

最南端的蜥蜴

麦哲伦鬣蜥（学名：Liolaemus magellanicus）栖息在位于南美洲阿根廷最南端的火地岛群岛。

最北端的蜥蜴生存在挪威大陆最北端、纬度高于北极圈的地区，是常见的（胎生）蜥蜴（学名：Lacerta vivipara）。

最有效调节体温的蜥蜴

熔岩蜥蜴（学名：Liolaemus multiformis）是一种有黑色鳞状斑点的物种，原产于秘鲁安第斯山脉。在外部条件接近冰点只有1.5摄氏度的情况下，它只需在太阳下晒一个小时，就可以利用太阳辐射把体温提高到33摄氏度。

最大的水上步行者

南美洲的蛇怪蜥蜴，或称耶稣蜥蜴（学名：Basiliscus basiliscus），可以在下沉前用两条腿以1.5米/秒的行进速度走4.5米。它也能四脚并用在"水面行走"大约1.3米。

企鹅

企鹅一次性褪去所有的羽毛——以"灾难性褪毛"著称

数字集锦

五万分之一
出生时羽毛为褐色而不是黑色的企鹅所占比例；它们被称为伊莎贝拉企鹅

3至4周
企鹅褪毛的时间

50%—70%
企鹅在褪毛前的附加体重

2米
企鹅在高速游动时，能够推动自己离开水面的距离，这种高速游动被称为"滑行"

15—20
长时间潜水时企鹅每分钟的心跳次数

30
成年企鹅每次潜水可以捕获的鱼的数量

38℃
企鹅的正常体温

80%
企鹅待在水里的时间在它们一生中的比例

2千万对
南极洲滋养的企鹅数量

最大的企鹅聚居地

企鹅数量最多的聚居地在扎沃多夫斯基岛，是位于大西洋南部的南桑威奇群岛的一部分。有200万帽带企鹅（学名：Pygoscelis antarctica）生活在这座活火山的斜坡上。"帽带"的名字来源于这种企鹅下巴下方细瘦弯曲的黑色羽毛。

最古老的企鹅

威马双企鹅生活在6200万年前的古新世的新西兰。科学界认为威马双企鹅与后来的所有企鹅种类一样，不能飞行，并且可能与现如今的一种名为潜鸟（潜鸟属，学名：Gavia）的水鸟相似。

史上最重的企鹅

科学家证明卡氏古冠企鹅（学名：Palaeeudyptes klekowskii）重达115千克。它们生活在约3700万年前的晚始新世的南极洲西摩岛上，至今南极洲上发现的最完整的企鹅化石证明了这一事实。卡氏古冠企鹅不仅最重，而且格外高，达到2米。自从2014年被发现至今，卡氏古冠企鹅保持**史上最高企鹅**的纪录。这一纪录之前的保持者是与它

同时期身高1.7米的诺氏剑喙企鹅（学名：Anthropornis nordenskjoeldi）。

最小的企鹅

小蓝企鹅或者小鳍脚企鹅（学名：Eudyptula minor）生活在澳大利亚南部地区以及新西兰。这种企鹅身高不超过40厘米，体重不超过1千克，平均寿命只有六年。人们记载了它的一些亚种，但是对于亚种的数量还没有达成一致的观点。

史上最大的海雀

生活在北大西洋两岸的大海雀（学名：Pinguinus impennis）身高达到85厘米，体重约5千克。这种不能飞行的黑白海鸟是最原始的企鹅，后来生活在南半球外表特征与其相似但其实没有亲缘关系并且同样也不能飞行的鸟类被命名为企鹅。

至1844年，由于船员捕食以及博物馆为做标本而进行的猎杀，大海雀灭绝。

最大的企鹅种属

根据分类学家的意见，冠企鹅属有7到9种企鹅。黄冠企鹅由于它们独特的金色颈脊而闻名，包括马可罗尼企鹅（**最常见的企鹅**，见第49页）和跳岩企鹅。冠企鹅居住在亚南极地区以及南极岛屿。

与自身相比最轻的卵

相较于成年后的自身体重而言，企鹅产的卵是最轻的。帝企鹅（学名：A. forsteri）产的卵又是企鹅卵中最轻的。这种卵一般重1磅（450克），只占母亲体重的2.3%。

年产最多次的企鹅

小蓝企鹅或者小鳍脚企鹅（见左下图）每年能成功孵化三次雏鸟，其他所有企鹅每年只能孵化一次。

现存最大企鹅

帝企鹅（学名：Aptenody tesforsteri）生活在南极洲冰天雪地的南部大陆，是现今存活着的世界上最大的企鹅种类。雄性和雌性帝企鹅大小相当，身高均可达4英尺3英寸（1.3米），体重可达100磅（45千克）。

最长的企鹅喙

伊卡企鹅（学名：Icadyptes salasi）生活在3600万年前的始新世时期末的南美洲热带地区。它们的喙能达到25厘米，长度几乎是其颅骨的三分之二。

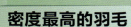

密度最高的羽毛

企鹅有最密的羽毛。1967年，贝尔纳·斯通豪斯博士（英国）研究得出，小蓝企鹅、帝企鹅、阿德利企鹅和黄眼企鹅身上每平方厘米有11到12根羽毛。

潜水最深的鸟类

一只29千克的帝企鹅水中下潜534米，是被准确测量出的鸟类潜水最大深度。这一深度是普斯海洋研究所的杰拉尔德·科伊曼教授于1993年11月在南极洲罗斯海的库尔曼岛上记录的。科伊曼测量了五种不同鸟类将近16,000次潜水，其中最久的持续15.8分钟。

最不喜欢群居的企鹅

与其他种类的企鹅群体不同（通常聚居密度高），黄眼企鹅（学名：Megadyptes antipodes）是世界上最不喜欢群居、最缺乏社会性的企鹅。它们单独居住，远离其他同类，各自在森林、灌木丛或密集的亚麻丛中筑巢。它们居住在新西兰、亚南极的奥克兰群岛以及坎贝尔岛。

最北方的企鹅

加拉帕戈斯企鹅（学名：Spheniscus mendiculus）原产于南美洲厄瓜多尔的科隆群岛。这种企鹅多数居住在费尔南迪纳岛和伊莎贝拉岛。伊莎贝拉岛的北端越过赤道，进入了北半球，这意味着这是唯一一种同时自然生活在南北两个半球的企鹅，其他所有种类的企鹅全部生活在南半球。

鸟类能忍耐的最低温度

南极洲海洋的冰层上，帝企鹅能在平均零下20摄氏度的温度下生存。

这种耐寒的企鹅还保持有一项纪录——**持续禁食时间最长的鸟类**。一只雄性帝企鹅能在没有食物的情况下利用皮下储存的大量脂肪生存134天，它们的脂肪厚度能达到3至4厘米。

游动速度最快的鸟类

巴布亚企鹅（学名：Pygoscelis papua）游动的最高速度约27千米/小时。

最常见的企鹅

现今约有630万对马可罗尼企鹅（学名：Eudyptes chrysolophus）。然而，这种企鹅从20世纪70年代起在数量上显著减少，如今世界自然保护联盟将其归为易危物种。

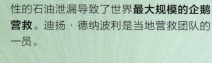

👤 鸟类营救

2000年6月23日，南非海岸一次灾难性的石油泄漏导致了世界最大规模的企鹅营救。迪扬·德纳波利是当地营救团队的一员。

你到达事故发生地时，情况如何？

我们团队在石油泄漏发生后一周到达目的地，营救系统仍在不断派往当地。我们搭建大量的营救中心收容那些不断增多的沾上石油的鸟类。几天之内，将近20,000只沾上石油的企鹅被送来，多数来自罗本岛。在我们到达的第二天，泄漏的石油蔓延到达森岛，这迫使我们疏散其余20,000只干净的企鹅，防止它们被石油沾上。我们将这些企鹅运到伊丽莎白港的岸边，放到未被污染的水中，为它们提供可以游动的场所。

你怎么清洁那些沾上石油的企鹅？

在准备清洗前的24小时至48小时内，让这些动物适应下来非常重要，因为清洗的过程非常紧张。准备清洗时，首先要在企鹅身上喷上去油剂，去油剂要在企鹅身上停留半小时才开始分解这些厚重的石油。在这之后，将企鹅放入替换的热水盆中，让企鹅的羽毛在水中搅动，直到他们身上的石油清理干净，水变清澈。接着，用高压水枪将它们羽毛上残留的肥皂泡沫冲净，并将它们放到温暖的灯下烘干。

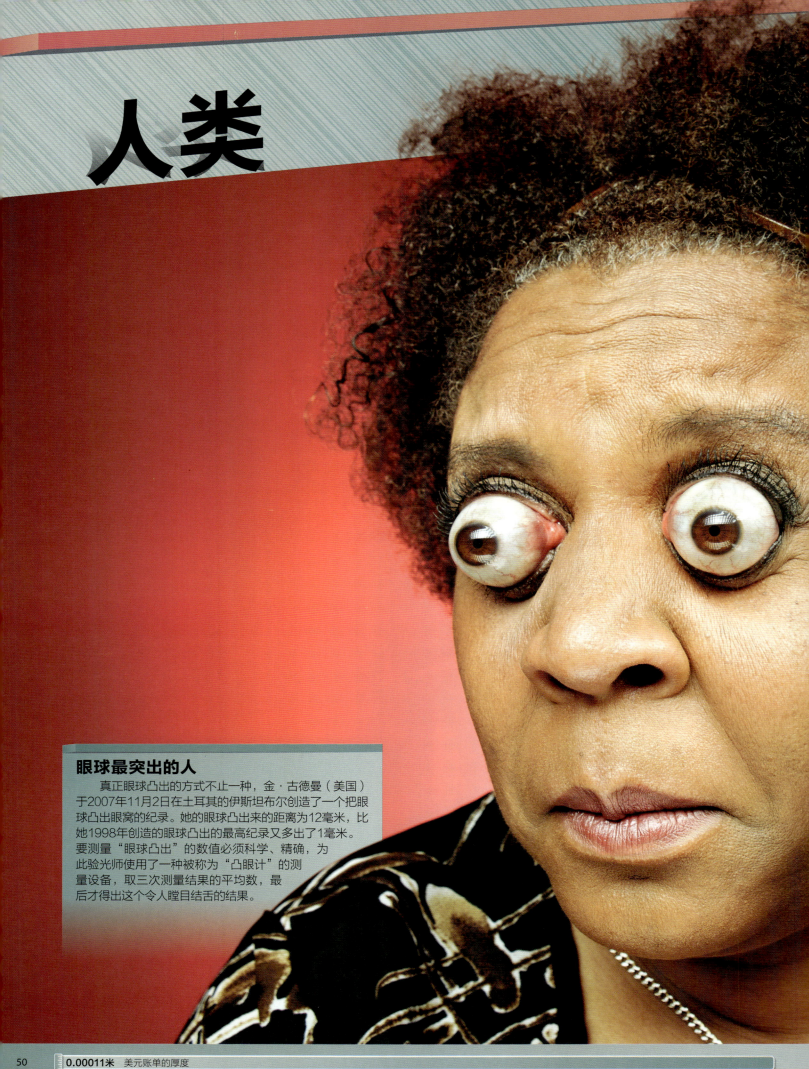

人类

眼球最突出的人

　　真正眼球凸出的方式不止一种，金·古德曼（美国）于2007年11月2日在土耳其的伊斯坦布尔创造了一个把眼球凸出眼窝的纪录。她的眼球凸出来的距离为12毫米，比她1998年创造的眼球凸出的最高纪录又多出了1毫米。要测量"眼球凸出"的数值必须科学、精确，为此验光师使用了一种被称为"凸眼计"的测量设备，取三次测量结果的平均数，最后才得出这个令人瞠目结舌的结果。

0.00011米　美元账单的厚度

! 小知识

"眼球凸出"这一术语指眼球位移或者眼睛凸出。金曾被曲棍球面罩击中头部，这使她发现了自己的天赋。现在她可以随意使眼睛凸出。

聚焦 令人惊叹的解剖学

人类和大猩猩的DNA有95%相匹配，和香蕉也有大约50%相匹配！

图例： 神经系统　肌肉系统　血管系统　骨骼系统　器官

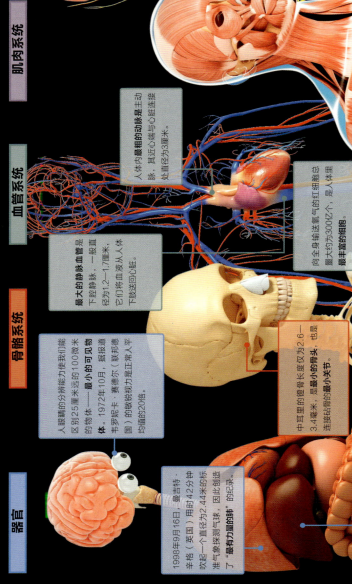

神经系统

据报道，1992年12月一位30岁的美国男性创造了最重大脑的记录，其大脑脑重达2300克。

据估计，眼部肌肉每天能活动100,000多次——即使在睡眠中——这使得它们成为最活跃的肌肉。

最强健的肌肉（嘴两侧的肌肉）是咀嚼肌（嘴里）。理查德·霍夫曼（美国）两侧的咬合力达442千克，正常咬合力的6大倍。1986年8月，

肌肉系统

在已知的639块肌肉中，最大的肌肉是臀大肌，它使我们的身体能够保持直立。

血管系统

人体内最粗的动脉是主动脉，其最近心端与心脏连接，处直径约为3厘米。

最大的静脉血管是下腔静脉，一般是下腔静脉，径约为1.2~1.7厘米，它们将静脉血液从人体下肢送回心脏。

向全身输送氧气的红细胞总量约为300亿个，是人体里最丰富的细胞。

在骨髓中发现，巨噬细胞以0.2毫米的宽度成为人体里最大的细胞。

骨骼系统

人眼睛的分辨力使我们能区别25厘米远处的100微米的物体——最小的可见物体。1972年10月，据报道韦罗妮卡·赛德尔（联邦德国）的敏锐视力是正常人平均值的20倍。

中耳里的镫骨长度仅为2.6—3.4毫米，是最小的骨头，也是连接听骨链的最小关节。

器官

1998年9月16日，曼苏特·辛格（英国）用时42分钟吹起一个直径为2.44米的标准气象探测气球，因此创造了"最有力量的肺"的纪录。

成年人的肝脏重1.5千克，长22厘米，这使其成为人体里最大的体内器官。

不管是跑一场马拉松，还是复原一个魔方或是吃最多的葡萄，如果不是人类身体这个不可思议的机器，可能很少会有这些纪录。

来自身体组织的大约10万亿个不同的细胞组成了肌肉、骨头和器官。所有这些单独的部件通过大脑的协调执行我们的身体功能，其中一些甚至是在我们没有察觉的时候发生的。

尽管我们并不总能注意到，但不管你是6岁还是116岁，人类的身体总是处在不断地代谢、再生、生长、萎缩的状态。就像当今世界最老的人（更多关于她的详情在第54—55页）。

基于这样的特点，我们将聚焦身体内部以揭示一些神奇的解剖学内容。没有它，我们既不能生存也不可能打破纪录。

一生中……

在度过的每一天中，我们的身体看似没有什么变化，但纵观一生会发现，身体一直在不断改变。全球人类平均寿命正在提高——2014年世界卫生组织公布的数据为女性73岁和男性68岁——这些数字将变得更大，所有这些数字都基于平均70.5岁的寿命。

- **25亿** 一生中的心跳次数
- **66,900升** 一生肾脏所能产生的血液
- **7** 骨骼愈合十年的更换次数
- **10.5米** 头发丝的生长长度
- **2** 平均折损十年的记录；一生中；一生中约1,500,000个的速度进行，共4330次
- **9264亿** 人类大约更换脱落的细胞个数
- **1亿** 人体一生大约制造出的血小板个数
- **494,000,000** 在每天呼吸证明人小时止，我们的基础止一生我们的寿命。

人类的秘诀

美国科学家罗伯特·W·斯特纳和詹姆斯·J·埃尔瑟在他们的著作《生态化学计量学》（2002）中估算出人类身体的元素组成，以下是他们基于1毫克于1毫克钴的计算结果。

氮 N	1.5千克
氢 H	6.4千克
碳 C	17.5千克
氧 O	35千克

硒 Se 5.4克	钴 Co 1毫克
镁 Mg 17克	氟 F 4.2毫克
硅 Si 18克	钼 Mo 4.9毫克
钠 Na 72克	铬 Cr 6.2毫克
氯 Cl 76克	锰 Mn 12毫克
硫 S 110克	碘 I 31毫克
钾 K 120克	铜 Cu 83毫克
磷 P 540克	锌 Zn 2.4克
钙 Ca 1千克	铁 Fe 2.5克

图例
非金属
碱性金属
过渡金属
卤素类
碱土金属
类金属

一个成年人由大约$7×10^{27}$个原子组成！

7
000 000 000
000 000 000
000 000 000
000 000 000

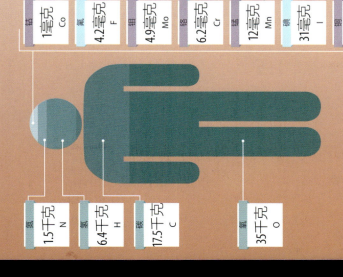

新鲜词汇

DNA： 在我们细胞里的双螺旋分子，脱氧核糖核酸包含我们的细胞如何发展的遗传指令和规定，以及履行的功能。

韧带： 把骨头连在一起的连接组织，使骨架保持稳定。

肌腱： 也就是连接组织，把肌肉和骨头接在一起的纤维组织，使我们可以活动。

运动神经元将神经冲动从大脑和脊髓传递至脊椎，长度为1.3米，是最长的细胞。

基于1966年的试验，人类最快的神经冲动速度可达288千米/小时，但是会随着我们的年龄增长而慢下来。

小知识
除了视觉、嗅觉、听觉、味觉和触觉，还有其他的感觉，包括检测冷热的热觉感受和决定痛觉的伤害感受。

我们身体最长的肌肉是缝匠肌，长度可达600毫米，这条块长的带状肌从臀部一直到膝盖下端，使我们的双腿可以交叉在一起。

淋巴细胞是白细胞的一种，也是那些有最长记忆的细胞。它们是免疫系统重要的一部分，攻击那些外来者，在病原体再次入侵时再一次起作用，这种人叫"记忆"。

DNA是人体细胞中最大的分子，如果一个DNA分子处于松散或舒展的状态，它能达到大约2米长。

最强的韧带是髂骨韧带，它连接着髋部的大腿骨，其拉力可达350牛顿。

一般来讲股骨是成人身高骨长度的1/4，是最长的骨头。身高为180厘米的人，股骨可长达50厘米。

每只脚平均可向内旋转50度。但是2011年3月10日，摩西·拉纳纳（美国）成功地把双脚旋转了120度，创造了脚旋转最大角度的纪录。

世界上最大的脚：右脚40.1厘米，左脚39.6厘米。想知道这双脚组属于谁，请查看第58页。

皮肤

如果产生共同运作并产生特定功能的细胞群或组织，那么皮肤可以说是人体最大的器官。成人皮肤平均有1.5—2平方米的面积，由三层组成，面积约等于13本展开的《吉尼斯世界纪录大全》。皮肤具有很多功能，包括保护我们的体内系统、调节体温和排泄废物（通过排汗）。

在皮肤表面每平方英寸（6.5平方厘米）平均有700个汗腺，每个汗腺有一个毛孔。

当毛肌收缩时，我们的毛发会立起来保持温暖。

皮脂腺释放天然油脂来滋润皮肤。

人类和果蝇有相同数量的毛囊。

每平方英寸（6.5平方厘米）平均有1300个神经细胞。

每平方英寸（6.5平方厘米）平均有4米长的血管。

脂肪细胞

表皮
真皮
皮下组织

年纪最大的人

"超级百岁老人"指任何一位年龄超过110岁的人

数字集锦

71岁
2013年全球女性的平均寿命

66岁
2013年全球男性的平均寿命

48岁
1955年全球人口的平均寿命；到2025年，这个平均值将增加至73岁

5000万
居住在平均寿命不足45岁的国家的人口数量

20亿
预计到2050年，年龄不低于60岁的人口数量；1950年，2亿500万人口达到了这个年龄

60
联合国划定的步入老年的年龄

资料来源：
世界卫生组织；联合国

母子年龄和最大（健在）

2015年4月21日，维奥莱特·布朗（牙买加，生于1900年3月10日，见第55页图表）和她的儿子哈兰·费尔韦瑟（牙买加，生于1920年4月5日）加在一起的年龄为2岁48天。维奥莱特居住在牙买加特里洛尼教区杜安威乐，是维多利亚女王时代最后一个依然在世的国民。

年龄最大的……

海峡游泳者（女性）

在英吉利海峡游泳的年纪最大的女性是休·奥尔德姆（澳大利亚，生于1945年11月24日）。2010年8月8日，在64岁零257天的时候，她以17小时11分钟从英国穿越英吉利海峡游到法国。

军队飞行员

2012年10月18日，在64岁零305天的时候，少校迈克·克拉布特里（英国）在阿富汗尔的塞拉莱驾驶一架阿古斯塔·韦斯特兰超级山猫直升机为阿曼皇家空军服役。

国际足联世界杯教练

2010年6月22日，奥托·雷哈格尔（德国，生于1938年8月9日）在南非的波罗克瓦尼市带领希腊队员在2010年世界杯决赛上与阿根廷决战，当时他已经71岁零317天。

曲棍球手（女性）

澳大利亚的玛丽·拉森（婚前姓莱农，生于1934年7月25日）服役于塔格拉诺维京人女子曲棍球俱乐部，2014年6月1日，79岁零311天的她在澳大利亚堪培拉举行的曲棍球ACT国家女子联赛5—6名排名赛中对阵澳大利亚国立大学队。

双人跳伞者

2014年6月27日，阿曼德·根德鲁（加拿大，生于1913年6月24日），从加拿大魁北克尔尔德圣母村上方4114.81米的高度跳下，完成了他的第一次双人跳伞，当时他已经101岁零3天。

攀登乞力马扎罗山的人

2012年10月1日，马丁·卡费尔（瑞士，生于1927年5月10日）在他85岁零144天的时候爬上了坦桑尼亚的乞力马扎罗山。马丁和他的妻子埃丝特·卡费尔一起完成的这次旅行，他的妻子当时已经84岁零161天，是攀登乞力马扎罗山年纪最大的女性。

电子游戏演员

曾在电子游戏中扮演角色的年纪最大的演员是克里斯托弗·李爵士（英国，生于1922年5月27日），他曾在游戏《王国之心358/2天》（史克威尔艾尼克斯公司，2009）中为智者迪兹/安森配音。2009年9月29日，这部游戏在美国发布时他已经87岁零125天。李又打破了他自己的纪录，他在《乐高®霍比特人》（旅行者故事游戏公司，2014）中饰演了萨鲁曼并为这一角色配音，2014年4月8日这款游戏发布时他91岁零316天。

电视制作人

年纪最大的电视制作人是东洋石井（日本，生于1926年9月1日）。2014年8月8日，他以87岁零341天的高龄依然继续在日本东京为东京广播公司制作电视节目。

英国唱片排行榜冠军

英国唱片排行榜年龄最大的冠军是薇拉·林恩女爵士（英国，原名薇拉·韦尔奇，生于1917年3月20日）。2009年9月19日，《最好的薇拉·林恩——我们会再相逢》登上榜首时，她92岁零183天。

2015年2月14日，鲍勃·迪伦（美国，原名罗伯特·齐默尔曼，生于1941年5月24日）凭借专辑《夜之影》荣登英国唱片排行榜榜首。这张专辑翻唱了弗兰克·西纳特拉的经典作品。在73岁零266天时，迪伦成为了英国唱片排行榜年龄最大的冠军（男性）。

拳击教练

2014年5月27日，亚伯拉罕·"亚伯"·佩尔温（加拿大，生于1919年8月13日）已是94岁零287天的高龄。他从1935年起成为一名现役的拳击教练和训练员，1976年夏季奥运会佩尔温是加拿大拳击队的总教练，1988年5月24日，他被选入加拿大拳击名人堂。

蹦极跳者

2010年4月10日，莫尔·克特（南非，生于1913年8月31日）96岁零222天。他在南非西开普布劳朗斯桥完成了他的蹦极。直到蹦极结束后，克特才知道自己打破了一项世界纪录。

健在的最长寿的人

2015年4月6日，116岁的格特鲁德·韦弗（美国）去世后，杰瑞兰·塔利（美国，生于1899年5月23日）成为健在的最长寿的女性和健在的最长寿的人。截止到2015年5月7日，杰瑞兰115岁零349天，她和70多岁的女儿特尔玛·霍洛韦一起居住在美国密歇根州底特律市。

世界上健在的最长寿男性是日本福岛市的百井盛，他生于1903年2月5日。截止到2015年5月7日，他已经112岁零91天。他的同胞木村次郎右卫门是迄今为止最长寿的男性，他生于1897年4月19日，于2013年6月12日去世，享年116岁零54天。

指挥

2014年2月23日，99岁零311天的胡安·加尔塞斯·克拉尔特（西班牙，生于1914年4月18日）在他的家乡——西班牙巴伦西亚的奥迪托里·帕劳社交城堡的西姆佛尼卡大厅指挥了一场音乐会。

教师

2014年4月11日，101岁零109天的杰弗里·施奈德神父（澳大利亚，生于1912年12月23日）从全职教师岗位上退休了，结束了他在澳大利亚新南威尔士州米尔逊角圣阿洛伊修斯学院74年的执教生涯，在那里，他教授3—12岁的学生。

新娘

年纪最大的新娘是明妮·芒罗（澳大利亚）。1991年5月31日，102岁的她在澳大利亚新南威尔士州克莱尔角嫁给了83岁的达德利·里德。**年纪最大的新郎**则是哈里·史蒂文斯（美国）。1984年12月3日，103岁

最长寿的人

截止到2015年5月7日，全世界经证实的超级百岁老人共50人，其中48名为女性，仅有两名男性。目前，前十名均为女性，平均年龄为114岁零318天。资料来源：grg.org

姓名	出生日期	年龄
杰瑞兰·塔利（美国）	1899年5月23日	115岁零349天
苏珊娜·穆莎特·琼斯（英国）	1899年7月6日	115岁零305天
埃玛·莫拉诺-马丁努奇（意大利）	1899年11月29日	115岁零159天
维奥莱特·布朗（牙买加）	1900年3月10日	115岁零58天
安东尼亚·赫雷纳·里韦拉（波多黎各自治邦/美国）	1900年5月19日	114岁零353天
田岛奈美（日本）	1900年8月4日	114岁零276天
戈尔迪·斯坦伯格（俄罗斯/美国）	1900年10月30日	114岁零189天
石黑喜代子（日本）	1901年3月4日	114岁零64天
多明戈·韦拉斯科（墨西哥/美国）	1901年5月12日	113岁零360天
奥兰普·阿莫里（法国）	1901年6月19日	113岁零322天

日本卫生劳动福利部声称，东京有一位115岁的女性，不仅是日本最长寿的人，如果参与排名的话也将在上面图表中名列第5。然而，依照其家人的要求，这位生于1900年3月15日的女性的姓名没有公开。

世纪之交

罗伯特·扬调查最长寿人群；下图为他与贝西·库珀（美国）在2012年库珀116岁生日时的合影，当时她是健在的最长寿的人。

你什么时候参加老年医学研究组织的？

1999年6月，我参加了这个组织。这是个志愿者团队，在全世界有100多名参与者。

是什么使你有兴趣研究最长寿的人？

我5岁时，看见了一则一位女性庆祝109岁生日的新闻。有人的年龄居然能比我大上100多岁，这深深地吸引了我。我猜测极高龄十分罕见。

核对某人的年龄时所面临的最大挑战是什么？

证明或者是推翻某人年龄时最大的挑战是需要在超过110年的时间段中查找足够的证据。1900年全世界只有20%的人口有确切的政府出生登记。然而在某些情况下，我们可以参考人口普查、洗礼或者其他早期的出生文件以及中后期的文件，比如结婚记录、征兵记录、养老金记录、身份证和死亡记录。建立个案来证明现今存在的这个人就是原始出生文件中的那个人也是非常重要的。声称年纪不低于115岁的人中超过98%都被证明是虚假的。

的他在美国威斯康星州卡拉维拉别墅养老院迎娶了84岁的特尔玛·卢卡斯。

竞技短跑选手

2014年9月22日，宫崎秀吉（日本，生于1910年9月22日）在日本岩手县北上市参加第18届亚洲大师田径锦标赛时正好

104岁。他100米短跑的成绩是34.61秒。

迄今为止最长寿的人

经过充分认证的最长寿的人是享年122岁零164天的珍妮·路易斯·卡门特（法国），她生于1875年2月21日，1997年8月4日在法国南部阿尔勒市的一家养老院中去世。

年纪最大的滑索挑战者

2014年5月18日是英帝国勋章获得者多丽丝·西塞莉·朗（英国，生于1914年5月18日）的100岁生日，她从英国朴茨茅斯市的三角帆塔沿绳索滑下。三角帆塔170米高，而朗女士从"仅仅"92.96米的高度滑下。

年纪最大的伴郎

2014年1月2日，在英国北爱尔兰蒂龙郡克洛赫市詹姆斯·贝蒂和伊索贝尔·库特（均为英国人，见上图）举行的婚礼上，罗纳德·霍恩比（英国，生于1917年10月5日）为他外甥詹姆斯·贝蒂充当伴郎。在这个大喜的日子里，罗纳德96岁零89天。另外，他的妻子弗朗基担任了伴娘。

小知识

"我不知道我这个年纪的人还有谁在做这样的事情，"多丽丝在完成她的壮举后说。这并不奇怪：三角帆塔比伦敦眼还要高。

身体极限

法国大革命时期，一个叫里什堡的矮人**假扮成婴儿**，但实际上却是贵族的**奸细**

数字集锦

14英寸
女子长的最长胡须（36厘米），属于贾尼丝·德韦尔（美国），1884年进行的测量

90
由英国皮肤研究专家伊拉斯谟·威尔逊（1809—1884）爵士发现的人类长角的案例数量

302厘米
最大的腰围，属于沃尔特·赫德森（美国）

132厘米
人类最长的腿，属于斯韦特兰娜·潘克拉托娃（俄罗斯）

健在的最高男性

苏丹·克森（土耳其，生于1982年12月10日），2011年2月8日由《吉尼斯世界纪录大全》经理山姆·梅森在土耳其的安卡拉见证，身高为251厘米。

苏丹的手从手腕到中指指尖长28.5厘米，是**健在的人中最大的手**。他五指张开时跨度是30.48厘米——比美式橄榄球还要长。

迄今为止最高女性

生活在中国湖南省明月乡的曾金莲（1964年6月26日—1982年2月13日）去世时测量身高是248厘米。这一数字将脊柱弯曲算在内，因为她患有严重的脊柱侧弯（脊柱弯曲）。她从四个月大的时候开始疯长，四岁生日前已经长到156厘米高，到13岁的时候身高达到217厘米。

健在的最高女性

2012年12月，来自福尔蒂斯保健所的德巴西斯·萨哈医生给生活在印度南迪纳杰布尔县的西迪卡·帕韦恩测量身高，发现她至少有222.25厘米。由于健康问题帕韦恩女士无法直立，所以无法对她的身高进行精确测量。但是萨哈医生估计她的直立身高至少有233.6厘米。

最多变的身材

亚当·雷纳（澳大利亚，1899—1950）在医学史上是唯一一位集矮人和巨人为一身之人。21岁时，他的身高是118厘米，但是之后身高却突然开始飞速增长。

到1931年，他的身高几乎是原来的两倍，达到218厘米。由于身高突长他的身体变得虚弱，只能卧床，余生都是在床上度过的。他去世时身高是234厘米。

史上最高的人

最近的十个身材最高的人几乎要追溯一百年的时间，但是没人比瓦德罗更高，他是迄今为止最高的人

姓名（国籍）	身高（厘米）	出生年份
伯纳德·科因（美国）	248	1921
罗伯特·瓦德罗（美国）	272	1940
爱德华·特德·埃文斯（英国）	234	1957
苏莱曼·阿里·纳什努西（利比亚）	246	1964
约翰·F.卡罗尔（美国）	263	1966
唐·凯勒（美国）	248	1970
哈吉·穆罕默德·阿拉姆·钱纳（巴基斯坦）	232	1981
拉德欢·沙尔比博（突尼斯）	235	1999
鲍喜顺（中国）	236	2005
苏丹·克森（土耳其）	251	2011

健在的最矮女性

2011年12月16日，乔蒂·阿姆吉（印度）在印度那格浦尔过18岁生日时测量身高为62.8厘米，从而获得**最矮青少年**的头衔。她比**最矮的男性**钱德拉·丹吉（见第57页）高8.2厘米，2012年4月他们曾在意大利罗马的电视节目《纪录秀》中见面。

！小知识

来自芬兰的丹尼尔·卡亚努斯（1704—1749）是一位巨人，他的身高被夸大为283.2厘米，但后来的尸检发现他的实际身高是222.2厘米。

✚ 身高的故事

苏丹的身高使他成了广深喜爱的名人。最重要的是他接受了一次足以挽救他生命的手术以防止他再长高。他获得的礼物包括为他量身定制的服装和一套地处安卡拉市专门配合他的身高而建造的公寓，他还可以更舒适地去世界各地旅行。

0.00076米 信用卡的厚度（由国际标准化组织和国际电工委员会7810定义）；这个尺寸也被标准化为85.60×53.98 毫米

健在的最高的一对夫妇

最高的篮球运动员孙明明和手球运动员徐燕（均为中国）于2013年8月4日在中国北京结婚。2013年11月14日在北京的测量结果显示，他们的身高分别是236.17厘米和187.3厘米。他俩的总身高为423.47厘米，比之前的纪录多了4.37厘米。

迄今为止最矮的女性

保利娜·马斯特斯（荷兰，1876—1895），也就是保利娜公主，出生时身高30厘米，9岁时为55厘米。她在美国纽约市去世时19岁，身高61厘米。

迄今为止最高的一对夫妇

居住在新斯科舍省的苏格兰移民的女儿，安娜·海宁·斯旺（加拿大，1846—1888），17岁的时候身高241.3厘米。1871年6月17日，她嫁给了居住在英国伦敦的马丁·范布伦·贝茨（美国，1837—1919）。他的身高是236.22厘米，这对夫妻

迄今为止最矮的男性

钱德拉·巴哈杜尔·丹吉（尼泊尔）的身高为54.6厘米。这一身高于2012年2月26日在尼泊尔加德满都的兰少河区的CIWEC旅行医学中心得到确认，他的身高在《吉尼斯世界纪录大全》总编克雷格·格伦迪的亲眼见证下于24小时内进行了6次测量。

的总身高是477.52厘米，创下了纪录。

迄今为止最重的人

乔恩·布劳尔·名诺克（美国，1941—1983）从小就患肥胖症。他1976年9月时身高1.85米，体重442千克。就在两年之后名诺克由于心脏和呼吸系统衰竭被华盛顿西雅图市的大学医院收治。内分泌科医生罗伯特·施瓦茨计算，由于水肿，他的体重要超过635千克。

经过近两年每天节食1200卡路里，名诺克减掉了216千克的体重。然而，1981年10月他承认体重又增加了将近90千克。名诺克在1983年9月10日去世时体重超过362千克。

与名诺克形成对比的是，他的妻子珍妮特（美国）体重只有50千克——比名诺克最重时轻585千克。这使得他们成为**体重相差最悬殊的一对夫妻**。

健在的最重女性

2012年7月保利娜·波特（美国）的体重获得医学确认，为293.6千克，使她成为健在的最重女性。虽然也有其他女性宣称比她重，但是没有人能够提交医学证明。

罗莎莉·布拉德福德（美国，1943—2006）的体重几乎是保利娜的两倍。1987年1月她记录了自己的最高体重为1200磅（544千克），使得她成为**迄今为止最重的女性**。

钱德拉·丹吉

2014年，来自尼泊尔的钱德拉·丹吉庆祝了自己的75岁生日。具有重大里程碑意义的是，为了庆祝《吉尼斯世界纪录大全》60周年钱德拉第一次来到了英国，开始了百年难遇的最特殊的一次会面……

钱德拉出生在距离尼泊尔首都加德满都540千米远位于唐街一个叫瑞姆克何利的小村庄里。钱德拉跟六个兄弟（他还有两个姐妹）住在一起。他的工作包括熟练地将芦苇编成垫子或草帽，或者帮助照看村里的牛。

2012年当地媒体争相报道了钱德拉的故事，他的生活因此发生了改变。《吉尼斯世界纪录大全》也被吸引，并来到了尼泊尔。两位医生和《吉尼斯世界纪录大全》总编克雷格·格伦迪确认了钱德拉的身高为54.6厘米。当时，这条消息便正式公布：钱德拉不仅是**健在的最矮男性**，同时也是**迄今为止最矮的男性**。

钱德拉曾经去过澳大利亚和意大利，2014年他来到了英国伦敦与苏丹·克森这位健在的最高男性见面。在这次旅行中，钱德拉说："成为吉尼斯世界纪录的纪录保持者让我能够出门远行……跟苏丹见面真是太不可思议了。我的身高让我非常骄傲地代表尼泊尔去往世界各地。"

人体部位

一般来说，女孩的**脚**生长到13岁，而男孩的脚可以生长到**15岁**

数字集锦

20
三岁小孩乳牙的平均数

100,000
一个人头发的估算数目；我们每天掉发50—100根

2—3毫米
指甲每月生长的平均速度

26
人类脚骨的个数——大约为整个骨架的八分之一

10
在英国最常见的男性鞋码，由2014年足部医疗学院的研究所得——从20世纪70年代的8码长为现在的10码

最多的牙齿

2014年9月20日证实，维贾伊·库马尔·VA（印度）的嘴里有37颗牙齿——比成年人平均牙齿数目多5颗。维贾伊在十八九岁时第一次注意到他比大多数人有更强的咀嚼能力。

最长的舌头

2012年11月27日证实，"舔三"尼克·施特贝尔（美国）的舌头从舌尖到嘴唇中部经测量为10.1厘米。尼克在一定程度上把他的纪录归因于他的爸爸——一位Kiss摇滚乐队迷，该乐队因在舞台上做出摆动舌头的滑稽动作而著名。

经2010年9月29日的测量，查尼尔·塔珀（美国）是**舌头最长的女性**，她的舌头长9.75厘米。

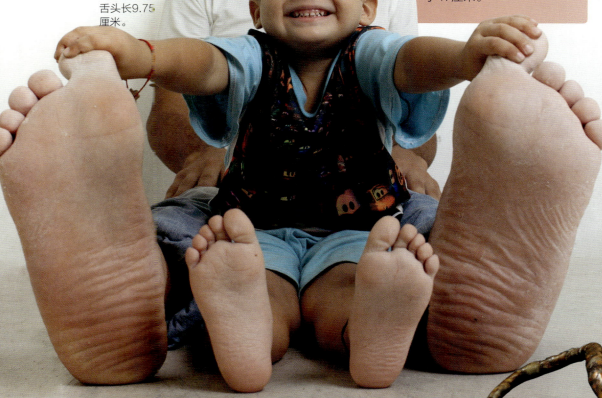

最大的脚

杰森·奥兰多·罗德里格斯·埃尔南德斯（委内瑞拉，此图为他和他的侄子）不得不专门从德国为他那双巨大的脚订制鞋子。截止到2014年10月6日，他的右脚经测量为40.1厘米，左脚为39.6厘米。

迄今为止最高的人罗伯特·维德洛（美国，1918—1940）同时也拥有一双**迄今为止最大的脚**，他穿美国尺码37AA号鞋，相当于47厘米。

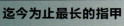

迄今为止最长的指甲

男性：梅尔文·布思（美国，1948—2009）拥有有记录的迄今为止最长的指甲，总长度为9.85米。

女性：2008年，李·雷蒙德（美国）的指甲总长度为8.65米，但第二年在一场车祸中她痛失指甲。

最宽的舌头

经2014年11月2日的测量，拜伦·斯伦克尔（美国）拥有世界上最宽的舌头，宽度为8.57厘米，打破了他以前创造的8.3厘米的纪录。有其父必有其女：同一天，他的女儿艾米丽（美国）也被确认拥有**世界上最宽的舌头（女性）**，最大宽度为7.33厘米。

最长的鼻子

2010年3月8日在意大利电视节目《纪录秀》中，梅赫梅特·奥兹约雷克（土耳其）的鼻子从鼻梁到鼻尖被测量为8.8厘米。但是这可能不是**迄今为止最长的鼻子**：18世纪70年代有记载，英国马戏团演员托马斯·韦德斯的鼻子经测量达到19厘米。

最大的多毛家族

共有19名成员的拉莫斯·戈麦斯家族（均为墨西哥），患有一种非常罕见的被称为先天性遗传多毛症的遗传病（CGH），它会导致毛发的过度增长。虽然CGH对男性和女性都有影响，但在男性家庭成员中更明显，他们浑身除手掌和脚掌之外，浓密的毛发覆盖了约98%的身体。

0.003米 芝麻花上一颗芝麻籽的长度

最长的毛发……

头上

女性： 2004年5月8日测量时，谢秋萍（中国）的头发令人吃惊地达到了5.6米。从1973年开始她就没有剪过头发，如今她四处走动的时候，需要一名助手帮她托着头发。

男性： 有报道称1949年，马德拉斯提达都图来寺院的印度和尚斯瓦米·潘得拉桑纳迪的头发长度为26英尺（7.9米）。但这或许是被称为神经性纠发病的头皮银屑病引起的，这种病使头发打结，无法解开。

最多的手指和脚趾

2014年11月11日，在印度古吉拉特邦的西马特那噶尔，经验证，德文德拉·苏特尔（印度）天生患有多指（趾）畸形病，手指和脚趾共有28个：14个手指和14个脚趾。身为木匠的德文德拉说，多余的手指不会影响他的工作，但切割时要格外小心！

美国的史密森学会。

脸上

最长的连鬓胡须属于萨尔瓦安·辛格（加拿大），2011年9月8日，其测量长度为2.4米。尽管2010年3月4日，拉姆·辛格·乔汉（印度）的上唇胡子被测定为4.2米，但萨尔瓦安有办法赶超他。

汉斯·朗塞特（挪威）拥有**迄今为止最长的胡须**；1972年去世时，他脸上的毛发测量长度为5.3米。40年后他的胡须被捐献给

耳内

2007年10月10日，经证实，一位被他的学生称为"耳毛老师"的退休校长安东尼·维克多（印度），其外耳中生长出的毛发长达18.1厘米。

胸前

2014年9月13日，经确认，最长的胸毛测量长度为23.5厘米，属于中国的赵景涛。**最长的乳头毛**属于意大利的达尼埃莱·图韦里，2013年3月13日的纪录长度为17厘米。

后背上

截止到2012年11月9日，克雷格·贝德福德（英国）的后背上长了一根13厘米长的毛发。

指甲

什里达尔·奇拉尔（印度，上图拍摄于1975年，左图拍摄于2014年）单手拥有最长的指甲。经过52年的生长，它们的测量总长度为29英尺10英寸（9.09米）。我们询问他指甲是如何影响他的生活的……

为什么你开始蓄指甲？

1952年我和一个朋友在学校惹上麻烦后，一位老师说蓄指甲需要耐心但我们不懂得这一价值，所以我接受这一挑战。起初，我的父母反对我的决定，但是这更加激励我蓄起指甲。后来，他们看到我决心已定，就开始支持我。

照顾你的指甲需要做多少工作？

它们极其脆弱。即使一个小小的触摸也能折断这样长的指甲，所以我在指甲上涂上一层清漆来加以保护。

睡觉时我也采取预防措施，因为不能移动太多，所以每隔半小时左右我会醒来，把我的手移到床的另一边。

你的指甲给你带来什么好处了吗？

是的，无论走到哪，总有人认出我。而且，我从来不用排队。最后，我愿意把我的指甲捐给博物馆，留给后人。

有哪些不利之处？

因为我的长指甲，我曾被很多家单位拒之门外。我的妻子同意嫁给我之前，我也曾被大约10个女孩拒绝过。

! 小知识

什里达尔指甲的长度：拇指——197.9厘米；食指——164.5厘米；中指——186.6厘米；无名指——181.6厘米；小指——179.1厘米。

人体整形

冰冻木乃伊"奥茨冰人"（约公元前3300年）有拉长的耳朵和文身

数字集锦

86%
根据美国哈里斯民意调查，不后悔文身的人数占比

1:5
在英国和美国的所有人口中，至少有一种文身的人所占的大约比例

35%
耳穿孔引发并发症的比例（77%是轻微感染）

30—39岁
美国最可能有文身的年龄段

3000
一分钟内文身枪刺破皮肤的次数

120亿美元
2013年，美国人花在外科和非外科整容手术的费用（70亿英镑）

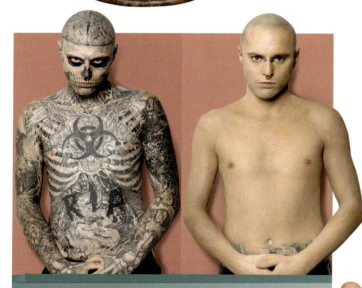

最大的唇板

在埃塞俄比亚的苏尔玛部落，如果女孩带长达15厘米的唇板，就表示她可以结婚了。带的唇板越大，就表示那个女孩越受欢迎。唇板的大小通常等同于从追求者那里获得的牛的数量。

图为20岁的阿塔耶·埃莉吉达格尼（埃塞俄比亚），她的唇板周长达59.5厘米，直径19.5厘米——是迄今为止记录的最大的唇板。这张照片是由澳大利亚电影制作人亚伯拉罕·约菲在2014年去埃塞俄比亚旅行时拍摄的。插图中，阿塔耶展示了她除去唇板后的嘴唇。

人体整形最多的一对夫妇

丈夫维克托·雨果·佩拉尔塔（乌拉圭）和妻子加芙列拉·佩拉尔塔（阿根廷）一共做了84项不同的整形手术。这一纪录在2014年7月7日获得吉尼斯世界纪录的认证。他们的整形包括50处穿孔、8处埋钉、14处人体植入、5处牙齿植入、4处耳扩、2处耳栓和1处舌头分叉。

穿孔最多……

单次计数

2012年12月16日，罗尔夫·布赫霍尔茨（德国）的医学检查显示他的身上有481处身体穿孔。这个喜欢穿孔的人炫耀说，在他的其他装饰中，两个皮下"犄角"植入、右手五个指尖磁性移植物植入使他的整形达516次，也让他成为**身体穿孔最多的人（男性）**。

人体整形最多的（女性）是玛丽亚·何塞·克里斯廷（墨西哥），她共做了49次整形，包括全身皮肤文身，皮下植入和布满肚脐、耳垂、眉毛、嘴唇、乳头、鼻子和舌头的穿孔。

最大的耳洞隧道

文身和人体整形艺术家卡拉维罗·凯威（美国）因为双耳各拥有直径达10.5厘米的耳洞，于2014年4月14日在美国夏威夷的希洛自然健康诊所获得了吉尼斯世界纪录的认证。他的耳洞有一个茶杯直径那么大，足够人的拳头穿过。除了这个肉体隧道，卡拉的身上还有文身、穿孔、皮下犄角和分叉（分裂）的舌头。

骨骼文身最多

恐怖电影迷瑞克·格内斯特（加拿大）身上已经有139个骨骼文身——是人体骨骼数量的近70%。瑞克也因此被称为"僵尸男孩"。他在文身方面花费数千美元，同时他也因这些文身赢得了名气，并出现在Lady Gaga的音乐电视作品《生来就这样》中。这位对恐怖文身热情不减的大男孩还在身上文了蠕虫和蟑螂等176种爬行昆虫，成为拥有**昆虫文身最多**的人。在上面右边的照片中，他展示了化妆效果，也就是将文身遮盖后的效果。

单次计数中穿孔数量最多

（**女性**）的纪录保持者是伊莱恩·戴维森（巴西/英国）。462个穿孔纪录是在2000年5月4日获得认证的。截止到2006年6月8日，伊莱恩累经穿孔4225处，是**一生中穿孔最多**的人。由于有些饰品掉下来，而后又有新的穿孔添加，这个数字不断波动。

在脸上

为了拥有一个"穿孔的面具"，来自阿根廷的阿克塞尔·罗萨莱斯于2012年2月17日在面部共埋了280个钉和环。在获得纪录的认证当天他又加了9个穿孔，就像他说的，他想要一个比271"更圆满"的数字。

0.005米 一粒米的长度

方格最多的文身

看看这个吉尼斯世界纪录！除了头上的201个方块文身外，截止到2014年7月7日，号称"人类棋盘"的马特·格纳（美国）全身共文有848块方格。马特甚至把他的舌头和白眼珠都文上了方格，虽然医学上认为在眼珠上文身感染的风险会很高。

文身

文身最多的人

在经历了1000多个小时的着墨之后，幸运里奇（澳大利亚/新西兰）成为了世界上文身最多的人。新的文身覆盖旧的文身，估计他身体的200%以上布满了文身。

世界上文身最多的女性是玛丽亚·何塞·克里斯廷（墨西哥）。这个被称为"吸血鬼夫人"的女士全身96%的皮肤被文身覆盖，这一数字于2011年2月8日被收录到吉尼斯世界纪录大全中。

世界上文身最多的老人（男性）名为汤姆·莱帕德（英国），他全身99.9%的皮肤都被豹纹覆盖着。而文身最多的老人（女性）是伊莎贝尔·瓦利（英国）。截止到2009年4月25日，她身体皮肤的93%被文身覆盖。

文身最多的……

拼图： 人体整形爱好艺人"谜"，又名保罗·劳伦斯（美国）身上有2123块拼图文身，这一数字是在2011年4月13日的意大利电视节目《纪录秀》上确认的。

一个卡通人物： 很少有像李·韦尔（新西兰）那样的《辛普森》迷。截止到2014年6月5日，他的左胳膊上有41个不同图案的霍默·辛普森文身。这些文身中包括一个婴儿时期的霍默、一个不可思议的绿巨人霍默和一个从玩具盒里跳出来的霍默。文这些文身需要超过25小时的时间。

国旗： 从2009年7月到2011年7月，吉尼斯·拉希（印度）一共在身上文了366面世界各国的国旗。他的地理主题的人体艺术不止于国旗，他还在身上文了许多国家名称和地图。

🧑 隧道视野

约埃尔·米格（德国）是**最多的脸部人体隧道纪录**保持者：截止到2014年11月27日，他的脸上共有11处人体隧道。是什么让他对"多孔"的人体整形产生兴趣的呢？

你是什么时候开始对人肉隧道产生兴趣的？

我13岁开始对人体整形感兴趣，那时我在耳垂上做了第一个人肉隧道。我真的喜欢它，所以一步一步的，我就成了现在这个样子！

你在进食或饮水的时候会有困难吗？

没有，没有任何问题，不过我只能小口小口地吃东西。

……那如何接吻？

没有问题！我的女朋友也有一个很大的"嘴唇装饰品"[唇环]，不过接吻会有点困难。

告诉我们在你的脸上进行隧道制作的过程。

首先，在脸颊上切开一个10毫米小口，然后将含有聚四氟乙烯的饰品放进去。经过三个月的愈合后，再将这个饰品拉伸至18毫米；再经过一个月的时间让伤口愈合。在这个饰品拉伸到30毫米之前，我一个月将它拉伸一次，每次1毫米，直到它达到22毫米。现在我的目标是将它拉伸至40毫米[它们目前是34毫米]，

这也是我的上限。给我做整形手术的人曾在部队学医，他做整形手术已经八年了，我非常信任他。他受过严格的培训，这很有必要，因为在脸颊上开洞是一个非常复杂的过程，切割唾液腺真的是非常危险。

在治疗的过程中疼痛会持续多长时间？

疼痛会持续一个星期左右，之后就不疼了。

双胞胎

即使是**同卵双胞胎**也没有**相同的指纹**

数字集锦

14周
在子宫中孪生胎儿开始相互接触的周龄

22%
双胞胎惯用左手的比例；而非孪生这一比例还不到10%

17分
双胞胎老大和老二出生的平均间隔时间

1/250
同卵双胞胎的出生几率

1/200000
连体双胞胎的出生几率：同卵双胞中连体婴儿的出生几率为1/200

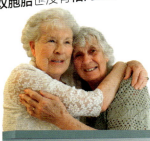

分离最久的双胞胎

1936年2月28日伊丽莎白·安·哈梅尔（原名兰姆，美国，图左）和帕特里夏·安·亨特（原名威尔逊，英国，图右）出生于英国奥尔德肖特。她们于2014年5月1日在美国加州富勒顿团聚，时隔77年零289天。

最富有的双胞胎

戴维·H. 科克（美国）和孪生兄弟威廉（美国）出生于1940年5月3日，他的净资产是420亿美元（280亿英镑）。他是科克公司的执行副总裁，这家公司由他的父亲弗雷德·科克于1940年创立。戴维在世界500强富豪榜上与其哥哥（非孪生）查尔斯并列第六位。威廉·“比尔”·科克是奥克斯波公司创始人兼董事长。

出生时间间隔最长的双胞胎

玛丽亚·琼斯-埃利奥特（爱尔兰）的一对双胞胎埃米·安和凯特·玛丽（“凯蒂”）·埃利奥特的诞生间隔达87天。这对双胞胎都诞生在爱尔兰的沃特福德地区医院。埃米早产生于2012年6月1日，同年8月27日凯特也降生了。

一个学年里双胞胎最多的学校

2012年5月31日的数据显示在美国康涅狄格锡姆斯伯里亨利·詹姆斯纪念学校一年入学了20对多胞胎：18对双胞胎和2对三胞胎。

大屠杀幸存者中年龄最大的双胞胎

2015年2月4日是安妮塔·埃布尔和斯蒂芬妮“斯蒂芬”·赫勒（原名海尔布伦）的90岁生日。她们出生在南斯拉夫苏博蒂察（现塞尔维亚），18岁时被送到位于捷克斯洛伐克的泰雷津集中营工作。1943年，年仅19岁的她们被送到波兰的奥斯威辛集中营。人们认为她们是约瑟夫·门格勒医生残忍且不人道的医学实验下幸存下来的年龄最大的孪生姐妹。

1945年，她们在奥斯维辛被疏散之后，最终来到了德国集中营，但是她们逃跑了。几天后她们得到了美国士兵的救助。

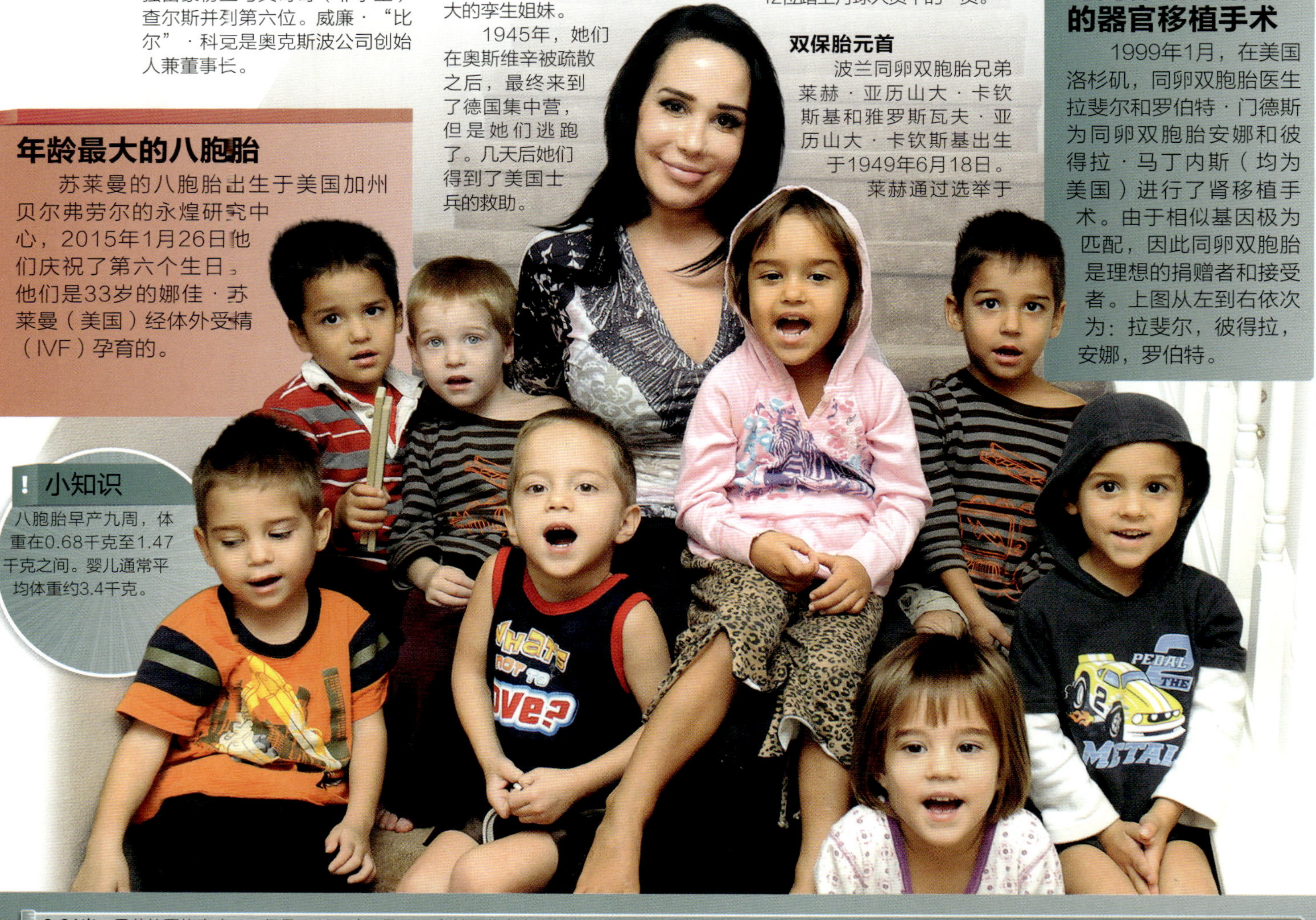

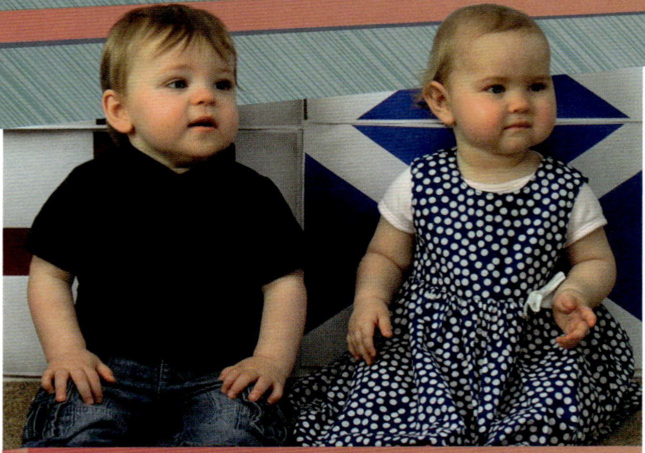

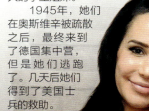

第一对出生在不同国家的双胞胎

迪伦·福克斯（英国，图左）的母亲唐娜·基南2012年7月1日开始分娩，将他生在了祖父母的家乡：位于英格兰诺森伯兰郡的伍勒。他妹妹汉娜（图右）快要出生的时候，母亲唐娜被救护车送到了梅尔罗斯边界总院，这里距离伍勒大约72千米，位于苏格兰境内。这次行程花了一个小时。汉娜比哥哥晚出生90分钟。

第一对……

登上月球的双胞胎

1972年4月21日至23日，作为一名美国宇航员，同卵双胞胎中的小查尔斯·莫斯——“查理”·杜克成为迄今为止第一个也是唯一一个在月球上行走的双胞胎。查理担任阿波罗16号登月舱飞行员，是第十位也是**踏上月球的年龄最小的一位**，是目前仅12位踏上月球人员中的一员。

双保胎元首

波兰同卵双胞胎兄弟莱赫·亚历山大·卡钦斯基和雅罗斯瓦夫·亚历山大·卡钦斯基出生于1949年6月18日。莱赫通过选举于

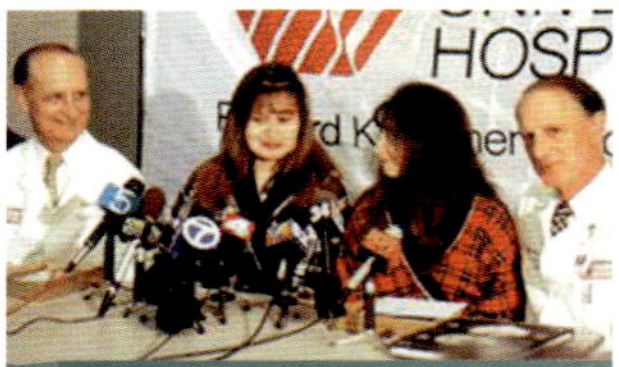

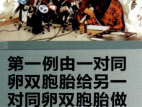

第一例由一对同卵双胞胎给另一对同卵双胞胎做的器官移植手术

1999年1月，在美国洛杉矶，同卵双胞胎医生拉斐尔和罗伯特·门德斯为同卵双胞胎安娜和彼得拉·马丁内斯（均为美国）进行了肾移植手术。由于相似基因极为匹配，因此同卵双胞胎是理想的捐赠者和接受者。上图从左到右依次为：拉斐尔，彼得拉，安娜，罗伯特。

年龄最大的八胞胎

苏莱曼的八胞胎出生于美国加州贝尔弗劳尔的永煌研究中心，2015年1月26日他们庆祝了第六个生日。他们是33岁的娜佳·苏莱曼（美国）经体外受精（IVF）孕育的。

! 小知识

八胞胎早产九周，体重在0.68千克至1.47千克之间。婴儿通常平均体重约3.4千克。

0.01米 雪花的平均宽度——但是，1887年1月28日在美国蒙大拿州基奥堡测量的**最大的雪花**宽度达0.38米

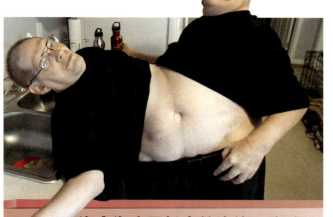

2005年12月至2010年4月出任波兰总统。他的双胞胎哥哥雅罗斯瓦夫于2006年7月至2007年11月出任波兰总理。

生双胞胎的美国第一夫人

劳拉·布什（美国），美国第43任总统乔治·W.布什的妻子，是唯一一位生下双胞胎的美国第一夫人。这对双胞胎是两个女孩儿，詹娜和芭芭拉，于1981年11月25日出生在美国得克萨斯州的达拉斯。

迄今为止最长寿的连体双胞胎

2014年7月4日是唐尼·盖里昂（上图左，美国）和龙尼·盖里昂（上图右，美国）出生的第62年零252天，超越了他们心目中的英雄昌·邦克和恩·邦克（1811年5月11日—1874年1月17日），这对闻名世界的连体双胞胎共活了62年零251天（见下文）。

2014年10月28日，唐尼和龙尼63岁了。他们因此超越了以前公认的最长寿的连体双胞胎贾科莫和乔瓦尼·巴蒂斯塔·托奇（意大利，大约出生于1875年），人们曾多次报道他们活了63年。

最高的自然双胞胎出生率

"自然双胞胎"是指未经诸如试管婴儿技术等生殖技术帮助自然出生的双胞胎。2011年全球双胞胎数据库发表的一项国际研究《发展中国家的双胞胎》显示，贝宁拥有最高的自然双胞胎出生率，每1000个新生儿中有27.9对双胞胎。

自然双胞胎出生率最低的国家是越南，每1000个新生儿中有6.2对双胞胎。

连体双胞胎

迄今为止最长寿的连体双胞胎（女性）

玛莎·克里沃什里亚波夫和达莎·克里沃什里亚波夫（俄罗斯，出生于1950年1月3日）是一对形体罕见的连体双胞胎——四臂二腿双头畸形（学名：dicephales tetrabrachius dipus）（两个头，四条手臂，两条腿）。她们活了53年零104天，2003年4月17日，在俄罗斯首都莫斯科的一户老人家里，两姐妹在17小时内死亡。

严格来说，这一纪录现在由洛丽·林恩和多里·沙佩尔（美国，出生于1961年9月18日）保持，她们是一对颅连体双胞胎——头骨部分融合、身体分开。截止到2015年3月23日，她们已经活了53岁零186天了。

虽然双胞胎的基因是完全相同的，但多里2007年宣称他是变性人，确定自己是名叫乔治的男性。这种不同寻常的情况使他们成为**第一对混合性别的连体双胞胎**。

没有进行分体手术且生了最多孩子的连体双胞胎

暹罗（今泰国）的连体双胞胎昌·邦克和恩·邦克出生于1811年。1843年，他们和阿德莱德·耶茨、萨拉·耶茨姐妹结婚，共生了21个孩子——昌和阿德莱德有10个，恩和萨拉有11个。

第一对同卵双胞胎宇航员

斯科特·凯利和马克·凯利（美国，出生于1964年2月21日）是唯一的同卵双胞胎宇航员，也是唯一在太空飞行过的兄弟。1999年12月19日至27日，斯科特（右图近）第一次进行太空飞行，他在"发现号"航天飞机执行STS-103任务（维修哈勃太空望远镜）时做飞行员。

马克（右图远）的首次太空亮相是2001年12月5日至17日，他在"奋进号"航天飞机执行STS-108任务（肯尼迪太空中心国际太空站对接与人员交换任务）时做飞行员。

🔴 南希·西格尔医生

吉尼斯世界纪录访谈请来了新的双胞胎问题咨询医生——见下图，她和分离最久的一对双胞胎（见第62页）站在一起。

什么促使你要研究双胞胎？

我对双胞胎的兴趣和我是异卵（非同卵）女性双保胎的一员有密切关系。我和我的妹妹总是看起来不同，行为更是不一样。甚至在我还是小孩子的时候，我就觉得这非常有趣。总之，我们有相同的父母，一起分享了许多重要的经历。

双胞胎的出生率是在上升还是在下降？

在美国，双胞胎的出生率从1980年每1000个婴儿中18.7对上升到2013年每1000个婴儿中33.7对。增长率的三分之二来自于辅助生殖技术（ART），如试管婴儿技术产生了大部分异卵双胞胎。然而，辅助生殖技术也增加了同卵双胞胎的出生率，这可能和操纵控制受精卵的实验室设置、卵巢刺激或其他因素有关。

另外三分之一增长率和一些女性有关，她们因为教育和职业原因延迟了母亲身份。大龄女性怀孕前更容易产生两个卵子而不是一个，增加了异卵双胞胎的出生机会。

关于同卵双胞胎之间的精神联系有什么证据吗？

"精神"这个词意味着双胞胎之间超感觉的联系，这没有科学证据佐证。然而，情况是这样的，同卵双胞胎尤其是共享非常紧密的社会关系的双胞胎，他们会说出对方想说的话，购买一样的服装，挑选相同的礼物。

思想工艺

1974年埃莫·鲁比克（匈牙利）发明了**魔方**……他用**一个月**的时间才将其复原！

数字锦集

20—30秒
短时记忆记住7项内容的时间

59
戴夫·法罗（加拿大）看一眼后能记住的最多扑克牌数量

12天
根据2014年的一项研究，美洲慈鲷记忆的持续时间——驳倒了"金鱼健忘"的传说

20%
当我们80岁时，大脑里海马体的神经细胞减少的比例

13分7秒
迪皮卡·罗摩奇达罗（美国）以最快的速度完成了吉尼斯世界纪录《孩之宝》的拼图

最小的魔方

"grigorusha"，即阿卡·叶夫根尼·格里戈里耶夫（俄罗斯），制造出一个仅有10毫米宽的魔方，这个袖珍魔方是由磨砂塑料经多喷嘴的3D打印技术制成——跟正常的魔方一样能被转动和解开。

真实大小

最大的七巧板

"A tangram"（在中国被译成"七巧板"）就是把七片板重新排成一个形状轮廓的拼图，当前最大的七巧板是36.28平方米，由江苏苏南万科房地产有限公司（中国）在2014年9月6日制成。

一生中编制的最多拼字游戏

50多年来，罗杰·F.斯夸尔斯（英国）热衷于为大约115个出版物制作拼字游戏。截止到2015年2月他发表了77,854个，大约包含2,340,000个纵横线索。

在水下还原魔方最多的人

2014年8月1日，速解魔方冠军安东尼·布鲁克斯（美国）在水池中完全浸入水后，以1分18秒一口气成功还原5个魔方。但是，布鲁克斯并不是唯一一个变着花样玩魔方的人。2010年10月6日来自爱尔兰的阿德里安·伦纳德骑着独轮车还原了最

多的魔方：共28个。来自波兰的马尔钦·科瓦尔奇克在自己看不见的情况下创造了还原魔方纪录。他仅用不足一个小时的时间，复原了全部41个魔方，**成为世界上盲拧最多的人。**

最多的人还原魔方

2012年11月4日，在印度浦那马哈拉施特拉邦的工程大学，3248人聚集在一起凭借他们的智慧对抗五颜六色的魔方，参加者只有19人没能还原他们的魔方，因此这些人没有被计算在内。

在五分钟内记住最长的二进制数

二进制是最简单的数字系统，仅由0和1组成。会计师本·普利德摩尔（英国）以熟练处理数字为生。2008年他在英国脑力锦标赛上只用五分钟的时间在一连串随机数列中记住了930个数字。

最大的吉尼斯世界纪录记忆测试

现在，你已经了解了这些令人惊异的脑力壮举，那么测试一下你自己的记忆力怎么样呢？以下是100个任意的物品，在你合上书之前，用一分钟时间去观察，之后看看你能回忆起多少，这将成为一次真正的挑战，所有人都可以尝试一下，详情请登录www.guinnessworldrecords.com/memory。打败其他人，你将出现在下一年度的吉尼斯世界纪录图书中。

水下记住最多的扑克牌

2013年12月16日，马泰奥·萨尔沃（意大利）在水下憋气2分51秒，记住洗牌前的扑克牌顺序。离开泳池后，他用一副新扑克牌重新排出他在水中看到的52张扑克牌的顺序。

最长时间内无人能解的数学难题（目前）

"哥德巴赫猜想"于1742年首次被普鲁士数学家克里斯蒂安·哥德巴赫（1690—1764）提出，在之后的273年里一直无人能解。这个猜想表明任意大于3的偶数都可写成两个质数（不必相异）之和；直到2015年还没有人能证明它是否正确。

最快……

心算两个5位数乘法

2010年，年仅16岁的马克·霍尔内特·桑斯（西班牙）耗时1分16秒算出10对5位

数乘法，平均每对用时7.6秒，所有的数字均由西班牙的瓦伦西亚大学的电脑任意选出。

心算6位数的平方根

2013年9月2日，在土耳其首都安卡拉脑力大赛中心，年仅12岁的格兰特·拉凯什·塔卡尔（印度）用时1分7.52秒算出10个6位数的平方根，平均每个6.75秒。他给出的每位数都精准到8位，而且没有一个错误。

1分钟说出最多的首都名

2014年7月24日，鲍里斯·科纳德（德国）说出由电脑挑选的56个国家的首都名称。2014年9月7日，在中国中央电视台《吉尼斯中国之夜》节目上，科纳德也成为记住快闪三位数最多的人。

30分钟记忆最多的扑克牌

2008年在英国德比举行的脑力锦标赛上，记忆选手本·普利德摩尔（英国）成功记住884张——17副扑克牌（上图）。普利德摩尔也是一小时记住最多扑克牌的纪录保持者。2010年，在中国举办的世界记忆锦标赛上，他成功记下1456张——28副扑克牌。

倒拼50个单词

2010年11月13日，在印度卡纳塔克邦的班加罗尔记者俱乐部，电子工程师希希尔·海瑟沃（印度）用时1分22.53秒准确地倒拼出20个6位字母的、15个7位字母的以及15个8位字母的单词。

👤 全靠记忆

约翰内斯·马洛（德国）可以说是目前世界记忆冠军，接下来他将带我们走一段记忆之旅……

你用什么方法进行训练？

基本上，我总是把需要记忆的信息转换成头脑中的图像，不管它是词、名字、日期还是数字。按照脑海中储存的图像，我编造有创意的、有趣的或者吓人的故事，因为这些故事更容易记住。

上学时你的非凡记忆帮过你吗？

上学期间，我运用这些记忆技巧顺利通过考试。尤其在背定义和记忆复杂的科学步骤时，这种方法特别有帮助。

人们应该像锻炼身体那样锻炼大脑吗？

是的！我深信如果你不善待身体，那么身体就会生病，对大脑也是同样的道理。有规律地锻炼大脑，特别是运用你的创造力和想象力，未来将会在生活的其他方面帮到你。

你曾经忘记过什么吗？

我经常忘记我把钥匙和u盘放在哪了，还有一次在饭馆我差点忘了付账！

运动达人

走海拔最高的建在陆地上的钢丝

2015年3月20日，胆大包天的走钢丝者弗莱迪·诺克（瑞士）走过连接瑞士阿尔卑斯山两座山峰的钢丝绳索，完成了他的玩命跨越。他开始于海拔3532米，上行50米——创造了平均海拔3557米的纪录。这位多项纪录的保持者在行走过程中，面对的是脚下最大落差约为1000米的山谷。

诺克的钢丝长347米，仅有18毫米粗。不仅如此，行走中他根本没有装备任何安全带和绳索——全程用时不到39分钟。真是壮举！

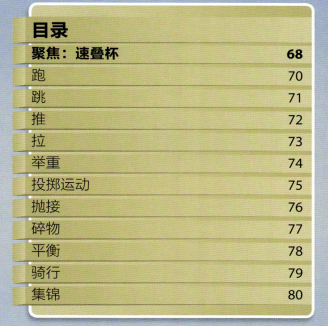

! 新鲜词汇

走钢丝，又叫走钢索（funambulism），1793年由拉丁语"funis"（绳）和"ambulare"（走）而得来。在此之前，曾用"equilibrist"命名，意为"保持平衡的人"。

一只大黄蜂（学名：Bombus dahlbomii）蜂后的长度，**最大的大黄蜂物种** 0.04米

速叠杯

研究表明，速叠杯运动可以将反应速度和手眼协调能力提高约30%

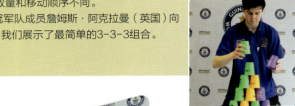

3-6-3（12只杯子）

听起来很简单。

速叠杯运动就是用最快的速度将一堆塑料杯按照一定规律来叠加和拆分。但当你亲眼目睹竞技速叠杯冠军们的动作时，你就会立刻明白为什么速叠杯远不止是孩子的游戏。

人们一般认为最早的竞技速叠杯是20世纪80年代美国青年的娱乐项目，那时人们将纸杯叠加成金字塔的形状。

而我们今天所熟知的速叠杯运动是在这之后的十年中出现的，人们用经过特别设计的塑料杯来叠加成固定的形状。但直到1990年在美国电视节目《强尼·卡森今夜秀》中亮相后，速叠杯运动才引起公众注意。

体育教师鲍勃·福克斯（美国）改进了这项运动，在2001年创办了世界竞技叠杯运动协会（WSSA），使得这项运动得以标准化并举行了世界级的竞赛。

福克斯告诉我们说："竞技速叠杯运动对整个世界都具有吸引力。它学起来很简单，但要精通却很具有挑战性，而且人们对达到更快速度这件事简直上瘾。教师和教练们喜欢这项运动是因为它对训练手眼的协调性具有极大的好处。竞技者们喜欢这项运动是因为它很有趣味性。这项运动的前景很乐观！"

手指协作！

在职业速叠杯运动中，有三个主要的排列方式，或者称为"竞技组合"，我们来一一说明：3-3-3组合（见下图概述），3-6-3组合（右上图）和循环组合（右下图）。这是除了双打比赛和计时接力赛之外的又一项四人组竞赛。

这些项目的区别在于杯子的使用数量和移动顺序不同。

图中，英国3-6-3接力组的卫冕冠军队成员詹姆斯·阿克拉曼（英国）向我们展示了最简单的3-3-3组合。

循环组合（12只杯子）

1. 稳固地立于桌子后方，双脚与肩同宽。

2. 开始时三组杯子排成一线，每组三个杯子，手放在垫子的触摸屏上。

3. 只要你的手离开触摸屏，计时器就开始计时。你可以从左到右排列，反之亦可——你可以选择最舒服的方式。

4. 将每组杯子向上叠加。用右手拿起最上端的杯子，将其置于底部的杯子旁边。左手拿起中间的杯子置于两杯上方形成一座迷你金字塔。

！小知识

一些参赛者在比赛前用稍重些的金属杯来训练。这意味着在比赛中他们使用塑料杯时会觉得异常轻松又易于掌握。

StackMat速叠杯计时器是由氯丁橡胶制成的——与鼠标垫的材质相同——可以使杯子表面在叠加时容易拿起又不打滑。

杯子的塑料内壁很光滑，可以减少摩擦。

杯子顶部的气孔可以在杯子向下叠加时排出空气，避免将空气封闭在空间中产生阻隔。

杯子外壁经过无光处理以便于持握。

锦标赛时垫子上的计时器可以连接到时钟上即时显示比赛结果。

计时器的触摸屏异常灵敏，能够以0.001秒的精准度记录参赛者双手的动作。

0.000

SPEED STACKS®

风靡全球的速叠杯

2014年由世界竞技叠杯运动协会组织的第九届年度速叠杯比赛中，参赛人数创纪录地达到592,292人（见第69页"世界杯"），左边是参赛人数最多的九个国家……

美国
524,658
参赛者

加拿大
38,030

匈牙利
5554

韩国
3174

以色列
2707

西班牙
2522

墨西哥
1493

英国
1361

新加坡
1263

0.045米 萨维氏小鼩鼱（学名：Suncus etruscus）的长度。萨维氏小鼩鼱是**陆地上最小的哺乳动物**——大约只有你的拇指长

"世界杯"

从2006年起，WSSA开始组织速叠杯竞赛，鼓励人们参与到这项运动中，每年都计划刷新**最多人在不同地点玩速叠杯**的纪录。2014年的赛事也不例外，参加者数目惊人，有592,292人——比2013年多36,360人（见第68页侧边栏参加人数最多的国家）。2015年第10届速叠杯大赛参赛人数有可能突破60万大关吗？

竞技速叠杯最快的国家和地区

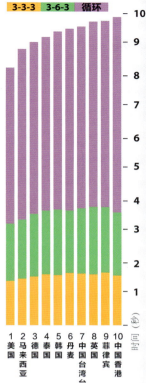

| 3-3-3 | 3-6-3 | 循环 |

（秒）

1	2	3	4	5	6	7	8	9	10
美国	马来西亚	德国	泰国	韩国	丹麦	中国台湾台北	英国	菲律宾	中国香港

回室

截止到2015年3月，这些是竞技速叠杯运动速度最快的10个国家和地区，以WSSA各个成员国在官方数据中3-3-3组合、3-6-3组合以及循环组合尝试中最快速度的平均值为准。

5. 将三组杯子中最后的一组向上叠加成金字塔状，准备恢复初始状态。

速叠杯在使用时有一定弹性，但总能恢复最初的形状。

6. 现在向下叠加。将右手放在顶端杯子旁，左手放在底端左侧杯子旁。

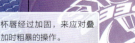

8. 最后一座金字塔向下叠加完毕后，立刻将手放回触摸屏停止计时。

杯唇经过加固，来应对叠加时粗暴的操作。

7. 将顶端杯子滑过底端左侧杯子，随后左手的杯子恢复至嵌套的三个杯子内，对其他两座金字塔也重复同样动作。

顶端的"杯肩"建立了足够的间隔，避免杯子粘在一起。

✚ 加入我们！

想学习更多的速叠杯运动的知识，包括循序渐进的竞技速叠杯指导，点击www.thewssa.com。你还可以找到新近的赛事新闻以及最新的国家和世界纪录。

👤 威廉·奥莱尔

16岁的威廉·奥莱尔来自美国北卡罗来纳州，是速叠杯运动的一员猛将。他现在是3-3-3组合最快的个人纪录保持者（1.418秒），也是最快的循环组合个人纪录保持者（5.000秒），同时还同伍哲威、钱德勒·米勒以及威廉·波莉（均为美国人）一起创造了3-6-3接力赛的最快纪录：12.558秒。

速叠杯运动有什么吸引你的地方？

这项运动的速度吸引了我。我7岁时花了好几天来学习速叠杯的组合模式。

速叠杯个人竞技和团体竞技关键的不同之处在哪里？

团体要合作，步调一致。而个人竞技则不需要关注他人的动作。两者我都喜欢。

能分享一下你最重要的三个决定吗？

练习，不放弃，刚开始时不要期待成为最快的速叠杯选手。

👤 杨筑钧

与奥莱尔的3-6-3纪录刚被打破不同，14岁的杨筑钧（中国台湾台北，见下图）囊括了女子速叠杯选手全部的三项个人冠军：3-3-3组合（1.631秒）；3-6-3组合（2.054秒）以及循环组合（5.564秒）。

速叠杯运动有什么吸引你的地方？

12岁那年我在学校上了第一节速叠杯课。竞技速叠杯那么快，简直像魔法一样。

与其他运动相比，这项运动更为男女皆宜吗？

是的，竞技速叠杯对男女老少都适合。它可以提高你的注意力、耐心和手眼的协调能力。

得了冠军，你怎样庆祝呢？

上次亚洲锦标赛，我打破了3项世界纪录，我很开心。我和我的家人一起庆祝，妈妈送给我一部新的iPhone。

跑

来自美国的吉姆·菲克斯擅长推广慢跑运动，在一次慢跑中死于心脏病……

数字集锦

0
在波士顿马拉松赛事中可以认定的国际田径联合会世界纪录（因为赛道缩短140米）

2000
跑30千米需要消耗的卡路里

30英尺
一位跑步者的心脏在压力之下可以喷射出血液的距离（9.14米）

90千米
南非战友马拉松比赛的距离，这是最古老的，也是距离最长的超级马拉松赛

1小时14分10秒
一部电影中一个角色奔跑的最长时间，属于2008年意大利电影《来自罗马的明信片》的朱利奥·巴塞

最快的百米四肢跑

2014年11月13日是吉尼斯世界纪录日，日本东京，玉越香积（日本）在驹泽手脚并用，创造了百米四肢跑15.86秒的吉尼斯世界纪录。他在高中时曾加入田径队。

身着双人哑剧服最快的5千米赛跑

2014年4月5日，英国科尔切斯特，在科尔切斯特城堡公园举行的星期六晨跑中，一只脚穿运动鞋的骆驼加入了参赛者队伍。两位英国人罗伯特·桑德斯和洛兰·科林斯以完美的步伐、惊人的25分30秒的速度完成了5千米比赛——碰巧，这和一只骆驼在沙漠中慢跑的平均速度一致。

最快的……

一英里穿脚蹼赛跑

2014年7月1日，美国缅因州不伦瑞克，扎卡里·米勒脚穿长度是自己双脚两倍的两栖类脚蹼，用5分48.86秒在不伦瑞克高中完成了一英里速跑。

最快的一英里穿防弹服赛跑

2014年3月27日，匈牙利布达佩斯，佐尔坦·梅萨罗什（匈牙利）全身裹着重达17千克的精心设计的防护服，以8分29秒创造了新的纪录，用时仅比上个纪录少了宝贵的一秒。佐尔坦身穿的这款爆炸物处理服9和头盔可以用来防爆、防热及防炸弹碎片。

一英里背人赛

2013年8月14日，美国俄亥俄州都柏林市，美国学生斯科特·韦斯（跑步者）背着扎克·纳瓦拉在经过负重训练和一些重要练习之后，在卡勒中学一英里背人赛跑中以11分58秒的成绩获胜。

百米套袋跑

2014年7月14日，伦敦伊丽莎白女王奥林匹克公园，维他麦公司组织了一次活动，奥林匹克中长跑冠军莫·法拉（英国）参加了套袋赛跑。他在袋中跳行100米，以39.91秒创下纪录。

400米弹簧高跷比赛

2014年8月14日，美国新泽西州，迈尔斯·麦克唐纳（美国）在斯托霍普以1分7.49秒完成了400米弹簧高跷比赛，比原纪录提高了25.29秒。

最快的百米前臂拐杖赛

2014年3月6日，德国菲尔特，塔梅鲁·泽盖耶（埃塞俄比亚）以双手倒立的姿势在自己的拐杖上保持着平衡，以57秒跑完100米。马戏团演员泽盖耶生来双腿变形，在早年间学会了用双手走路。

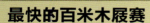

最快的百米木屐赛

当你能穿木屐时，为什么要穿皮鞋？2013年10月25日，德国奥格斯堡市恩斯特莱纳体育场，安德烈·奥尔托夫（德国）不顾舒适度，在赛道上跑出得得声响，以惊人的16.27秒跑完100米。

2014年3月30日，在同一场地，无人能挡的安德烈以17.65秒创造了**最快百米滑雪靴赛跑纪录**。他显然运气很好——2014年8月15日，他操控着六轮转椅，以31.92秒赢得了**最快百米办公椅滑行大赛**。

跳

蹦极起源于瓦努阿图，是当地的男子**成人礼**

同步做弹簧单高跳后空翻人数最多

2014年7月2日，当15名美国匹兹堡市弹簧单高跳运动员一起跳跃时，现场一片大乱。此项纪录入选美国宾夕法尼亚州匹兹堡市举办的2014高难度弹簧单高跳世界锦标赛系列赛。

大约80年前，弹簧单高跷作为一种玩具第一次被引进美国，如今，在技术层面上它可以做出大的跳跃，成为现代竞技运动的关键。

数字集锦

20
一只蚱蜢跳起的高度是自己体长的倍数

150
一只树蛙跳起的高度是自己体长的倍数

200
一只跳蚤跳起的高度是自己体长的倍数

1000英尺
一个六英尺高、拥有跳蚤弹跳力的人可以跳起的大致高度（304.8米）

233米
位于中国澳门的澳门塔蹦极平台离地高度

每小时125英里
蹦极者跃下澳门塔感受到的长达5秒的自由落体速度（每小时200千米）

14.6米
如果迈克·鲍威尔在月球上表演跳远，他可能跳跃的距离

最高的……

弹簧单高跳

2014年8月30日，瑞典赫尔辛堡，比夫·哈奇森（美国）在2014年第14届赫尔辛堡节上的弹簧单高跳决赛中，创造了一跃2.98米的纪录。

2014年10月28日，迈克尔·米纳（美国）在《拉蒂法女王秀》节目中跳出2.77米，获得**最高弹簧单高跳前空翻**纪录，这一纪录打破了他自己以前创下的2.5米的单高跳纪录。

浅潜入引燃的池水

经验丰富的破纪录者"飞溅"教授（阿卡·达伦·泰勒，美国）已掌握从某一高度跳入浅水池时腹部先落水的技巧。2014年6月21日，美国加利福尼亚州洛杉矶，他在美国国家广播公司的《吉尼斯·精彩周日秀》中，从8米高空跳进25.4厘米深且刚刚被引燃的水池。

教授的另一个让人钦佩却模仿不了的纪录是他的**最高浅潜入水**，他从11.56米的高空跳入30厘米深的水中。此项飞溅纪录是他于2014年9月9日在中国福建省厦门市举行的中国中央电视台《吉尼斯中国之夜》节目中创下的。

24小时内户外蹦极次数之最（5—10米绳索）

2014年6月26日至27日，日本群马水上，博·雷塔利克（澳大利亚）在谒访峡大桥上举行的日本蹦极跳活动中跳了158次。

24小时内蹦极次数最多（20米绳索）为151次，是科林·菲利普斯（英国）于2014年3月21日在阿拉伯联合酋长国迪拜市重力区创造的。

连续前手翻次数之最

2013年11月23日，美国科罗拉多州博尔德市福尔瑟姆赛场，奥泽尔·威廉姆斯（美国）完成了57个前手翻。他是科罗拉多大学啦啦队的一员，是在一项科罗拉多水牛比赛第一节休息时尝试此表演的。比赛间休时间为三分钟，为不影响比赛，奥泽尔不得不迅速完成前手翻。

最远的蹦床扣篮

2014年7月25日，意大利米兰，空中飞人乔丹·拉莫斯（英国）在《纪录秀》节目中从10米高度飞下扣篮，第四次创下这一纪录。尽管这位年轻的体操运动员在训练中摔断了几根肋骨，但他还是在13岁时首次实现成功扣篮！

推

凭借身体的重量和速度，**一个俯卧撑**可以消耗0.5—1卡路里的热量

数字集锦

532
2014年5月25日同时表演俯卧撑最多的人数

26.66千米
哈拉尔德·赫尔（澳大利亚）一小时内推一辆迷你摩托车所走过的最远距离

47.7秒
谢桂仲（中国）单指推车50米所用的最快时间

12
帕迪·多伊尔（英国）的俯卧撑纪录

14,500千米
鲍勃·汉利（澳大利亚）**推手推车的最远旅程**，起点和终点都是澳大利亚的悉尼

一天内推小汽车走过的最远距离

　　来自美国北卡罗来纳州格林斯伯勒的乔伊·莫特塞伊过去每年都会推车行进一英里，2013年5月10日至11日，他手推一辆2300磅（1043千克）重的2014菲亚特500小汽车来庆祝自己50岁的生日，到这一天他共行进了80千米。马特·奥布赖恩和达斯廷·韦尔斯（均来自美国）证明四只手要比两只手更有力量，他们于2008年6月14日至15日将一辆福特稳达小汽车推动了51.2英里（82.4千米）——是两人组在24小时内推动小汽车最远的距离。

推小汽车走一英里所用的最快时间

　　孔达·萨阿德夫（印度）于2011年2月28日用时11分39秒

推婴儿车走过的最快半程马拉松（男性）

　　2013年4月28日，在美国华盛顿特区的埃弗里特市举办的半程马拉松英雄赛上，特拉维斯·博伊德（美国；右图）在1小时13分50秒内完成比赛。**最快的推婴儿车马拉松**由迈克尔·沃第安（美国）在2007年5月6日用时2小时42分21秒完成。

将一辆重2700千克的塔塔大宇商旅车推进了1英里（1.61千米）。

最多的俯卧撑……

• **一小时内**：卡尔顿·威廉姆斯（英国）于2014年1月11日在60分钟之内做了1874个俯卧撑。

• **12小时内**：帕迪·多伊尔（英国）是一名经验丰富的耐力运动员——英国打破最多纪录的人——于1989年5月1日半天内做了惊人的19,325个俯卧撑。

• **一分钟内在药丸上完成的俯卧撑**：2013年6月25日在《我为德国破纪录》节目上，在观众的热情欢呼声中，格雷戈尔·施雷格勒（德国）将手和脚放在3个20厘米宽的药丸之上完成了47个俯卧撑。

• **一分钟内靠指关节完成的俯卧撑**：博比·那托利（美国）几乎一秒钟就完成一个俯卧撑，他于2014年3月22日在美国纽约市利物浦的太平洋健康俱乐部一分钟内完成了58个俯卧撑。博比来自一个破纪录的家庭：他的父亲罗伯特保持以下纪录：**一分钟内负重40磅背包（52个）、负重60磅背包（47个）和负重80磅背包（41个）做最多登阶运动纪录**，还有**单臂一分钟内托举最重哑铃（1975.8千克）**

速度最快的20米翻转轮胎

　　希伯来大力士埃尔温·卡托纳于2014年9月5日翻转轮胎前进20米，用时仅41.18秒。他还保持着一项**在斜坡上防止汽车溜滑最长时间纪录**，2009年4月25日他在一个45度斜坡上将一辆重980千克并载有乘客的汽车支撑了1分2秒。

推婴儿车10千米的最快速度

　　女性：艾莉森·泰（加拿大）于2012年8月5日在加拿大的英属哥伦比亚举办的斯夸米什10千米赛上推着女儿阿梅丽塔（上图）在43分7秒内跑完了全程。

　　男性：杜格尔·索伯恩（新西兰）推着他的女儿奥德丽于2012年10月14日在新西兰达尼丁举办的新平衡山半程自由马拉松赛事中用时32分26秒完成比赛。

纪录。他的妹夫戴维·鲍登（美国）保持着一分钟内最多的引体向上纪录（42个）。

！ 小知识

根据美国运动医学学院的意见，一名20多岁的成年男性应该能连续做35—44个俯卧撑，而同样年纪的女性应该能做17—33个俯卧撑。

一分钟内负重40磅背包所做的最多的单臂俯卧撑

　　权藤广之（日本，下图）从十五岁开始尝试单臂俯卧撑，他于2014年5月10日负重40磅（18.1千克）在60秒内完成33个单臂俯卧撑。在同样的时间内，帕迪·多伊尔（英国）两倍负重完成了21个俯卧撑——**负重80磅背包完成的最多单臂俯卧撑**。

拉

2012年9月，伊莱恩·戴维森（英国）用**舌头上的孔洞拖拽了113千克的重物**！

最重的车辆……

用头发拉（女性）

2014年7月7日，在《纪录秀》节目上，多项纪录保持者阿莎·拉尼（印度）将一辆重12,216千克重的伦敦双层巴士系在自己的头发上并拖拽了5米。

用胡子拉

穆罕默德·萨迪（巴基斯坦）于2014年7月17日用胡子拖拽一辆重1740千克的汽车，打破了之前的40千克重物的纪录。

时间最长的手指摔跤比赛

巴伐利亚手指摔跤锦标赛始于14世纪并举办至今，这项拉手指运动是由两位参赛者坐在桌子对面，用一根绳子绑定双方手指，通过拉绳子互相角力（见插图）。

穿高跟鞋拉动的最重车辆

"跟女性在一起"组织的创始人莉亚·格里马尼斯（加拿大）于2014年6月11日在多伦多田径中心拖拽重14,520磅（6586千克）的卡车前进5米，当时她还穿着3英寸（7.62厘米）的高跟鞋。格里马尼斯还保持着女性**拖拽最重车辆**（8083千克）**前进100英尺**的纪录。谈起她尝试这些壮举的动机，她说："我想告诉那些在痛苦中挣扎的女性，我们比我们想象的要强大。"

最多的引体向上……

一分钟内，拍手引体向上

"拍手引体向上"比普通的引体向上要复杂；参赛者在引体向上的中途要松开单杠，拍手，然后再重新抓住单杠，全程双脚不能沾地。罗恩·库珀（美国）于2014年6月16日在60秒内完成了21次拍手引体向上。

一天内

耐力运动员凯恩·埃克斯坦（澳大利亚）于2014年10月6日至7日在美国纽约市《今日》节目上完成4210个引体向上。埃克斯坦在前10个小时内每分钟做6个引体向上，在接下来的2个小时内每分钟做5个引体向上。他在时间刚一半的时候就创造了一个纪录，即**12个小时内完成最多的引体向上**。

保持人体旗帜的姿势完成最多的引体动作

"旗帜人"阿卡·多米尼克·拉卡斯（加拿大）于2014年7月10日在《纪录秀》电视节目中跟旗杆保持90度角做了14个引体动作。拉卡斯曾经**保持人体旗帜时间最长**，但2011年8月15日这个头衔就已经被王中华（中国）所取代，王中华水平保持人体旗帜的姿势1分5.71秒！

一分钟内用头部折弯最多的铁棍

亚历山大·穆罗姆斯凯伊（俄罗斯）于2014年10月17日在俄罗斯汉特-曼西斯克自治区在60秒内用头折弯了11根铁棒。这不是穆罗姆斯凯伊第一次证明自己钢铁般的意志，2012年11月3日他用手折弯了26根铁棒——是**一分钟内折弯最多铁棒**的人。

小知识

一项2010年的研究显示，金牛座甲虫——一种蜣螂——可以拖动超过自己体重1140倍的东西。这相当于一个人拖动六辆载满乘客的双层巴士！

举重

肌肉中的**每条纤维比头发丝还细**，能举起相当于**自身重量1000倍的物体**

数字集锦

10
负重深蹲举起的最多人次，由瑞安·拉帕达特（加拿大）于2014年6月19日创造

14
一分钟内将一辆140千克重的四轮摩托车举过头顶的最多次数，由立陶宛的日柱纳斯·萨维茨卡斯创造

24千克
用双眼眼眶举起的最大重量（男性），由曼吉特·辛格（英国）于2012年11月15日在英国莱斯特郡的莱斯特创造

216万千克
10个人在24小时内负重深蹲举起的最大重量，由一个来自英国赫特福德郡的举重俱乐部和男子器械俱乐部的团队在1986年7月20日至21日创造

92.5吨
据报道，在6小时轮班时间内挖出的煤的重量，相当于3927磅；这项纪录由苏联煤矿工人阿列克谢·斯达汉诺夫于1935年8月创造；他被授予**终身最伟大工人称号**

头发提起的最大重量

2013年11月16日，来自俄罗斯达吉斯坦共和国兹乌布特利-米阿特里的83岁的阿卜杜拉赫曼·阿卜杜勒阿齐佐夫（俄罗斯）将81.5千克的壶铃系在头发上，将其提起离开地面。他从76岁开始用头发提起重物。

肩部负重500千克的最长时间

德里克·博耶（澳大利亚）于2014年3月26日在澳大利亚维多利亚州的墨尔本，从地上扛起负重500千克的金属棍进行肌肉伸拉长达1分9.8秒，以超出8.4秒的成绩轻松打破上一纪录。

一小时内最重的硬拉

2013年7月14日，埃蒙·基恩（爱尔兰）在爱尔兰路易斯堡体育馆完成140千克重的杠铃的824次硬拉。拉起的总重量为115,360千克。

负重最高纪录……

用耳洞负重旋转

2014年6月19日，杂耍演员"蜥蜴人"，亦称埃里克·斯普雷格（美国）在意大利米兰将16千克重物系在耳洞上，然后360度旋转3圈。

用头发提起重物（女性）

2014年7月18日，阿莎·拉尼（英国）在印度旁遮普省的兰布尔，用她的头发提起55.6千克的重物。之前，她于2014年2月12日在英国的莱斯特，创造了**用双眼眼眶举重（女性）**的最高纪录——重达15.15千克，证明了她打破纪录的实力。

用脖子提起重物

2013年10月19日，埃里克·托德（美国）在美国密苏里州的特尼，使用护颈和锁链提起了1000磅（453.59千克）重物。埃里克得到了前纪录保持者弗兰克·恰瓦托内的鼓励，并以多出192磅（87千克）的成绩打破了他的纪录。

用前额插入的钩子举重

2014年7月21日，来自"诡异怪兽"的杂变表演者伯纳比·Q.奥尔巴克斯（加拿大）在意大利米兰的《纪录秀》节目中，通过插入前额皮肤里的钩子提起了4.5千克重物。同时，他的"怪兽"同伴斯威特·佩珀·克洛派克（加拿大）取得了**通过插入脸颊的钩子提起重物**的最高纪录：6千克。

一小时内壶铃推拉纪录

2014年6月15日，阿纳托利·叶若夫（白俄罗斯）在乌兹别克斯坦的塔什干，举起一重24千克的壶铃2226次，总共举起53,424千克的重量。这是他在2014年第六次成功打破这项纪录。

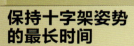

硬拉最重的车胎

2014年3月1日，在美国俄亥俄州哥伦布的阿诺德大力士比赛中，日柱纳斯·萨维茨卡斯（立陶宛）拉起了8个重达524.22千克的悍马车胎，以多出12.2千克的成绩打破了前一年的纪录。这是他2014年第四次获得世界大力士比赛的冠军，他拥有多项举重世界纪录（见左下图及第75页）。

保持十字架姿势的最长时间

2004年8月3日，在法国布列塔尼大区贝诺代的夏季电视节目《纪录之夏》节目中，扬妮克·奥利维耶（法国）双手各持一个10千克重的哑铃，胳膊伸直和身体保持90度，持续了1分18秒。

最快能量阶梯

2014年6月26日，日柱纳斯·萨维茨卡斯（立陶宛）在意大利米兰的《纪录秀》节目中，分别携带三个重达225千克的重物在31.6秒内走上5层台阶（能量阶梯）。日柱纳斯战胜了大力士演员"索尔"·比永松（以色列），比永松由于开始时的失误，其29.2秒的成绩被取消。

225 KG

0.14米 一年内胡子生长的长度

投掷运动

标枪从**早期人类**狩猎用的矛演变而来

背后投篮的最远距离

2014年11月3日，哈林篮球队的科里·"雷"·劳（美国）在美国亚利桑那州菲尼克斯的美国航空中心，从25米远处背后过肩投篮得分。一年前在同一场地，他还创下了正面**投篮的最远距离**纪录：惊人的33.45米。

一分钟内投掷到脸上最多的蛋奶馅饼

2010年4月7日，拜平·拉金向阿什利塔·弗曼（均为美国）脸上扔了56个蛋奶馅饼。这是最后一个投掷蛋奶馅饼纪录——如今，由于考虑到食物浪费问题，必须使用泡沫刮胡膏替代。阿什利塔和拜平在2013年6月25日以71次投掷的成绩刷新了这一项的纪录。

抛接运转着的电锯的最远距离

2012年9月14日，在英国伦敦的旺德格兰德，蔡恩·赫尔特格伦将这个致命机器投掷出4米给戈多·加姆斯比（均为澳大利亚）。

洗衣机最远投掷距离（个人）

2014年7月17日，日柱纳斯·萨维茨卡斯（立陶宛，见第74页）在意大利米兰将一台至少有100磅（45.35千克）重的洗衣机投掷出4.13米的距离。

最长时间的标枪马拉松（个人）

从2014年3月13日至15日，韦恩·米切尔和马克·戴伊（均为英国）在英国肯特郡布罗姆利进行了50小时50分50秒的标枪投掷——比上一纪录长出49分钟。

三分钟内投掷最多长木桩

2014年9月6日，尽管天气状况比较湿滑，凯文·法斯特和沃伦·特拉斯克（均为加拿大）在加拿大安大略省托伦顿的苏格兰和爱尔兰节上，成功投掷了11根长木桩。他们的长木桩长16英尺6英寸（5.03米），重92磅（41.73千克）。

一分钟内向标靶投掷最多筷子

2014年7月29日，在美国纽约，破纪录冠军阿什利塔·弗曼（美国，见上图）在60秒内将14根筷子刺穿了一个宽80厘米的标靶，这个标靶是世界射箭联合会认可的规格。只有留在标靶上的筷子才能计入总数。

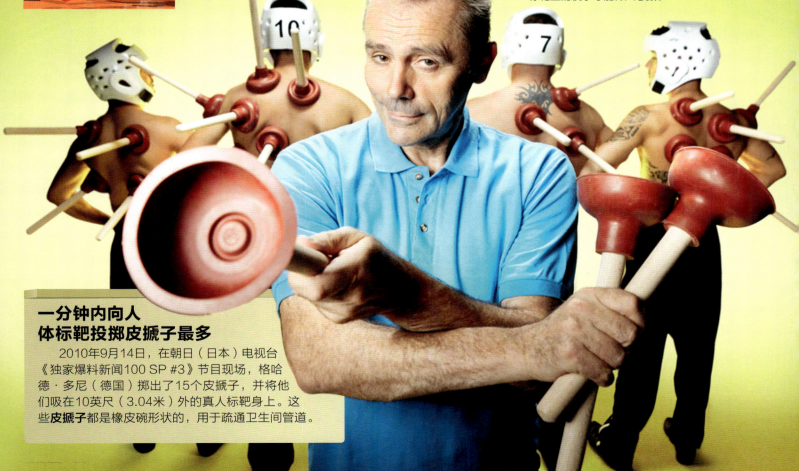

一分钟内向人体标靶投掷皮搋子最多

2010年9月14日，在朝日（日本）电视台《独家爆料新闻100 SP #3》节目现场，格哈德·多尼（德国）掷出了15个皮搋子，并将他们吸在10英尺（3.04米）外的真人标靶身上。这些**皮搋子**都是橡皮碗形状的，用于疏通卫生间管道。

抛接

公元前约603年的一次战斗中，**中国勇士**熊宜僚在敌军面前**抛接9个球**，从而使敌军立刻溃败逃窜

数字集锦

2小时50分12秒
跑马拉松的同时抛接三个物体所花时间，由迈克尔·卡普若（加拿大）创造

5%
抛接运动过后参与者脑中白质增加的比例——一项为期六周的研究结果

280
一个小时的抛接运动燃烧的卡路里

11
最多的抛接球数量，由亚历克斯·巴伦（英国）创造

6.44千米
在弹簧单高跷上边抛接边前进的最远距离，由阿什利塔·福曼（美国）创造

4698
抛接足球的同时连续爬上的最多级台阶数，由亚伯拉罕·穆诺茨（美国）创造

抛接最多的足球数量

维克托·鲁维拉尔（阿根廷）在2006年11月4日抛接5个足球超过10秒钟。他还保持了两项记录：额头顶足球旋转最长时间（19.96秒）和一分钟内足球绕面部旋转最多圈（35圈），证明了自己对球娴熟的控制技巧。

……数量最多

抛接保龄球
2011年11月19日，在布拉格举办的捷克共和国抛接马拉松运动会上，米兰·罗斯科普夫（斯洛伐克）在350名职业抛接手的见证下，将3个重达4.5千克的保龄球抛接长达28.69秒。米兰对"力量抛接"非常熟悉，还获得抛接3个铅球最长时间的头衔，达52.05秒。

抛接回飞镖
丹尼·卢夫特曼（葡萄牙）于2013年12月29日"快速抛接"5枚三面利刃的回飞镖，他将回飞镖全部抛出后又将他们一一接回。

抛接斧头
扬·斯图尔特（加拿大）不满足于"仅仅"抛接电锯（如下图），他于2014年8月21日在加拿大新斯科舍省特鲁罗市将3把斧子抛接了580次。

抛接球棒
2006年8月30日，抛接迷安东尼·加托（美国）抛接了8个球棒，打破了长期以来只能抛接7个球棒的僵局。加托能够抛接数量最多的火炬（7个）和圆环（10个）。尽管曾有报道说有人可以抛接11个圆环，但没有足够的证据证明他们满足了至少接22次的要求。

抛接三物同时骑独轮车前进的最远距离

多数人都会因为自己会抛接或者会骑独轮车而感到高兴，但是乔纳森·欧博拉科纳（澳大利亚）可以同时做这两件事。他于2013年7月25日在澳大利亚的克拉根福抛接3个球的同时骑独轮车行驶4805米。

4只空竹绕单腿
2014年8月24日，彭湛（中国台湾）在北京的电视节目《少年中国强》中绕单腿旋转4只空竹1分21秒。

蒙眼抛接三物
尼尔斯·杜因科（荷兰）于2011年8月11日蒙眼抛接3个球棒，将之前5分42秒的纪录延长至6分29秒！

倒挂姿势抛接三物
加拿大的奎因·斯皮克于2010年7月22日倒挂于马戏团的吊架上抛接3个球达12分50秒。
倒挂姿势抛接球最多的纪录由兹德涅克·布拉达（捷克）保持。2010年11月1日他在捷克共和国的尼斯尔河畔亚布洛内内茨克服重力抛接4球，成功完成20次接球。

抛接……时间最长

5个篮球
佩德罗·埃利斯·辛塔拉（西班牙）在2014年9月8日中国中央电视台《吉尼斯中国之夜》中抛接5个篮球长达51.36秒。

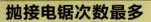

水下抛接三物最长时间

携带呼吸器： 马库斯·尤斯特（德国；右图）于2013年3月3日在德国纽伦堡携带呼吸装备抛接3个球达1小时40分钟。

不携带呼吸器： 尼古拉·林德（德国）于2012年4月1日仅在潜水带的帮助下潜入水底，抛接3个球达2分48秒。

抛接电锯次数最多

2011年9月25日，扬·斯图尔特（加拿大）在加拿大新斯科舍省温莎市汉茨郡展览会上进行表演，37秒内抛接3个电锯达94次，并且，抛接时电锯是处于开启状态的！扬的职业是一位舞台催眠师，2014年3月8日他获得了抛接一把电锯、两个球次数最多（158次）的称号。
目标在于高度而非频率的蔡恩·赫尔特格伦（澳大利亚），被称为"太空牛仔"，于2015年1月13日将一把电锯抛到了3.59米的高度——他是**在抛接杂耍中将电锯抛得最高的人**。

!小知识

大约公元前2000年到公元前1700年间修建的埃及王子墓穴的壁画上有象形文字显示女性表演者在进行"抛接"。然而，人们普遍相信这种技巧的出现要早于这个时间。

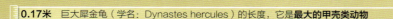

0.17米 巨大犀金龟（学名：Dynastes hercules）的长度，它是**最大的甲壳类动物**

碎物

在日本，传统上把能够碎物的武术称为"试割"或者"功力测试"

日在南约克郡唐克斯特市文身节上由约翰尼·斯特兰奇（英国）在30.4秒内击碎了置于她身上的16块混凝土砖。这对勇敢的二人组合对危险的绝技表演很有经验，他们还创下了**1分钟内用链锯把嘴里的苹果一分为二数量最多**（12个）的纪录。

击碎5个玻璃瓶

2008年2月23日，在西班牙马德里，阿尔韦特·德尔加多（西班牙）仅用时40.46秒就徒手击碎了5个玻璃瓶。

手持生鸡蛋击碎混凝土砖最多的人

乔·亚历山大（德国）成功击碎24块混凝土砖（摆放成3摞），挑战过程中手中持握的鸡蛋分毫未损，展现了刚柔并济的技巧。为了证实自己的眼力也不错，乔还保持了一分钟和两分钟内**徒手抓住最多支箭**的纪录（分别是15支和43支）。

速度最快……

击碎1000块松木板

2013年10月6日，朴星珉（韩国）用时20分33秒击碎了1000块松木板。

击碎身体上16块混凝土砖

男性：澳大利亚强人尼尔·哈迪（Hardy，意为"坚强的"）名副其实：2010年1月15日，帕特里克·贝尔钱伯斯（澳大利亚）在7.37秒内用大锤击碎了置于他身上的16块砖。

女性：马戏团串场艺人丹妮拉·德维尔，又名丹妮尔·马丁（英国），2013年10月12

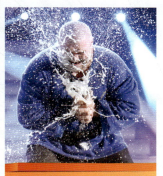

1分钟内徒手压扁最多饮料罐的人

2012年6月2日，在一个现场直播的电视真人秀节目中，面对着440多万的观众，超人雷内·里希特（捷克）在60秒内压扁了17个完整的未开封的饮料罐。

数量最多……

冲刺穿过钢化玻璃最多的人

在中国中央电视台《吉尼斯中国之夜》节目中，张建军（中国）跑步穿过了22片钢化玻璃。这种玻璃经过化工处理或高温特制，比普通玻璃硬度要高，因此也更难破碎。

1分钟内用背部折断棒球棒最多的人

2013年6月24日，在《吉尼斯世界纪录冲击波》的一期节目中，绰号"木桩"的马特·多普森（美国）称得上是埋头苦干了。他在60秒内用背部将19根棒球棒一折两段。

而在2010年11月17日，穆罕默德·卡赫里曼诺维奇（德国）则徒手折断了55根棒球棒，创造了**徒手折断棒球棒最多**的纪录。

1分钟内用前额敲碎核桃最多

2014年2月26日，在巴基斯坦旁遮普青年节上，穆罕默德·拉希德（巴基斯坦）用额头敲碎了150个核桃。

1分钟内用臀部压碎核桃最多的人是彻丽吉武（日本），2014年10月13日她在日本名古屋爱知县压碎了108个核桃。彻丽还在2013年1月15日以压碎48个核桃的成绩创造了**30秒内用臀部压碎最多核桃**的世界纪录。

以人体充当攻城槌撞碎冰块

2014年9月18日，乌乌尔·奥兹图尔克（土耳其）用自己的身体猛力撞向冰墙，击碎了17块冰砖。

压碎鸡蛋最多……

23个	身体后仰，1分钟内用头部压碎
25个	30秒内用腕部压碎
42个	一分钟用肘向前压碎
55个	一分钟用脚趾压碎
70个	30秒内用头部压碎
78个	2分钟用腕部压碎
142个	1分钟内用头部压碎

1分钟内击碎最多屋瓦的人（女性）

2014年7月11日，在意大利米兰《纪录秀》的一期节目中，莉萨·丹尼斯（英国）一口气向排列成10堆的923块屋瓦击打过来。令人惊讶的是，挑战纪录的过程中，只有两片屋瓦逃脱了她有力的手掌。

2014年3月26日，在英国伦敦奥平顿，莉萨还以83.98秒的速度创造了女性**击碎1000块屋瓦速度最快**的纪录。

平衡

我们的平衡能力随着年龄而变化，因为肌肉、感觉和认知能力有所下降

数字集锦

19.23秒
王伟宝（中国）创造的用四根手指保持身体平衡的最长时间

998人
由丹妮尔·迪马斯（澳大利亚）组织的头顶着书保持平衡的最多人数

42.4千克
由阿什利塔·福曼（美国）创造的用下巴顶起最重的牛奶箱

走最陡的钢丝

技艺高超的走钢丝杂技演员艾斯凯尔·吾布力卡斯木（中国）于2014年9月3日走完了一条倾斜角为36.24度的钢丝——比他以前所创造的纪录倾斜度增加了0.24度。埃及吉萨大金字塔的倾斜度为大约51度。艾斯凯尔也曾于2013年6月6日以38.86秒的**最快速度走完100米的钢丝**。

2014年5月20日毛里齐奥·日泽瓦塔（意大利）仅用时1分4.57秒成为**在钢丝上倒走100米速度最快**的人。

鼻子平衡最高物体

2015年1月10日，理查德·柳恩格曼（瑞典）在中国用鼻子平衡了一根14.29米长的杆子。

持续最长时间……

下巴上平衡链锯

阿什利塔·福曼（美国），创造吉尼斯世界纪录最多的人，于2013年9月15日成功用下巴将链锯保持平衡1分42.47秒。

这已经不是阿什利塔第一次证明他的平衡能力了。他还

穿高跟鞋走钢丝距离最远

貌似走钢丝的挑战性还不够，2014年7月10日奥克萨娜·赛洛斯坦（俄罗斯）在意大利米兰的《纪录秀》节目中穿着高跟鞋走了15米的钢丝。奥克萨娜完成了两个7.5米钢丝，把已有纪录翻了一倍。按照规则，在挑战过程中，她选择使用扇子辅助平衡。

头倒立连续上最多台阶

2015年1月5日，于中国江苏省江阴市，中央电视台《吉尼斯中国之夜》节目中，李龙龙（中国）头倒立连续上36级台阶的成绩刷新了他在2012年创下的34级台阶的纪录。

2014年9月10日，在中国福建厦门的后续拍摄中，唐涛和苏增显（中国）创造了**头顶头连续上最多级台阶**的纪录，共25级。令人震惊。

> **！小知识**
>
> 我们的耳前庭系统位于内耳，是由充满外淋巴液的膜管和膜囊组成的骨迷路构成，与维持身体的平衡有关。这些器官和眼睛、肌肉共同发挥作用，使我们能够保持身体直立。

鞍马上一分钟做最多托马斯全旋

托马斯全旋是一种体操动作，包括不间断的身体旋转，即双腿朝不同方向摆动，有些是骑跨叉开的双腿，有些似剪刀腿。自2009年，路易斯·史密斯（英国）一直保持着一分钟50个托马斯全旋的纪录，但是2014年7月10日这一纪录被阿尔贝托·布斯纳瑞（意大利，见上图）以50个的成绩打平。

享有两个头衔，即**用下巴保持一个梯子平衡的时间最长**（4分9.22秒）和**用手指保持棒球棍平衡的同时走最远的路程**（14.48千米）。

在平衡板上

2011年8月26日，在意大利米兰，西尔维奥·萨巴（意大利）在自制的木板上坚持了2小时36分26秒。

保持平板支撑

2014年9月26日，中国警察毛卫东保持平板支撑这种燃脂的运动姿势达4小时26分之久，

展示了他脱离地心引力的力量，打破了目前不可思议的1小时19分的世界纪录。

两个物体之间保持横劈叉纪录

2014年2月28日，在巴基斯坦拉合尔的旁遮普青年节上，具有超级柔韧性的赛义德·马里·侯赛因（巴基斯坦）保持横劈叉姿势长达12分44秒。

头顶平衡顶起最多饮料罐

2007年6月5日，英国大力士约翰·埃文斯用头部一次性水平顶起429罐饮料，重达173千克。这与埃文斯的另一个纪录只差一点：1997年，他顶起了101块砖，重188.7千克——头部平衡顶起的最重的重量。

骑行

BMX始于20世纪60年代，又称**自行车越野赛**，是受**越野摩托车**启发的极限单车运动

2.52米
自行车障碍跳的最长距离，由阿韦尔·穆斯铁莱斯（西班牙）创造

268小时32分44秒
由杰米·麦克唐纳（英国）创造的最长的静态自行车骑行马拉松比赛

1016.65
瓦特小时；由车志健（中国香港）创造的24小时内蹬车产生的最多电能（单人）

1
由奥马尔·莱乌奇创造水下骑自行车纪录时呼吸的次数（见左下方图）

脚踏船行驶100米的最快速度

2013年10月13日，朱塞佩·钱蒂（意大利）乘脚踏船在意大利马里纳-迪希拉拉的水面上仅用38.7秒就航行了100米。朱塞佩在航行中用了一个"穿梭自行车装备"，是固定在一个小金属框架上的、由自行车驱动的充气结构。这个装置是由工程师罗伯特·西维耶罗发明的。

山地自行车土堆至土堆后空翻的最长距离

2014年8月21日，在美国加利佛尼亚州的猛犸山峡谷度假村，极限自行车手卡姆·辛克（美国）跳跃了100英尺3英寸（30.56米），同时做了一个360°后空翻（上图）。在同一个世界极限运动会上，他飞越了119英尺9英寸（36.5米），完成了**山地自行车土堆至土堆的最长跳跃**。但是他并没有满足于当前的成绩；在这一跳之后，辛克说："我觉得这只是一个开始，在将来的某一天，我还可以完成150英尺或200英尺距离的跳跃。谁知道呢？"

骑自行车爬最多台阶

男性： 2014年2月4日，克里斯蒂安·赫尔巴（波兰）登上了澳大利亚墨尔本的尤里卡大厦，总共登越过了2755级台阶。

女性： 2014年5月14日，莫妮卡·古茨曼·纳拉霍（哥伦比亚）在墨西哥瓜达拉哈拉瑞广场瓜达拉哈拉酒店骑车登越过了1025级台阶。

12小时内骑自行车爬坡的最大垂直距离

2014年6月21日，在澳大利亚昆士兰，莫阿德里·埃卢尔（澳大利亚）爬过了9271.8米的垂直距离。

最高的山地车跳跃……

侧跳

2014年8月9日，在英国的2014伦敦自行车骑行活动中，曾在2014国际自行车联盟26寸山地车选拔赛排名第一的文森特·埃尔芒斯（法国）侧跳到了1.55米高的一个平台上。他是在没有助跑或者坡道的情况下实现这一壮举的。

兔子跳

在2014伦敦自行车骑行活动中，里克·库库克（荷兰）继续获得成功，跳过了1.43米高的一个横杆，选拔赛自行车手杰克·卡锡（英国）在短暂助跑后跳到1.77米高的一个平台上，获得了**最高的自行车前跳纪录**。

水下骑静态自行车最远距离

在2014年6月25日的意大利《纪录秀》节目中，奥马尔·莱乌奇（意大利，见上图）在没有任何呼吸设备的情况下，骑行了855米。

2013年9月8日，延斯·施特策（德国）穿戴水中呼吸装置，实现了**水下骑行最远距离**，在水池底部骑行距离为6708米。

一小时内自行车前轮离地平衡最长距离

2014年6月29日，在奥地利尤登堡体育馆，托马斯·卡尔特内格（奥地利）只用后轮着地骑自行车，骑行了24.20千米，打破了之前的纪录（约7千米）。

博比·鲁特（美国）追求的是速度而不是距离，2001年1月31日，两次创造**自行车前轮离地骑行最快纪录**，速度达到138.6千米/小时和94.6千米/小时，分别实现**后轮行驶**和**前轮行驶**纪录。

集锦

美国玩具制造商惠姆奥公司发明了现代呼啦圈、飞盘和第一个水滑道

数字集锦

12
2014年7月27日哈米什·默里（英国）持长弓同时射出的最多箭支数量

2.84秒
2014年8月11日达尼洛·奥戴罗（意大利）从紧身衣中逃脱的最快速度

13.24千米
2014年7月基思·桑德斯（英国）24小时内在梯子上爬行的最远距离

1小时11分8秒
电臀舞持续的最长时间，2014年9月30日由格雷格·詹姆斯（英国）在BBC广播电台创造

采用滚轮滑雪板列队滑雪1英里的最快速度
参加过世界杯的已退役的高山滑雪运动员切米·奥尔科特（英国）带领一支名为"北及V"的队伍，包括亚当·刘比·马克斯·威尔科克斯 克里斯·布鲁克斯和理查惠·吉布斯（均为英国）过过英国伦敦海德公园滑行了1.6千米，用了6分28秒。

30秒内……

坐发声气垫最多
2014年7月17日的《惊世壮举》的节目现场（英国广播公司儿童频道）肯定有很多笑声，

因为来自日本的多项纪录的保持者"樱桃先生"，又名庄司智春，在英国圣奥尔本斯市花园地JMI学校将52个发声坐垫坐得泄了气。庄司智春的臀部还曾为他赢得了另两项纪录：30秒内及1分钟内坐碎最多核桃，数量分别为48个和108个。

蹦床后空翻最多
2014年10月22日，沙恩·康纳·史密斯（美国）在美国伊利诺伊州肖尔伍德市的蹦床上每秒完成1个空翻，共完成了30个，比先前的纪录多3个。

1分钟内……

拉开圣诞节彩包爆竹最多（2人组）
2014年6月25日，在美国纽约市，经常打破纪录的二人组合阿什利塔·弗曼和拜平·拉金（均为美国）60秒内拉开了52个彩包爆竹，早早地庆祝圣诞节。

用链锯开啤酒瓶最多
2014年6月1日，在美国佛罗里达州，约翰·尼尔尔森（美国）摒弃了传统的开瓶器，用一把链锯轻松开启了18个啤酒瓶的瓶盖。

水下接住矛枪射出的矛最多
2014年11月13日，在澳大利亚新南威尔士州的一个游泳池里，安东尼·凯利（澳大利亚）在距离他两米的范围接住了10支朝他射击的矛。

小知识
2015年2月在美国亚利那州赫德博物馆举行了第25届世锦赛圈舞竞赛。作为美洲原住民的一种表达形式，这种舞蹈据说展示了生命的轮回。

穿旧式潜水服攀登台阶最多
2013年10月5日，劳埃德·斯科特（英国）身着重达134磅（60.7千克）的20世纪40年代的深海潜水服，头戴铜质头盔，向位于英国伦敦的41层高的"小黄瓜"大楼楼顶攀爬了1037台阶。劳埃德用了2小时53分完成了这次攀爬，以此来筹集英国心脏基金会的资金。对于这位前消防队员来说，这不是他第一次身着潜水服为慈善事业募捐，他还曾经穿着这套服装完成了全程马拉松，以及在苏格兰尼斯湖底绕行一周。

单次转呼啦圈最多
2014年4月7日，在美国纽约市，"令人惊讶的玛勒娃"又名玛勒娃·易卜拉欣（澳大利亚）同时旋转起160个呼啦圈。这位呼啦圈大师在2013年11月14日带领她的10人"领航员"队获得了一项荣誉：团体同时旋转呼啦圈最多——264个（见右图）。玛勒娃曾在很多电视节目中露面，其中包括《纪录秀》，2014年7月17日，她曾在这个节目中创造了穿高跟轮滑鞋旋转3个呼啦圈的最长时间纪录：2分29秒。

0.28米 世界上最大的蜘蛛——巨人食鸟蛛（学名：Theraphosa blondi）腿横展的跨度

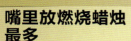

嘴里放燃烧蜡烛最多

2014年6月10日，因创下不少进食纪录而闻名的迪内希·西弗纳斯·乌帕德希雅（印度）张大了嘴以便能够将12支燃烧的蜡烛放进口中。

迪内什的手也非常灵便，2014年2月16日他曾在兄弟马内什帮忙投掷的情况下，创造了30秒内蒙住眼睛托手接住最多骰子的纪录——43个。

在陆地上，2014年7月17日阿什利塔·弗曼（美国）接住了13支矛——成为**1分钟水上接住矛枪射出的矛最多**的人。比前纪录多4个。

牙齿折弯铁条最多

强人莱斯·戴维斯（美国）在2014年3月25日用他的牙齿将10根铁条弯成了90度。戴维斯还曾经保持了咬弯铁条以使其能装进手提箱的最快时间纪录。他的时长为29秒。然而在2008年，这个纪录被亚历山大·穆罗木斯基（俄罗斯）以更快的25秒打破。

吞剑后空翻最多

2014年7月2日，"空中曼岛猫"（又名詹姆斯·罗格伦）在吞下41厘米长剑的同时表演了20个后空翻。

单腿武术踢腿最多（男性）

2014年3月3日，艾哈迈德·阿明·柏德拉（巴基斯坦）60秒内完成了355次踢腿动作。6天后，他又创造了一项新纪录，**1小时内完成武术踢腿动作最多**——6970个。

1小时内

团体滑滑道距离最长

2014年7月5日，谢尔比农场公园保护协会（美国）组织了一次活动，4072个人滑行了总长度41.4千米的距离。

冲浪板滑水距离最长

2014年10月7日，日本冒险家小寒前桥在密克罗尼西亚联邦丘克州的水中用冲浪板滑行32.5千米。

太空步行走的最远距离

2009年10月12日，克鲁诺拉夫·布迪赛里克（克罗地亚）在克罗地亚萨格勒布，用太空步绕行青年体育场12周，总距离5.7千米。

指关节俯卧撑最多

2014年1月31日，在阿联酋阿布扎比，军队健美师伊娃·克拉克（澳大利亚）指关节向下完成了1206个俯卧撑。在同样的项目上，伊娃曾创造了**24小时内女性指关节俯卧撑最多**的纪录：9241个。

就在最近，健美师伊娃在2015年1月9日完成了70个俯卧撑，创造了**1分钟内指关节俯卧撑最多（女性）**的纪录。

击出高尔夫球300码外最多

2013年8月7日，安德鲁·弗雷克斯（美国）在美国得克萨斯州麦金尼市TPC克雷格牧场将448个高尔夫球击出300码（274米）以外，同时获得了20,000美元（13,000英镑）用于慈善事业。

全接触踢腿最多

个人：2007年11月8日，英国最多纪录的创造者帕迪·多伊尔完成了5750次踢腿动作。

团体：2014年5月31日，国际加雅思·雷迪跆拳道冠军学院的学员们完成了54,127次踢腿动作。

手握网球最多

2013年9月8日，马哈德奥·布耶波尔（印度）将23个网球在手中牢牢握住了恰巧23秒。马哈德奥将他的成功归功于日常锻炼和家人朋友的支持。

1分钟内撕碎电话号码簿最多（女性）

2014年11月16日，美国女强人林赛·林德伯格（见右图）在美国得克萨斯州奥斯汀市中心市场里60秒内撕碎了5本电话号码簿。然而这与**3分钟内撕碎最多电话号码簿**的女性纪录还有一段差距。2007年2月9日，蒂娜·谢尔顿（美国）撕碎了21本号码簿。在这两个项目中，最薄的电话号码簿的厚度是1000页。

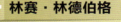

🞤 林赛·林德伯格

这位生于堪萨斯州的女强人又名"卢妈妈"，从十几岁起就开始在小丑剧团担任演员。25岁时，林赛开始注重力量方面的特技并创造了两项纪录：**1分钟内用肱二头肌夹碎苹果最多（10个）**和**1分钟内卷起煎锅最多（6个，见插图）**。

挑战极限

0.387米 **最长的千足虫**的长度，美国得克萨斯州科佩尔的吉姆·克林格拥有这只非洲大黑虫（学名：Archispirostreptus gigas）

目录

最大的热狗售卖车

快餐供应商每日"热狗先生"马库斯（美国）和他的团队在一辆热狗售卖车里出售热狗，这辆车宽9英尺3英寸（2.81米），长23英尺2英寸（7.06米），从地面到车把手高12英尺2.75英寸（3.72米）。没错，这个巨大的推车可以移动，它是一个按比例增大的不锈钢K-D机器与工具模型300，是原型的3.5倍，由一名密苏里州的土地测量员测量证实。2013年10月28日，在美国密苏里州的尤宁对它进行了测量。

菜园 "巨人"

一年一度的南瓜世界锦标赛上，各队使用**弹射器、加农炮或其他武器**尽量将**南瓜投掷到远处**

想要种植出被吉尼斯世界纪录所记载的植物，**你需要的可不只是**园艺才能，还需要专注、耐心和辛苦的劳动。这些破纪录的园艺高手们正是拥有着这些品质，才种植出此处向你展示的超大产品。

如果要参加比赛，并要获得打破纪录的资格，你要遵守一系列严格的规章制度，包括保持水果或蔬菜的品相（比如：没有腐烂），还有不能使用违禁的化学药品或添加剂。

对于种植和评估菜园"巨人"这一挑战无所不知的人要属大南瓜联邦协会（GPC）的戴维·斯泰尔茨。从1992年起，该协会便开始监控世界上最大的水果和蔬菜，包括规范比赛场地、鼓励公平竞争和分享种植经验。

GPC监督着全球的蔬菜种植大事件。其中欧洲最为著名的当属英国国家巨型蔬菜锦标赛，目前在英国乌斯特郡莫尔文秋季展览会上举办。在过去的几年中大赛已经催生了多项纪录，包括**最重的甜菜**（见左图）和**最重的马铃薯**（4.98千克；由英国的园艺师彼得·格莱兹布鲁克种植）。

这些纪录最特别之处就是包容性。不管你是谁，住在哪里都没有关系，只要你能种植出菜园"巨人"就行。正如戴维所说："在曼哈顿公寓的阳台上你都能种出打破纪录的西红柿。"

为了正确地帮助你，GPC提出如下建议来教你如何种出大南瓜。

胡萝卜
8.6千克
约翰·埃文斯
（美国）

卷心菜
62.7千克
斯科特·罗布
（美国）

甜菜
23.4千克
伊恩·尼尔
（英国）

花椰菜
27.5千克
彼得·格莱兹布鲁克
（英国）

苹果
1.85千克
岩崎千乡
（日本）

萝卜
17.7千克
斯科特·罗布
（美国）

园艺学里的重量

对于一些植物，比如**最高的向日葵**，是用长度来进行测量（见第85页），而其他植物则是以不同方式的不对称形状来生长的——这是自然之美。对于这些植物而言，最公平的比较方式是整体的重量。这一板块里的所有水果和蔬菜的重量都是同类里面的佼佼者。

怎样种出超级大南瓜

这里，GPC的戴维·斯泰尔茨一步一步地指导如何种出你自己的"巨人"南瓜（适用于北半球时间），当然很多建议也适用于种植一般的健康南瓜。

根据GPC记载，最成功的南瓜种类是迪尔种的大西洋巨型南瓜。戴维强调一定不要从商店里购买南瓜籽，而是从其他能够提供被证明具有良好基因的种子的南瓜种植者处获得——通常不用花费任何金钱。

1 选择一处拥有良好排水功能和充足阳光的地址。三月末准备天然肥料，比如石灰和粪肥。建一个小型温室使土地升温。

2 四月，用砂纸轻轻地搓揉种子的边缘（不是种子顶部）并在温水中浸泡20分钟。每个盆里种植一粒种子，放在温暖处等待发芽。

3 大约四月末五月初进行移植。将种子种在温室的小土堆里。将木板围在这片土地周围，避免土壤压实。（见第1步）

4 长出藤蔓时，按照藤蔓长出的先后顺序进行排列。最好是在黄昏时，当枝桠还在温暖和柔软的状态时，将长势缓慢的小枝桠掐掉。

！小知识

人们相信，在万圣节将南瓜雕刻成空心南瓜灯的传统源于盖尔人的夏末节，虽然萝卜才是早期更经常使用的。

最重的南瓜

2014年12月12日，由GPC证实，在德国的路德维希堡市，一个南瓜"巨怪"重达1054.01千克，打破之前132.3千克的纪录——见下面纪录保持南瓜的时间轴。由农夫贝尼·迈耶（瑞士，右图）在瑞士苏黎世附近约那县的尤克尔农庄种植的大南瓜周长5.7米。

令人难以置信的是，迈耶在2013年种植过一个更重的南瓜，重1055.9千克，把秤都压翻了，但是因为有一个小洞而不合格。

不按比例尺

821.23千克	824.86千克	911.27千克	921.70千克	1054.01千克
2010年	**2011年**	**2012年**	**2013年**	**2014年**

5 每一株南瓜都有雄性和雌性花朵。到授粉的时候，你有两种选择：自然授粉或人工授粉。自然授粉依靠传粉昆虫，比如蜜蜂，但是这种授粉方式有赖于当地昆虫数量，并且对基因无法控制。人工授粉受到GPC的青睐有几个原因：基因在严格的掌控之中，花粉可以分布得更加均匀，而且，具体的开花时间和日期可以记录，这将会在你回顾种植过程时对你有所帮助。

6 果实一出现，就对长在结实的茎上最有希望长成大南瓜的样本进行测量（14天后周长为127厘米就是一个很好的指标）。八月初，选择一个果实并掐掉其他。如果南瓜茎被拉紧，则小心调整果实。在果实下面放置沙子或垫上一块木板来避免腐烂也是一个很好的主意。搭起一个小棚保护南瓜避免阳光过于强烈。现在你要做的就是等待它长大。

顶级西红柿

最重的西红柿由丹·麦科伊（美国，上图）所种植，2014年8月22日测量重3.81千克。这个数字将原来的纪录提高了0.3千克。

2013年11月10日，在日本北海道的诺莫锐西红柿农场，**最大的西红柿植株**占地面积85.46平方米。这个数据是在播种350天之后测量的。

最长和最高的植物

下面我们来看一看最长和最高的植株大小……

小萝卜 1.91米，由石头斗正三（日本）种植

胡萝卜 5.84米，由乔·阿瑟顿（英国）种植

欧洲萝卜 6.28米，由乔·阿瑟顿（英国）种植

甜菜 6.67米，由乔·阿瑟顿（英国）种植

向日葵 8.75米，由汉斯·密伦·保塞尔（德国）种植

甜玉米玉米 10.74米，由奥森·卡尔（美国）种植

灌木 18.50米，由露伊那·薇拉，奥莫卓·昆比（印度）种植

土生仙人掌 24米，生长在施里·达巴瓦万·达巴玛拉·要亲菲阿弥陀和工程学院（印度）

刻度：24 23 22 21 20 19 18 17 16 15 14 13 12 11 10 9 8 7 6 5 4 3 2 1 0米 1 2 3 4 5 6 7 8 9 10 11

! 小知识

GPC的数据显示，南瓜的植株每周需要大约1英寸（2.5厘米）的雨水。也就是说，一块1000平方英尺的南瓜地每天需要89美制加仑（336升）水。

食物趣闻

2014年西班牙**西红柿节**扔掉了**125吨**西红柿

数字集锦

91.2厘米
面饼叠放起来的最大高度——2014年10月16日,这一纪录产生于艾夫林童话世界主题公园(荷兰)

40小时
本杰明·J.佩里(美国)创造了烹饪马拉松时间最长的纪录

30.7秒
2014年6月19日,阿梅多诺·坎库(多哥)用最短的时间吃了10个印度鬼椒(又名断魂椒)

66米
投掷肉馅羊肚的最远距离,由洛恩·科尔塔特(英国)创造

36个
帕特里克·贝尔托莱蒂(美国)1分钟内吃掉最多的蒜瓣

11.41秒
菲利普·J.桑托罗(美国)在最短时间内不用手吃掉一个甜甜圈(并且不舔嘴唇!)

蒙住双眼在最短时间内剥好并吃掉橘子(二人组)

2014年3月5日,在蒙住双眼的情况下,迪内希和马尼施·乌帕德亚雅兄弟俩(均为印度人)用17.15秒吃掉一个橘子;马尼施负责剥皮,迪内希负责吃。科学教师迪内希还保有一项纪录——**嘴里塞最多的葡萄**。2012年4月8日他在印度孟买将79粒葡萄塞入嘴里。

把一颗豆子吹得最远

2014年7月12日,在德国拜恩州奥格斯堡体感健身馆,安德烈·奥尔托弗(德国)一口气将豆子吹出去7.51米。

这一年是奥尔托弗的丰收年。7月5日,他创造了**100米挑圆片游戏最快**的纪录(1分51.20秒);3月8日,他实现了**穿木屐跑一英里最快**的纪录(7分26.48秒)。详情参见第70页。

> **! 小知识**
> 公认的"现代遗传学之父"奥古斯汀修道院的修道士格雷戈尔·门德尔(出生于奥地利,今捷克境内;1822—1884)通过研究豆科植物的各种特性提出了他的遗传学理论。

最短时间内吃掉15个费列罗巧克力

多项纪录的保持者最快食客"疯狂皮特"——又名皮特·切尔文斯基来自于加拿大。2014年10月24日,在吉尼斯世界纪录伦敦总部,他用2分22秒的时间狼吞虎咽地吃下15个费列罗巧克力,以庆祝本书出版60周年。

皮特还保有另外一些纪录,包括**一分钟吃掉最多的费列罗巧克力**(9个)以及**60秒吃掉最多巧克力奶油蛋**(6个)和**最多**佳发饼干(17个)的纪录。

一分钟用刀打开最多的香槟瓶

2014年9月6日,来自于意大利南蒂罗尔的米尔科·雷内用为此活动特制的刀削掉47个瓶颈,这把刀刃长15英寸(38厘米)。

最大的拼图

豆子拼图:世界最大种子艺术产业公司(日本)用近400万颗黄豆,制成日本武士肖像,总面积为300.85平方米。

寿司拼图:2015年1月31日,日本福井县大野的大野商工会议所(日本)用马鲛鱼和人造蟹肉制作的拼图总面积为41.99平方米。

M&Ms拼图:美国爱达荷州的糖果拼图,由杰克逊·麦肯齐(美国)在2014年8月1日制成,总面积为13.8平方米。

3分钟内吃掉最多的热狗

小林建(日本)从21岁开始成为一名参赛食客,2009年8月25日他吃掉6个热狗,比之前的总数多出2个。

2014年7月11日,小林建在《纪录秀》节目中吃掉12个汉堡,从而成为**3分钟内吃掉汉堡最多的人**。这些汉堡做好之前每个重4盎司(113克),在规则允许的情况下小林建选择的唯一调味品是蛋黄酱。

最短时间内用大腿夹碎3只西瓜

奥尔加·利亚查克（乌克兰）最大的愿望是成为世界上最强壮的女人，2014年6月26日她用14.65秒夹碎了3只西瓜。当被问及怎么想到创造这个纪录时，她说："原以为这会比创造其他力量型纪录容易些……结果没想到还真是艰难！"

土豆泥达人

囊中收获四次胜利的史蒂夫·奥格拉汀（亦称史蒂夫·巴龙，美国）保持着土豆泥摔跤锦标赛夺冠次数最多的纪录……

土豆泥摔跤锦标赛是如何出现的呢？

我不确定。要我说，既然生活给了你土豆泥，那就置身其中尽情玩耍吧！1999年，巴恩斯维尔〔明尼苏达州〕开始在土豆节期间玩起了这个游戏。

请给我们介绍一些规则吧……

这是一种单次淘汰赛，共有3场，每场2分钟。要想获胜，必须将对手按倒3秒钟，或者对手放弃。也可以联合组队，但是最后同盟者之间仍然要一决雌雄，因为最终只有一个获胜者。不许吃掉土豆！

成为世界冠军意味着什么呢？

我上了几次本地新闻，非常有趣。现在，只要我一走进巴恩斯维尔的街道，就有人跟我要签名。我每次比赛都录像，希望将来能做个纪录片。我打算15年后复出。

最长的切肉马拉松

2014年9月5日到7日，在西班牙的巴利亚多利德市圣洛伦索的处女节期间，格雷戈里奥·佩雷斯·费尔南德斯（西班牙）从36支伊比利火腿，切下222.4千克火腿肉，过程持续40个小时。

从最高处跳入棉花糖

甜掉牙的梦想……2012年7月3日，布伦特·斯特芬森（美国）在《我为吉尼斯世界纪录狂》节目中，从8.8米的高处跃下，跳入装有十多万颗棉花糖的池子。

小知识

土豆泥摔跤锦标赛用的所有土豆都是（不可食用的）从工厂打扫得来的或者是那些超过食用期限而不能继续销售的薯片。所有剩下的土豆泥都将在当地用来喂牛，绝无浪费。

最大规模的曼妥思和苏打水喷泉

2014年11月15日，在墨西哥的莱昂，这个广为流传的科学实验被提升到一个新的水平。在热气球节上，4334个喷泉同时喷发。这一活动由珍宝珠和不凡帝范梅勒公司（均在墨西哥）组织，这一喷发壮举差不多相当于上次纪录的两倍。

拿最多的啤酒杯行走40米

男性：2014年9月21日，奥利弗·施特林普费尔（德国，右）拿25只啤酒杯滴酒不洒地走完全程。

女性：2008年11月9日，作为当年吉尼斯世界纪录庆祝日活动的一部分，德国同胞阿妮塔·施瓦茨拿起了19只啤酒杯。

巨大食物

挑战**最大三明治**的尝试失败了，因为还没进行测量，它就被**吃**了。

40!

35

30

20

10

数字集锦

公元768年
最早的啤酒厂德国唯森酒厂成立的时间

25%
一个苹果所含空气的比例，这使得它能够浮在水面上

10亿磅
美国每年种植南瓜的总重量

11岁
1905年弗兰克·埃帕森发明雪糕时的年龄

公元前4700年
秘鲁发明爆米花的大概时间

层数最多的三明治

2014年11月15日，美国俄亥俄州克利夫兰市，在绝妙食品展览中，展出了糖谷食品公司（美国）制造的层数最多的三明治。这个可食用的摩天大楼夹了40层的糖浆（融化的棉花糖）、花生酱和培根条。幸运的游客从这美味的高塔上取小块试尝。

最大的……

一餐

据医学杂志《柳叶刀》（第325卷，第8432期，1985年4月6日）记载，由一个人吃下的最大一餐重达19磅（8.6千克），包括：1磅（453克）肝，2磅（907克）肾脏，8盎司（226克）牛排，2个鸡蛋，1磅（453克）奶酪，两大片面包，1磅（453克）

最大的一杯咖啡

何不在美式冰咖啡中游一圈？2014年7月17日，在韩国杨州，为了庆祝一个焙烧厂开业，咖啡连锁店咖啡陪你在一个3.3米高、2.62米宽的杯子里倒入了14,228.1升咖啡。

最大的吐司马赛克画

2013年7月7日，日本北海道带广市十胜广场上，平面设计师绫子·毛拉（日本）用烤得不同程度的切片面包拼成了一幅马赛克画。这件艺术品长14.8米，宽11米，用了6500片面包，都是用当地种植的小麦做的。在这个比壁球场还大的区域内摆放面包片花了三个小时的时间。

蘑菇，2磅（907克）胡萝卜，1个菜花，10个桃子，4个梨，2个苹果，4根香蕉，2磅（907克）李子，2磅（907克）葡萄，2杯牛奶。该23岁的女患者在接受外科手术以取出未消化的食物后死亡。

茶包

2014年9月20日，在沙特阿拉伯吉达市，由艾哈迈德·穆罕默德·萨利赫·拜申和热比卜茶叶公司制造的最大茶包亮相，宽3米，高3.7米，重250千克，内装茶叶足够冲泡100,000杯茶水。

一瓶酒

2014年10月20日，在瑞士利萨迟市，安德烈·福格尔（瑞士）在4.17米高的瓶子里注入了3094升佐餐红葡萄酒。

一份甜甜圈

2014年9月7日，在哈萨克斯坦阿拉木图市，时代电视7频道赞助制作了被称为"包尔萨克司"的传统方形甜甜圈，重达856千克。

南瓜饼

2010年9月25日，在美国俄亥俄州新不来梅，新不来梅巨型南瓜种植者（美国）做了一个巨大的南瓜饼，重3699磅（1678千克），直径20英尺（6米）。

最大的一份玉米面豆卷

2014年9月7日，在墨西哥梅特佩克市，来自国际烹饪学校的一队厨师准备了893千克的玉米面豆卷，这是当地的特色食品。为了混合这道菜的30多种原料，厨师们用了世界上**最大的黏土坩埚**。锅宽2.5米，深1.5米，当地工匠做了好几个月才完成，为梅特佩克市赢得了第二个吉尼斯世界纪录证书。

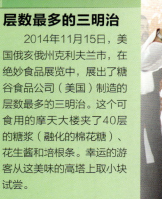

最大的水果色拉

2014年6月27日，奥地利维也纳SPAR超市团组做了一份由草莓、苹果、蓝莓和猕猴桃拌成的色拉，重达8690千克。后来色拉被分给了路人和当地的慈善组织。

最长的……

肉串

2014年10月19日，在日本栃木县，623名小山工商业联合会的成员制作了一个121.24米长的肉串。

最大的烤肉串于2008年12月31日，在塞浦路斯帕福斯市，由吉思餐饮设备有限公司制成，重4022千克——大约相当于一只雌象的重量。

黑布丁

2014年7月19日，在波兰大拉多梅希尔市，屠夫们用85千克重的血做成一个布丁，长226.67米，超过一架喷气式飞机三倍的长度，里面还加了大麦、猪肉和脂肪，最后做成的香肠比一架大钢琴还重！

奶油蛋糕

2012年9月9日，在法国圣保罗-恩帕莱斯，由米诺泰丽·普朗绍-特雷斯·多雷烘

最高的巧克力雕塑

2010年12月1日，在法国索镇，帕特里克·罗杰（法国）花了一个月的时间，用了4000千克重巧克力，手工制作了一个可食用的10米高圣诞树。

制的"金带"糕点长117.55米。

蛋糕卷

2014年11月8日，在日本大阪界市，泉丘世界纪录挑战项目制作了一个140.62米长的松糕，长度相当于六个网球场。

最大的冰淇淋

2014年6月28日，肯普斯乳业有限责任公司（美国）在一百周年庆典活动时参加了美国威斯康星州的锡达堡草莓节，雕刻了一个巨大的草莓冰淇淋，重3010磅（1365.31千克）。五个在全国都有排名的雪雕家用了733个冰淇淋容器创造了这个超大号冰淇淋，直立高度5英尺6英寸（1.68米），宽6英尺2英寸（1.88米）。来参加草莓节的上千人免费品尝了这个相当于一辆家用车重量的冰淇淋。

> **! 小知识**
> 松露强烈的香气能吸引雌性，因此过去人们用猪来找松露，后来狗接替了这个工作，因为在猎人抵达之前，松露经常会被猪吃了。

> **! 小知识**
> 不同形式的冰淇淋古已有之。波斯人吃加了葡萄汁的雪，中国人把牛奶和米饭混合冻着吃，尼禄皇帝喜欢吃上面放有水果的冰。

👤 最大的白松露

2014年11月4日，在意大利博洛尼亚萨维尼奥附近的亚平宁森林里，一名60岁的男子和他的狗Fogy发现了一支1.48千克重的白松露（学名：Tuber magnatum pico）。最终亚平宁食品公司的员工路易吉和安吉洛·达蒂洛（意大利，上图）购得这块松露。他们友好地接受了采访。

这是你见过的最大白松露吗？

是的，因为适合白松露生长的条件特别苛刻，所以更令人惊异。还有它们不能保存两周以上。人们在一个慈善晚宴上吃了这块松露，募集了约25,000欧元（29,472美元）。

松露为什么如此昂贵？

就是因为它们非常罕见，特别珍贵。它们长在哪里完全取决于大自然。生长条件需要结合湿度、阳光和土壤酸度。

它们都在哪儿生长？

松露生长在地下的树根中间。它吸收矿物质，然后把矿物质传输到树根，树根再把矿物质转化为糖。在这种情况下，相互作用产生了非常奇特的效果。

如何能找到它们呢？

松露的气味强烈而特殊，狗经过训练就能嗅出来。一种特殊品种的狗——罗曼娜水犬就经常用来干这个，但任何有敏锐嗅觉的狗都可以寻找松露。猎人和狗之间的关系非常亲密，寻找松露的过程也是一种美妙的体验。

> **真实大小**

巨大物件

自由女神像有一双长25英尺（7.6米）的脚——需要穿美国879码鞋！

数字集锦

4.6千米
2014年3月6日在阿联酋沙迦展出了**最长的**婚纱

7.5千米
最长的沙发中使用的生态皮革的长度，沙发由俄罗斯家具公司姆诺戈·梅贝里生产

最大的大富翁游戏台

2012年1月27日，圣卢卡斯·埃因霍温斯学校（荷兰）推出了一个225平方米的大富翁游戏台，这也是世界上**最大的游戏台**。"这个项目策划花费了几个月的时间，"主办方巴斯·范·登·豪特透露，"像扩大台面和上色这样的准备工作花费四天时间，而实际施工则花了大约四个小时。"

最长的桌子

2014年8月20日一张长达1286.75米的桌子——比11个美式足球场还要长——亮相于芬兰洛维萨。这张桌子是由奥尔文·比斯特罗·康托尔小酒馆和C&D快餐店联合制作的。它的展出是周末活动的一部分，目的是吸引游客。

而**最长的桌上足球台**于2005年7月25日问世，它长达101米，可容纳334个玩家。

玩完这个巨大的桌上足球游戏后，你可以躺在**最长的沙发**上休息。2014年7月25日，俄罗斯家具制造商姆诺戈·梅贝里生产了一款长达1006.61米的鲜红色的沙发用以庆祝其公司成立五周年，这张沙发一次大约可以坐2500人。

最大的圆珠笔

这个雕刻着印度神话场景的庞然大物是由阿查里雅·马库努瑞·斯里尼瓦沙（印度）制作的。2011年4月24日，这支重达9千克、长达5.5米的黄铜笔在印度的海得拉巴得到认证。它超过此前的纪录1.45米。根据说明，这支笔靠笔尖上小的金属球体滚动出墨以书写。

! 小知识
自从1938年新闻记者拉斯洛·比罗和他的兄弟哲尔杰（均为匈牙利人）发明了**第一支圆珠笔**，并且成为钢笔的无污迹替代品以来，文具已经有了很大的发展。

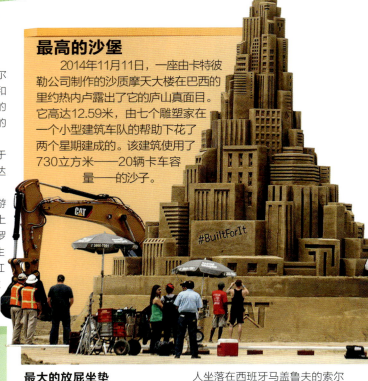

最高的沙堡

2014年11月11日，一座由卡特彼勒公司制作的沙质摩天大楼在巴西的里约热内卢露出了它的庐山真面目。它高达12.59米，由七个雕塑家在一个小型建筑车队的帮助下花了两个星期建成的。该建筑使用了730立方米——20辆卡车容量——的沙子。

#BuiltForIt

最大的放屁坐垫

一个没有充气时直径为6.035米的放屁坐垫在新西兰的克赖斯特彻奇与观众见面，它是由《那么问题来了》（新西兰）电视节目提供的。这个坐垫被视为终极恶作剧把戏。2014年9月28日，当15个人一齐坐上这个充气坐垫时，它便发出了经典的极具喜剧效果的噪音！

最大的吉祥物

2014年4月25日，一个高达13米、名为"伟大的博罗"的雪人坐落在西班牙马盖鲁夫的索尔加德满都公园及度假酒店。这个雪人原型是最大的神秘生物。这个重达2.2吨的吉祥物是由58名工匠历时18个月建成的。

最大的尤克莱利琴

2014年9月19日旭日乐器有限公司（中国）生产出了一具长2.27米、宽0.85米、厚0.25米的尤克莱利琴。

世界上**最大的吉他**同时也

最大的迪斯科球

这个球身由2500片反光瓷砖装饰、直径达10.33米的巨大闪光球为在英国怀特岛举办的一年一度的最佳音乐节的结尾增添一丝绚丽。2014年这个音乐会的主题为"荒岛迪斯科"。来自于创意机构"新物质"的芒戈·丹尼森说："这个庞然大物花了整个团队三个月的心血和汗水还有许多的镜面瓷砖制作而成——这是一段了不起的旅程。"

1.23米 日本人渡边和广头上"高耸入云"的发型是**最高的莫霍克发型**

！小知识

这件重达4500千克的T恤衫的主要成分是50%棉和50%再循环塑料瓶。需要73人合力才能把它运走。在未来这件T恤衫将会被制成几千件正常大小的T恤！

最大的T恤

2014年10月，来自于伊奎里布瑞斯-卡米赛塔斯-普玛赛纳斯（巴西）的64人花费11,000小时做出了一件长93.2米、宽62.73米的T恤。这件粉红色的上衣是与女性防癌网共同策划的，目的是提高大众对乳腺癌的认知。

是一个巨大的原声乐器，长度为16.75米、厚度为2.67米。2001年1月，这个重达4吨的乐器在葡萄牙波尔图第一次被弹响。

最大的奖杯

南方公园游戏竞赛公司（美国）制作了一个高达10.64米的奖杯——是长颈鹿高度的两倍——用来奖励在2014年10月举办的牛排烹饪大赛中荣获第一名的选手。

最大的叉子

为了庆祝雀巢公司在沃韦的食品博物馆建成十周年，设计师让·皮埃尔·佐格（瑞士）设计出了这件高达8米的餐具，并于1995年首次在瑞士的日内瓦湖上展出。2009年，这个不锈钢叉雕塑永久性地留在了沃韦。

12.4米。这个庞大的园艺工具是由擅长再生资源艺术创作的金属加工艺术家克里斯·安德森（美国）用时5个月制成的。

最大的铲子

2014年7月17日，美国得克萨斯州克里德莫尔的"花园城市"花园中心展出了一把由废金属和电话线杆等回收材料制成的园艺铲子。它的铲面有2.23米宽，整个铲子高

最大的贺卡

为了庆祝印度总理纳伦德拉·莫迪的生日，普拉卡什·古贾（印度）为他制作了一张长14.02米、宽7.96米的生日贺卡。

最大的贺卡拼图由新世界发展有限责任公司于2014年11月23日在中国香港展出，由5113张贺卡组成，占地150.04平方米。

最大的牛仔靴雕塑

这双靴子或许无法穿着走路，但它的确很巨大。2014年11月4日，测量结果显示这双靴子高10.74米，是**最大的牛仔靴**的四倍还要多（见右图）。它坐落于美国得克萨斯州圣安东尼奥的北辰购物中心门口，是由当地艺术家鲍勃·韦德创作的（如图）。

👤 特种高跟鞋

来自于哥伦比亚的杰森·奥兰多·罗德里格斯·埃尔南德斯必须为他那双世界上**最大的脚**（见第58—59页）特制鞋子，即使这样，他也会在巨鞋的选择中迷失……

最大的高跟鞋（见上图）是肯尼思·科尔品牌高跟踝靴的复制品。它长1.95米，高1.85米。这只鞋是由科尔（美国）和吉尔·马丁（美国）于2014年11月10日制作完成，仅鞋跟就高1.06米！

截止到2008年1月24日，由贝拉丘·托拉·布塔（埃塞俄比亚；见右上图）制作的靴子被视为**最大的牛仔靴**。它高2.50米，是用非常昂贵的黑皮制成的，皮革的价值相当于五头牛。

2012年10月20日**最大的木屐**（见右图）被测量出长3.04米，它是从一块杨木上凿刻下来的。由彼得·德·科宁（荷兰）创作完成。

和世界上**最大的鞋**相比，上面的这些鞋也就显得微不足道了。2013年4月12日时尚品牌经销商依俱（中国香港）出品的休伯家2750型超大鞋（见下图）被测量出长达6.40米，能够装下超过11,000只标准尺寸的鞋子。

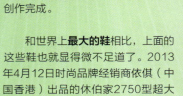

气球学

气球上一个洞的扩大速度快于空气中声音的速度，于是产生音爆

数字集锦

0.1785克
每升氢的重量；它比空气轻，这就是为什么氢气球能够浮在空中

39,522
一小时内一个团队吹起来的最多气球个数，2009年11月29日，在比利时布鲁塞尔，由新型智能机器人（HUBO）完成

37
30秒内坐爆的最多气球数，在2014年6月30日，由阿什里塔·福尔曼（美国）创造

44.49秒
狗弄爆100个气球的最快时间：这只狗名叫阿纳斯塔西娅，主人是多雷·西特利（美国）

5840万美元
由在世艺术家拍卖出售的最贵艺术品：《气球狗》，美国艺术家杰夫·昆斯制作的镜面不锈钢雕塑

一分钟内抓住并保持完整的最多水气球数

2014年8月2日，美国纽约市，阿什里塔·福尔曼（上图左）抓住了22个抛向他的水气球。这些气球由拜平·拉金（均为美国人）蒙着眼睛，从距他3米远的地方投掷过来。按规则，福尔曼在抓住气球时，每个都要握一下。

制作气球狗最快时间

2006年3月28日，在美国纽约气球沙龙商店，约翰·卡西迪（美国）6.5秒就扭了个气球狗。约翰是气球艺术家，多项纪录中都有他的名字：一分钟制作最多气球塑像（13个），一小时（747个），还有一小时内充气并系上最多的气球（717个）。

奇怪的是，背后扭气球狗纪录比之前扭气球狗纪录的时间更快：2007年11月10日，在意大利巴里省卡萨诺德莱穆尔杰市，"马戈·西乔"又名达妮埃莱·博塔利科（意大利），手背后4.54秒扭了一只气球贵宾犬。

24小时用造型气球做的最多塑像数是6176个。2004年4月16日至17日，美国密歇根州诺斯维尔市，在国际教堂奋兴布道会服务中心里，蒂姆·瑟蒙德（美国）创造了这个纪录。此纪录候选人必须能够不连续重复地

制作至少30个不同的气球造型。蒂姆平均一分钟能做四个以上的造型。

最大的……

由团队完成的造型气球塑像

2014年4月26日，在中国安徽合肥，陈奕伟（中国台湾）和他的团队，用61,107个造型气球塑造了一匹马后腿站立的侧面图。这个艺术作品长23.95米，宽19.77米——面积略大于一个网球场——高7.91米。

个人造型气球的纪录，请看下图亚当·李的巨型蜘蛛。

气球马赛克

1999年3月8日，在美国伊利诺伊州罗斯蒙特市凯悦·雷根希·奥黑尔酒店大堂，国际气球艺术大会的代表们制作了一幅描绘芝加哥建筑轮廓线的马赛克画，由70,884个气球组成，58×86英尺（17.6×26.21米）。

气球下降活动

2012年4月14日，南澳大利亚阿德莱德会展中心举行了纪念"泰坦尼克"号一百周年的活动，其间降下109,183个气球。这次活动由"1912大事件"（澳大利亚）组织，降下气球是晚会的高潮，象征着这艘命运多舛的船的沉没。

水气球投掷活动（单地）

2014年9月14日，美国马萨诸塞州，902名学生、家长和来自迪尔菲尔德学院的教员，在学年开始之际，为筹集青年导师计划资金而投掷水气球。

氢气球提升的最大物体

2011年2月和3月，由国家地理频道（美国）承办，重达4335磅（1966千克）的房子在美国洛杉矶上空被提升到10,000英尺（3050米）。这串气球有300个，10层楼高。电视系列片《能有多难？》拍摄了这一事件。

要了解热气球冒险，请看第202—203页

由一个人制作的最大造型气球塑像

这只巨大的蜘蛛，长6.76米，宽13.77米，由2975个造型气球组成，是亚当·李（美国）创造的。2011年10月6日，在美国华盛顿州莱西大丘的大狼小屋酒店测量并展出。

最大的气球人偶雕塑

2014年11月30日，在英国伦敦举行的乐高积木活动中，拉里·莫斯蒂领的团队（美国）用三天多的时间、1985个造型气球做成了6米高的乐高人偶——比标准人偶大150倍。

小知识
这个超大型人偶是空心的，唯一一对它有支撑作用的是固定在天花板上的线。整个塑像用了许多超大的乐高模块和4174个气球。

由造型气球组成最大的三维不规则碎片形

2015年2月24日，吉尼斯世界纪录伦敦总部，伊利诺伊大学香槟分校数学专业的卡洛琳·安斯利（英国）在11个气球艺术家的协助下，用160Q型气球创造了一个三维不规则碎片形（一个永无止境的模式）。完成后的作品——被称为塞拉斯基金字塔——高219.1厘米，外缘平均为264.6厘米。

水气球之战

2011年8月27日，肯塔基大学（美国）8957名基督徒学生团成员，用水气球作武器友好交火。最后统计显示，共投掷了175,141只球。

弄爆20个气球（个人）最快时间

2014年7月15日，英国萨福克郡伊普斯威奇市，又名"美国之光"的雷蒙德·巴特勒（美国）在《绝对惊人》（英国广播公司儿童频道）节目中，3.94秒内弄爆了20个气球。

骑在山地摩托车上弄爆20个气球

2008年2月23日，西班牙马德里，米凯莱·普拉代利（意大利）在系列《纪录秀》中，花了1分45秒弄爆间隔有15米的20个气球。米歇尔每次刹车时前轮着地，后轮抬起，弄爆一个气球。

不用手弄爆三个气球（蒙眼）

2014年7月31日，在希腊阿雷卡那斯的汤姆森家庭度假酒店，约纳坦·萨金特（英国）戴着眼罩，头顶带饰针的帽子，没用手，2.97秒弄爆了三个气球。他刷新了以前的纪录，而且竟然快了2.57秒。

最大的气球塑像

2012年3月12日至15日，新加坡滨海广场购物中心，潭莉莉（新加坡）和她的气球艺术家团队创下了纪录，用79,854个气球制作了一个机器人造型，命名为"哨兵"。该塑像——宽19米，长23.3米，高11.5米——由50人的团队花费42小时制作。

🧑 上升，上升到远方

2010年4月10日至11日，"集群气球驾驶者"乔纳森·特拉佩（美国）操纵"精神集群气球"（共57个气球），在美国北卡罗来纳州上空飞行，持续13小时36分57秒。这是持续时间最长的氦气球飞行。乔纳森飞了109英里（175千米），海拔高达7474英尺（2278米）。

挑战纪录期间，什么时候你觉得可能不会成功？

我是白天开始的，然后在空中逗留了一整夜，这是以前没有过的。我自己设计并制作了飞行器，因此我知道它能正常工作，是安全的。但夜深十分，我有一种感觉，我要掉下去了；可是它就像有魔力一样让我浮在空中。

夜间飞行有什么不同？

最大的不同就是你不能在晚上着陆，因为你看不见会造成危险的障碍。同时，当太阳下山时，气球变凉变小，这会导致你失去升力，你不得不采取补救措施，抛下沙子或水。

如果出了差错怎么办？

如果一个气球破了，或者即使很多气球都破了——确实有过一次，当我在墨西哥飞行时，一个牧场主用步枪射击气球——这并非灾难性的事件。我只要迅速抛下相应数量的沙子或水就行。

你还计划挑战新的纪录吗？

我想驾驶集群气球飞到极限海拔，高于珠峰。我经常和电视节目合作，当表演结束，我就飞走，能飞多久就飞多久，能去多远就去多远，无论风把我吹到哪里……

群体活动

大热天里，如果有30,000人参加**波士顿马拉松**比赛，他们将排出**37,000加仑（140,000升）**汗

数字集锦

10,289
同时洗脚的最多人数

1033
最大的文胸试穿参与人数

895
最大的埃尔维斯演艺集会参加人数

131
一分钟内得到的最多亲吻

1093
身着《绿野仙踪》戏服的最多人数

人数之最……

种植球茎花卉

2014年阵亡将士纪念日（11月9日，周日）当天，在一个名为"和平种植"的活动中，斯托克兰绿色社团（英国）与西米德兰兹的警察携手在英国伯明翰的布鲁克斯韦尔公园共同开展了一

次大型种植活动，以此纪念第一次世界大战。15分钟内，850人在纪念园里种植了4250株水仙花，平均每人种植5株。

足球表演赛

2014年7月26日，Championat.com（俄罗斯）网站在俄罗斯莫斯科的卢日尼基奥林匹克中心汇集了1,435名队员参加足球表演赛。本次比赛——在橙队和白队之间展开——共持续13小时58分，最终白队以56:48的比分获得了胜利。

品尝香槟

2014年10月9日，欧洲之星国际列车（英国）以炫目的方式庆祝其运营20周年，在伦敦通往巴黎的欧洲之星列车上共有515名乘客品尝了香槟。大英帝国勋章获得者雷蒙德·布朗向乘客们介绍了本次挑战纪录的活动，并由主品酒师阿诺·古贝率先开始品尝香槟。

吹口哨

2014年4月11日，英国春收组织在本国的萨默塞特迈迪恩黑德的巴特林景区聚集了853人创

人数最多的枕头大战

还有什么比人数最多的枕头大战更能增进同学之间的感情呢？2014年9月30日，是秋季学期即将开始的日子，这场联谊活动在美国加利福尼亚大学吸引了4200人参与其中。

圣诞小精灵的最大集会

2014年11月25日，泰国曼谷的暹罗帕拉冈购物中心为庆祝圣诞节及其开业9周年，举行了大型的小精灵集会。本次活动由暹罗帕拉冈发展公司举办，在14个小精灵因缺少尖耳朵而被取消资格后，共有1762个小精灵聚在一起拼成"SIAM"的图案。

造了此次响彻云霄的纪录。

制作纸飞机（多场地）

2014年10月31日，新加坡德勤东南亚有限公司在7个国家的10个场地组织803人折叠纸飞机，每组的参与者都在同一时间开始折纸飞机。他们在15分钟内共折出3067架纸飞机。

玩大富翁游戏

2014年10月23日，房地产咨询服务公司高纬环球（英国）

在他们英国伦敦的办公室组织277人参加了大富翁游戏。"高纬富翁游戏"使房地产业慈善机构从中受益，并为英国贫困的年轻人筹集资金2000英镑（3044美元）。

剥糖果

2014年8月30日，健达奇趣公司（加拿大）组织817人在安大略省多伦多市的加拿大国家展览馆里剥开他们的巧克力蛋。

不幸的是，神奇小子罗宾没有计入纪录的人数……

植物学专家和大反派毒藤女也没有计入总人数……

隐藏着恶意的小丑也没计入总人数……

身着蝙蝠侠服装人数最多的集会

2014年9月18日，在加拿大艾伯塔省卡尔加里，来自尼克森能源公司的542名员工穿上包括靴子、披肩和面罩在内的整套蝙蝠侠服装，正如我们的超级英雄可能说过的那样，他们展示出"好想法来自蝙蝠侠"。不久后，2014年10月2日，英国的恶作剧化装舞会组织了**身着蜘蛛侠服装人数最多的集会**（见插图），共398人参加了本次在英国伦敦学生中心举办的新生周活动。

1.75米 人类男性的平均身高

最大型的舞蹈

类型	人数	地点	日期
1 排舞（多场地）	25,703	中国（多场地）	2014年11月8日
霍拉舞	13,828	罗马尼亚斯拉蒂纳	2006年1月24日
竹竿舞	10,736	印度米佐拉姆艾藻尔	2010年3月12日
时间隧道	8239	美国加利福尼亚州西好莱坞	2010年10月31日
酷奇普地舞	5794	印度海德拉巴	2012年12月25日
2 泰国舞蹈	5255	泰国乌隆府	2014年1月18日
中东踢踏舞	5050	黎巴嫩拉斯马顿	2011年8月7日
宝莱坞舞蹈	4428	印度孟买	2012年3月1日
哈莱姆摇摆舞	3344	美国纽约州特洛伊市	2013年2月11日
扭扭舞	3040	美国马萨诸塞州珀尔市	2014年8月23日
快闪族舞蹈	2705	希腊克里特岛	2010年8月7日
凯卡提卡里	2639	印度塔那嗣峒比利镇	2012年11月9日
3 秘鲁民间舞蹈	2494	秘鲁阿雷基帕市	2014年8月24日
盂兰盆舞	1932	日本栃木县	2001年8月14日
4 伞舞	1688	日本鸟取县	2014年8月14日
高地舞蹈	1453	英国奈恩林克斯	2007年6月22日
凡丹戈舞	1146	哥伦比亚科尔多瓦	2009年11月30日

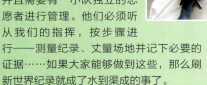

烤棉花糖

2012年3月24日，在美国堪萨斯州马里恩县公园和湖区，共计1282人参加了烤棉花糖活动，其中10人因为他们的棉花糖没有达到要求的"烤炙"程度或者从钎子上掉下来而被取消了资格。最终，本次纪录为1272人。

嘭！蝙蝠侠迷翻到第174页，可以看到更多的破纪录连环画故事（翻到第32页可以找到实际的蝙蝠侠纪录！）

汇集最多的吉祥物

2013年11月23日，来自于日本全国各学校、公司、县镇和城区的376名可爱的吉祥物汇集在埼玉县羽生市庆祝了自己的节日。这是第四届吉祥物大会。本次集会只允许各团体选送一个公认的吉祥物参加，不得出现复制品。

最大规模的吉祥物舞蹈由豪斯登堡株式会社（日本）精心编排。2013年1月27日，由134个吉祥物在长崎县佐世保的豪斯登堡度假村共同完成。

！小知识

美国伊利诺伊州的米特罗波利斯被认定为超人的家乡——在这座小城里警察的徽章都有着超人的图像。每年6月这里都会举行超人庆祝会，迎接大约30,000名粉丝。

团结协作

群体活动成功登上世界吉尼斯纪录——比如：**带气球帽子人数最多的群体**（2014年12月31日，5911人，新加坡，上图）——由纪录经理克里斯托弗·林奇（下图）指导完成。在此，克里斯将谈一谈组织和认证一项纪录的过程。

如何成功组织一场大众参与的活动？

全情投入、精心组织、态度坚定。组织者必须真正投入其中。过程中有许多事情需要考虑——例如：活动必须在特定的地点共同举办并且需要有一小队独立的志愿者进行管理。他们必须听从我们的指挥，按步骤进行——测量纪录、丈量场地并记下必要的证据……如果大家能够做到这些，那么刷新世界纪录就成了水到渠成的事了。

什么原因会导致申请者挑战世界纪录失败呢？

认证官不在场的时候，证人和监督员就变成了我们的眼和耳。如果这些人数量不足，或者不能够正确地监督整个活动，他们的陈述通常就会漏掉至关重要的信息。所以很遗憾，很多人挑战之后才申请世界纪录，我们无法认证他们的结果。

哪一场活动给您留下特别深刻的印象？

我是"人群拼图"纪录的粉丝。这个活动是由很多人组成一个可辨认的形状，创造出令人惊叹的图景。比如：**人数最多的标识拼图**——2004年欧洲杯足球赛的标识，由34,309人在葡萄牙完成。

特技与冒险

汤姆·克鲁斯拍摄《碟中谍4：幽灵协议》（2011）时曾悬挂在世界**最高建筑**上

数字集锦

87
克林特·伊斯特伍德的电影《菜鸟霹雳胆》（美国，1990）中特技人员的人数。演员只有37名：是一部电影中**特技人员与演员的最大比例**

32
一分钟内在行走的马身上上下最多的次数

65英尺（19.8米）
摩托车跳跃19.8米，越过带刺的铁丝网，这是巴德·伊金斯（史蒂夫·麦奎因饰）在电影《大逃亡》（美国，1963）中表演的特技

134
跌倒特技中翻滚过最多的台阶数，华金·奥尔特加（西班牙）于2006年11月17日创造

10,000
在拍摄《日落黄沙》（美国，1969）最后枪战情景时，空弹射击次数

最高的无降落伞翼装飞行降落

2012年5月23日，身着翼装飞行服的特技演员加里·康纳里（英国）从英国牛津郡上空2400英尺（732米）处的直升机上跳下，安全降落在18,600个纸盒堆上。2012年伦敦奥运会上，加里装扮成伊丽莎白女王二世，从直升机上跳下，由此闻名。

第一个专业电影特技演员

前美国骑兵弗兰克·哈纳韦（美国）在《火车大劫案》（美国，1903）中毫发无损地完成了从马上坠落的表演，成为第一个特技演员。

特技车手海伦·吉布森（美国）成为**第一个专业电影女特技演员**，她在1914年11月放映的系列电影《海伦历险记》（美国）中为海伦·霍姆斯作替身。

电影中无降落伞最高跳

A. J. 巴库那斯（美国）在《卖命生涯》（美国，1978）中为伯特·雷诺兹作替身，从232英尺（70.7米）高处跳落在充气垫上。

电影中最高自由落体特技是达尔·鲁宾逊（美国）在《高点》（加拿大，1982）中创造的。加拿大多伦多CN塔，是当时最高独立建筑，他从塔的一处平台上跳下，高度是335米。六秒钟自由落体运动后，他的降落伞在离地面300英尺（91米）处打开。

最矮的特技演员

基兰·沙阿（英国）身高126.3厘米，1976年以来他出演了52部电影，在其中的31部中表演了特技。2010年4月30日，他在一架20世纪40年代的波音双翼飞机的机翼上行走，离地面984英尺（300米），成为**翼上行走最矮的人**。

最昂贵的电影空中特技

西蒙·克兰（英国）为《绝岭雄风》（美国，1993）做了特技，在两架处于15,000英尺（4572米）高空中的喷气飞机之间进行了一次危险的通过，且一次性成功。此次超高危险特技耗资1,000,000美元。

车辆撞毁的最大玻璃结构

2011年9月13日，在英国伦敦O2竞技场，67岁的特技演员罗斯·泰勒（英国，见第97页）为英国慈善机构Remember A Charity表演，开车穿过23.91平方米的玻璃结构。

表演特技最多的在世演员

成龙是中国香港演员、导演、编剧和制片人，同时也是他自己的特技演员。自从1972年以来，他主演了100多部电影，包括《尖峰时刻》系列（美国，1998—2007）。一路走来的他鼻子骨折三次，两侧颧骨、大部分手指和头骨都骨折过。

烈火通道内摩托车骑行最长距离

恩里科·斯库曼和安德烈·德科克（摩托车后鞍乘坐者，两人都来自沙特阿拉伯），2014年9月5日在南非帕雷斯穿过120.4米长的炽热火焰。他们骑着跨斗摩托车，比自己之前在南非最大的摩托车手聚会——犀牛拉力赛中创造的纪录超出了17.31米。

! 小知识

在《"泰坦尼克"号》（美国，1997）最后沉没场景的10次拍摄中，100个特技演员在极度倾斜的船尾上跌倒或滚动，1000名群众演员通过安全带与船上的栏杆相连接。

☠ 勿在家中尝试

冒险纪录读起来引人入胜，但它们都是受过训练的专业人员表演的。只有那些有足够的经验和技能的人才能作此尝试。

三轮摩托车侧轮行驶的最远距离

2011年2月17日，贾加赛施（印度）为电视真人秀节目《吉尼斯世界纪录——印度要挑战》表演。在印度孟买的朱乎机场，他驾驶机动三轮车侧轮行驶了2.2千米。27岁的贾加赛施是印度泰米尔纳德邦金奈的嘟嘟车司机。

电影中快艇跳跃的最长距离

在《生死关头》（英国，1973）中，杰里·科莫克斯（美国），饰演詹姆斯·邦德，在穿过路易斯安那州海湾的追逐戏中，他驾驶1972年的格拉斯顿GT-150高速快艇，完成了空中120英尺（36.5米）的跳跃。拍摄完成之前用了26艘快艇排练了100多次。

最多辆汽车同时两轮行驶

2000年11月26日，在法国埃夫勒，一队雷诺车手驾驶16辆汽车排成一排，同时两轮着地行驶。电视节目《夏日纪录》拍摄了这个特技，于2000年12月23日播出。

2014年11月14日在中国重庆，韩悦（中国）和张胜军（中国台湾台北）驾驶Mini Hatch五门车和宝马4系双门跑车，**两轮着地，一分钟旋转了最多圈（圆圈）：共10圈。**

首次汽车双圈漂移

2012年6月16日加里·霍普特罗（英国），在南非德班《顶级汽车直播》电视节目中完成了两个直径为8米的360°旋转漂移。

卡拖车斜坡跳跃最长距离

2014年11月6日，特技演员迈克·瑞安（美国），代表易安信公司和莲花F1车队，在英国的萨福克郡本特沃特斯公园里，驾驶重型运输车"飞"了83英尺7英寸（25.48米）——刚好超过奥运会游泳池的宽度。这辆卡拖车以70英里每小时（113千米/小时）的速度从5英尺（1.5米）高的坡道上一跃而起，越过特技车手马丁·伊万诺夫（俄罗斯）飞速驾驶的莲花F1赛车，完成了飞跃。

罗基·泰勒

2015年2月28日，罗基·泰勒（英国，上图）70岁，他拥有**最长的特技演员职业生涯**。

他也是**第一个一年内为两位詹姆斯·邦德作替身的特技演员**：罗杰·穆尔在《八爪女》和肖恩·康纳里在《巡弋飞弹》中分别饰演邦德（均为美国人，1983）。

你是怎么进入特技这行的？

我的父亲拉里·泰勒是一名特技演员兼演员——这是一个原因。我在17岁时就是柔道黑带，为了《年轻真好》（英国，1961）的拍摄，教克利夫·理查德一些柔道摔法，并在电影中作他的替身，这成为我的处女作。

从那以后角色就蜂拥而至，是吗？

是的。我为英国电视连续剧《复仇者》工作了五年，是当中男主角帕特里克·麦克尼的替身。在电影《疾速龙虎斗》（1969）中为彼得·库雷克作替身，驾车冲下克雷斯塔跑道，这是我最激动的时刻之一。我还为14部邦德电影工作过，其中12部为肖恩·康纳里作替身。在《夺宝奇兵3》（美国，1989，右）中我也是他的替身。

你严重受伤过吗？

我曾经14处骨折。在拍摄《猛龙怪客3》（1985）时，我出了严重事故，当时40岁，5年时间不能工作。但这并没使我更加担心这一行。

在你的工作中什么是最重要的？

安全是最重要的。大家都知道，我的准备工作做得很认真。这就是为什么我更喜欢被称为动作技术人员而不是特技演员。也就是说，在开始工作之前，如果没有把握，就不应该去做。

你将什么时候退休？

当电话不响的时候就退休。我已经拥有了一切，但还想继续。我还与乔恩·奥蒂一起在写我的自传，书名叫做《身陷其中》。

蒙眼开车最快速度

2014年8月13日，迈克·纽曼（英国）在英国北约克郡埃尔温顿机场，蒙着眼睛开车，相反方向两次驾驶时速平均为200.51英里每小时（322.69千米/小时）。他的车是由利奇菲尔德汽车公司（英国）改进的1200马力的尼桑GT-R。纽曼先生遵循严格的纪录要求，然而更令人惊叹的是，他从八岁起就失明了。

收藏

演员汤姆·汉克斯喜欢收藏**老式打印机**；女演员德米·穆尔喜欢收藏**衣架**

! 小知识

《莫西怪物》是一款虚拟游戏。玩家需领养六只怪兽（菲里、德福洛、卡楚玛、卢维里、扎马尔和波比特）中的任意一个。参与者根据自己的喜好设置自己的怪兽，然后照顾它。

数字集锦

1500
贾森·德沃夏克（美国）**收藏了最多的游戏机**

2383
罗德里戈·马丁·桑托斯（西班牙）**收藏了最多的《古墓丽影》纪念品**

2723
克拉伦斯·利姆（加拿大）**收藏了最多的《街头霸王》纪念品**

5441
三次木海（日本）**收藏了最多的《超级马里奥》纪念品**

10,607
迈克尔·托马森（美国）**收藏了最多的电子游戏**

14,410
莉萨·考特尼（英国）**收藏了最多的口袋妖怪纪念品**

17,000
里卡尔多·格兰达（哥伦比亚）**收藏了最多的电子游戏截图**

登机证

K.乌拉斯·卡马特（印度）以收藏登机证而闻名，到2014年8月15日他已经收藏了3030个登机证。

棋盘游戏

从2000年开始搜集，截止到2011年8月19日杰夫·鲍斯派思（美国）已经拥有了1531个不同的棋盘游戏。

"请勿打扰"标志

嘘！截止到2014年3月7日，雷纳·魏赐特（德国）已经搜集了11,570个"请勿打扰"标志。

防水胶带（管道胶带）

坚持你的梦想——塞莱亚·尼尔森（美国）就是这么做的。截止到2014年2月1日，她已经拥有189卷防水胶带。塞莱亚甚至使用胶带来制作舞会礼服和出席约会的服装。

跟汉堡相关的物品

截止到2014年9月20日，"汉堡哈里"（即哈里·施佩尔，德国）已经拥有了3724件与汉堡相关的物品，其中包括两张汉堡形状的床和一张汉堡形状的水床。

莫西怪物

截止到2014年5月20日，怪物粉丝露西·尼尔斯（英国）已经拥有有1914件与莫西怪物相关的纪念品。露西从2011年才开始玩这款游戏，2014年，她的梦想成真了，思维糖果公司，也就是这款游戏的生产商，邀请她来到了英国伦敦的总部。

蝙蝠侠纪念品

截止到2013年10月25日，生活在美国印第安纳州首府印第安纳波利斯的凯文·席伯瓦已经搜集了2501个跟蝙蝠侠相关的物品。凯文收藏蝙蝠侠装备已经45年了——他的第一件收藏是蝙蝠侠的午餐饭盒，那还是小时候别人买给他的。他最喜欢的一件——大概是最贵的一件——是按照亚当·韦斯特在出演20世纪60年代《蝙蝠侠》电视剧时所穿的服装设计的（如图）。

2.6米 北极熊（学名：Ursus maritimus）从鼻子到尾巴的长度为2.6米，重600千克，**是体型最大的熊类**，也是陆地上最大的食肉动物

巨型玩具箱——最多的收藏……

类别	数量	收藏者	日期
汽车模型	27,777	纳比勒·卡拉姆（黎巴嫩）	2011年11月17日
1 芭比娃娃	15,000	贝蒂娜·多尔夫曼（德国）	2011年10月10日
2 快餐店玩具	10,000	珀西瓦尔·R.卢格（菲律宾）	2014年11月4日
3 蓝精灵纪念品	6320	格尔达·P.塑伊尔斯（美国）	2014年6月4日
橡皮鸭子	5631	夏洛特·李（美国）	2011年4月10日
雪人	5127	卡伦·施密特（美国）	2013年3月19日
悠悠球	4586	约翰·吉·迈森海梅尔（美国）	2010年2月22日
巨怪	2990	谢里·格鲁姆（美国）	2012年10月26日
奇先生纪念品	2225	乔安妮·布莱克（英国）	2006年5月23日
侏儒和小精灵	2042	安·阿特金（英国）	2011年3月25日
摩托车模型	1258	戴维·科雷亚（美国）	2012年5月24日
上发条玩具	1042	威廉·科伊恩（美国）	2011年11月26日
玩具士兵	661	谢尔盖·瓦连京诺维奇·斯帕索夫（俄罗斯）	2010年8月3日

收藏吉尼斯世界纪录

参与到吉尼斯活动中来的一种方法就是收藏吉尼斯！马丁·托维（英国）保持两项纪录：收藏了最多的吉尼斯世界纪录年鉴（353）和最多的吉尼斯世界纪录纪念品（2164）。我们邀请他来到了吉尼斯伦敦总部（如下图）……

你什么时候开始收藏的？

我1968年收到了我的第一本《吉尼斯世界纪录大全》，是学习的奖品，自1971年以后每年都会收到最新的版本作为我的圣诞节礼物。大概10年前我开始收藏吉尼斯纪念品。20世纪60年代早期就已经开始生产与吉尼斯世界纪录相关的玩具、游戏、衍生的印刷品、新颖的小物件，还有促销产品等。

是什么让你动了收藏的念头呢？

我童年时对事实和数字非常着迷。这些每年都会更新最新数据的书籍对我有很棒的参考价值。

你最喜欢哪一本《吉尼斯世界纪录大全》？

我最喜欢的莫过于诺里斯·麦克沃特（时任编辑）1960年手写更正版《吉尼斯世界纪录大全》。

你把收集的东西放在哪里呢？

原来放在家里的书架上、橱柜里或者箱子里，现在多数都存放在储藏室里。

你最喜欢的吉尼斯世界纪录是哪项？

那就是鲍勃·比蒙在1968年的墨西哥奥运会上创造的跳远世界纪录（8.9米，直到现在这个奥运会纪录还没有被打破）。我还记得听到这一惊人的成绩自己非常震惊。

史酷比纪念品

喔噢！截止到2014年8月31日，丽贝卡·芬德利（加拿大）拥有了1116个有关史酷比的物品，其中有电影、雕像、漫画、拼图、海报、游戏、快餐玩具，还有一个与原物一样大小的弹球机。她的收藏在加拿大不列颠哥伦比亚省的西温哥华获得认证。

哈利·波特纪念品

截止到2013年11月5日梅纳姆·阿舍·席尔瓦·巴尔加斯（墨西哥）已经搜集了3097件令人着迷的与哈利·波特相关的物品。

马蹄铁

莫尔多万·彼得鲁·科斯廷是一个幸运儿，因为马蹄铁传统上被认为是好运的象征，截止到2011年5月21日，他收藏的马蹄铁已经达到了3200个。

钥匙链

西班牙的何塞普·安德鲁·阿莫罗斯·佩雷斯再无理由弄丢他的钥匙了，因为截止到2012年4月1日，他已拥有了47,200个不同的钥匙链。

面具

从1957年起，格罗尔德·韦舍莫泽（德国）遍游各地寻找面具。截止到2013年3月3日，他已经拥有了5600个独一无二的面具，这些面具就陈列在他位于德国斯塔泽克的博物馆里。

马克杯

从1995年起，鲍勃·托马森（美国）共搜集了6352个不同的杯子。

蜗牛壳（单品种）

蜗牛的确行动缓慢。但是截止到2014年9月13日，比利时的帕特里克·许斯肯斯（比利时）已经搜集了10,368种和陆地蜗牛的壳。这些蜗牛壳按照颜色、高度、斑纹和大小进行分类。

贴纸

尼迪·班萨尔（印度）从2007年开始收集贴纸，到2013年9月16日，她已经拥有了102,317个贴纸。

与斑马相关的物品

截止到2014年3月28日，尼迪·班萨尔（印度）已经拥有508种与斑马相关的物品。她的最爱是哪个呢？是一件上发条的塑料斑马玩具。一上发条，这匹斑马就摇动尾巴，上蹦下跳。

X盒子游戏（相位交替线系统）

游戏继续！截止到2014年6月16日尼尔·芬顿（英国）已经搜集了814种相位交替线系统的X盒子游戏。

小知识

"这个爱好确实非常昂贵，"艾哈迈德承认，"但是我想向世界传递一个信息，阿拉伯人不仅对飞车和炫的事物感兴趣。"

任天堂电脑游戏装备

截止到2014年11月12日，迪拜的艾哈迈德·本·法赫德已经搜集了2020种不同的任天堂游乐系统物品。其中包含170种游戏机和便携式设备，23种游戏配件，591种NES游戏，681种红白机游戏，145种方块游戏，207种DS游戏，155种Wii游戏，48种Wii U游戏——总共花费大约150万迪拉姆（27万英镑；40.8万美元）。

最昂贵的……

香料**藏红花**比同等重量的金子还要贵重，可以用作染料、香水，甚至可以**治疗忧郁症**！

数字集锦

600
拍卖的最贵钢笔上镶嵌的宝石数量

1024英镑
最贵的肉派（1781美元）的价值

666–6666
最贵的移动电话号码；2006年在卡塔尔出售，售价1000万卡塔尔里亚尔（当时约合146万英镑或275万美元）

12平方千米
位于夏威夷南部的巴尔米拉环礁面积，是**最贵的岛屿**

467
拍卖会卖出的最贵拼图块数，2005年售价27,000美元（14,589英镑）

60年
最贵的烈酒年数：英国伦敦福特纳姆和梅森百货商店供应的麦芽威士忌，价值11,000英镑（15,662美元）

三明治

截止到2014年10月29日，美国纽约市情缘酒店3提供的美丽花语烤奶酪售价214美元（132英镑）。这块三明治包括了两片法国普尔曼面包，是用唐佩里尼翁香槟和可以食用的黄金薄片制成的。

签名物品

最贵的签名物品是一本1789年乔治·华盛顿签名的皮革封面的《美利坚合众国议会法案》。这本书由第一任美国总统亲笔作注，并包含了《美国宪法》和《权利法案》。这本书于2012年6月22日由美国纽约市的佳士得拍卖行卖给了（芒特弗农农业协会的）安·布考特，她花了982万6500美元（626万9940英镑）。

把具体的签名物品和单个物品成交额抛却不谈，最具价值的签名自2014PFC40所追踪——一个监管自由市场最近交易的40个最受追捧的个人签

名的指数。**健在的人中最昂贵的签名照片**是古巴菲德尔·卡斯特罗的，平均每张3750英镑（5874美元），而**最昂贵的签名照片**是演员詹姆斯·迪安的（美国，1931—1955），迪安的"最高质量"签名要价平均18,000英镑（28,200美元）。

书籍

2013年11月26日，一本《海湾圣诗》在美国纽约市苏富比拍卖行拍卖，售价1420万美元（870万英镑）。早在1640年，《海湾圣诗》成了第一本在英属北美洲印刷的书籍。马萨诸塞州的海湾殖民地居民只印刷了1700本。由苏富比拍卖行拍卖的是现存11本的其中一本，被一位美国商人戴维·鲁本斯坦购得。

信

2013年4月10日，美国纽约市的佳士得拍卖行售出一封由弗朗西斯·克里克于1953年写给他的儿子迈克尔的信，信中阐述了革命性的发现：基因（DNA）的结构和功能，此信售价609万8500美元（396万4025英镑）。

画

· 所有作品：2015年2月，据报道，由保罗·高庚创作的《你何时结婚？》（1892）在一次私卖中售价1亿9700万英镑（2亿9980万美元），超过了由保罗·塞尚（法国）创作的《玩纸

热狗

珠尼·班热狗需要两个星期的准备工作，包括了一个12英寸（30厘米）的烟熏奶酪香肠、神户牛肉、舞茸菇、照烧酱烤洋葱、鹅肝酱、剃黑松露、鱼子酱和日本蛋黄酱，所有这些都点缀在一块布里欧修面包之上。这个耗财的热狗零售价是169美元（101英镑），在美国华盛顿地区的西雅图市东京狗流动货车上出售。

牌的人》在2011年出售给卡塔尔皇家的2亿5000万美元（1亿5830万英镑）。
· 拍卖会上女性艺术家的作品：乔治亚·欧姬芙（美国）的画作《曼陀罗：百год1号》（1932）于2014年11月20日在苏富比拍卖行以4440万美元（2800万英镑）的价格出售。
· 健在的艺术家创作的作品（私卖）：由贾斯培尔·琼斯（美国）创作的《错误开始》被肯尼特（美国）和安·格里芬（法国）

拍卖会上售出的汽车

一台1962年的法拉利250GTO柏林内塔双座跑车于2014年8月14日在美国加利福尼亚州的卡梅尔市邦瀚斯奎尔罗智拍卖行拍卖，包括保险在内售价为3811万5000美元（2280万英镑）。之前的最高销售纪录也由邦瀚斯拍卖行见证：一台1954年梅赛德斯—奔驰W196 R F1赛车于2013年7月12日售价1960万1500美元（2960万英镑）。在拍卖出的十辆最贵的汽车中有八辆是法拉利。

对于价钱更加亲民的汽车来讲，捷豹XJ13在PS3 GT赛车6游戏中是**最贵的虚拟汽车**，在现实世界里价值现金196美元（119.95英镑）。

鸽子

2013年5月18日，养鸽人莱奥·赫勒曼斯（比利时）出售了赛鸽"博尔特"（上图），它以短跑选手尤赛恩·博尔特的名字命名，在拍卖会上出售价31万欧元（26万英镑；40万美元）。

2012年10月21日，**最贵的鸭子**（右图）——一只叫做"大块头戴维"的疣鼻栖鸭在英国什罗普郡的奥斯沃斯特里以1500英镑（2400美元）拍卖售出。它跟随它的前主人格雷厄姆·R. 希克斯出现在拍卖会上。

在2006年10月以8000万美元（4200万英镑）购得。

· **健在的艺术家创作的作品（公开拍卖）**：也是由贾斯珀·琼斯创作的《数字4》在2007年5月16日美国纽约佳士得拍卖会上以1740万美元（870万英镑）售出。

· **克劳德·莫奈的作品**：《威尼斯大运河》于2015年2月3日在英国伦敦苏富比拍卖行以2366万9000英镑（3556万7406美元）的价格售出，包括了买家的保险费用。

· **巴勃罗·毕加索的作品**：《裸体、绿叶和半身像》（1932）在2010年5月4日的美国纽约市佳士得拍卖行以惊人的1亿648万2500美元（6600万英镑）的价格成交。

· **伦勃朗·凡·莱恩的作品**：《一位62岁女士的画像》（1632）在2000年12月13日在英国伦敦的佳士得拍卖行以1980万3750英镑（2867万5830美元）的价格成交。

· **J. M. W. 透纳的作品**：《在阿文丁山上看罗马》（1835）于2014年12月3日在英国伦敦的苏富比拍卖行以3030万英镑（4740万美元）的价格售出。

· **文森特·梵·高的作品**：《加歇医生的肖像》（1890）于1990年5月15日在美国纽约市佳士得拍卖行以8250万美元（4900万英镑）的价格成交。

乐器

"布伦特女士"的斯特拉季瓦里乌斯小提琴（1721）于2011年6月20日在塔里斯奥拍卖行以980万8000英镑（1587万5800美元）的价格售出。

戴立克机器人

现在已经注销的尹迪普罗德英国广告公司在2005年花了36,000英镑（61,934美元）购得这台超级戴立克机器人。它第一次亮相是在20世纪70年代的电视剧《神秘博士》（英国广播公司）中，最后一次出现是在1985年的电视剧《戴立克启示录》里。

⊙ 时间就是金钱

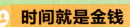

亨利·格雷夫斯超级复杂功能怀表1999年在苏富比拍卖行拍出2322万瑞士法郎（1510万英镑；2400万美元）的高价——是迄今为止拍卖出售的最贵钟表。

这块怀表是受美国银行家及艺术爱好者亨利·格雷夫斯的委托，花费了7年（1925—1932）的时间完成的——你很难不为此而感到惊叹，因为它是纯手工制作的最复杂的怀表。钟表制作大师、机械师和宇航员共同打造的这块怀表具有24项复杂功能（已经超越了仅仅显示小时和分钟）。它具备了计时、万年历和记秒（用秒表计时）等多种功能，能用四种方式报时，能够显示北纬40°41′处纽约市的夜空星象图——格雷夫斯在公寓眺望中央公园的确切位置。

这块表的外壳是用金子制成的，表重535克，花费了五年时间才制作完成。它有920个零件，包括430个螺丝、120个机械控制杆、110个齿轮和70颗珠宝。

真实大小

格雷夫斯为了这块精美而复杂的怀表支付了60,000瑞士法郎。在他去世之后，这块表传给了他的女儿格温德琳，之后格温德琳又将表传给了她的儿子雷金纳德·富勒顿。1969年雷金纳德将这块超级复杂功能怀表卖给了赛思·阿特伍德，一位钟表收藏家，也是美国伊利诺伊州罗克福德市时间博物馆的创办人。

现代世界

埃博拉最大的爆发

　　截止到2014年7月12日，在几内亚、利比里亚和塞拉利昂爆发的埃博拉病毒已经造成603人死亡。2014年3月23日世界卫生组织首次报道该疾病，报道时西非疫情仍在肆虐。控制这种病毒（左）的措施包括改善埋葬方式和严格遵守卫生协议以及使用完整的防护设备。图中，几内亚的一位阿訇疑似死于埃博拉病毒，他在马里巴马科的清真寺被清洗之后埋葬。随后，2014年11月14日，一名卫生组织的工作人员在寺外喷洒消毒剂。

目录

收入最高者

2014年，电子商务巨头**马云**赚的钱比**冰岛和巴哈马**的国内生产总值加起来还多！

富者更富；至少俗话是这样说的。这种说法非常适合世界上最富有的人。世界70亿人口中有三个人——比尔·盖茨（美国，见第106页），卡洛斯·斯利姆·赫鲁（墨西哥）和沃伦·巴菲特（美国）——在近20年争夺**最富有者**头衔。

尽管净资产是衡量财富的依据之一，但还有一个指标，就是年收入。与一个人的总资产相比，这往往更多变。总资产中的遗产是几代人传下来的，为了防止金钱损失，通常会投资到各种领域。

在另一方面，某个行业的高收入者大多会受到当年工作量或表现的影响——无论是制作电影的数量、签约的商业代言还是赢得的比赛。不过，最富经验的顶级高收入者十分明白效益多元化的好处，也能从商业和投资领域分一杯羹。

例如，尽管**最高收入音乐人**德瑞博士（美国，原名安德烈·扬）——在嘻哈音乐中家喻户晓，但自从1999年以来，没出过一张自己的专辑。相反，他扩大了收入来源，包括从音乐制作到酒精饮料，还有Beats电子耳机公司。事实上，2014年德瑞积累了6.2亿美元（4亿1540万英镑），其中很大一部分来自于苹果收购Beats的30亿美元（18亿英镑）——这是该科技巨头最昂贵的一次收购。

看下面2014年最能赚钱的名人都是谁？可参照英国的平均工资26,500英镑；美国大约53,900美元。

17座白金汉宫

62颗库里南钻石

190个热刺翼锋加雷思·贝尔

11,333辆布加蒂韦龙跑车

3150万部 iPhone 6

1.479亿个最昂贵的热狗（见第100页）

8.5亿本《吉尼斯世界纪录大全》

267亿张一等平邮邮票（英国）

34% 66%
59% 41%
52% 48%
62% 38%

使你的钱翻倍！

当然，两位一线明星以拥有单身明星双倍的收入而自豪。据2014年的数据，以下是四对好莱坞收入最高的夫妇和每个配偶所占收入的比例。

1.75亿美元
7980万美元
5800万美元
4700万美元

1. 碧昂丝和杰伊-Z
2. 吉赛尔·邦辰和汤姆·布雷迪
3. 金·卡戴珊和卡尼·韦斯特
4. 安吉丽娜·朱莉和布拉德·皮特

马云的购物清单

中国网络零售之王马云（见第105页）是2014年收入最高的人，他的财富增长超过250亿美元（168亿英镑）。你可以用这笔难以想象的现金购买这些东西……

富有的死者——2014年年度死后收入最高者

姓名	职业	死亡	收入
迈克尔·杰克逊（美国）	音乐人	2009	1.4亿美元（1.15亿英镑）
埃尔维斯·普雷斯利（美国）	音乐人	1977	5500万美元（4500万英镑）
查尔斯·M.舒尔茨（美国）	漫画家	2000	4000万美元（3300万英镑）
伊丽莎白·泰勒（英国/美国）	演员	2011	2500万美元（2000万英镑）
鲍勃·马利（牙买加）	音乐人	1981	2000万美元（1600万英镑）
玛丽莲·梦露（美国）	演员	1962	1700万美元（1400万英镑）
约翰·列侬（英国）	音乐人	1980	1200万美元（1000万英镑）
阿尔贝特·爱因斯坦（德国/美国）	科学家	1955	1100万美元（900万英镑）
西奥多·盖泽尔（美国）	演员	1991	=900万美元（700万英镑）
李小龙（中国香港/美国）	演员	1973	=900万美元（700万英镑）
史蒂夫·麦奎因（美国）	演员	1980	=900万美元（700万英镑）
贝蒂·佩吉（美国）	模特	2008	=900万美元（700万英镑）
詹姆斯·迪恩（美国）	演员	1955	700万美元（600万英镑）

来源：福布斯，2014年6月

2014年超级薪资

下面我们挑选了当年几位高收入者及其主要收入来源……

电视演员
阿什顿·库奇（美国），制片
《好汉两个半》
2600万美元（1750万英镑）

电视演员
索菲娅·韦尔加拉
（哥伦比亚）
《摩登家庭》，代言
3700万美元（2490万英镑）

模特
肖恩·欧普莱（美国）
H&M、爱马仕，维果罗夫
150万美元（100万英镑）

模特
吉赛尔·邦辰（巴西）
香奈儿、路易威登，香奈儿
4700万美元（3160万英镑）

电影演员
小罗伯特·唐尼（美国），《法官》（2013），《钢铁侠3》（2014），《复仇者联盟：奥创时代》（2015）
7500万美元（5040万英镑）

电影演员
桑德拉·布洛克（美国），《地心引力》（2013），《小黄人》（2015）
5100万美元（3430万英镑）

足球运动员
克里斯蒂亚诺·罗纳尔多（葡萄牙），皇家马德里队，代言
8000万美元（5360万英镑）

足球运动员
玛尔塔·比埃拉·达席尔瓦（巴西），瑞典罗森加德队，代言
100万美元（67万英镑）

! 小知识

迈克尔·杰克逊死后发行的专辑（《逃脱》），加上以前的歌曲以及太阳剧团《不朽传奇》和《独一无二》演出的版税，确保他仍位于死后收入最高者榜首。

收入最高的企业家

2014年，阿里巴巴集团的创始人和执行主席马云（中国）在网上赚了251亿美元（168亿英镑）。阿里巴巴集团在中国的电子商务中占有最重要的位置，拥有两个访问量最多的网站：淘宝和天猫（见第164—165页）。据彭博社资讯，截止到2015年4月8日，马云是亚洲首富，身价354亿美元。

✚ 可支配收入图

名人的收入与"正常"的薪水完全不同。经济合作与发展组织监控着发达经济和新兴经济——目前有36个成员，并且数量继续增长——作为幸福生活指数的一部分。下面的图形代表了普通家庭人均可支配收入的前五名国家。可参照经合组织平均每年可支配收入，23,938美元（16,054英镑）。

经合组织平均23,938美元
比利时27,811美元
加拿大30,212美元
瑞士30,745美元
卢森堡35,636美元
美国39,531美元

企业家
马云（中国）
电子商务
251亿美元

音乐人
德瑞博士（美国），代言
技术，
音乐制作，
6.2亿美元
（4.154亿英镑）

运动员
弗洛伊德·梅威瑟尔（美国），拳击
代言，1.05亿美元（7040万英镑）

音乐人
碧昂丝（美国），代言
唱歌，表演，时尚，
1.15亿美元（7700万英镑）

企业家
贝亚特·海斯特尔（德国），零售（例如：德国最大的连锁超市阿尔迪）
96亿美元（61亿英镑）

电视人
西蒙·考埃尔（英国）
选秀节目
9500万美元（6380万英镑）

作家
詹姆斯·帕特森（美国）
书（例如：犯罪、惊悚类）
9000万美元（6050万英镑）

电视人
温弗瑞（美国）
媒体，出版
8200万美元（5510万英镑）

运动员
玛丽亚·莎拉波娃（俄罗斯）
网球，代言
2400万美元（1600万英镑）

作家
诺拉·罗伯茨（美国）
书（例如：言情、犯罪类）
2300万美元（1550万英镑）

运动员
李娜（中国）
网球，代言
2400万美元
（1600万英镑）

🔴 小知识

据彭博社报道，2014年全球400名最富有的人又为他们的财富总和增添了920亿美元。12月底，他们净资产达到了4.1万亿美元（2.75万亿英镑），令人震惊。

来源：彭博社，BusinessInsider.com，美国最大的医师在线社交网络平台 Doximity，Finance.yahoo.com，福布斯，IBTimes.com，经合组织，国家统计局，Paywizard.org，Spotrac.com，Statista在线数据统计门户，联合国儿童基金会

虚构的财富

谁是虚构作品中最富有的人？这里是2013年福布斯排名前五位……

守财奴 唐老鸭
迪斯尼的《唐老鸭》
寻宝
654亿美元
（439亿英镑）

斯毛戈
《霍比特人》
掠夺
541亿美元
（363亿英镑）

卡莱尔·卡伦
《暮光之城》
投资
460亿美元
（309亿英镑）

托尼·斯塔克
《钢铁侠/复仇者联盟》
国防/能源
124亿美元
（83亿英镑）

查尔斯·福斯特·凯恩
《公民凯恩》
媒体
112亿美元
（75亿英镑）

备受喜爱的宠物

并不是只有人类能赚大钱——动物有时也能发横财。

最富有的狗是一只叫托比的标准贵宾犬，1931年它从美国纽约主人埃拉·文德尔手中继承了1500万美元（1050万英镑）的遗产。经通货膨胀调整，相当于今天大约2.33亿美元（1.564亿英镑）。文德尔女士死后，托比继续住在主人第五大道的宅邸中，由三个仆人照顾，直到18个月后它死亡。

最富有的猫，布莱基。1988年主人本·雷（英国）遗赠给它700万英镑（1250万美元）。雷是一个古董经销商，他把大部分财产分给了布莱基——和他生活在一起的15只猫中的最后一只，还有三个猫类慈善机构。他什么也没给亲戚们留下。

金钱与经济

据2014年世界银行数据显示，国内生产总值最高的国家（美国）是最低国家（图瓦卢）的44.1265万倍

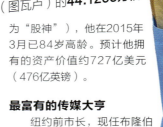

数字集锦

1070亿美元
据英特品牌2014年公布的最优品牌价值排名，谷歌的品牌价值（702亿英镑）

820亿美元
据英特品牌2014年公布的最优品牌价值排名，可口可乐公司的品牌价值（537亿英镑）

164,755,150
2005年，银行劫匪抢劫的巴西雷亚尔的价值，是数额最大的银行抢劫（6980万美元/3860万英镑）

142年
直到2014年，美国在国际货币基金组织的国内生产总值排名中，位列第一的时间（参见小知识）

60亿美元
2012年美国大选期间最昂贵的竞选所需的费用（37.5亿英镑）

2480万
铸印局每天发行的美元纸钞——大约相当于5.6亿美元（3.67亿英镑）

最富有的女性

《福布斯》杂志显示，截止到2015年3月，美国的克里斯蒂·沃尔顿作为沃尔顿家族中几个在沃尔玛赚取利润的成员之一，身价达417亿美元（273亿英镑）。这使她超越了法国欧莱雅品牌继承人利利亚纳·贝当古，后者身价401亿美元（263亿英镑）。

社交网络中最多跟随者

截止到2015年2月16日，英国企业家理查德·布兰森先生共拥有7,481,536名跟随者，因为他意识到在社会化媒体上保持高调能带来商业利益。在第203页学习他更加非正统的公共关系策略。布兰森并非是唯一一位进军社会化媒体的巨头。微软总裁比尔·盖茨是Twitter网站上最受欢迎的企业家，截止到2015年2月11日，拥有20,027,447名跟随者。

最腐败国家

国际性反腐败非政府组织透明国际宣布在2014年，索马里和朝鲜共同获得此不法称号。

丹麦因其商业和政治行为廉洁，成为最清廉国家，紧随其后的是新西兰和芬兰。

最富有的投资者

在美国福布斯富豪榜上排名第二的美国富豪是跨国控股公司伯克希尔·哈撒韦公司的商人兼首席执行官沃伦·巴菲特（也称

最富有的男性

技术巨头美国的比尔·盖茨再次位列福布斯富人榜首，到2015年3月，他的财富估计达792亿美元。

据《慈善纪事报》报道，他还是2014年最高捐赠者，他给慈善会捐出98亿美元。

为"股神"），他在2015年3月已84岁高龄。预计他拥有的资产价值约727亿美元（476亿英镑）。

最富有的传媒大亨

纽约前市长，现任布隆伯格金融媒体公司总裁的迈克尔·布隆伯格于2015年3月身价达355亿美元（233亿英镑）。

最大的……

公司罚金

2010年，"深水地平线"漏油事件中，几百万桶价值的原油泄漏至墨西哥湾，两年后，美国司法部命令英国石油公司支付野生动物基金会24亿美元（15亿英镑）罚金，此外，刑事罚金12.6亿美元（7900万英镑）。

然而，此案件仍在调查中，截止到2014年12月，在一名法官裁定英国石油公司犯严重过失罪之后，该公司的罚金仍在增加，总计可能增至610亿美元（400亿英镑）。

广告公司

《金融时报》报道，英国的WPP集团是全世界最大的广告公司，在111个国家内拥有17.9万名员工，3000名专员，

最昂贵的办公地点

由库什曼和韦克菲尔德房地产公司2014年发布的报告显示，英国伦敦办公地点的年费用为每平方英尺271.61美元（177.89英镑），或每平方米4521.78美元（2923.33英镑）。排名第二的是中国香港，每平方英尺花费183.32美元（118.36英镑），第三名是莫斯科，每平方英尺139.80美元（90.26英镑）。

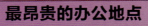

按销售排名的公司

2014年，由最富有的女性（见左侧）部分控股的零售业巨头沃尔玛赚得惊人的4765亿美元（3121亿英镑），这使其排在荷兰皇家壳牌石油公司之前，后者于同年"仅仅"赚得4514亿美元（2957亿英镑）。

于2013年间净赚110亿美元（67亿英镑）。到2014年第三季度为止，WPP集团总共收入27.6亿美元（18亿英镑）。

按资产排名的公司

2014年，美国抵押贷款机构联邦国民抵押贷款协会拥有32,701亿美元（21,477亿英镑）资产。世界最大的银行——中国工商银行排名相距不远，资产价值31,249亿

> **！小知识**
> 国际货币基金组织数据显示，中国在2014年成为经济最大国，国内生产总值达到17.6万亿美元（11.5万亿英镑）。此数据以购买力平价为基础，把地区生活成本考虑在内。

4.2米 威斯敏斯特宫报时钟的分针长度

第一台黄金自动售卖机

德国的"光明来自东方"股份公司于2010年5月发明了"黄金售卖"机器。尽管它的首次试验发生在德国，第一台供大众使用的黄金自动售卖机安装在阿拉伯阿布扎比酋长国皇宫酒店里。本机器提供24K金条和金币，重量为1克、5克或10克。

美元（20,522亿英镑）。

最高的……

经济增长

世界银行数据显示，巴拉圭在2012—2013年度是增长速度最快的国家。南美国家经济增长了14.2%，排在经济增长了13.1%的南苏丹之前。这对于**最年轻的独立国家**——南苏丹来说是惊人的发展，它在2011—2012年度排名垫底。

相比之下，由于持续的国内动乱，2012—2013年度**经济增长最慢**的国家为中非共和国，一年内其国内生产总值缩减36%。

首席执行官的薪水

据美国有线电视新闻网报道，截止到2014年4月，甲骨文软件公司首席执行官美国的拉里·埃利森赚得年薪7840万美元（5150万英镑）。它分为两个部分：150万美元（99万英镑）现金和7690万美元（5050万英镑）股票。

公务员薪酬

2012年经济合作与发展组织有关全球公务员薪酬的调查显示，以美元平价为基础，意大利薪水最高，一些公务员的年薪资多达65万美元（40.2万镑）。

公共演讲薪酬

2006年和2007年，美国商人唐纳德·特朗普在房地产财富世博会上的每场演讲可赚150万美元（76.565万英镑）。特朗普每赚一笔钱仅需说上一个小时，这让他在某种程度上排在第二位高薪演讲者托尼·布莱尔之前，这位前英国首相在2007—2009年间每场演讲预计收入60万美元（30.04万英镑）。

人均国民收入

2014年报道的来自世界银行2013年数据显示，挪威人均国民收入为102,610美元（66,225英镑），击败人均国民收入为90,760美元（58,577英镑）的瑞士，位居榜首。

增长最快的品牌

英特品牌2014年数据显示，Facebook继续领跑品牌排行榜，在创办后10年间品牌价值增长86%。预计其品牌价值约为140亿美元（92亿英镑）。

苹果公司轶事

苹果公司稳居英特品牌2014年最优品牌排行榜榜首，成为全球**最有价值的品牌**，但它从哪开始做起科技巨头的呢？

令人很难想象的是，现在这个2014财政年度收入将近1830亿美元（1200亿英镑）的全球公司，是史蒂夫·乔布斯和他的美国朋友史蒂夫·沃兹尼亚克及罗纳德·韦恩于1976年在乔布斯的车库里创办的。

可以说，8年之后麦金托什电脑（下图）的推出，代表着他们的重大突破。这款机器提供了一个图形用户界面，它能让人们通过鼠标点击一个图标，而不是输入指令进入程序，给计算机行业带来革命。尽管售价高，它成为有图形用户界面的**第一台成功的商务个人电脑**。

随后几年内，因乔布斯与首席执行官意见不统一，他本人于1985年辞职，故苹果公司的运势动荡，员工发生变化，但是在所有的起起落落中，革新和高端产品成为这个品牌的代表。

当史蒂夫·乔布斯于1996年重返团队，被任命为临时首席执行官时，一个崭新的时代在1997年开始了。他和英国设计师乔纳森·艾夫一道于同年推出了第一台苹果一体机。

这种全新的时尚外观将会对广受欢迎的个人电子产业范围产生影响，包括苹果公司音乐播放器、苹果平板电脑和**最畅销的智能手机**——苹果手机。

尽管乔布斯于2011年辞世，他遗留的事业没有显现出削弱迹象。美国的蒂姆·库克（上图）接任掌门人。苹果6手机发布于2014年9月（左图），苹果公司报道称，仅在2014年第四季度就售出3920万部。

奇特的工作

美容品牌聘用**面部触摸者**来证明他们的产品能够使皮肤变得**更加光滑**

数字集锦

5000

潜水员杰弗里·布雷姆每天从高尔夫球场的水障中取回的高尔夫球数

35,000美元

一名犯罪现场清理员的平均起始薪资（23,000英镑）

73,400英镑

本·索撒尔（英国）看管大堡礁的一个岛屿六个月的薪资（111,800美元）

12,000—15,000

每年被自行车打捞员从阿姆斯特丹的运河中拖上来的自行车数量

0美元

支付给"替坐人员"的薪金——在好莱坞颁奖之夜或电影首映式请来具有吸引力的人填补空位

39年

乔治·奥尔德里奇（美国）在美国国家航空航天局作为一名嗅探员工作的年限；他要嗅探进入太空的难闻气味，尽管经过了过滤，但宇宙飞船中讨厌的气味还是不易淡去

最短时间内拔光一只火鸡的羽毛

1980年11月17日，爱尔兰首都都柏林的爱尔兰广播电视台播出了文森特·皮尔金顿（爱尔兰）在1分30秒内拔光一只火鸡的羽毛的视频。

首屈一指的鸟类观察员

自1965年起，菲比·施奈辛格（美国，1931—1999）看到过9700种已知鸟类中的8040种。她见过超过82%的世界物种、所有在官方名录上的鸟类以及超过90%的鸟类属。

在一部电视卡通系列片中为最多角色配音的艺术家

卡拉·特里顿（英国）为75集《蓝色斑点狗》（小尼克，英国，1996—2006）中的198个角色配音，包括家具（信箱、纸制垃圾箱）、食物（盐先生和胡椒夫人）、动物（猫头鹰、河马）、幽灵、星球和人。

制作最多棺材的人

赫伯特·韦伯（奥地利）在奥地利萨尔茨堡的莫泽尔·荷尔茨工业有限责任公司工作，期间手工制作了707,335口棺材。从1978年9月5日到2008年9月5日，入职30年以来他创造了自己的纪录。在此期间他总共工作了5185.5天。

在潜水头盔里度过最长时间的人

从1976年到2013年，诺埃尔·麦卡利（美国）在潜水头盔里度过25,000个小时。他从事了30年的潜水艇维修工作。每次要在潜水艇里度过4—6个小时。

在录制现场行走距离最长的特殊音效师

特殊音效师录制声音效果使其与屏幕上的视觉动作同步。这个工作以杰克·福利（美国）的名字命名，自出现"有声电影"以来，杰克·福利在环球影城担任特殊音效师。他的职业生涯始于《演出船》（美国，1929年）。在他40年的职业生涯中，为了录制詹姆斯·卡格尼和马龙·白兰度等众多演员的脚步声，估计他在录制现场走了8000千米。

最持久的埃尔维斯模仿者

维克托·比斯利（比利时）扮演猫王长达48年，从1955年开始模仿直到2003年他去世。

观看龙卷风次数最多的人

截止到2014年8月15日，专业的风暴追踪者罗杰·希尔（美国）自1987年7月7日起记录了至少582次龙卷风遭遇，其中包括2010年7月16—17日令人震惊的40次目击。罗杰已将他的专业知识商业化，他预测龙卷风并提供在美国大部分地区追逐龙卷风的旅游服务。

擦窗速度最快的窗户清洁工

2009年10月9日，在布莱克浦举办的国家擦窗大赛上，特里·伯罗斯（英国）用30厘米长的橡胶扫帚和9升的水在9.14秒内擦完了3块45×45英寸（114.3×114.3厘米）的标准大小的办公室窗户。

闻过最多脚和腋窝的人

马德琳·阿尔布雷克特（美国）在美国俄亥俄州辛辛那提通的山顶研究实验室工作，这个以产品测试实验为主的实验室由肖恩博士创建，已创建15年。在这15年里，她闻了约5600双脚和许多腋窝。

最多产的艺术品伪造者

1979年接受审判的时候，托马斯·基廷（英国，1917—1984）估计自己在25年里伪造过不少于2000幅画作，包括121名艺术家的不同创作风格。

最昂贵的鼻子

2008年3月19日，据劳埃德保险机构称，伊利亚·戈特（荷兰）为他的鼻子投保500万欧元（390万英镑；780万美元）。戈特在法国波尔多拥有一家名为"德拉加德庄园"的葡萄酒庄园，以生产"郁金香葡萄酒"闻名，他为自己的鼻子买保险并以此保护生计。

完成最多汽车碰撞测试的人

W.R."生锈的"海特（美国）的工作是还原车祸现场。截止到2014年7月，他已坚持完成超过1000次"真人代替假人汽车碰撞测试"。每次碰撞，鲁斯蒂和他的车都要安装传感器来收集碰撞数据。

最昂贵的舌头

真纳罗·佩利恰（英国）要品尝每一批供给科斯塔咖啡各门店的烘烤咖啡豆。2009年3月9日，据劳埃德保险机构称，他为他的舌头投保1000万英镑（1400万美元）。"从事我们这个行业，味蕾和感觉都是至关重要的。"他说道，"我的18年经验让我可以分辨出数千种味道。"

年龄最大的脱衣舞男

伯尼·巴克（美国，1940—2007）曾患有前列腺癌，康复后为了保持体型，他在2000年60岁的时候开始了他的脱衣舞生涯。过去他是一名地产销售。他获得过40多次脱衣舞比赛冠军。

作为一名……的最长职业生涯

小丑

查利·里韦尔（生于西班牙，曾用名：何塞普·安德鲁·拉塞尔，1896—1983）。他从三岁开始在公共场合表演小丑。从1899年到1981年，他表演了82年，85岁的时候退休。

掘墓人

在50年的职业生涯中，德国奥尔登堡的教堂司事约翰·海因里希·卡尔·蒂梅挖掘了23,311座坟墓。在1826年，他的替补挖掘了他的坟墓。

卖冰淇淋的人

截止到2014年，艾伦·甘兹（美国，生于1937年7月13日）已经卖了67年冰淇淋。艾伦·甘兹在10岁的时候开始和他的父亲路易斯·甘兹一起卖。自1977年以来，他们一直在美国马萨诸塞州的皮博迪出售冰淇淋。

圣诞老人

自1937年到1997年，戴顿·C. 福茨（美国）每一年都扮演圣诞老人。他在美国伊利诺伊州的哈维扮演了55年圣诞老人，而后又在美国亚利桑那州图森市继续扮演这个角色。

鼓掌最多的人

据估计，截止到2015年2月9日，《命运之轮》的女主持人万那·怀特（美国）在这一流行电视游戏节目的32赛季里鼓掌的3,721,446次。自1983年9月19日起，当前联合供应版本的所有6151集游戏节目中，她只有10集缺席。平均而言，她在每个节目中都要鼓606次掌。

自她的《命运之轮》首播以来，万那穿过6000件以上的礼服。"万那狂"这个词被生造用来形容粉丝对她行头的迷恋。

任职时间最长的视频游戏配音演员

埃德·布恩（美国，见右图）与约翰·托拜厄斯共同创造了《真人快打》（中途游戏公司，1992）并获得特许权。从技术上讲，埃德不是职业配音演员，而是游戏开发人员。但是，从1992年到2011年间，他为每一个游戏版本中的蝎子（右图）角色配音，为期18年零193天。

最多产的游戏视频配音演员是史蒂夫·布卢姆（美国），截止到2015年3月10日共计配音354次，包括《使命召唤》、《最终幻想》和《星球大战》等游戏。

最多产的游戏配音女演员是珍妮弗·黑尔（加拿大）。截止到2015年1月22日，她已经为168款游戏配音。

！小知识

埃德·布恩和约翰·托拜厄斯偷偷在《真人快打》系列中埋下了一些有关自己的线索。秘密角色诺博·塞博特（Noob Saibot）这个名字是他们的姓氏颠倒过来得到的。

👤 水滑梯测试员

真的有这样的工作吗？确实有。塞巴斯蒂安·史密斯（英国）在2013年5月1日到10月31日之间滑了186个水滑梯，打破纪录。

这个工作太棒了！你是怎么得到这份工作的？

我在大学写论文的时候通过收音机听说了这份工作。我认为它好得令人难以相信，但经过网上查询，我发现这是真的。

你是如何"测试"水滑梯的？

幸运的是，我测试水滑梯的娱乐程度而并非其安全因素。我会为每个水上公园里我最喜欢的滑梯写一个评论，要考虑到速度、高度、曲折和转弯。

我不太确定会不会热衷于作撞击测试，尤其是当看到一些滑梯那么大的时候！

你最喜欢哪个滑道？

我最喜欢的其中之一是布拉瓦海岸的"狂怒速度"。在约70英尺（21米）高的地方，我被锁在一个像棺材一样的柜子里。向下看我的脚，直到门打开前我什么都看不见，我几乎自由垂直落体了一到两秒，然后逐渐拐入降落到游泳池。这绝对是我体验过的最刺激的感觉！

海盗

并不是所有的海盗旗都有骷髅头和交叉的腿骨图形——黑胡子海盗旗就是**一具骷髅和一颗流血的心**

数字集锦

15
据当代海盗数据库统计，2000年至2010年，全球85%的海盗事件发生在15个国家

44%
根据国际海事局2014年的报告，自2011年以来，海盗袭击事件减少了44%

21
2014年有21艘船只被劫持成功

2.2亿
据电影参展商协会统计，由于电影盗版，英国年度票房损失估计2.2亿英镑（3.28亿美元）

最大的海盗集会

2012年7月22日是黑斯廷斯海盗节。在罗杰·克劳奇（英国）的组织下，14,231名海盗争相拥至英国东萨塞克斯的佩勒姆海滩，海滩上到处是眼罩和海盗旗。这使得他们从竞争对手英国康沃尔郡的彭赞斯镇手中夺回了冠军称号，比其多了5497名海盗。

第一批海盗

海盗行为传统的定义是通过武力试图登船，意图实施盗窃或其他犯罪的行为。自从人类开始海洋航行，海盗行为可能就存在了。但第一个有文件证明的是公元前14世纪埃及的记录，来自土耳其的鲁坎海盗胁迫地中海船只，甚至还袭击了塞浦路斯岛。

第一位海盗女王

女王图达是公元前231—公元前227年伊利里亚（西巴尔干半岛）阿尔迪安部落的头领。在她统治的早期，她向私掠船发放捕拿特许证——可以为国家袭击和抢劫的有效许可证。她攻击西西里和希腊殖民地还有罗马商

船。后来她把海盗活动转移到爱奥尼亚海，这威胁到希腊和意大利之间的贸易路线。因此，罗马派出军队攻打她的部队，女王图达经历了几次失败后投降。她继续统治但却只剩下首都斯库台（现阿尔巴尼亚斯库台）附近很小的区域，而且还被迫给罗马缴税。

第一次海盗缉捕

约1653年生于英国德文郡的"长本"，即亨利·埃弗里，在皇家海军服役后，成为一名海盗。1695年，他袭击了25艘印度莫卧儿政府的船只，截获了许多贵重金属和宝石，估计价值600,000英镑（约合当前5240万英镑/7800万美元），这让他成为当时世界上最富有的海盗，并引发了第一个有记录的世界范围内的缉捕。悬赏奖金1000英镑（相当于现在的87,330英镑/130,070美元），但他一直都能躲开追捕。所有关于他的记录在1696年之后停止。

票房最高的海盗电影

截止到2015年3月，惊心动魄的加勒比海盗系列总票房收入为37亿美元（25亿英镑）。《加勒比海盗2：聚魂棺》（2006）——票房取得了其中最大的份额：10.6亿美元（7.118亿英镑）。

约翰尼·德普（美国，上图）继续扮演杰克·斯帕罗，第五集《死无对证》将会在2017年7月上映。

最大的国际反海盗部队

联合海上部队成立于2002年，是一个多国海军合作组织，现在由30个成员组成。由美国海军副司令领导，总部设在波斯湾的巴林。它的目的是促进国际水域的安全与稳定，重点在非洲之角和巴基斯坦西部之间的主要航线。

！小知识

如图，导弹巡洋舰葛底斯堡（CG 64）和美国海岸警卫队战术执法队南方队组成了一个登舰、搜查、抓捕的团队——409小分队，在亚丁湾捕获了海盗嫌疑人。

5.8米 马塞雄性长颈鹿（学名：Giraffa camelopardalis tippelskirchi）乔治的高度，它是有记载的**最高的哺乳动物**；1959年从肯尼亚来到英国切斯特动物园

!小知识

"走跳板"虽然罕见，但确实发生过。被劫持的牙买加"祝福"号船长威廉·史密斯（英国）在1822年的报告中描述，他被迫在海盗帆船"伊曼纽尔"号上走"倾斜"的跳板。

被劫持的最大油轮

2008年11月15日，索马里海盗截获了"天狼星"号（阿联酋）。这艘巨大油轮长330米，重162,252吨，装载着价值1.1亿美元（7710万英镑）的原油开往美国。2009年1月9日，交付300万美元（195万英镑）赎金后，油轮获释。

最小的海盗

1716年11月9日，大约8岁到11岁的约翰·金和妈妈是"博内塔"号上的两名乘客，当时被英国海盗塞缪尔·贝拉米，即"黑山姆"（见下文**最赚钱的海盗**）劫持。船长阿拜贾·萨维奇声称，金坚持加入海盗团伙，如果愿望被拒绝，威胁要自杀或伤害他的母亲，最终黑山姆同意了。

1984年，黑山姆的"维达"号桨帆船的残骸被发现。和其他文物一起，还发现了一只小鞋、一只袜子和一块痊愈后的腿骨，后来证实这是属于8岁到11岁儿童的。

发生海盗事件最多的一年

国际海事局自1991年以来，一直监测报告海盗行为。据其报道，2000年全世界有469起海盗袭击事件——比1999年几乎上升了36%。一半以上的事件（242起）发生在东南亚。

印尼成为海盗事件发生率最高的国家。2003年，全球实际和企图攻击的海盗事件总计445起，121起发生在印尼水域——超过总数的四分之一。

劫持索要最高赎金

2011年4月，总共支付给索马里海盗1350万美元（830万英镑），才使得希腊船"伊雷妮SL"号获释。这艘巨型油船，连同它的25名船员，是2011年2月9日在阿曼海岸被劫持的。

盗版最多的电影（目前）

根据盗版监控公司埃克斯匹欧（德国）的统计，2014年由马丁·斯科席斯执导的《华尔街之狼》（2013）被非法下载3003.5万次。

《冰雪奇缘》（2013）位居第二，非法下载2991.9万次，成为2014年**盗版最多的动画片**。

黑胡子的兴衰

所有逡巡在大海上的海盗，几乎没有比黑胡子更臭名昭著的了。这位英国水手——普遍认为他名为爱德华·萨奇或者蒂奇——堪称"海盗黄金时代"的典型代表。

黑胡子首次被注意是在本杰明·霍尼戈尔德（英国）手下工作，本杰明以前是私掠船船长，或被称为合法的海盗。萨奇级别不断升高，1717年他截获了"协和"号，改造后成为他的旗舰"复仇女王"号，他自己成为这艘船的船长。

在他称雄的恐怖时期，美洲和加勒比海水域几乎没有船只或港口能与他狡猾的战术和庞大的船员队伍抗衡。尽管他名声吓人并且嗜好夸张（传闻他把蜡烛芯放在帽子上，让它冒烟），几乎没有第一手资料报道他杀过任何人。

1718年，"复仇女王"号搁浅。萨奇和他的一些船员逃到美国北卡罗来纳州，获得当地州长的赦免，在那里定居。但他们无法抵抗大海的呼唤，没过多久就在北卡罗来纳州海德县奥克拉科克岛上设立了一个基地，开始发动新的袭击。

当他与当地机构结盟的时候，黑胡子不知道弗吉尼亚州一名官员已经在策划要杀死他。1718年8月，奥克拉科克岛遭到出其不意的伏击。海盗们进行了殊死抵抗，但过分自信导致了黑胡子的彻底失败。

萨奇以为拿下了一艘船，就登上了船。没想到梅纳德中尉和他的手下藏身于甲板之下，当天在梅纳德的剑下，黑胡子的生命走到了尽头，但他的传奇故事仍然继续流传。

最赚钱的海盗

在"海盗黄金时代"（17世纪50年代—18世纪20年代），最赚钱的海盗是1689年生于英格兰的塞缪尔·贝拉米，又名"黑山姆"。虽然他的海盗生涯很短，只是从1715年到1717年，但他劫获了50艘船只，积累了大笔财富，价值约当前8300万英镑（1.236亿美元）。他最丰厚的利润是"维达"号，一艘运送大量金银贩卖奴隶的船。这艘船在1717年4月26日和黑山姆以及他所有的船员一同沉没，只有两名船员幸存。

战争中的世界

据估算，在战争交火过程中**两个受伤人员中就有一个是平民**

数字集锦

254年
最长的连年内战，发生在中国公元前475—公元前221年间的七个主要诸侯国之间

1.5万亿美元
第二次世界大战的物质损失；用现代的方式估算，是代价最大的一场战争（1万亿英镑），远远超过历史上所有战争损失的总和

5640万
第二次世界大战中丧生的人数，包括战场上的死亡和平民的死亡人数——是一场战争中最高的死亡人数

2300万
单个国家所拥有的最多地雷数——埃及在二战和埃及—以色列战争（1956、1967和1973）期间所埋藏的地雷数；埃及人称雷区为"魔鬼花园"

6400亿美元
最高的国防预算，这是斯德哥尔摩国际和平研究所公布的2013年美国国防预算；阿曼的军费开支占国民生产总值比例最大（11.3%）

核武器之前最大规模的人为爆炸

1917年12月6日，第一次世界大战期间，挪威船只"SS Imo"号和法国"SS万宝龙"号——当时运载着2653吨易燃易爆物品（苦味酸、TNT炸药、纤维素六硝酸酯和不纯苯）——在加拿大新斯科舍省的哈利法克斯港口相撞。这次爆炸后来被称为"哈利法克斯大爆炸"，爆炸中1951个能够确定身份的人丧生，9000人受伤，这次爆炸几乎将哈利法克斯整个城市彻底摧毁。

最大规模的武器进口

2013年印度在武器上花费了55.8亿美元（37.8亿英镑），已经连续第三年成为世界上最大的武器购买国。斯德哥尔摩国际和平研究所2014年报告显示，印度的武器进口在2004—2008、2009—2013期间以111%的速度增长，占世界武器进口量的14%。上图是2015年1月26日印度军队在新德里进行阅兵。

最大规模的入侵

法国海岸的诺曼底盟军陆海空联合作战是历史上最大规模的入侵力量。从1944年6月6日军事攻击开始后的三天内，在4066艘载有185,000人和20,000台车辆的登陆艇以及347艘扫雷艇的支持下，745艘战舰在38艘护卫舰的护卫下驶入诺曼底。空袭有18,000名伞兵参与，42个师拥有支援飞机13,175架。

单艘船进行的最大规模的撤离

朝鲜战争（1950—1953）

战争中被杀害的最多记者人数（截止到目前，按国别）

2014年，17名新闻工作者在叙利亚被杀。根据保护新闻工作者协会的统计，从2011年叙利亚冲突开始截止到2015年4月8日，被杀记者的数量达到80人。2014年世界范围内的战争中新闻工作者的死亡人数是61。此外，一位加拿大和一位日本记者于2012年12月29日在阿勒颇寻求庇护。

期间，从1950年12月22日至25日，在一次朝鲜军队的进军中，美国"SS梅雷迪斯胜利"号货船从朝鲜的兴南撤离了14,000名平民到韩国的釜山。该船是最后一艘撤离兴南的船只，因此美国国会授予这艘船上的全体成员"总统传令嘉奖英勇船只奖章"称号。

国家进行的最大规模的核试验

根据美国能源部DoE-209报告，美国在1945年至1992年期间进行了1054次核试验，包括24次美国占重要地位的美英联合试验。

相较之下，根据维克托·米哈伊洛夫编写的《全球核试验

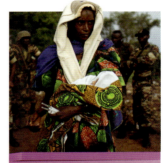

最大规模的紧急救援呼吁（用于帮助生活在冲突中的人）

2014年12月8日，联合国人道主义事物协调办公室呼吁捐助了164亿美元（110.5亿英镑）用于2015年救助机构帮助至少5750万人民。这些人超过80%生活在有冲突的国家，比如中非共和国（上图）。

最多的流离失所的人（一年内）

2014年6月20日是世界难民救助日，联合国难民署报道，流离失所的人（世界范围内的难民、避难者和国内流离失所者）的数量自从二战结束后已经首次超过5000万。截止到2013年末，因为叙利亚战争而流离失所的人已经达到5120万，比2012年增加了600万。2014年11月23日，土耳其为35,000人（插图）开放了苏鲁奇附近的难民营。图为避难者穿越叙利亚和土耳其的边界（右图）。

9米 乌拉诺斯泰坦角龙（学名：Titanoceratops ouranos）的体长，**是最大的角龙**；像三角龙一样，泰坦角龙头上有三只角和一个巨大的颈盾

年至2004年期间所有主要国家领导人的遇刺数据。三个国家：多米尼加共和国、西班牙和美国轮流占据榜首。实际上，自从1950年以来几乎每三年中就有两年会发生世界领导人遇刺事件。

资金最充足的联合国响应计划（目前为止）

根据联合国金融跟踪服务系统（FTS），2014年叙利亚地区难民响应计划获得了最多的人道主义资金。到2015年1月23日，已经收到23.2亿美元（15.7亿英镑），是承诺数字37.4亿美元（25.3亿英镑）的62%。

FTS也指出，截止到2015年1月23日，**联合国响应计划收到的最不充足资金**是利比亚人道主义救援基金，虽然已经需要3500万美元（2360万英镑），但是只收到了总数的16%——550万美元（370万英镑）。

WFP

世界粮食计划署

联合国世界粮食计划署（WFP）是最大规模的人道主义项目。到现在已经发放了6870万吨食物给100个国家的12亿人口，总价值320亿美元（216亿英镑）。吉尼斯世界纪录对话WFP的英国海外协调员亚历山德拉·默杰克。

WFP是什么时候成立的？

在1963年1月以前这还是一个实验项目，并没有进入实际操作阶段。但是伊朗发生地震之时，飓风席卷泰国之时，新独立的阿尔及利亚有500万难民涌入的时候，它就已经开始了。人们急需粮食援助，而WFP就是以此为任务的。现在我们雇用了14,000人，90%的人在从事发放粮食和监管粮食使用的工作。

饥饿的主要原因是什么？

贫穷、战争和流离失所、气候变化、市场动荡、食物浪费和农业投资不足。

哪些领域最需要粮食？

世界上8.7亿饥饿的人中，超过一半在亚洲，大约四分之一在非洲撒哈拉地区（下图，2014年11月6日苏丹的卡尔马难民营）。WFP的目标是每年帮助75个国家的8000万人口。2013年，WFP发放了310万吨食物。

支持WFP的工作，建立零饥饿的世界：
www.wfp.org/donate

网络攻击导致的第一次国家制裁

2014年11月24日，索尼影视娱乐公司遭到了一次网络攻击，美国情报机关将此归咎于朝鲜——可能是朝鲜对索尼公司拍摄的电影《刺杀金正恩》（上图）作出的反应，因为该片的情节就是刺杀朝鲜领导人金正恩（右图远端）。美国总统巴拉克·奥巴马（右图）随后制裁了10名朝鲜官员和3个国家组织，因此它们再也不能与美国公司进行贸易。

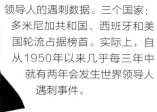

汇编》，苏联在1949年至1990年期间进行了715次核试验。这本书的研究范围涵盖了美国、苏联、法国和中国进行的2049次核试验。这两个不同的截止日期也显示了这两个大国是何时停止核试验的。

遇刺领导人最多的国家

2009年出版的美国期刊《宏观经济学》中，作者本杰明·F.琼斯和本杰明·A.奥尔肯（均为美国人）着眼于1875

> **! 小知识**
> 卡尔马难民营位于苏丹达尔富尔地区尼亚拉东部，是一个为国内流离失所的人准备的难民营，可以容纳163,000名达尔富尔地区冲突中逃离的难民。在这场冲突中已经有30万人丧生，200万人流离失所。

一辆伦敦双层巴士的长度　**9.14米**

监控

公元2世纪，古罗马的"秘密特工"出现了，他们被称为帝国特务

数字集锦

8000
西班牙马德里交通系统的摄像头数量

380亿美元
2015年电子产品在视频监控市场的估价（250亿英镑）

6000
从古巴比伦第一次人口普查到现在估计有6000年了，证明我们监控民众的历史已达数千年

30厘米
WorldView-3卫星于2014年发射，可以从380英里（612千米）的轨道上看到的物体的大小

400,000
维基解密在2006年公布的机密数据项目——非法发布的最大机密文件数

48%
根据2014年全球经济犯罪调查显示，涉及网络犯罪的CEO的比例

闭路电视普及率最高（国家）

全球闭路电视监视系统使用率不高，但是针对英国柴郡为期两年的闭路电视使用情况调查公布的数据表明，截至2011年，全国有1,853,681个摄像头。考虑到城乡差异，这相当于平均一个摄像头会拍到32个英国公民。

第一次政治"黑客"

"黑客"一词用于描述带着一定政治目标并使用计算机网络进行的抗议。首次关于黑客的记录是在1989年10月，美国国家航空航天局和美国能源部所属全球范围内的计算机遭到蠕虫入侵。此次入侵是由一名澳大利亚黑客所为，发生在美国亚特兰大号航天飞机伽利略探测器发射的前几天，该探测器携带放射性的热电发电机。

第一架秘密卫星航天飞机

"亚特兰蒂斯"号于1990年2月28日发射，它将美国国防部的机密有效载荷送入轨道。两天后，亚特兰蒂斯号的部署成为了美国第一个"秘密"卫星。这些间谍卫星涉嫌使用一个可充气的外壳，这一外壳可以指向地球雷达并大大降低了它们的可见性。

最大的间谍卫星

2013年12月，美国国防部高级研究计划局公布了一个计划的细节，目前该计划正处于次要和最后的阶段，该计划的目的是创造最大的侦察卫星。它被称为薄膜型光学即时成像器，处于22,000英里（35,405千米）的高空轨道上，有一个68英尺（20米）透镜可覆盖40%的地表区域，并能够在任何时间传输世界上任何地点的实时高清晰影像。使用聚合光学薄膜技术具有里程碑意义，该薄膜厚度相当于家庭保鲜膜的厚度，并不像玻璃镜面那样厚重，因此可以更大范围、更有效地监测地面。

最大的情报机构

美国国家安全局是最大并且最神秘的机构。它的使命是收集国际经济、外交和军事领域的信息。尽管准确的数据无从核实，但是据悉在美国马里兰米德堡总部大约有38,000人为此工作。

最大的空间监测网络

通过位于美国加利福尼亚隆波克的范登堡空军基地的太空联合职能司令部分部，美国战略司令部最终负责美国海陆空三军的太空监视网络。太空监视网络管

头号通缉的黑客

2015年，美国联邦调查局的黑客名单上的"头号通缉犯"是尼古拉·波佩斯库（罗马尼亚），他被指控的罪行包括合谋进行电信欺诈、洗钱和护照欺诈。波佩斯库的悬赏金额高达100万美元（65万英镑）。

最小的机器人航天飞机

由波音公司幻影工作室制造的无人、可重复使用的美国航天飞机X-37B号长8.9米，翼展4.5米。于2010年在美国开普卡纳维拉尔发射，七个月之后它在加利福尼亚范登堡空军基地着陆。虽然任务的详细内容很机密，但专家认为其目标可能是在太空开发作战支持系统。

最大的通信监测网络

埃施朗公司，一家电子窃听网络公司，由美国、英国、澳大利亚、新西兰和加拿大联合经营，成立于1947年（图为德国巴特艾布灵站）。一些分析家估计，目前埃施朗公司能够拦截90%的互联网流量，以及全球的电话和卫星通信。

最大的闭路电视摄像头

2011年7月10日，在印度尼西亚万隆的Darwin Lestari Tan和TelView Technology（均为印尼公司）的网站公开了一个比例增大的ST205型号的闭路电视摄像头。该摄像头长4.56米，宽1.7米，高1.6米，敏感度为0.01勒克斯。

控着全球30个网站的地面雷达和光学传感器，这些网站都致力于监控所有围绕地球运行的人造天体，如卫星，以及小行星等一些潜在的自然威胁。

最久黑客大会

DEF CON大会是最早的黑客年会，其历史可以追溯到1993年。DEF CON第23次会议于2015年8月6—9日在美国内华达州的拉斯维加斯举行。事件预计将吸引5000—7000人，门票仅可现金购买，以避免警察通过他们的信用卡信息追踪参与者。

最大的ATM欺诈

2013年5月，据报道，有史以来最大的ATM欺诈案被调查人员破获。网络犯罪分子在名为"新手"或"销兑现"计划中，侵入预付信用卡数据库，在短短几小时内窃取了4500万美元（2900万英镑）。

他们被指控消除取款限制，建立存取码并发动同伙将信息（通过网络）向全世界传输给"取现人员"的头目，这些人可以取尽全球的取款机。

电脑黑客的最长刑期

2010年3月25日，艾伯特·冈萨雷斯（美国）作为电脑黑客被判在联邦监狱服刑20年。他被发现犯有策划团伙网络犯罪并从ATM机、零售商的信用卡和借记卡号码盗走了超过1.7亿的现金。冈萨雷斯也被罚款25,000美元（16,500英镑）。

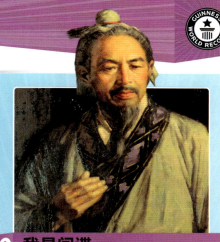

最大城市监测试点计划

2014年5月8日，英国伦敦大都会警察发起了一项为期18个月的在身上装监控摄像头的试点项目。1000个电池供电的摄像头被安装到制服或帽子上，用来记录警官视野中的彩色广角视图。

垃圾与回收

每年我们扔掉的**塑料**可以**绕地球四圈**

数字集锦

7天
回收旧报纸制成新报纸所花费的时间

60天
可回收的铝罐成为新罐回到货架所花费的时间

800亿
全世界每年使用的铝罐数量

100%
玻璃和铝的可回收程度；两者都可以无限地循环使用

1500万
英国每天使用的塑料瓶数量

5000万吨
每年被扔掉的电子垃圾重量

8000万吨
每年生产的塑料重量；1950年这个数字在500万吨以下

收集得最多的用于回收再利用的鞋子

“学生参与管理洛杉矶协会”（美国）花了大约一年的时间收集了18,302只鞋子，之后捐给了美国洛杉矶SA资源回收协会。这些鞋子是在2014年8月9日洛杉矶东部的贝尔维迪尔中学清点出来的。该协会在亚瑟士杯洛杉矶马拉松比赛期间鼓励学生设立目标、过健康生活和塑造优秀品质。

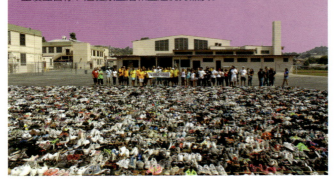

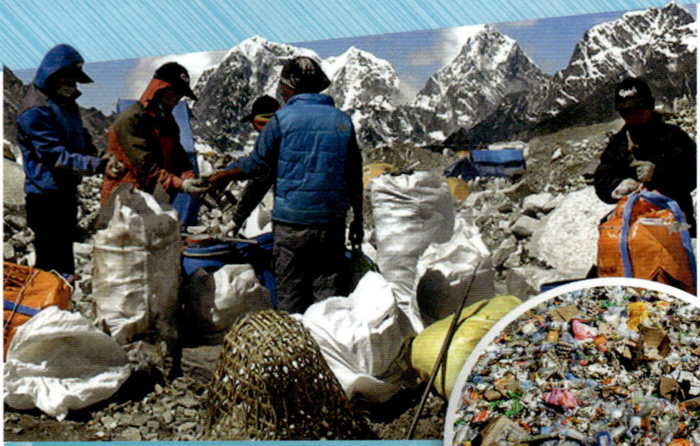

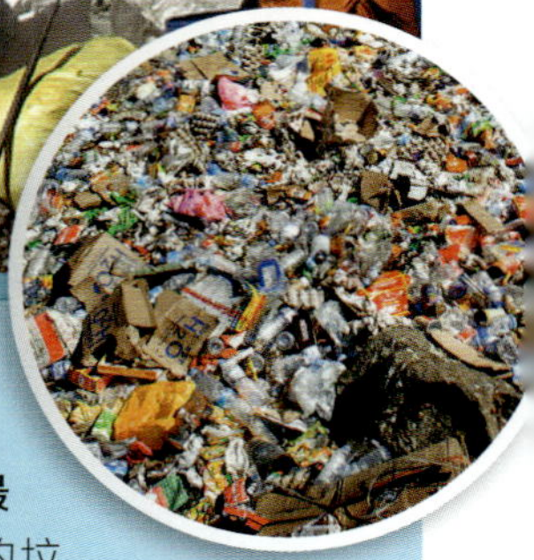

珠峰进行的最大规模清扫

2008年以来，尼泊尔珠峰探险协会每年都会组织团队到世界**最高山峰**对之前攀登过程中留下来的垃圾进行清理。2009年记录显示，6000千克重的垃圾被清理掉。到目前为止，超过14,250千克的绳索、帐篷、食物包装袋、氧气瓶、滤毒罐和各式登山设备已经得到清理。

第一本用可回收纸张印刷的书籍

生活在英国伦敦的马赛厄斯·库普斯所著的《从纸的发明开始人们用来描述事件、表达思想的材料的历史阐述》第二版于1801年出版。出版于1800年的第一版是印刷在用草制成的纸张上，而第二版的一部分——正如库普斯所指出——是印刷在重新加工过的废旧或书写过的纸张上的。

24小时内收集的最多纸张

2014年7月26日，在美国加利福尼亚州的圣地亚哥，圣地亚哥县信用社、“撕碎并清洁”媒体及娱乐频道（均在美国）收集了共194,590千克重的纸张。

最高的玻璃回收率（国家）

2011年比利时回收了98.65%的玻璃容器（例如玻璃瓶和玻璃罐）。同年，欧盟的平均玻璃容器回收率达到70.28%。

最长时间的水下清理工作

Astro集团（马来西亚）在马来西亚沙巴州靠近哥打基纳巴卢的东姑阿卜杜勒拉赫曼海洋公园组织了一次海洋清理，过程持续168小时39分。在公园里，总共有来自不同国家的139名志愿者潜水员潜水1120次，回收的垃圾沥干水分后重3098.76千克。

最大的垃圾场

雷克垃圾场位于秘鲁境内，占地面积2.35平方千米，是英国伦敦温布利体育馆足球场的324倍大。

第一个垃圾变能源的工厂

垃圾变能源工厂——以垃圾焚化炉的形式存在——是由斯蒂

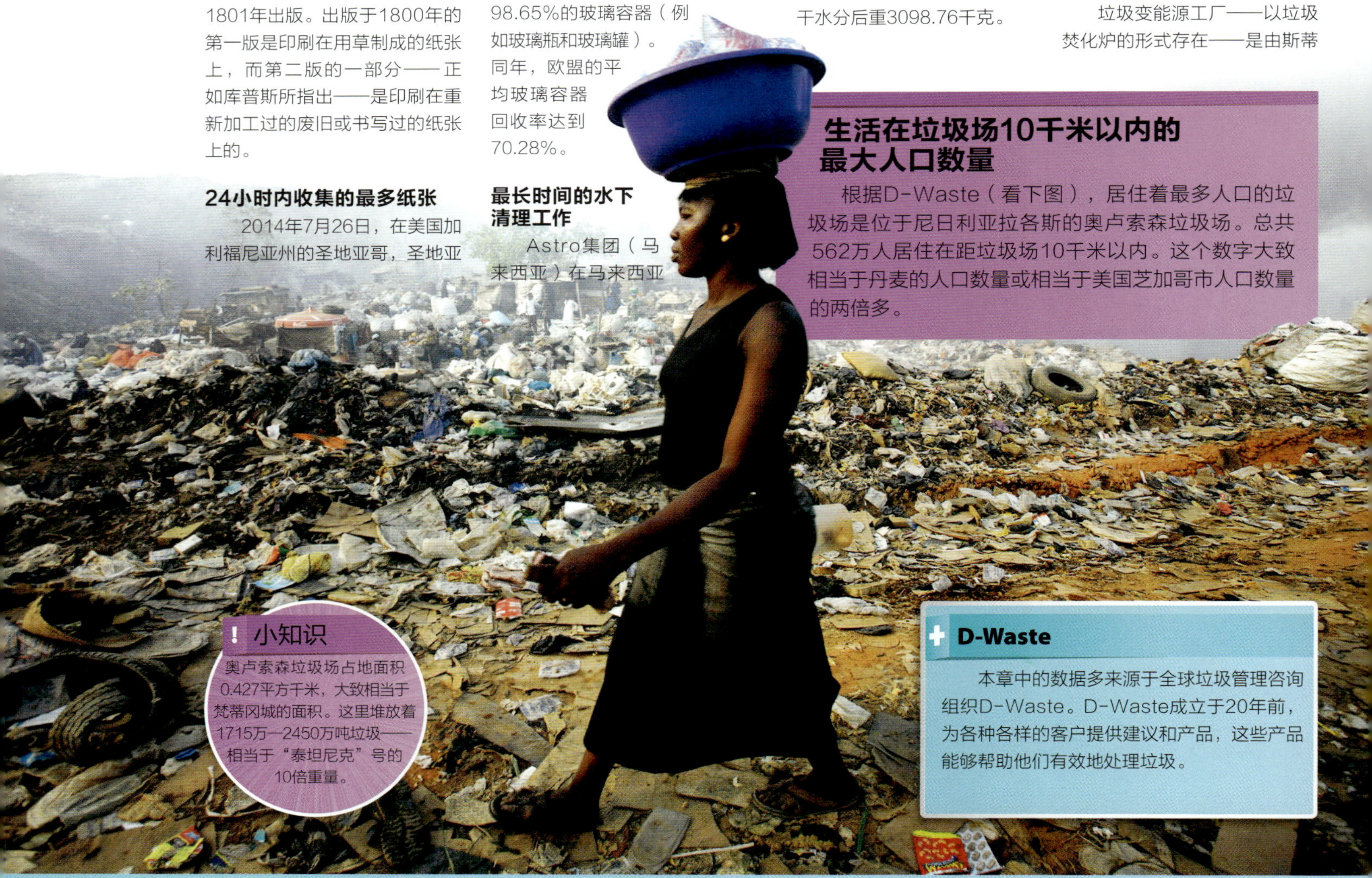

生活在垃圾场10千米以内的最大人口数量

根据D-Waste（看下图），居住着最多人口的垃圾场是位于尼日利亚拉各斯的奥卢索森垃圾场。总共562万人居住在距垃圾场10千米以内。这个数字大致相当于丹麦的人口数量或相当于美国芝加哥市人口数量的两倍多。

! 小知识

奥卢索森垃圾场占地面积0.427平方千米，大致相当于梵蒂冈城的面积。这里堆放着1715万—2450万吨垃圾——相当于“泰坦尼克”号的10倍重量。

+ D-Waste

本章中的数据多来源于全球垃圾管理咨询组织D-Waste。D-Waste成立于20年前，为各种各样的客户提供建议和产品，这些产品能够帮助他们有效地处理垃圾。

18米 白垩纪中期波塞冬龙的高度，根据美国俄克拉何马州1994年发现的恐龙化石，波塞冬龙是**最高的恐龙**

在一次水底清洁活动中最多的参与者（一个地点）

2014年4月23日，在阿联酋的阿布扎比进行的一次水下清洁活动中有300名获得认证的潜水员参加。这一活动由阿布扎比的海洋运营公司和宝姿公司（均在阿联酋）共同组织。活动在上午10:20开始，下午19:00结束，在活动过程中，共拾得5吨重的垃圾。

一个垃圾场里最多的垃圾

存有最多垃圾的垃圾场是印度尼西亚勿加泗的班达·格邦垃圾场。这里存放着2828万—4040万吨的垃圾——相当于埃及吉萨金字塔重量的六倍。自从1989年使用以来，班达·格邦垃圾场的占地面积已经达到1.12平方千米。

芬·弗赖尔设计并于1874年在英国诺丁汉建立的。这样的焚化炉被称为"破坏者"。一些焚化炉在燃烧的过程中能够发电，但是由于这一过程所引起的污染程度，所以效率并不高。

垃圾变能源最高的产能（国家）

德国的垃圾变能源工厂能够生产出最多的

能源。2013年，德国用垃圾发电18,000吉瓦时，发热10,000吉瓦时。这足以使3200万只100瓦特的电灯泡运行一年。

但是，世界上拥有最多数量的垃圾变能源工厂的国家是法国，截止到2013年共拥有126个垃圾变能源工厂。

最高的废物回收率（国家）

根据D-Waste（见下图左侧），新加坡目前全部垃圾的回收率为59%。

最低的人均垃圾制造量（国家）

肯尼亚每人每年制造109.5千克垃圾，是人均制造垃圾最少的国家。

斯里兰卡的穆莱蒂武是**人均制造垃圾最少的城市**，每年每人制造垃圾仅7.3千克。

巴林国是**人均制造垃圾最高的国家**，每年人均制造垃圾906.7千克。

阿联酋的阿莱茵是**人均制造垃圾最多的城市**，每年每人制造垃圾2305.7千克。

有毒的太平洋

最大的一堆垃圾——据绿色和平环保署，其大小如土耳其或得克萨斯州或阿富汗——正在北太平洋上漂浮着。

太平洋垃圾带由两大部分构成（一个在日本东部，另一个在北美西部），这些垃圾主要是不可进行生物降解的废弃物，多是塑料。

洋流携带垃圾沿着太平洋顺时针旋转。但是漩涡的中心地带是静止的——为垃圾的停留提供了一个绝佳的场所（见下图）。海龟将塑料袋当成水母吃掉，而鱼和水鸟会吃塑料的碎片，因此垃圾就会噎到它们或者伤害它们的内脏。大块垃圾会伤害海洋生物（上面的图片就是一堆绳子和渔网缠住了像鲨鱼或海狮这样的野生动物），然而，多数塑料以小颗粒的形式存在从而阻止光的传播，这对小的浮游生物和海藻——海洋食物链的重要构成——有灾难性的影响。当塑料分解时也会释放出有毒的污染物。

在每年所造的大约1亿吨的塑料垃圾中，1000万吨最终被扔进了海洋。清理这些巨大的海洋垃圾岛超过了任何一个国家的能力。最终的解决方式可能还在于人类自身习惯的形成。如果我们可以放弃对塑料的依赖，转而使用能够进行生物降解的（可再利用的）或可安全分解的材料，也许我们才能慢慢地缩小太平洋垃圾带的范围。

在农场

除了人类、大猩猩、海豚和大象，猪被认为是世界上排名第五的最聪明的动物

数字集锦

3812
2014年8月7日，**世界上最大的稻草人展览**在英国斯塔福德郡特伦特河畔伯顿小镇的国家森林冒险农场举办。

115分贝
一头猪的尖叫声达到的音量强度——相当于电锯从3英尺（91.5厘米）远处传来的音量。

200
鸡与鸡交流时所发出的大概的声音种类。

5英里
一头牛可以嗅到5英里（8千米）以内的气味。

35美国加仑
一头牛一天的饮水量——足够灌满一个浴缸（132.5升）。

4.6吨
一头重达1000磅（454千克）的牛每年平均排泄的粪便重量。

从一只羊身上一剪剪下的最多的羊毛重量

2014年1月25日，28.9千克羊毛从名为"大本"（如图）的羊身上剪下来。这只羊的主人是住在新西兰特威泽尔的迈克尔·林赛（新西兰）。

给一只成年的羊剪羊毛所用的最快时间是39.31秒，这一纪录由希尔顿·巴雷特（澳大利亚）于2010年5月1日在澳大利亚的惠灵顿创造。

最多产的鸡

一只白色来亨鸡（2988号）在364天产下了371个鸡蛋，这项世界纪录由美国密苏里大学农学院的哈罗德·V. 比利尔教授在1979年所做的一次官方实验中获得。

最大的奶牛品种

弗里斯兰牛（在美国被称为荷斯坦牛）是人们最熟悉的黑白相间颜色的牛，这种牛原产于荷兰。一头成年的牛平均站立肩高为1.47米，重580千克。这个品种的牛还有纯白色、纯黑色和红黑相间等颜色。弗里斯兰牛约占所有商业奶牛数量的90%。

最大的山羊

1977年，一只名为莫斯廷·莫库克的四岁的英国萨能奶山羊在死去的时候站立肩高为3英尺8英寸（1.11米），身长为5英尺6英寸（1.67米），重400磅（181.4千克）。这只羊的主人名为帕特·鲁滨逊（英国）。

最大的绵羊

1991年3月，一只名为斯特拉特福德·维斯珀尔23H的萨福克公羊被认证为世界上最大的绵羊，它的身高为1.09米。这只羊的主人是住在美国俄勒冈州"无聊"小镇的约瑟夫和苏珊·斯卡尔博格。

最高的驴

美国的一只庞然大物罗穆卢斯，在2013年2月8日测量时身高为1.72米。他的主人是住在美国得克萨斯州雷德奥克市的卡拉和菲尔·耶洛特。这个品种中最矮的驴身高为1.47米。

最矮的驴

一头棕色的家畜（雄性）尼希是世界上最矮的驴。这头地中海微型驴从蹄至肩（背部最高的部分）的测定高度为64.2厘米。这一纪录于2011年7月26日在美国佛罗里达州的盖恩斯维尔市的好友农场获得吉尼斯认证。这头驴的主人是詹姆斯·弗兰基（见右图）和瑞安·李（均为美国人）。

一头牛最高产奶量

一头牛终身产奶量的纪录为216,891千克——如果一杯牛奶是8盎司（236毫升），相当于接近一百万杯。这一纪录由名为斯莫夫的荷斯坦奶牛创造。这头牛来自于加拿大安大略省昂布兰市的拉费尔姆·吉列公司的奶牛厂。这头牛开始产奶的时间为2012年2月27日。

一头牛一天最高的产奶量为241磅（109.5千克）——是正常奶牛一天产奶量的四倍，这一纪录由名为尤博拉·布兰卡（"白色乳房"）的奶牛于1982年6月23日在古巴创造。这头多产的荷斯坦杂交奶牛被视为共产主义优良品种。1985年，在她去世后，她被填塞固定，陈列在古巴国家养牛卫生服务中心。

一头奶牛产出的最高产量的天然脂肪

泽西奶牛原产于法国西北海岸附近海峡群岛中的泽西岛，这品种的奶牛所产出的奶含有4.84%的乳脂和3.95%的蛋白质。泽西奶牛个头可能不高，但它被农民视为所有奶牛品种中最聪明、最令人好奇的牛。这种奶牛仅次于弗里斯兰牛，是世界上第二大讨人喜欢的牛。

最长的公牛犄角（活着的）

2013年10月，一头名为"大红907"的长角牛的犄角从一端到另一端（径直）测量长度为2.92米。这头牛来自于美国得克萨斯州金斯维尔市的土狼农场。它打破了2011年2.77米的世界纪录。然而在这一纪录见报前，一个新的世界纪录又诞生了。这一纪录由来自美国堪萨斯州格林利夫市"懒惰J"农场的名为蓝草（见图）的牛创造，它的犄角伸展长2.97米，比"大红"的角长5厘米。

> **! 小知识**
> 世界上犄角最长的牛是来自于得克萨斯州的红牛"直布罗陀"，它的犄角长达3.16米。这头牛生于1992年3月，由美国得克萨斯州俄亥俄市的迪金森牛场饲养。

最高的奶牛

一头名为"花花"的布洛瑟姆奶牛在2014年5月24日获吉尼斯世界纪录正式认证。这头来自于美国伊利诺伊州奥兰治维尔市的梅默里·莱恩农场，她从蹄至肩的测定高度为1.9米，她可以俯瞰她的主人帕特里夏·米兹－汉森（美国）。"花花"不仅是这个农场的"形象大使"，她的形象也是一个工艺收藏品，她还有自己的Facebook页面。

吉尼斯世界纪录来到了印度的喀拉拉邦，在这里有世界上最小的奶牛曼尼齐耶曼。这头牛的主人是阿克谢·维文（印度，见上图，左侧穿蓝色衣服）。2014年6月21日，曼尼齐耶曼从蹄至肩的测定高度只有61.1厘米。我们询问了当地兽医E. M. 穆罕默德教授这个品种的牛矮小的原因。

你第一次听到有关曼尼齐耶曼的消息是什么时候？

大约两年前，我们发现这种牛比普通的牛要矮得多。那时候曼尼齐耶曼大约四岁，但是当她只有9至10个月大的时候，我们就发现她与其他普通的牛有些不一样。从她两岁起，我们就开始密切观察她。在她四岁的时候，她的身高大约为64厘米。

曼尼齐耶曼和常规尺寸的牛怎么比较？

通常情况下，我们当地的奶牛身高大约150厘米。曼尼齐耶曼是世界上知名的"维丘奶牛"的后代，这个品种的奶牛繁殖的后代都是矮小的奶牛。最大的"维丘奶牛"大约90厘米高。

你认为这一地区为什么产矮小的牛？

我们觉得这可能和这一地区罕见的气候条件有关。这个地区气候炎热，而且特别潮湿，这些因素都可能影响牛的身高。如果把"维丘奶牛"放到我们国家别的地方饲养，随着时间的推移，他们的身高也会增长。只有在喀拉拉邦，他们才能保持矮小的身材。这非常有趣！

我们在这个领域研究已经达10年之久。"维丘奶牛"似乎已经成为科学界的"温度计基因"，因为他们能够在炎热潮湿的条件下生存。他们对感染有很强的抵抗力——他们甚至可以抵抗口蹄疫。

活着的最矮的马（雄性）

2012年4月，一匹名为查理的阿拉伯微型马在意大利罗马的直播电视节目《纪录秀》中被测量站立肩高为63.5厘米。这匹马的主人是巴尔托洛米奥·梅西纳（意大利）。

一匹被称为"拇指姑娘"的微型红褐色马是世界上活着的最矮的马（雌性）：身高44.5厘米。她的主人是凯和保罗·格斯林。她和她的主人们一起

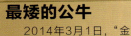

最矮的公牛

2014年3月1日，"金童"柴格思从蹄至肩的测定高度为71.6厘米，它的拥有者是美国加利福尼亚州雷蒙娜市的"心手动物救援协会"（美国）。

生活在美国密苏里州圣路易斯市的鹅溪农场上。

最老的……

· **驴：** 一头名为苏西的驴在2002年死去的时候已经是54岁了。她的主人是美国新墨西哥州格伦伍德市的贝丝·奥古丝塔·门采尔。

· **山羊：** 山羊麦金蒂在2003年11月死去的时候是22岁零5个月。她的主人是多丽丝·C. 朗（英国）。

· **鹅：** 一只名为乔治的雄鹅在1976年12月16日死去的时候是49岁零8个月。他的主人是弗洛伦斯·赫尔（英国）。乔治是1927年4月被孵化出来的。

最小的……品种

· **奶牛：** 成年泽西奶牛平均身高1.2米，重400—500千克。它们都是良好的食草动物，特别能耐高温，可以在巴西最热的地区繁殖后代。

· **家养山羊：** 根据美国山羊协会和美国奶山羊协会的统计，尼日利亚矮山羊（成年雄性）从蹄至肩的测定高度不足60厘米，而母山羊（成年雌性）的测定高度不足57厘米。

· **绵羊：** 来自法国布列塔尼大区韦桑岛（又名阿申特岛）的韦桑绵羊是世界上最小的绵羊。它体重仅13—16千克，站立肩高为45—50厘米。一些人认为这一品种的绵羊是斯堪的纳维亚绵羊种群的后代。20世纪，为了避免动物种群灭绝，开始对斯堪的纳维亚绵羊种群进行人工育种。

· **家养火鸡：** 最小家养火鸡的标准品种是"小白"。成年公鸡（被称为汤姆）重约6千克，母鸡重约3.5—4.5千克，他们比最大的家养鸡大不了多少。

宠物

1968年，在苏联的一架宇宙飞船里，**一对乌龟成为环绕月球的第一种动物**

数字集锦

50千米/小时
猫大约能跑的最快速度

66%
猫一生中花在睡觉上的时间比例

1英里
仓鼠一天可以跑的距离（1.6千米）

18英寸
老鼠大约能跳的高度（45.72厘米）

3
"泰坦尼克"号沉没时幸存的狗的数量：两条博美和一条京巴

3
狗的眼睑的数量：上眼睑、下眼睑和用来湿润眼球的瞬膜（第三眼睑）

2.3亿
一只典型寻血猎犬鼻子的气味受体数量——大约比人类鼻子的多40倍

狗用前爪跑动5米的最快速度

2014年12月22日，在美国加利福尼亚州的塔斯廷体育公园，一条名叫科尼奥的蝴蝶犬和吉娃娃犬的混种犬，用前爪跑完五米的距离耗时2.38秒。科尼奥的平均速度几乎能达到8千米/小时，超过以前的纪录持有者吉弗（美国）5秒多。

最早的家养金鱼的记录

亚洲银鲫或异育银鲫（学名：Carassius gibelio）在野生环境下鱼鳞是银色的。金色鳞片的变种（学名：C. auratus）——随机变异的——产生于中国晋朝（公元265—419）。它成为中国第一种家庭饲养的金鱼。

史书记载最早的双尾金鱼也出现在中国，大约在1600年。这个物种有两条分开的尾巴，也产生于基因突变。几个世纪以来，人们已经选育出许多真正的双尾饲养品种。

第一犬星

布莱尔，一只属于英国电影制片人兼导演塞西尔·M. 赫普沃思的牧羊犬，是早期的银幕犬明星。他在《义犬救主》（1905）中的角色最为著名，这是第一部刻画犬明星的电影。

维塔狗琼，一条属于美国纽约市的拉里·特林布尔的雌性边境牧羊犬，是美国**第一只以同名电影出名的犬星**。

1906年至1910年间，特林布尔指导她出演了一些类似《琼去钓鱼》这样的电影。

狗玩滑板跑100米的最快速度

2013年9月16日，在系列节目Officially Amazing（CBBC电视台）中，跳跳（美国）在美国加利福尼亚州洛杉矶用19.65秒滑出了100米的距离。

2014年7月5日，还是在这个节目中，滑板狗诺曼用55.41秒创下了**狗骑自行车行驶30米的最快纪录**。

狗观众最多的音乐会

2010年6月5日，在澳大利亚悉尼歌剧院，音乐家劳丽·安

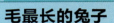

毛最长的兔子

2014年8月17日，在美国加利福尼亚州的圣马丁，人们测出一岁大的英国安哥拉兔弗兰切斯卡身上的10股毛平均长度达36.5厘米。以弗兰切斯卡为荣的主人是英国安哥拉兔专家贝蒂·楚（美国），弗兰切斯卡经常被误认为是京巴狗，需要格外精心的照顾，因为那浓密丝滑的长毛需要经常梳洗。

最老的猪

欧内斯廷2014年10月1日安详去世时已经23岁零76天高龄了。在加拿大艾伯塔省卡尔加里市，这只越南大肚猪和她的主人祖德和丹·金度过了幸福美满的一生，她从三个月大起就是这个家庭备受宠爱的一员。

德森（美国）首次表演了她的作品《给爱犬们的音乐》，观众席里有大约1000只狗及其主人。

最大的狗美容课堂

2014年9月21日，在加拿大安大略省阿利斯顿地区，黄金救援举办了一堂有364只犬模特参加的美容课，也创下了同一时间有**最多的狗戴头巾**的纪录。

航海旅行最多的猫

暹罗猫普琳西丝·杜鲁门·陶台在16年的生涯中游历了240万千米的行程。1959年，她作为一只小猫加入英国铁矿石运输船"萨加雍尔"号的船员队伍，此后，她因为检疫问题被永远禁止登岸。

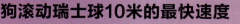

狗滚动瑞士球10米的最快速度

2015年1月31日，比格猎犬普林——主人是日本千叶的熊谷吉武信——在一个充气瑞士球上仅用11.9秒就滚出了10米远。就在几个月前，2014年10月13日，一只9岁大的杂种狗也创下了**狗在一分钟内用爪子抓住最多足球的纪录**（见插图）——她的主人吉武信一次向她扔一个足球，她总共"救起"14个。

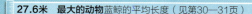
27.6米 最大的动物蓝鲸的平均长度（见第30—31页）

鹦鹉一分钟内能开的最多瓶盖数

2014年11月1日，在美国加利福尼亚州的洛斯阿尔托斯，戈登在主人朱莉·卡多萨（美国）的帮助下摘掉了12瓶玻璃苏打水瓶瓶盖。朱莉花了一年的时间来训练她13岁的紫蓝金刚鹦鹉（学名：Anodorhynchus hyacinthinus）学习并完善他的技能。

这个聪明的物种也是**最长的鹦鹉**和**最大的飞翔鹦鹉**，站立时长度可达1米。

最长寿的猫

美国加利福尼亚州圣迭戈的蒂法尼·图，出生于1988年3月13日，在2015年3月13日庆祝了27岁的生日。

在世的最长寿的鹦鹉

2014年9月15日，住在美国伊利诺伊州布鲁克菲尔德动物园的米切氏凤头鹦鹉（学名：Cacatua leadbeateri）饼干，已经超过80岁零107天的高龄。1924年5月，他入园时估计年龄就至少有一岁了。

最多的……

· 鹦鹉一分钟内从钥匙环上取下的钥匙：《吉尼斯世界纪录》记载，2009年1月9日，在西班牙马德里，马克·施泰格尔（瑞士）的凤头鹦鹉斑点干净利落地从钥匙环上摘下22把钥匙。

· 狗一分钟内能脱掉的袜子：《吉尼斯世界纪录·脱掉束缚》系列记载，2013年6月28日，在美国加利福尼亚州洛杉矶市，布里安娜·梅塞din密特（美国）的利卢脱掉了一排10个志愿者的20只袜子。

· 狗一分钟内能解开的结：Officially Amazing 报道，2012年12月19日，在德国阿滕基兴地区，海迪·凯姆尔（德国）的混种小猫狗古斯特尔解开了10个结。

最高的狗（雌性）

2014年11月14日，在美国佛罗里达州迈尔斯堡的外廊宠物医院，7岁的大丹犬莉齐（美国）从地面到马肩隆的测量高度达37.96英寸（96.41厘米）。兽医已经过核准的含有水平仪的测量棒搭在她的肩上进行测量。莉齐和她的主人格雷格·桑普尔生活在美国佛罗里达州的阿尔瓦，她以0.5英寸（1.27厘米）之差打破了以前的纪录。

👤 赛道之王

《吉尼斯世界纪录》采访了马尔科·卡尔齐尼和他的妻子亚尼内·卡尔齐尼（均为英国人，见上图），他拥有一个在英国达勒姆附近的家庭探险公园"冒险谷"。吸引吉尼斯世界纪录的是他家的伯蒂——最快的乌龟。2014年7月9日，它的速度达到了0.28米/秒。

你为什么要尝试这项特殊的纪录？

伯蒂一直很活泼好动。冒险谷的游客想知道他到底有多快。知道乌龟查利的前纪录之后，我测试让伯蒂超过他，而且伯蒂每次都能打败他。所以我申请了这项纪录。

最大的挑战是什么？

在指导原则下按照细节规定建设赛道，以及寻找建筑师来验证赛道。当天，我们邀请了当地的媒体，我担心伯蒂不喜欢这样。但是计时一开始，我看到伯蒂的步伐就知道它要打破纪录了。

你会给其他尝试打破纪录的人什么建议？

不放弃。相信自己，保持自信。如果你不想办法解决问题，明天它还在那里。尽全力去做。

吉尼斯世界纪录对你意味着什么，对伯蒂呢？

因为创造了一项新的吉尼斯世界纪录称号，伯蒂成了知名人士，在游客中非常受欢迎。现在他和女朋友谢利住在豪华的领地里，他的吉尼斯世界纪录证书自豪地挂在墙上展示。

我曾经收集《吉尼斯世界纪录大全》书籍——我的第一本是1980年版的——我清楚地记得在书店中见到它们每一本时的样子。出现在书中是一次梦想成真，是一个巨大的成就！

! 小知识

乌龟壳上有神经末梢，所以对触摸很敏感。乌龟壳上的鳞片称为鳞甲，它的成分和指甲一样是角蛋白。你可以根据鳞甲周围生长的同心环纹得知乌龟的年龄。

BERTIE

建筑

最大的铁路模型

最大的铁路模型组在德国汉堡，占地1300平方米。长达13千米的轨道上有900多辆火车牵动着大约12,000节车厢。这个布置了200,000个小雕塑的"仙境"由孪生兄弟弗雷德里克·布朗和格里特·布朗创建，微缩了欧洲和美国的一些地区景观，（从上方看顺时针）包括DJ BoBo摇滚音乐节、汉堡英泰竞技场、迷你拉斯维加斯、阿尔卑斯山脉的文德尔伯格街和灯光闪烁的夜景，以及还没有完成的宏大的建筑……

36.5米 1903年人类历史上第一次有动力装置的飞行——奥维尔·赖特（美国）制造的"飞行家"号飞行器飞行的距离

目录

古老的埃及人可曾料到建于大约公元前2560年、高度为146.5米的吉萨大金字塔会成为后来近4000年内最高的建筑？今天，我们想要保持这么长时间的纪录似乎是天方夜谭，我们可以在短期内建造出更高的建筑，但却难以维持其霸主地位。从令人惊叹的中世纪教堂，经由**第一座摩天大楼**——1885年建造的芝加哥家庭保险大厦，到今天的"超高建筑"，我们的城市天际线不断向天空贪入。

如果2014年只是人类历史的瞬间，我们建造高楼的雄心在这一年里却没有任何减弱的迹象，**这一年建造的摩天大楼总聚合高度**（见第125页图片）已达空前。

当阿联酋迪拜的哈利法塔忙着庆祝它雄霸**最高**

建筑的地位五周年的时候，这一带的一棵新芽——在沙特阿拉伯境内的国王大厦一旦完工将夺走它的王冠。

世界高层都市建筑协会（CTBUH）始终密切关注着这个领域不断变化的格局，它每年都发表一份年度综合报告，描述建筑世界的此消彼长。让我们仔细看一下2015年初之前完工的全球十大最高建筑，聚焦一些重要统计数据和打破纪录的工程。

与钱相关

最高的建筑未必造价最高——事实上，在这五座迄今完成的最贵项目中，只有两座位列全球前十的最高的摩天大楼（据德国全球房地产调查机构安玻利斯专家评估的造价）。

地区最高建筑

图中所示为2015年底前完工的全部200米或高于200米的建筑总高度。如您所见，亚洲遥遥领先，南美却只有三座建筑超过这一高度。

北美
37,632.1米

欧洲
9522米

亚洲
143,019.5米

大洋洲
6651.2米

南美
750米

非洲及中东
34,889.9米

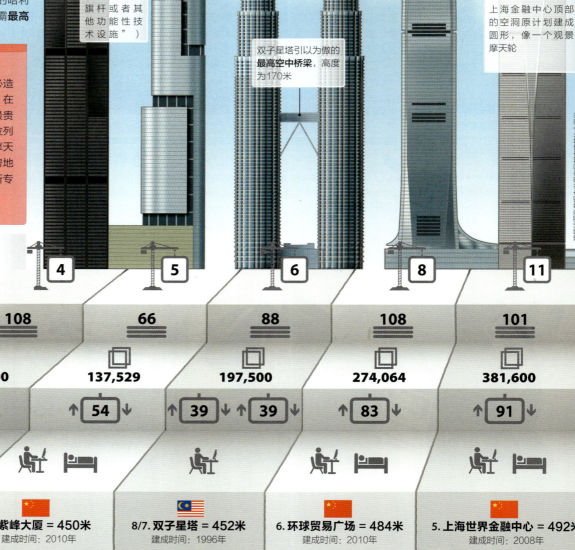

建筑之顶，按照CTBUH给出的定义（包含"尖顶"，但不包含天线、标识、旗杆或者其他功能性技术设施"）

双子星塔引以为傲的**最高空中桥梁**，高度为170米

上海金融中心顶部的空洞原计划建成圆形，像一个观景摩天轮

建筑线绘图及数据由世界高层都市建筑协会提供

4	5	6	8	11
108	66	88	108	101
416,000	137,529	197,500	274,064	381,600
↑ 104 ↓	↑ 54 ↓	↑ 39 ↓ ↑ 39 ↓	↑ 83 ↓	↑ 91 ↓

10. 西尔斯大厦 = 442米
建成时间：1973年

9. 紫峰大厦 = 450米
建成时间：2010年

8/7. 双子星塔 = 452米
建成时间：1996年

6. 环球贸易广场 = 484米
建成时间：2010年

5. 上海世界金融中心 = 492米
建成时间：2008年

并非全部与高度有关……

位于沙特阿拉伯麦加圣城中心的阿布拉塔，亦称麦加皇家钟塔饭店，是**容量最大的建筑**，总面积为1,575,815平方米——足以容纳65,000人。

最高的中心大楼是一家五星级酒店，这里还设有购物中心、伊斯兰博物馆、公寓，甚至还有一个月球观测中心。

哈利法塔上有一个Y形交叉设计以减少风力的影响，但是狂风之下，塔顶还是会摆动1.5—2米

2014年10月揭牌使用的最高观景台高度为555.7米，位于第148层

位于沙特阿拉伯吉达市的国王大厦预计2018年完工，将超过哈利法塔至少172米。此高度为巴黎埃菲尔铁塔的三倍多。

国王大厦：~1000米

哈利法塔：828米

埃菲尔铁塔：300米

世贸中心一号楼是**2014年度的最高建筑**

麦加皇家钟塔饭店的中心装饰物是一个直径为43米的大钟表——**最大的钟表盘**

哈利法塔第122层是大气层餐厅，这是世界上**距离地面最高的餐厅**

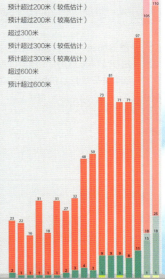

超过200米
预计超过200米（较低估计）
预计超过200米（较高估计）
超过300米
预计超过300米（较低估计）
预计超过300米（较高估计）
超过600米
预计超过600米

台北101拥有世界上**最快的电梯**，时速可达60.6千米/小时

最高建筑不断升级

如CTBUH提供的图表显示，进入21世纪以来，每一年新出现的高楼（>200米）和超高楼（>300米）数量稳步上升。言及聚合高度，2014年是一个破纪录年（见第142—143页）。CTBUH预言，随着两座"巨型高楼"（>600米）的出现，2015年和2016年将会超过2014年。

5	**8**	**8**	**6**
101	**94**	**120**	**163**
198,347	325,279	310,638 (主楼)	309,473
↑ 66 ↓	↑ 73 ↓	↑ 96 ↓	↑ 58 ↓

小知识

试图从哈利法塔手中夺取最高建筑声誉的国王大厦（见上图）还将打破**最高观景台和最快电梯**的纪录。

4. 台北101 = 508米
建成时间：2004年

3. 世贸中心一号楼 = 541米
建成时间：2013年

2. 麦加皇家钟塔饭店 = 601米
建成时间：2012年

1. 哈利法塔 = 828米
建成时间：2009年

另类住宅

最古老的房子，建于大约公元前7500—公元前5700年，在今天土耳其境内的恰塔霍裕克

数字集锦

1.2米
英国达德利小镇附近的怪屋酒吧两个尖顶的高差

9.7米
最大球面房屋的直径，位于巴西圣保罗的卡萨博拉

90°
第一幢扭曲摩天大楼的旋转度——瑞典马尔默HSB旋转中心

360°
捷克共和国布拉格境内博胡米尔·勒霍塔的家可以旋转的角度，这座房屋还可以上下移动

65,000
沙特阿拉伯麦加阿巴特大楼可容纳居民数，是住户容量最大的建筑

第一个鳄鱼形房屋

2008年，艺术家穆萨·卡洛和他的徒弟蒂里·阿塔在科特迪瓦阿比让科科迪区修建了一座鳄鱼形的仁宅。住宅前面像露出牙齿的鳄鱼嘴，它的主体是卧室和起居室。房屋由四条腿支撑，腹部在巨大的混凝土睡莲上。

第一个水下宾馆

朱尔斯海底小屋，位于美国佛罗里达州的基拉戈，1986年开业。房客需潜入水下30英尺（9米）才能到达距离翡翠湖湖底五英尺（1.5米）的旅馆。这里本是一座水下实验室，伊恩·考伯里克和尼尔·莫内将其改装成宾馆。

最高的爬墙屋

2009年5月至8月间，巴西兄弟二人蒂亚戈和加布里埃尔·普里莫过起了爬墙生活。他们在巴西里约热内卢距离地面10米的外墙上悬挂着家具。两位艺术家利用升降装置和攀爬技艺在床、桌子、沙发、椅子、吊床和老式唱机间移动，这些家具都被固定在墙上。他们在这座艺术馆的外墙"房屋"里每天睡觉、吃饭、工作12小时，只有使用卫生间时才进艺术馆。

海拔最高的家

在距离地球表面330千米至410千米间的空间轨道上，国际空间站（ISS）可为人们提供几个月或者更长时间的暂住地。从1998年发射至此，ISS通常每次住有六位科学家和航天员。截止到2015年1月21日，它已经连续为人们提供住宿14年零82天。

最透明的家

从整体上看，日本东京的NA住宅（2011）屋顶和墙壁的59%都是用玻璃或者其他透明材料制成的。只有厨房和卫生间里有内置家具，房屋里不多的家具使其从内部看来更加透明。房屋的主人是一对年轻的职业夫妇，很显然他们并不在意邻居们怎么说、怎么看。这座钢构的住宅由日本建筑师藤本壮介设计。

最小的暂住房

2012年，建筑师范博什·门采尔（德国）修建了一座1平方米的房屋。将这个自建的木结构房子放倒，里面就可以睡下一个人。它的四个轮子又使这个40千克的微型房屋可以任意移动。

最高的马桶形房屋

沈锐华（韩国水原市前市长，自称"厕所先生"）拥有一个高7.5米的马桶形的家，名为"Haewoojae"，意思是"一个非常卫生的地方，可以解决你的内急"。500平方米的一楼，内设4间豪华卫生间。马桶边是屋顶环形阳台，楼梯是马

最大的家庭滑板公园

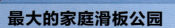

28岁的滑板运动爱好者菲利普·舒斯特（奥地利）梦想着在家里玩滑板。2012年，他在朋友们的帮助下，用8吨混凝土把萨尔茨堡一家古老的奥地利狩猎旅馆一楼改建成家庭滑板公园。他修建了坡岸、四分之一管坡道和蹦台，菲利普现在能一路滑到墙上、窗下和壁炉上方。

！小知识

菲利普·舒斯特的另类住宅极具品味地装饰以老式家具、古董和狩猎战利品，以再现原狩猎小屋的样貌和感觉。

最大的飞机住宅

虽然没有引擎，这架波音727飞机依然有翅膀、起降器和座位。它的拥有者布鲁斯·坎贝尔（美国）奢侈地享受着这里99.04平方米的空间，睡在沙发床上，用微波炉和烤箱做饭。

最大的鞋形房子

这栋坐落于美国宾夕法尼亚州的五层住宅，高7.6米，长15米，建于1948年，是一个鞋业生产商为自己的产品做广告而建。目前的居住者是卡琳和罗纳德·法拉鲍夫。

桶的"抽水口"。通过此楼梯，住户可以登上阳台。

最大的房子

最大、最高、最贵的房子是位于印度孟买的"安蒂拉"，这座27层的住宅是穆凯什·安巴尼（印度）的家。2010年他以大约20亿美元（13亿英镑）的投入建成，楼内一层起居空间为37,000平方米，占地4532平方米，该楼位于孟买名流聚集的阿尔特蒙大道。"安蒂拉"高173米，但是它三倍于普通楼层的挑高，使这座27层大楼的高度相当于典型的60层办公大楼。

最大的地下矿井城

南澳大利亚猫眼石矿井城——库伯佩迪，在1500个"挖出的地方"住着2000名居民。所有矿坑都在地下2.4—6.7米处，有起居室、卧室和通风竖井。这一切都是为了避开白天炽热的天气。该地区热季里地面阴凉处气温都高达51℃。

见缝插针的房子

一眨眼的工夫你就可能错过它，由波兰建筑师中心的雅各布·什琴斯尼设计、位于波兰华沙的这座超苗条住宅在房屋市场上真正是充分利用了（非常小的）缝隙。

2012年完工的凯雷特券被称为**最狭窄的房屋**，真是当之无愧。这座吊脚小房最狭窄处仅92厘米，最宽处152厘米，总使用面积为14平方米。两层小屋的整体布局挤进了一间卧室、一个独立厨房和一间浴室，这些区域彼此以梯子而不是传统的楼梯连接。

房屋以以色列作家和电影制片商艾特加·凯雷特命名，他委托修建了这座房屋，也是首位业主。这个钢架结构挤在克罗德纳大街22号和热拉兹纳大街74号两个原有的楼房之间，被官方定义为艺术设施，因为它不符合华沙当地的建筑规则。

"尽管占地狭小，但足以供生活起居和工作，"什琴斯尼说。当然，业主也要能将就。餐桌只能供两人就餐，冰箱只能放两盒罐头，窗户无法打开。

这是个功能齐备的生活空间，除了有迷你床、迷你浴室，还有迷你污水池。艾特加·凯雷特既是出资人也是首位住户，但这所房子也是艺术家、作家和知识分子的休憩地。目前为止，没有人在此出现幽闭恐惧症的症状。

形如大众甲壳虫汽车的最大房屋

奥地利建筑师/设计师马库斯·福格尔瑞特和他的妻子厄休拉在奥地利的萨尔茨堡买下一座房子，马库斯为它加了一个长14米、高10米的翅膀，形如大众甲壳虫汽车。这栋三层总面积为900平方英尺（83.61平方米）的汽车住宅造价超过100万美元（66万英镑）。

生态城市

1980年，仅有少于**20%**的中国人口居住在城市；预计到2030年，**城市居住人口将达到75%**

来自联合国的城市居民统计

每秒2人
世界城市人口的增长率

12%
住在1000万人以上的大都市的人口比例

28
全世界范围内的大都市数量

54%
住在城市的世界人口比例；到2050年比例会升高到66%

500万
发展中国家平均每月城市居民的增长数量

最环保的城市（当前）

阿拉伯联合酋长国阿布扎比的马斯达尔，既代表着**最大的生态建筑项目**（见右下方），又是世界上第一个零碳零废物的城市。所有的电力来自可再生资源，并且所有废弃物均回收。无人驾驶汽车取代汽车，所以城中预计入住的50,000名居民不会留下任何碳足迹。这是一个吸引人的实验，还是一个不可实现的想法？无论怎样，该项目在可持续的城市生活上已引发了极大的争论。

第一个商业化垂直农场

随着地球上的人口数量的不断快速增长，专家们担心未来农场数量将无法养活每一个人。垂直农场提供了一个新颖的解决办法，减少了农场的占地面积，将农场放进高层建筑里。2012年10月，世界上第一个商业化的垂直农场在新加坡开幕。该农场由天鲜创办，由120个9米高的铝架构成，每天能生产500千克蔬菜。

最密集的自行车道系统

芬兰的首都赫尔辛基拥有世界上最集中的自行车道系统。公共交通国际联会2014年1月发布的报告称在城区每1000平方千米就有4678千米的自行车道——或每1000平方英里就有7500英里的自行车道。赫尔辛基的冬天只有3个月，这有利于促进城市自行车运动的建设。2012年为期6个月的时间里，仅是1.3千米的芭娜自行车道就被共计320,000人骑行过。

污染最少的城市

污染是根据存在于大气中细颗粒物的数量来衡量的，细颗粒物的直径为2.5微米或更小（PM2.5）。2014年世界卫生组织的室外空气污染数据库显示，鲍威尔河（上图）在加拿大不列颠哥伦比亚，PM2.5年平均浓度仅为每立方米3微克。

印度首都新德里PM2.5年平均浓度为每立方米153微克，成为**污染最严重的城市**。

最大的绿墙

最大的垂直花园，或称为绿墙，2014年4月测量的面积为2289平方米。由新加坡城市发展有限公司建设，也是新加坡树屋发展计划的一部分。除了美观，绿墙能够提高空气质量，保护建筑不受温度波动的影响（有助于减少能源成本），并且还能抑制噪声污染。

骑车出行比例最高的城市

在荷兰的格罗宁根大约50%的出行都是骑车出行，在市中心这个比例上升至60%，格罗宁根在一段时间内被称为"世界自行车之城"。在20世纪70年代，城市规划者以城市扩展空间不足为依据，在市中心通过限制车辆运动鼓励非汽车出行，这使得居民更愿意骑车或步行。

最适合骑自行车的城市

Copenhagenize指数依据13项与自行车有关的分类指标为各个城市排名，分类例如自行车设备和为骑行者提供的基础设施。

最大的生态建筑项目

生态建筑是为替代现代城市扩张而设计的概念城市，是由意大利裔美籍建筑师保罗·索莱里在20世纪60年代时首次提出的，其设计旨在自给自足并且对环境造成最小的影响。规模最大的此类项目目前在阿布扎比的马斯达尔进行。此项目在2006年发起，6平方千米的城市中计划容纳约50,000人和1500家企业，并且不会增加空气中的二氧化碳总量。

65米 英国伦敦塔桥的高度；2007年2月，其经过改造成了**最大的蓝牙设备**，对通过大桥的行人的蓝牙设备进行追踪

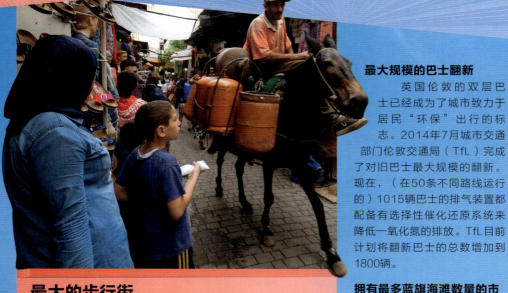

最大规模的巴士翻新

英国伦敦的双层巴士已经成为了城市致力于居民"环保"出行的标志。2014年7月城市交通部门伦敦交通局（TfL）完成了对旧巴士最大规模的翻新。现在，（在50条不同路线运行的）1015辆巴士的排气装置都配备有选择性催化还原系统来降低一氧化氮的排放。TfL目前计划将翻新巴士的总数增加到1800辆。

拥有最多蓝旗海滩数量的市

土耳其的博德鲁姆拥有数量最多的健康海滩。蓝旗海滩——一个国际志愿项目，对海滩的水质、环境管理和教育都有严格的标准——截止到2014年已有530个博德鲁姆的海滩被授予了蓝旗。

👤 天津生态城

城市人口的持续上升和城镇的扩张不可避免地伴随着更高层次的污染和其他环境的破坏。然而，越来越多的城市规划者正将注意力转向创造更多生态可持续的大都市。

位于中国北京东南部约150千米的天津生态城会成为贯穿绿色生活概念的30平方千米的社区。此项目是由中国与新加坡两国政府以及一些私人投资者联手开发的。据估计，一旦工作完成，在10—15年内，天津生态城将有350,000人口，这将使其成为**最大的生态城市（按人口计）**。这个雄心勃勃的计划目前耗资240亿美元（158亿英镑），其选址曾经是一块只有美国纽约曼哈顿的小岛一半大小的受污染的荒地。

共计20%的城市能源将使用可再生能源——通过太阳能电池板和风力涡轮机。"被动"的设计特性，比如定向建筑获得最大光或自然通风，将进一步减少能源需求。

私家车的使用是不被提倡的，约90%的城市人口将选择环保的交通方式出行，如电动车或混合动力公交车。更重要的是，很多工作场所在距家舒适的步行距离或骑行距离范围内。

最大的步行街

在摩洛哥菲斯的麦地那（旧城区）是看不到汽车的。虽有超过156,000的居民，但在城区内他们是不允许开车的。因为街道十分狭窄——一些街道宽度不超过2英尺（60厘米）宽——这使得汽车几乎不可能通过。

根据2013年的指数来看，荷兰的阿姆斯特丹成为最适合骑自行车的城市。在阿姆斯特丹有881,000辆自行车，263,000辆汽车——数量比例为三比一。

用的国产材料也是另一大生态特性。

最大的太阳能体育场

中国台湾高雄体育场表面由8844块太阳能电池板覆盖，电池板覆盖面积共14,155平方米。它能产生1.14千兆瓦每小时的电力——足够供给周围80%居民的用电量（包括3300盏灯和两个巨大的屏幕）。体育场向大气中排放的二氧化碳每年可减少660吨。这个体育场由日本建筑师伊东丰雄为2009年世界运动会而设计，这个马蹄形体育场——据说是以蟠龙的形状设计的——场内可容纳共55,000名观众。利用可重复利

公共交通出行的比例最高

在中国香港，80%的人通过公共交通工具出行，每天有1130万乘客乘车，香港是世界上人口最密集的城市之一，每平方千米居住人口数为57,120人。相比之下，美国纽约的曼哈顿每平方千米居住人口仅为26,000人。

120米 115米 110米 105米 100米 95米 90米 85米 80米 75米 70米 65米

建筑
雕像与雕塑

自由女神像，作为法国赠送给美国的礼物，在1885年被拆分成350个零件装船运出

数字集锦

14
参与制作最大的信号灯艺术雕塑刻品——由安德鲁·罗思德鲁·罗思(法国)在1998年的作品《信号灯树》中使用75组电脑控制的信号灯，作为艺术的公共艺术品——设计的《生命的美》——的国家数量。

1,163,342
最大的3D按钮雕刻品上的按钮数量，复制了太阳系。

36小时
萨拉·李考斯(美国)在2011年8月14日雕刻出最大的奶酪雕刻品所用的时间。

13米
"花之魂"最大的盛开的花朵金属花雕刻的长度。

50,000
戴维·马赫的最大的火柴身雕像》上的火柴数目，此件作品为大卫·麦斯·歌普斯·普雷斯利的半身雕像。

最大的……

信号灯雕塑
皮埃尔·维旺(法国)1998年的作品《信号灯树》(使用75组电脑控制的信号灯，这个艺术作品获奖来的公共艺术品，在2014年被记往永久驻留地，英国伦敦)约8米。

科乐思雕刻品
超音速车猎大SSC真实大小的复制品，在英国青特沃兹州尔斯福德郡的皇家军团工厂，由350,000个科乐思零件建造而成。由猎犬SSC RBLI科乐思创作团队(英国)制造的模型，在2014年8月26日经测量，有3.87米高、2.44米宽、13.38米长。

硬币雕刻品
罗讷特·韦克斯勒(美国)在2012年10月用有26,982个带有标志性的林肯纪念堂雕塑的一美分硬币制成了他的立方体形状的雕刻品——乃乎26,982。韦克斯勒通过在每个硬币上刻出痕迹，利用恰当的角度将他们拼接起来，建起2边长达21英寸(53厘米)的多面立方体。

最大的整块雕塑
在埃及尼罗河西岸的卢克索出的是大狮身人面像是一整块石头雕出的最大雕塑。经测量有72英尺10英寸(22.2米)高、241英尺2英寸(73.5米)长及63英尺4英寸(19.3米)宽。这座建于公元前2500年的雕塑，拥有狮子的身体和人的面部，两个前爪之间有一个小祭坛。

玩具雕塑
为纪念中国香港嘉禾花城开业，2012年7月29日，五个学生在最初的树形积木上添加了9800个小玩具。顾客可于是在上面放置了更多的玩具。最后使这棵树达到2.34米高，2.07米宽及1.2米长。

最大的水下真人大小雕塑群
2012年，詹森·迪凯雷斯·泰勒(英国)完成了他的作品《沉默的演变》，由一组450个人形雕塑构成，处于墨西哥尤卡坦半岛的国家海洋公园水下8米。这些雕塑根据一个画有当地人的横断面截图，用沙子、水泥、硅藻和玻璃纤维混合而成。雕塑群有助于附近自然栖息的恢复。

使用的材料：金、铜合金和钢

3000吨的重量用有内部的支撑

被大概6000块青铜质的金属板所覆盖

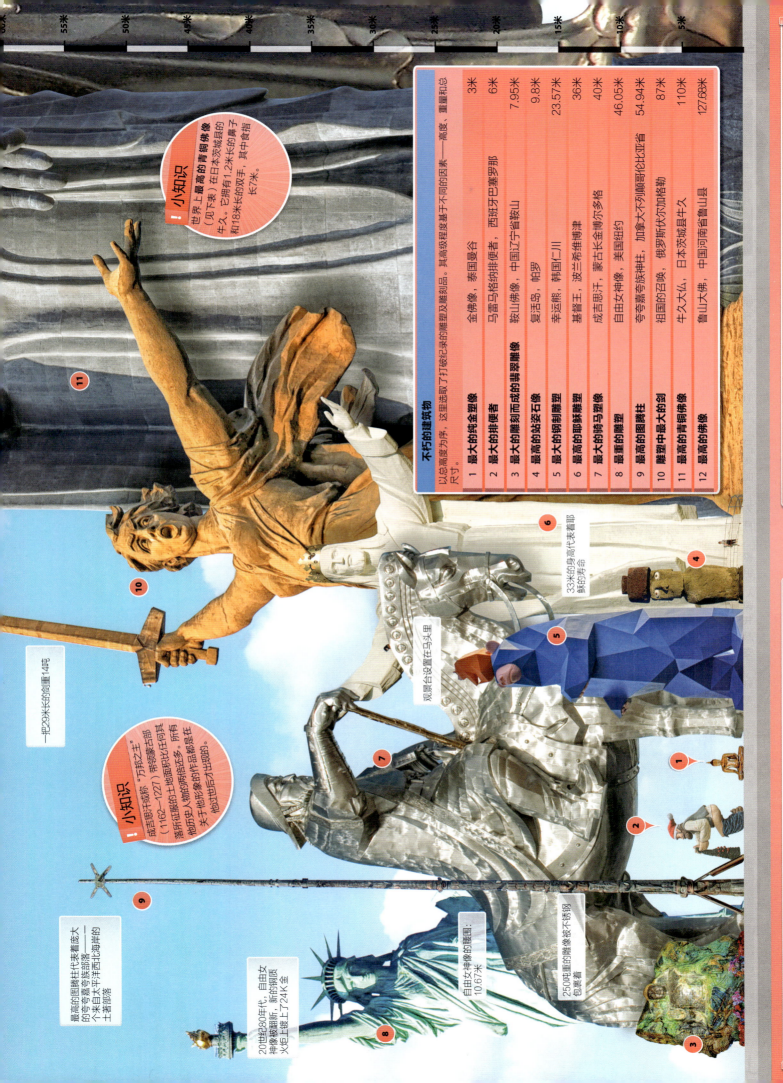

不朽的建筑物

以总高度为序。这里选取了打破纪录的雕塑建筑及雕刻品。其高度受基于不同的因素——高度、重量和总尺寸。

			高度
1	最大的纯金塑像	金佛像，泰国曼谷	3米
2	最大的排便者	马雷马格纳排便者，西班牙巴塞罗那	6米
3	最高的雕刻而成的翡翠雕像	鞍山佛像，中国辽宁省鞍山	7.95米
4	最高的姿态石像	复活岛，帕罗	9.8米
5	最大的钢制雕塑	辛运熊，韩国仁川	23.57米
6	最高的耶稣铜雕塑	基督王，波兰斯维维博齐	36米
7	最大的跨马铜塑像	成吉思汗，蒙古肯特省乔尔多格	40米
8	最重的雕塑	自由女神像，美国纽约	46.05米
9	最高的图腾柱	夸夸嘉哀族神柱，加拿大不列颠哥伦比亚省	54.94米
10	雕塑中最大的剑	祖国的召唤，俄罗斯伏尔加格勒	87米
11	最高的青铜佛像	牛久大佛，日本茨城县牛久	110米
12	最高的佛像	鲁山大佛，中国河南省鲁山县	127.68米

小知识！

世界上最高的青铜佛像（见下表）在日本茨城县的牛久。它们有1.2米长的鼻子和118米长的双手，其中食指长7米。

小知识！

成吉思汗（约称"万邦之王"）（1162—1227）带领蒙古部落征服的土地面积比其他历史人物的两倍还多。所有关于他形象的作品都是在他过世后才出现的。

一把29米长的铜重14吨

33米的身高代表着耶稣的寿命

观景台设置在马头里

250吨重的雕像被不锈钢包裹着

自由女神的腰围：10.67米

最高的图腾柱代表着庞大的夸夸嘉哀族部落——个来自太平洋西北海岸的土著部落

20世纪80年代，自由女神像被翻新，新的铜质火炬上镀上了24K金

发电站

莱昂纳多·达·芬奇在15世纪晚期提出太阳能可以加热水

73.3%
2013年，法国核能发电所占比例，这使其成为使用核能发电比例最高的国家

170万
在1986年苏联切尔诺贝利核电站事故中受到的辐射的人数，这被认为是**核反应灾难最严重的一次**

202米
最高的发电站冷却塔高度，位于印度贾斯坦邦的加利斯德热电厂

370米
中国浙江省大猫山输电高塔——**世界上最高的电塔**高度

100%
冰岛的可再生能源发电利用率（75%的水力和25%的地热）

400万吨
发电厂一年生产10亿瓦特电所需煤炭量

最大的地热发电能力

2013年底，美国的地热能产业达到3442兆瓦的发电能力，创造了世界纪录。

最强大的地热发电

美国加州田马亚卡马斯山脉的盖瑟地热是世界上最大的用于发电的地热资源。拥有18座工厂和超过400口蒸汽生产井的盖瑟总装机容量大约为1500兆瓦——大约够旧金山大小的一个城市使用。如今，卡尔派恩公司拥有并运行着18座地热发电厂中的15座，北加州电力机构及美国可再生能源集团经营着其他三座。

第一个……

清洁燃煤电厂

2008年9月位于德国施普伦贝格施瓦策普姆普的电厂开始运行，它虽然使用煤炭，但却注意转向环保。通过CCS（碳捕捉与封存）技术，以纯氧与化石燃料的燃烧降低二氧化碳排放。尽管没有加剧全球变暖，但它仍然产生了更大量的二氧化碳。

浮动核电站

1967年，MH-1A核电站位于一艘拆掉发动机停泊在巴拿马运河区加通湖（当时美国领土）

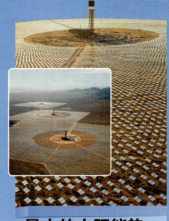

最大的太阳能热力发电厂

2014年初在美国莫哈韦沙漠全面运作的艾文帕太阳能发电系统的最大容量为392兆瓦。它利用173,500个"定日镜"（可移动的镜子）使阳光反射到三个塔上，可以为140,000个家庭提供电力。

的货船上。它的最大输出电量为10兆瓦，已连续八年为该地区提供电力。

渗透发电站

2009年11月，在挪威奥斯陆附近的托夫特建立起一座使用渗透原理的原型发电站。它的基本工作原理是填充两个水库——一个是盐水，另一个是淡水——用一种多孔滤膜隔开。淡水水分子透过隔膜向海水一侧渗透，水分子的运动带动涡轮就会产生电力。

最大功效的……

生物发电站

位于芬兰雅各布斯塔德附近的阿尔霍门克拉夫特发电站可以生产265兆瓦的电力。发电站每小时燃烧多达800立方米的燃料，主要依靠生物燃料，但也使用煤和泥炭。

潮汐发电站

2011年在韩国建立的始华湖潮汐发电站耗资约3亿5500万美元（2亿1700万英镑）。该发电站以拥有十个25.4兆瓦的水下涡轮机，建成总额定功率为254兆瓦为自豪。它以14兆瓦的优势打败了第二强大的潮汐电站——法国的拉兰斯潮汐电坝。值得注意的是拉兰斯潮汐发

运转最久核电站

位于苏联奥布宁斯克（现俄罗斯）的APS-1核电站从1954年6月26日第一次连接到国家电网，一直运行到2002年4月29日——令人难以置信地持续了47年之久。

该电站的反应堆，被称为原子米尔内（"和平原子"），率先使用了石墨慢化技术，拥有6兆瓦高峰电容量水冷却设计。

电坝是世界上第一个潮汐电站。

波力发电站

岸式波浪能装置在英国艾莱岛也是利用海洋将波力转换为压缩空气来驱动涡轮机发电。虽然它由最初的500千瓦容量减少到250千瓦，但仍然在为当地电网输送电力。

最大范围的停电

2012年7月31日，印度28个州中的20个州约有6.2亿到7.1亿人口——国家一半的人口及全球人口的9%——用不上电，当时全国五个电网中的三个瘫痪。最初人们将其归咎于巨大的电力需求和电力透支，但是反对党却指责政府没有投资于该国的电力基础设施。图为一位加尔各答理发师在烛光中工作。

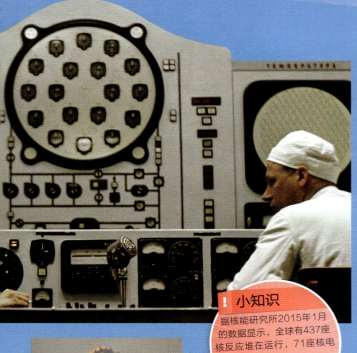

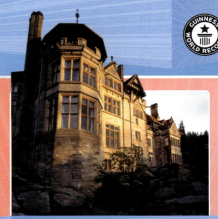

鸡粪发电站

2008年，荷兰BMC穆尔代克建立起一个将家禽废弃物转化为能源的最大设施，每年燃烧440,000吨鸡粪并输出36.5兆瓦的电量。

光电发电站

美国加利福尼亚圣路易斯奥比斯波的托珀兹太阳能农场拥有550兆瓦的发电能力，足够为160,000户家庭供电。据估计，拥有900万光伏模块的太阳热装置每年减少了377,000吨的二氧化碳，相当于减少了73,000辆汽车的排放量。

！小知识

据核能研究所2015年1月的数据显示，全球有437座核反应堆在运行，71座核电站在建。

最大的天然气发电站

位于迪拜海岸线阿联酋阿里山港口电力和海水淡化厂是由六个总容量为7801兆瓦的发电站组成的。每年该电厂支撑迪拜水电局80%的电力输出。

仍在使用的最古老的核电站

俄罗斯可能拥有**运行最久的核电站**（见对面），但其竞争者正在争夺这一头衔。瑞士德廷根的贝兹诺核电站在1969年12月24日第一次启动。尽管最初预计可以运行25年，但2010年贝兹诺核电站经检视后证明一切运行良好。如果发电站继续运行到2016年，那么该发电厂将持平47年的纪录。

🔵 水力发电住宅

水力发电看起来像尖端的发电形式，但在英国诺森伯兰郡的克拉根塞得（上图），早在1880年就开始使用了，它也成为**第一座利用水力发电的住宅**。

克拉根塞得的拥有者是维多利亚的发明者——工程师威廉·乔治·阿姆斯特朗（英国）。他在一次钓鳟鱼的过程中第一次构思液压动力，那一年他24岁。他后来解释：“我悠闲地漫步，看着那老水磨，突然想到，水的一小部分力量就可以驱动水磨。之后我想如果将少量的水只集中在一个水柱中那将产生多么强大的力量啊。”

阿姆斯特朗在销售液压起重机、武器和其他机械过程中积累了财富，这使得他有资金为自己的家做这种雄心勃勃的设计。通过人造瀑布从两个附近的湖泊转移水（如上图）来驱动涡轮机发电。利用这个电，1878年克拉根塞得也将点亮由约瑟夫·斯旺（英国）发明的**第一只白炽灯泡**（下图）。

阿姆斯特朗想让克拉根塞得成为“现代魔法宫殿”，适合接待像暹罗国王、波斯国王和英国未来国王爱德华七世这样的重要客人。

最大的海上风电场

占据英吉利海峡100平方千米的伦敦风电场由175个西门子涡轮机组成，每个涡轮机高147米，输出功率为3.6兆瓦，生产总电量为630兆瓦，于2013年4月8日全面运行。据估计，该设施为500,000个家庭提供电力，每年减少925,000吨的二氧化碳排放量。

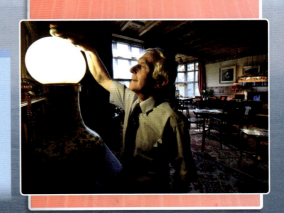

主题公园

过山车可以追溯到17世纪俄罗斯覆盖着冰层的木质滑梯

数字集锦

3490
全球过山车数量

51.38米
美国堪萨斯州施利特般水上乐园的"疯狂"滑水梯的高度,是全球最高的滑水梯

8分45秒
2014年4月12日,英国斯塔福德郡的德雷顿庄园主题公园里,人群的尖叫声持续最长

50小时
2014年5月1日,山姆克洛(比利时)在游乐场完成时间最长的马拉松比赛

1509米
截止到2014年9月17日,位于美国俄亥俄州坎顿市的"恐怖工厂"的长度,是最长且贯通的恐怖屋

最多的……

一小时内滑下水上滑梯的人们

2014年7月30日,在荷兰东部乡下地区的上艾瑟尔省全年开放的豪华露营地——贝尔瑟比尔唐露营地,396名游客们伴着嗖嗖声络绎不绝地滑下24米的室内水上滑梯。

持续运营至今历史最悠久的微型世界

"贝肯斯科特模型村与铁路"开园于1929年8月9日。它位于英国白金汉郡比肯斯菲尔德市。有六个村庄、数以百计的建筑和河流,还有一个赛马场和10英里(16千米)的微型铁路。

最长的碰碰车马拉松

于2013年8月14日至15日,在英国斯塔福德郡塔姆沃思德雷顿庄园主题公园,由自由电台组织的比赛中,作为参赛者的当地电台主持人朱利亚诺·卡萨代(英国)驾驶着碰碰车行驶了26小时51分8秒。

在主题公园乘骑设施上重许誓言

2012年2月9日,在英国斯塔福德郡的奥尔顿塔度假村"遗忘骑"上,41对情侣们重新许下了他们的结婚誓言。本次活动由信号1无线电台组织。

第一个……主题公园

建在毒枭地盘上的

哥伦比亚特哈多港的"那不勒斯庄园"于2007年12月26日开放。占地3700英亩(1497公顷)。这是臭名昭著的巴勃罗·艾斯科巴尔的农场。他是大毒枭,死于1993年。其景点包括实物大小的恐龙雕塑、一座水上公园,再加上一群河马和艾斯科巴尔自营动物园里的其他外来物种。

位于核电站的

自1995年以来,德国杜塞尔多夫附近的"幻想王国"游乐场占据了从未使用的SNR-300核电站。有众多景点中包括摩天轮、过山车和40米高的冷却塔改造成的攀爬墙。

专为厕所设立的

位于韩国水原市的"厕所文化公园"于2012年7月对外开放以来每月吸引10,000名游客。设计人是"厕所先生"——沈载德(韩国,见第126页)。厕所的设计来自罗马时代。值得庆幸的是参观的游客不需要花一分钱,免费入场!

主题公园最大游客量

2013年,大约有132,549,000名日本人参观了各种主题公园和沃尔特·迪斯尼公司的主题公园的各种景点。位于美国佛罗里达州布纳维斯塔湖的迪斯尼魔法王国(上图)是参观量最大的主题公园。2013年约有18,600,000人参观。

最大的移动式摩天轮

由比辛克设计股份有限公司(瑞典)设计的R80 XL摩天轮直径长达69.8米,其高度约为14层楼高。2013年7月15日,首个这种摩天轮——"普埃布拉的明星"由墨西哥普埃布拉州政府安装保管。这个可以移动的摩天轮不需要改变其结构,即不用组装或拆卸,就可以移动。并且,它所有的零件都可放入量身定制的运输箱子里。

! 小知识
世界之窗公园有源自五大洲建造物的复制品,由1:1、1:5和1:15的比例建成。如果你走得够快,就可以在一天内环游全世界。

最大的微型世界

位于中国广东省深圳市的"世界之窗"主题公园占地48公顷。它有130多个世界著名的建筑、风景和文化遗产的复制品。比如埃菲尔铁塔、尼亚加拉瀑布和俄罗斯首都莫斯科市的圣瓦西里大教堂(左)。

109米 国际空间站的长度,是有史以来最大的空间站,重419,000千克

最大的宗教主题公园

坐落在美国佛罗里达州奥兰多的"圣地经历主题公园"占地面积15英亩（6公顷），于2001年2月5日对外开放。它再现了公元前1450年到公元66年间耶路撒冷的圣城。平均每天有900名游客来参观耶路撒冷街市（右）及取材于基督生活的景点和场景（插图）。

最大的……

室内主题公园

位于阿联酋亚斯岛的"法拉利世界阿布扎比"，中心面积86,000平方米——比10个足球场地还大。这里的过山车和其他设备全部以意大利豪华品牌跑车为主题。

室内水上公园

位于德国克劳斯尼克的"热带岛屿度假村"拥有66,000平方米的大厅面积。它之前是飞艇机库，其面积相当于八个足球场地。大厅室内高度为107米，意味着可以在其圆顶棚内乘坐气球。异国景点有热带海洋、巴厘岛泻湖和热带雨林。

政治主题公园

1951年11月26日开幕的"儿童共和国"，即"儿童的城市"，位于阿根廷拉普拉塔帕提都，占地52公顷，旨在解释和传递政治伦理。它有适合孩子们大小的议会、教堂、法院和其他建筑的缩小复制品。这些建筑取材于意大利的威尼斯总督宫中的标志性建筑。

核掩体主题公园

从2008年1月起，临近立陶宛共和国维尔纽斯的Naujasode，游客们可以在"苏联地堡"剧场欣赏无剧本表演"1984生存戏剧"。其核掩体深入地下5米，面积为3000平方米，给予探索20世纪80年代苏联生活的人以身临其境的体验，包括防毒面具和克格勃特工。

最大的木制过山车

"歌利亚"过山车于2014年6月19日在美国伊利诺伊州格尼市的六旗游乐园对外开放。其下降角度为85.13°，高度为180英尺（54.86米），是**最陡的木制过山车**。它的最高时速为71.89英里每小时（115.7千米/小时），也是**最快的木制过山车**。

第一个基于拼图电子游戏的官方主题公园

2012年4月28日开幕的芬兰坦佩雷的塞尔凯涅米冒险乐园可以说是"愤怒的小鸟"之家。游客们可以到灯塔和"愤怒的小鸟"景点听冒险课程，也可以品尝"巨鹰零食和红鸟甜点"等食物。

👤 梦幻国度

"小矮人帝国"是以蝴蝶为主题的大型生态主题公园，位于中国南部的昆明市附近。它是全球**最大的矮人主题公园**，2009年由四川房地产开发商陈明镜创建。并不奇怪，这个主题公园引起了争议。

它作为一个梦幻帝国有统治者皇帝及其伴侣，这些角色都由侏儒或者有侏儒症倾向的人扮演。其团队有100多个小矮人，身高不足130厘米。他们每天为游客表演两次歌舞以及其他节目（上图），包括小人版《天鹅湖》。表演者每月约收入150美元（99英镑）并提供特别设计的住处，但是他们住的33个小蘑菇房是假装住给游客们看的。

事实证明，某些人对矮人帝国表现反感。他们认为矮人帝国剥削和贬低患有侏儒症的人。但是另一些人则认为它提供了安全就业保障并且使居民之间建立了友谊。员工李彩霞说，她原来觉得很难找到一份好工作，喜欢这里是因为这里的工资是她在其他地方能拿到的两倍。

下图从左到右是演艺人员工韩桂兰、刘津津、韩振燕和尹正雄穿着演出服在他们的故事书村庄前。

工程车辆

所有JCB挖掘机联合运输一年内可以运送13亿吨材料

建造英吉利海峡隧道的数字集锦

11
用于建造英吉利海峡隧道的钻孔机的数量；每台钻孔机相当于一个足球场那么大

1
埋在隧道里的钻孔机的数量

13
用建造隧道时挖出的土石方填满伦敦温布利球场的次数

250英尺
每天挖掘隧道的长度（76.2米）

1100吨
每台钻孔机的重量

39,999英镑
2004年4月，一台钻孔机在eBay上出售的价格（70,954美元）

信息来源：
Eurotunnel.com

有史以来最大的推土机

根据英国工程机械咨询有限公司的报告，336,000磅（152.4吨）重的小松D575A"超能推土机"有一个24英尺3英寸×10英尺8英寸（7.4×3.25米）的推土板，它的容量为2437立方英尺（69立方米）。推土机长达38英尺5英寸（11.72米）的推杆由一个858千瓦（1150马力）涡轮增压内燃发动机驱动。

> **！小知识**
> "超能推土机"的推杆重20,000磅（9071千克），长11英尺（3.3米）。推土板一次可清除相当于720辆独轮手推车装载的地面物质。

最先进的空间建筑机器人

当世界各国的航天局都在计划建造地球轨道国际空间站时，他们很清楚地意识到他们需要一种与众不同的施工车辆。"加拿大二号"——一支伸出长度为17.6米的机械臂——就是解决问题的好办法。它可以把飞船上的新舱安装到位。作为国际太空合作计划的移动服务系统的一部分，机械臂是双头的，可以从飞船的一端爬到另一端定位好自己完成新的安装工作。自2008年以来，"加拿大二号"因为新的机器人"德克斯特"的加入变得更加强大，"德克斯特"的双臂更为灵活。

第一个机械挖掘机

最早为人们所熟知的机械挖掘机是由美国工程师威廉·史密斯·奥蒂斯发明的。他于1839年发明了蒸汽挖掘机并申请了专利。这个挖掘机类似于现代液压挖掘机，挖掘臂和铲斗从它的轮式底盘伸出来。最早的挖掘机是由蒸汽发动机驱动的，主底盘上的锅炉驱动发动机，发动机再将动力通过一组皮带轮传送给铲斗。

最快的隧道钻孔机

2008年8月在西班牙马德里，一条从阿托查站到查马丁站的6.9千米的地铁线路正在施工。在施工过程中，一台双盾隧道钻孔机每天钻92.8米。

起重机吊起的最重重量

2008年4月18日，一台名为"泰森"的起重机在中国烟台莱佛士造船厂从水中吊起了一个重达20,133吨满舱的驳船。

最高的移动式起重机

由曼内斯曼·德马泰克（德国）生产的德马格CC 12600起重机高达198米，它有一个连接到114米近垂直吊杆的"固定臂"，臂长120米。

它的最大起重重量是1600吨，起重半径为22米。这台起重机如此之大，以至于需要100辆卡车才能将它所有的部件运送到一个工地。

最高的伸缩臂起重机

利布赫尔LTM 11200-9.1伸缩臂起重机的悬臂最长可达100米。悬臂是由8个嵌套的钢管组成，很像水手的望远镜，它也因此而得名。

它那重达100吨的悬臂是装

最大的隧道钻孔机

2013年的夏天，直径为57英尺6英寸（17.5米）的巨大切割头"伯莎"开始在美国西北海岸的西雅图参与99号洲际地下隧道挖掘工作。切割刀有一个非常大的钢面，上面嵌有600个小的切割圆盘，用来磨碎路径上的岩石。由日本日立造船工程公司制造的钻孔机长300英尺（91米），重7000美吨（6350吨），价值5000万英镑（8000万美元）。

在汽车上的，可以吊起1200吨的货物，这也让它成为世界上**力量最大的伸缩臂起重机**。悬臂是由6缸240千瓦（321马力）的发动机驱动的，另一500千瓦（670马力）的发动机用来驱动20米九轴的运输起重机的车辆。

最长的车装起重机吊臂

2012年9月28日，由工程机械制造商中联重科科技有限公司（中国）生产的车装起重机的最长臂完全伸展时达101.18米，这一纪录是在中国湖南省长沙市得以认证的。

中联重科还生产制造了**最长的塔吊臂**，这个吊臂在2012年8月28日测量时长110.68米。

最大的……

陆地运输车辆

根据英国工程机械咨询有限公司的报告，可以自己驱动的最大的挖掘机是RB293斗轮式挖掘机，这台挖土机是由德国莱比锡市塔克拉夫公司生产制造的。

最快的反铲式装载机

反铲式装载机，也叫挖掘机在作业时可达的最快速度是116.82千米/小时，这个纪录是由马修·卢卡斯（英国）驾驶JCB GT于2014年10月21日在澳大利亚新南威尔士州巴瑟斯特机场创造的。

利用在德国北莱茵-威斯特法伦州的一个露天煤矿，吉尼斯纪录测量出这个车辆长220米，最高点为94.5米。RB293重达14,196吨，需要五个人操作它。它是**最重的陆地运输车辆**，也是**最大的移动式工业机器**。它每天能运输24万立方米的土。

铲车

1991年，卡尔马LMV（瑞典）生产了三辆平衡重式叉车，在负载中心为2.4米的情况下每台铲车的最大起重量为90吨。这些车辆被用来处理一个巨大的人工河项目，在这个项目中需要铺设两个单独的管道——一个

是从利比亚的赛尔到苏尔特湾长998千米的管道，另一个是从利比亚的塔泽布到班加西长897千米的管道。

拆剪

拆剪用来拆除大型金属结构。它其实是一个安装在长臂上巨大的强有力的剪刀。鲁施超级34-25挖掘机有一个创世纪2500拆剪，这个拆剪被安装在挖掘机的吊臂上。2009年，因为它可以触及范围是34米，挪威拆迁承包商迪康将这个庞然大物组装起来用于拆除废弃的石油平台。

矿业怪物

别拉斯75710是如此之大，以至于它拥有多项世界纪录似乎是理所当然的……

多大？嗯，20.6米长，是两辆双层巴士首尾相连那么大。它空载重量为360吨，比自由女神像还要重1.5倍。它是由一对16缸的涡轮增压柴油发动机驱动的，每个发动机的输出功率为2300马力（1715千瓦）。它的车速可达64千米/小时——虽然当它真开这么快时，你不会想挡它的路。

别拉斯75710是世界上**体积最大的矿用卡车**，它的体积为645.4立方米。它也是世界上**载重量最大的矿用卡车**，它的载重量达450吨。

生产这个庞大的车辆是采矿业发展趋势的一部分，也是为了增加机械的单元尺寸。大型卡车可以在每个运输周期内运输更多的重量，这样更有时效性，更经济实惠。

2014年1月22日，在白俄罗斯若基诺市的别拉斯（白俄罗斯）工厂，吉尼斯世界纪录对75710进行测量并确认其为世界上最大的矿用卡车。

乐高

将纽约和伦敦连接起来需要7亿块乐高积木

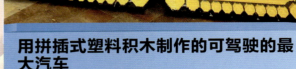

数字集锦

915,103,765
将有八个凸起的六块积木组合在一起所用的不同方法

62
地球上平均每人拥有的乐高积木块数

5900
最大一套商业成品乐高玩具——泰姬陵的积木块数

12
一个孩子在这个年龄用乐高积木搭建了一台可使用的盲文印刷机

28
圣诞节时乐高玩具每秒钟卖出的套数

18
每一百万块乐高积木中不符合标准的块数

40亿
搭建一座通往月球的塔需要的乐高积木块数

最大的……

拼插式塑料积木收藏

截止到2011年7月23日，住在美国亚利桑那州尤马县的凯尔·乌贡已经搜集了1091套乐高玩具，是私人收藏中最多的。凯尔是一位海军陆战队队员，1986年他还是个孩子的时候，他获得了第一套乐高玩具，并从此开始了乐高玩具的收藏。

复原魔方最快的机器人

2014年3月15日在英国西米兰城伯明翰NEC酒店举办的魔方大爆炸博览会上，由迈克·多布森（上图）和戴维·吉尔达（均为英国人）打造的采用ARM处理器的乐高机器人"魔方风暴3"在3.253秒内复原了一个三阶魔方，这个魔方在复原前已由计算机序列将其打乱。

搭建乐高伦敦塔桥用时最短（五人组）

2014年11月30日，泥瓦匠组合（英国），一个由成人乐高迷组建的团队，在2014积木大赛上用时1小时30分38秒搭建了一座4287块积木构成的塔桥（第10214套），这次大赛是在英国伦敦的伊克赛尔举办的乐高赛事。

用拼插式塑料积木搭建的星球大战克隆军队展览

2008年6月27日，在英国伯克郡的斯劳，乐高公司展出了有35,210个造型的星球大战克隆军队。由使用光剑的黑武士达斯·韦德所领导的一排密密麻麻的黑暗势力迷你造型在六个半小时内完工。

用拼插式塑料积木搭建的实物大小的房屋

2009年9月17日，在英国的多金，1200名志愿者跟詹姆斯·梅一起为《詹姆斯·梅的玩具故事》节目建造了一幢高4.69米、长9.39米、宽5.75米的房子。这幢以2,400,000块乐高积木搭建的房子有二层楼、四个房间。詹姆斯在房子里住了一个晚上，发现下雨的时候房子漏雨。

用拼插式塑料积木制作的可驾驶的最大汽车

2014年4月11日，领汇管理有限公司（中国香港）使用了至少200,000块积木制作了一辆长3.93米、宽1.45米、高1.22米可驾驶的汽车，以庆祝香港国际玩具博物馆在九龙开业。这辆汽车由远程遥控设备提供动力，无间断地行驶了13米。

用拼插式塑料积木制作的霍格华兹城堡模型

2012年，美国西雅图的艾丽斯·芬奇搭建了一座长四米的霍格沃兹城堡，这是最著名的文学作品J. K. 罗琳《哈利·波特》系列中的魔法学校。艾丽斯花了18个月的时间用400,000块乐高积木重现了这栋建筑和250多个迷你人物。

它细节地呈现了大厅里漂浮的蜡烛和黑魔法防御术教室里的一台老式幻灯机。

第一条用乐高积木拼成的假腿

2013年6月12日，克里斯蒂娜·斯蒂芬斯（美国）在YouTube频道上传了一个叫做AmputeeOT的视频，展示了她完全用乐高积木制作的假腿。截止到2015年2月19日，这个视频有2,202,161人次观看。

用乐高积木搭建的最大船只

2014年11月，在英国伦敦举办的积木大赛上，光明积木公司（英国）展示了他们搭建的7.79米长的"玛丽皇后"号客轮模型。真正的"玛丽皇后"号观光船曾经是世界上最大的远洋客轮，自1936年至1967年隶属丘纳德邮轮公司，并在二战期间作为运兵船服役。这件复制品使用了300,000块乐高积木，由六个人花了五个月的时间完成，共有八个部分。光明积木公司由邓肯·蒂特马施（英国）创建，他是全世界范围内14个乐高积木认证大师之一，是英国国内唯一一个。

146.7 米 位于埃及吉萨的胡夫金字塔（又名大金字塔）的原始高度，是**最大的金字塔**；如今，侵蚀与故意破坏已使其降至137.5米

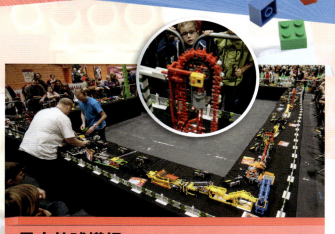

最大的球模组

2014年11月27日，在英国伦敦举行的积木大赛上，马伊科·阿西（荷兰）用乐高工艺搭建了一个包含88个模块的球模组。

一个球模组包含一列可发电的单独模块（嵌入），这样一个小塑料球就构成了一个回路。这是吉尼斯世界纪录认证的第一个球模组。

三分钟内用拼插式塑料积木搭成的最长跨度的大桥（8人组）

2014年8月14日，在英国布赖顿举办的爱拼插团队建筑大赛上，凯莉·萨瑟兰、乔·纽、埃米·菲特、玛特·奥尔弗里弗、莉莉·罗伯逊、安德鲁·克里德兰德（均为英国人）、伊戈尔·伦戈（意大利）和奥利弗·休斯（法国）建造了一座最高弧度为1.5米的大桥。

观看次数最多的由影迷根据电子游戏制作的乐高电影

截止到2015年2月19日，《乐高：黑色行动》成为在YouTube上最受欢迎的电影，这是根据电子游戏制作的乐高电影，共有21,118,336次观看记录。《使命召唤》短片由老牌乐高电影制作人Keshen8创作，老牌玩具商BrickArms提供乐高武器。

最贵的乐高积木

2012年12月3日，Brick Envy, Inc.（美国），一个由约翰·休班克斯和马克·加洛（均为美国人）建立的乐高收藏者网站，以12,500美元（7752.42英镑）的价格卖出了一块14K金、25.6克重的金积木。这些金积木是由乐高公司在1979年至1981年间给任职多年的员工打造的礼物。

30秒（一只手）：28
30秒（四人组）：39
30秒（两人组）：42
一分钟（一只手）：48
一分钟（两只手）：131

在……时间内摆成的最高塔所用乐高积木块数

内森·萨瓦亚

纽约本土艺术家内森·萨瓦亚（美国，上图）以其多彩而诙谐的乐高创作而闻名，并且被乐高生产商公认为"乐高拼砌大师"和"乐高积木认证大师"。

内森用数百万个孩子买给自己或作为礼物收到的完全一样的积木，不仅建造了优雅博物馆和画廊之类好玩的雕塑作品，更为自己赢得了一份世界范围内的荣誉。

他的标志性3D画作包括文化偶像"猫王"、"超人"和"Lady Gaga"，还有表达自己理念的作品，比如，一副骨架"骨头先生"，它正在将一副蓝色的皮肤披在自己的（当然，是积木制造的）骨头上；再比如用透明积木搭建的"正在融化的人"。

用拼插式塑料积木搭建的最大骨架（左图）也是内森的手工作品。这副恐龙骨架是真正的霸王龙骨架大小，长6米，用80,020块积木搭建而成。他是在2011年夏天完成这副骨架的，"以纪念喜爱乐高建筑艺术的成千上万孩子们"。

用乐高积木塔建的最高塔

2014年5月25日，匈牙利利布达佩斯的乐高商场搭建了一座34.76米高的尖塔，就竖立在布达佩斯圣马克大教堂的前面。在孩子们和公众的协助下，花了五天时间，用了450,000块积木完成了这座尖塔。

！小知识

丹麦的奥勒·柯克·克里斯蒂安森于1949年开发了天然塑料制成的迷你积木。由于此前孩子们的玩具多采用木质，所以早期的塑料积木销量并不好。

沙盒游戏《我的世界》

《我的世界》中可玩区域的面积大概是**地球面积的8倍**

如果每个方块为1立方米的立方体，

数字集锦

8
《我的世界》首发至今的年数

24小时10分钟
《我的世界》中，**最长的马拉松**

93
PC版本Metacritic网站的评分

820小时
走到地图边缘的预计时间

535,542
推特上的追随者人数

3.224亿美元
2013年《我的世界》创收金额，比2012年增长38%（1.954亿英镑）

1240万
在线对战平台上的销售额，使之成为**Xbox在线商店最畅销的电子游戏**

8
发行过的版本总数

25亿美元
2014年9月，微软收购《我的世界》开发商魔赞协同公司的价格（15亿英镑）

一分钟内创造最多雪傀儡

雪傀儡是一种"怪物"——《我的世界》中一种活的、移动的角色——玩家为自己创造的助手。雪傀儡由有两个雪块组成，顶上是一个南瓜或者南瓜灯，他们向敌人抛掷雪球。巴西的纳赫蒂加尔·巴斯在2013年1月7日仅用60秒就创造出属于自己的拥有70个雪傀儡的军队。

最受欢迎的游戏测试

到2011年7月，《我的世界》拥有超过1000万的注册用户，成为有史以来最成功的游戏测试。该游戏2010年12月20日进入测试，2011年11月第一个官方版本投入市场。

一个开放的电子游戏中最大的可玩区域

在《我的世界》中，地图在理论上是无限的——你穿越块状景观越远，生成的就越多。然而，实际上，游戏的物理只在世界中心周围3200万块的区域内有效，这创造了一个4,096,000,000平方千米的可玩总面积，也给了《我的世界》比任何游戏都大的的可玩区域。

最大的《我的世界》的乐高立体模型

在17.1平方米的区域，使用乐高《我的世界》建造的最大的立体模型于2014年11月27—30日在英国伦敦展览中心"2014积木活动"中建成。展览的每位参观者都有机会在16螺栓宽的木板上帮助搭建立体模型。完成的模板然后由乐高共创经理若利·布罗贝格和她的团队进行组装。最后的测量是在为期四天的活动之后进行的。3D场景组成了一个幻想景观，从建筑物、雕塑到丛林和树屋，应有尽有。

最多的纹理包下载

截至2015年1月28日，经典写实材质LB Photo Realism 256X256版本——"舷窗"，从《我的世界》星球粉丝网站上有2,177,638个纹理包下载。设计纹理包的目的是改变游戏的外观环境；在这种情况下，纹理包使风景更加生动，例如产生特定地形的植物、增加水的反射性等。

《我的世界》最长的旅程

2011年3月，库尔特·J.马克（美国）开始了一段史诗般的旅程，在"生存"模式中到达了《我的世界》广阔天地的边缘，并在他的YouTube频道记录他的航行。他每年靠步行旅程之长为慈善事业筹募资金。2014年3月6日，经过三年的长途跋涉，他走过了1479.9千米，或者说从他最初的生成地点共走过了1,479,940块方块。

在一个《我的世界》中同时有最多的玩家

《我的世界》实际上并不是为一次聚集数百名玩家而设计的，但是2011年8月1日，YouTube视频网站中最受玩家欢迎的游戏频道网络广播说法在一个世界里聚集了2622个玩家，令人印象深刻。

第一个《我的世界》"混合"材质包

无论是塞尔达传说、光环，亦或是口袋妖怪，如今很难想象《我的世界》不以特殊的插件形式得到一个游戏的特许经营权。然而，第一个被正式引进方块世界的游戏，是2013年9月的科幻射击游戏《质量效应》。

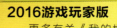

《我的世界》第一个基于《神秘博士》的纹理包

著名的时间领主因"神秘博士皮肤第一卷"的发行而在2014年10月来到《我的世界》。在所包括的54个人物中，有几位博士和像达雷克斯（见上图）那样的臭名昭著的敌人。

2016游戏玩家版
更多有关《我的世界》内容——即完整版《我的世界》——见新的吉尼斯世界纪录玩家版本。更多内容见第172—173页。

GUINNESS WORLD RECORDS 2016 GAMER'S EDITION

《我的世界》中创造的最大的现实世界模型

2013年，国家测绘局制图师使用了220亿个方块，将英国224,000平方千米的土地在《我的世界》游戏中重现。"我的世界·大不列颠"的第二代在2014年9月发布，由830亿个方块组成。除了诸如巨石阵这样的著名遗址外，还有河流、森林和山脉，你甚至可以在里面找到你自己的家。

当时魔赞协同公司的单机版热门游戏发布了一系列"混合"材质包的控制编辑模式。可下载的插件中包括36个《质量效应》中的人物皮肤，同时将所有《我的世界》中的方块和部件转换为《质量效应》游戏中相对应的人和事物。

《我的世界》下载量最多的项目

《我的世界》星球网站拥有最多用户下载量的项目是"极限下

《我的世界》中最强大的方块

《我的世界》中的每个方块都有自己的特质，但没有什么比岩床更坚实的了。它是所有地形的基础。在标准的设置中，没有东西可以破坏岩床。它是隔离你和虚空地带的唯一物质。

顶级在线对战平台得到特许经销的《我的世界》插件

在游戏在线对战平台中，一个遥远的星系现在进入了方块构建的世界。这是截止到2014年12月10日《我的世界》最顶级的插件。由迪斯尼、微软和卢卡斯电影公司制作的"星球大战经典试用皮肤包"，具有科幻系列电影中偶像人物的特点。英雄人物包括尤达、天行者卢克、丘巴卡和机器人R2-D2及C-3PO。而反面人物包括达斯·维德和皇帝帕尔帕廷。

坠"（作者：比格雷）。截止到2015年1月28日，已有1,248,157次的下载量。在项目中，玩家必须穿过一系列的建筑物和模型下落，目的是在不碰触任何障碍物的情况下到达底部。

另一方面，**下载量最大的皮肤**是由"你的工匠"制作的"钢铁侠"，已被下载99,708次。

最畅销的单机版电子游戏

截止到2015年1月28日，《我的世界》官方网站公布其PC及Mac版游戏的销售总量达到18,314,346——相当于自2011年5月17日它的alpha版本发布至今，平均每天有8597人的注册率。

YouTube上观看次数最多的游戏视频

一个名为"复仇——我的

小知识

2014年，丹麦地理数据局在《我的世界》中拼成1:1的丹麦地理模型，成为**第一个等比国家模型**。此项目力图有助于学校的城市规划课程的教学。

世界模仿招待DJ使我们坠入爱河……"的视频在2011年8月19日上传。截止到2015年1月28日，该视频达到惊人的151,981,401次的观看次数。此模仿视频的发布者是"CaptainSparklez"，亦称彼旦·马龙（美国）。

EricMcCowan

《我的世界》最长隧道

《我的世界》最长隧道用了10,502个方块，相当于10,502米的长度。此隧道是2013年8月3日由位于澳大利亚南部格林威治的一个游戏商店的拉克伦·埃瑟顿（澳大利亚）在50分钟之内挖掘的。此纪录比之前的纪录多了500米。埃瑟顿用了10分钟才走到隧道的尽头。

👤 方块世界顶级玩家

2011年8月19日到20日，马丁·弗恩雷特勒（奥地利）玩《我的世界》用了24小时零10分，成为《我的世界》最长时间的马拉松纪录得主。

是什么驱使你创下这一纪录？

是成功尝试了另一项纪录——手机游戏的最长马拉松纪录之后，我选择玩《我的世界》，因为它是具有创造性的游戏。有人曾说《我的世界》就像是成人的乐高玩具——这话说得太对了。

对初玩者有什么建议？

新玩家分为两种。有些人只想以放松的玩法建造一些东西；另一些人想要冒险。我喜欢"冒险"模式，因为跟苦力怕作战及寻找资源是很有趣的。如果你不只是想玩数字乐高游戏，那么就用"冒险"模式。

你还在玩《我的世界》吗？希望打破更多的纪录吗？

我确实很爱《我的世界》，所以我用Mac、PS4和iPhone玩。我喜欢建堡垒或任何星战类的东西，比如"千年隼"号。有许多纪录尚待打破，但我有了家庭，所以我没有很多时间去打破一项新的纪录。但谁知道呢，也许几年后我的孩子会做到……

科学与工程

一年内搭建的摩天大楼总高度

　　根据高层建筑和城市居民区委员会的统计，2014年修建的200多米的高层建筑超过往年。如果把所有这些新的摩天大楼全部叠搭起来，将高达23,333米，这个宏大建筑的顶端可直插同温层。为这座建筑贡献541.3米的是自由塔，也称世贸中心一号大楼，位于美国纽约州纽约城（主图）——2014年建成的最高楼。它耸立于原世贸双子大厦的旧址，高度为1776英尺，这一数字恰是美国获得独立的年份。

301米 1889年在法国巴黎完工的埃菲尔铁塔从地面到顶端的高度；如果将天线（1957年加建）也算在内，总高度达324米

目录

大型强子对撞机

粒子加速器的用途广泛，从暗物质的研究到风干饮料罐上的颜料

欧洲核子研究中心（CERN）在其61年的历史中做了一些史上最有突破性的科学发现——因此，它一直在吉尼斯世界纪录中占据着相当多的纪录就并不足为奇了。

它的很多纪录都和一台技术设备有关——世界上**最大的科学仪器**，大型强子对撞机，于2008年制作完成。作为**现今最大的粒子加速器**，同时也是**能量最高的加速器**，内含的两种属性使科学家能够比以往更深入地研究构成物质的基本成分。

迄今为止最惊人的成功之举发生在2012年7月4日，那天大型强子对撞机**第一次发现了希格斯玻色子存在的证据**，这是人们长久以来一直在寻找的亚原子粒子，它能有助于我们理解宇宙的基本构建模块。1964年，三组物理学家各自独立构想出所有基本粒子获得质量的粒子场，其中一组物理学家包括彼得·希格斯（英国）。后来，粒子场被命名为"希格斯粒子场"，表现为肉眼可见的希格斯玻色子，这和我们通过波浪察觉海流，或通过天空中移动的云朵察觉到风一样。

尽管希格斯玻色子存在于各处，鉴于其转瞬即逝的特质和零星的衰变模式，人们很难将其解释清楚。但在将近50年后，因为大型强子对撞机实验，希格斯和另外一组的比利时物理学家弗朗索瓦·恩格勒特均因他们开创性的研究获得诺贝尔奖。

在修整两年后，大型强子对撞机于2015年开始其第二次实验，这仅能看作是为打破科学纪录而作的有益尝试。欧洲核子研究中心主任罗尔夫-迪特尔·霍伊尔（德国）于2014年6月提出："在过去的大约18个月中，我们已经对大型强子对撞机做了很多工作，因此，这实际上是一个新型机器，为我们走上新发现的征程上作好了准备。"

下面的图表展示了重大历史过程，即：一个质子穿过欧洲核子研究中心的加速器环，直到在大型强子对撞机周围的四个碰撞点发生撞击的过程。

温度极热和温度极冷的仪器

两股粒子流以接近光的速度发生碰撞时，会产生大量的热能。2012年，欧洲核子研究中心的科学家记录了5.49万亿开氏度，这是太阳核心温度的一百万倍，是人类曾获得的**最高的人为温度**。

大型强子对撞机还是世界上**最大的制冷机**。为了保持粒子所在磁场的稳定性，在液态氦进一步降温至零下271.3℃之前，人们使用液态氮使电磁体冷却至零下193℃。

温度标尺

5.5万亿摄氏度
大型离子对撞机实验中夸克-胶子等离子体的温度

2700万摄氏度
太阳核心的温度

30,000摄氏度
闪电周围的气体温度

5600摄氏度
地球核心温度

1400摄氏度
蜡烛火焰最热部分的温度

100摄氏度
水的沸点

56.7摄氏度
地球上有记录的最高温度，发生在美国加利福尼亚州的死亡之谷

0摄氏度
水的冰点

零下60摄氏度
火星上的平均温度

零下271.3摄氏度
欧洲核子研究中心的最低温度

零下193摄氏度
（电磁体冷却温度）

零下273.15摄氏度
绝对零度

1. 质子剥裂

粒子碰撞的过程开始于简单的氢气过滤器。在气体中通入电场，使电子脱离原子而只留下质子。然后质子被注入线性加速器2中，通过反复推拉增加其能量水平。

欧洲核子研究中心的加速器位于地下50—175米，若干根轴直达地表。

线性加速器2；粒子获得50兆电子伏的能量

质子同步加速器助推器；质子达到14亿伏

质子同步加速器；粒子达到250亿电子伏

ATLAS探测器（AT-LAS：超环面大型强子对撞机仪器）

ALICE探测器（ALICE：大型离子对撞实验）

超质子同步加速器；在此质子能量升至约4.5千亿电子伏

📍 定位
法国
大型强子对撞机
日内瓦湖
瑞士
日内瓦

横跨法国和瑞士边境，欧洲核子研究中心坐落于圣热尼普伊和梅汉地区的小镇里。

❗ 小知识

截止到2013年底，欧洲核子研究中心有2500多名工作人员；其中包括1033名科学家和工程师、885名技师、117名工匠和21名学徒。

原子知识

在学校，我们知道原子由质子、中子和电子构成，但对欧洲核子研究中心的物理学家来说，要用更长远的眼光看待原子——观察亚原子粒子和它们的活动，借以探究构成万事万物的基本元素。

物质
无论是苹果还是人类，所有物质都是由上百万个原子构成。

原子
被若干带负电的电子围在中心的原子核。

原子核
原子核（质子和中子）是原子质量的主要构成部分。

亚原子粒子
原子核内部是由细小的夸克所组成的紧密粒子束。

欧洲核子研究中心简史

第二次世界大战带来破坏性后果之后，欧洲需要积极合作作出科学努力，故欧洲核子研究中心应运而生。

1949年
法国的路易·德布罗伊提出建立欧洲实验室的想法

1954年
在瑞士梅汉附近开始实验室建设工作

1957年
第一台加速器，即同步回旋加速器，开始研究

1959年
质子同步加速器开始工作

1965年
第一次发现了反氢核

1971年
在质子同步加速器中第一次发生质子碰撞

1974年
超质子同步加速器隧道挖掘工作结束

1976年
装有1317个电磁体的超质子同步加速器开始启动

2.加速器

质子的能量水平一旦达到要求（4.5千亿电子伏），就会进入主加速器，即大型强子对撞机。分散到100亿束左右的两股质子流在这里达到其能量峰值（为第二次对撞准备的6.5万亿电子伏），并由超导磁体为其加速。此时，它们每秒通过27千米的环形隧道11,000次。

在地面上有约600处建筑物，包括监控台和用来分析数据的计算设备

?新鲜词汇

eV： 电子伏特；粒子物理学能量单位，代表一个电子经过1伏特的电位差所获得的动能。

MeV： 一百万电子伏特。

GeV： 十亿电子伏特。

TeV： 万亿电子伏特。在能量超过7万亿（两束粒子流以3.5万亿的能量相撞）的对撞中发现了希格斯玻色子。

Boson： 玻色子，也称为"受力载体"，这种典型的粒子分支是物质粒子相互作用的主要媒介。

3.相撞

在20分钟内质子的速度达到光速的99.9%，此时，两束质子流开始相向而行（图1）。因为质子太小，很多质子越过其他质子，以13万亿伏的能量移动，每次通过加速环将有约40次的碰撞（图2），但这仍相当于每秒10亿次碰撞。那些相撞的质子分裂成它们基本的成分。绘制其衰变的踪迹图有助于对它们进行分析（图3）。

真空管

392个四极磁体（每根长达7米）

40层绝缘体

CMS探测器（CMS：紧凑型μ介子螺线管）

通入液态氦，以保持磁铁温度为零下271.3℃

质子束1（逆时针方向）

电磁量能器

μ介子室

铁轭厚1.5米

质子束2（顺时针方向）

质子束由此进入

前置量热计

400毫米厚的铁轭，外层为10毫米的不锈钢

欧洲核子研究中心总共使用约7600千米超导电缆

硅点探测器

1232个双极磁体（每根长15米）

超导螺线管（一种螺管式磁铁）

CMS长21米，高15米

LHC-b探测器（LHC-b：大型强子对撞机底夸克实验）

大型强子对撞机直径达9千米

4.探测

发生碰撞后，探测器内壁装有的敏锐仪器会记录下数据。其中重要的仪器之一是"热量计"，用来衡量原子水平的微小的能量变化，以确定各种亚原子粒子；例如，希格斯玻色子的一个明显标志就是其能量为1250亿电子伏。

帮助发现希格斯玻色子的探测器之一是CMS（嵌入式），它是最重的粒子加速探测器，重达12,500吨。这个处于仪器核心位置的巨型磁体产生的磁场强度是地球磁场的十万倍。

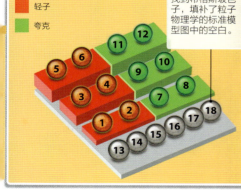

- 🟪 受力载体（规范玻色子）
- 🟧 轻子
- 🟩 夸克

找到希格斯玻色子，填补了粒子物理学的标准模型图中的空白。

亚原子粒子家族成员介绍

1	电子	**10**	粲夸克
2	电子中微子	**11**	底夸克
3	μ介子	**12**	顶夸克
4	μ中微子	**13**	光子
5	τ介子	**14**	Z玻色子
6	τ中微子	**15**	带正电的中间玻色子W
7	下夸克	**16**	带负电的中间玻色子W
8	上夸克	**17**	胶子
9	奇异夸克	**18**	希格斯玻色子

1981年
质子-反质子对撞研究开始

1983年
观察到以往从未见过的W和Z玻色子

1988年
大型电子-正电子对撞机（隧道建成）

1991年
英国的蒂姆·伯纳斯·李启动了欧洲核子研究中心的第一个网站

1997年
通过超环面仪器实验和紧凑μ介子线圈实验，随后是大型强子对撞机实验（上文）和LHC底夸克实验

1998年
开始建造四个实验地下巨洞

2008年
开始大型强子对撞机实验，注入第一束质子

2012年
超环面仪器实验和紧凑μ介子线圈实验中记录下希格斯玻色子

2015年
大型强子对撞机实验开始第二次运行

尖端科学

2014年一个5岁小女孩成为英国首例接受**3D打印假肢手**的儿童

数字集锦

2400米
中国锦屏地下实验室是**最深的地下实验室**，也是研究高能宇宙射线遮蔽最好的实验室

1毫米
秀丽隐杆线虫的长度；它是含有959个体细胞的蠕虫，是第一个基因组被定序的生物

400千米
流星陨落后留下的最大的坑的宽度；位于澳大利亚，于2015年3月7日被一名地理物理学家上报

75+
立方体卫星的数量，它们仅有10厘米宽，于2014年被发射到太空用来观察地球的毁林状况、河流形状和城市发展

1000
只有25美分硬币大小的机器人数量；美国2014年的一个研究项目将它们编程，使之不需要人们遥控也能一起工作

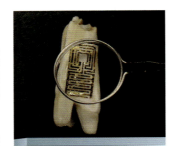

首个生物医学的牙齿"文身"

2012年5月美国普林斯顿大学的科学家们宣布可附着于牙釉质的微小石墨稀传感器研究取得进展。它极小的电极和无线线圈使它可以通过远程设备充电、传递信息。"文身"可感应导致牙齿腐烂和感染疾病的细菌，然后提醒设备佩戴者存在的问题。

最高强度聚焦激光

美国密歇根大学的"大力神"激光发射系统能发出聚焦激光强度为2×10^{22}瓦特/平方厘米的激光。激光脉冲仅持续一秒的30/1015，相当于将照射在地球上的所有阳光都聚焦在一粒沙上。

最高强度原子束

2014年2月17日《新物理学杂志》发文称：希腊克里特岛的研究与技术基金会里国际电子结构和激光团队研究所——赫拉斯（第四）研制了一个"超亮的原子激光光束"，它每秒可发射4000万个原子。原子激光发出的是物质束而不是光。研究人员认为这可能是用来测试量子理论或创建"原子全息图"的。

最高分辨率光学显微镜

2011年3月1日，英国曼彻斯特大学的科学家们透露，他们发明的一种光学显微镜使用微球（小颗粒）增强其光强度，可对活细胞内部成像。

最敏感的图像传感器

2013年5月，新加坡南洋科技大学（南大）的一个团队演示了一种图像传感器，它比当前相机使用的要灵敏1000倍，是由石墨烯制造的，是首个既坚固又有弹性的碳化合物，运用于广谱、高光敏传感器。它可以高度适应可见光和红外线，并可应用于一般相机、专业仪器、甚至卫星成像系统，可记录0.00001勒克斯（0.01勒克斯的烛光房间）"星光照耀"的场景。

最快……

2D照相机

《自然》杂志在2014年12月4日报道，由汪立宏教授和美国华盛顿大学一支科研团队共同研发出的照相机可以每秒捕捉1千亿组镜头。这种相机的平均图像采集率在每秒1千万帧左右，可以让人们在显微水平下看到如同光脉冲的效果。汪立宏教授相信这种相机技术会引领新科技的发现以及辅助生物医学研究。

计算机

由中国国防科技大学开发的超级计算机"天河二号"每秒可以运行33.86千万亿次。计算机性能通常是通过每秒（浮点）运算次数的多少衡量的：运算次数越多，计算机速度越快。为监测空气动力学和天气系统研发，"天河二号"的核心性能是流体力学的高阶计算。

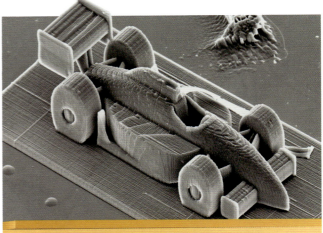

速度最快的超高分辨率3D打印机

奥地利维也纳技术大学研发出了一款打印机，这款打印机能够运用3D技术精细地打印出结构比一粒沙还要小的物体，如这个微型赛车模型，它的速度是同类设备的100倍。这款打印机以5米/秒的线性速度，叠压液体聚合物的珠子，然后由激光硬化聚合物从而完成打印。在此基础上科学家们希望此打印机能够被开发应用于医疗器械和器官移植。

第一……

植入仿生血管

2013年6月5日，美国北卡罗来纳杜克大学医院的一个医疗团队成功将生物工程血管移植于一个晚期肾病患者的手臂。静脉在氨基酸、维生素和其他营养素的混合溶液中生长。被植入的人静脉壁会在类细胞中生长并且形成管状的血管网细胞。几个月后，血管网逐渐溶解并离开静脉。科学家们通过模拟静脉的脉冲注入营养物质，以便赋予它强度和韧性。

第一场以3D打印吉他为特色的音乐之旅

在2014年欧洲音乐之旅上，由三人组成的独立乐队"电喇叭乐队"（英国）使用每把耗时15个小时打印定制出的白色吉他演奏。贝斯吉它手杰米·雷诺兹所持的Rickenbacker 4005型号的贝斯模型（见右图）以及主音吉他手西蒙·泰勒-戴维斯所用的左手吉他Stratocaster都是由Customuse公司和3DSystems公司联合设计制造的（均为英国）。

> **！ 小知识**
> 3D打印物是指根据数字三维设计将物体一层一层地进行打印（如塑料、陶瓷或玻璃粉末等），之后用高温或者激光将每一层融合到一起。

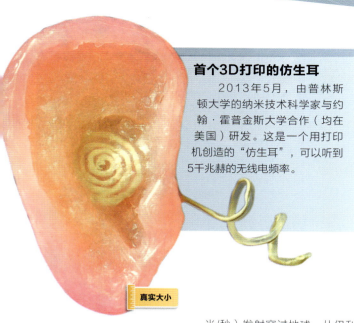

真实大小

首个3D打印的仿生耳

2013年5月，由普林斯顿大学的纳米技术科学家与约翰·霍普金斯大学合作（均在美国）研发。这是一个用打印机创造的"仿生耳"，可以听到5千兆赫的无线电频率。

最长的中微子束

中微子是亚原子粒子中最难检测到的粒子。为了对物质和宇宙有更多的发现和了解，一束810千米长的中微子束被以非常接近光速的速度（299,792,458米/秒）发射穿过地球，从伊利诺伊州巴达维亚的弗米实验室出发到达明尼苏达州北部的一个检测器（均在美国）。弗米实验室称2014年10月6日观察还在进行中。名为"新星实验"的这个课题将进行六年。

3D打印轨道

2014年11月25日，国际空间站指挥官——宇航员巴里·威尔姆（美国）在挤压板上打印出"太空制造"和NASA的标志。他使用的3D打印机是微重力实验装置的一部分，这些装置用于实验打印宇航员需要的物品，这样一来就无需再耗时等待供给火箭运送补给。

碳纳米管电脑

在美国加利福尼亚州斯坦福大学研发的"锡德里克"电脑可能只有目前可编程计算器的功能，但它是第一个未来计算机技术运转的范例。

晶体管由分子大小的碳纳米管组成，比当今其他任何对应的硅质设备都更快更节能。由于成本问题这项技术可能需要几年的时间才能成熟，但相对于今天巨大的高耗能的服务器来说，其潜力使碳纳米管电脑更具吸引力。

3D打印机

2014年10月21日，村井良知（日本，下图）成了**第一个因为3D打印被判刑的罪犯**，他运用3D打印制造了6发子弹的左轮手枪，被判两年有期徒刑（见上图）。

村井于2013年5月被捕，据说他打印了五个"凹凸不平"的塑料左轮手枪，其中有两个能发子弹（名字指的是枪筒上凹凸不平的凹槽壁）。然后他在YouTube上传了几个视频，包括设计数据教程和发射空白子弹测试。

日本有非常严格的枪支管理法律，横滨地方法院的判官广治稻庭判村井监禁，因为他创造了致命武器，判官用"恶毒"这个词描述视频。这一案例使3D技术本来已经受到广泛关注的安全风险问题再次被凸显出来。

然而大多数3D打印技术只是提供了一个改变游戏规则甚至革命性的方法——用塑料、混凝土、玻璃、纺织品及生物材料制造物品。这是查看新设计的便捷方法，无论这新设计是一座建筑还是一双鞋。它已经被应用于生产各种东西，从汽车和战斗机的零部件到整个恐龙骨架。2014年美国南加州大学的一个研究组甚至开发了一个打印机能够在一天内打印出一座完整的混凝土房子！

人们认为也可以用3D技术打印食物和药品。医学研究人员正在尝试用3D生物打印技术制造活的人体皮肤、骨骼和心脏组织。在法医调查中，它可以重建证据，小到指纹，大到整个犯罪现场。

宇宙大爆炸后第一次探测到引力波

2014年3月17日，在南极从事"宇宙泛星系偏振背景成像二代"（BICEP2）实验的科学家宣布发现了宇宙大爆炸后形成的引力波。科学家通过BICEP2望远镜研究光的模式已经三年了。（下图；插图是研究生尤斯图斯·布雷维克）研究显示"原初B模偏振"——光在太空中发生的扭曲，可以追溯到宇宙大爆炸之后的38万年前。该科学团队相信这种模式只能由宇宙大爆炸后宇宙的膨胀产生的引力波造成，这有力地表明了宇宙自大爆炸中诞生后迅速扩张。

神奇物质

如今3D打印机可以在**金属**、**玻璃**甚至是**巧克力**上打印

数字集锦

1原子
单层石墨的厚度，**最薄的人造材料**

2.3%
单层石墨的吸光率，使得材料几乎完全透明

20%
单层石墨的长度可以额外延展的比例

1000欧元
一个大头针帽大小的单层石墨预估价值（800英镑；1360美元）

300万
堆叠至1毫米高所需单层石墨的片数

最新的化学元素

2014年5月，研究人员证实了由美国和俄罗斯科学家于2010年在德国达姆施塔特重离子研究中心首次合成的化学元素的存在。被命名为117号的元素（暂被取名为ununseptium），是用钙-48轰击铹得到的一种新元素。

顾名思义，它的原子序数为117；"原子序数"这一术语是指一个原子核中质子的数量。"重"元素是指那些原子数量超过92的元素，而117号元素成为世界上截至目前**最重的元素**。

最坚硬的物质

一个钻石纳米棒聚合体（ADNR）——或称：纳米级晶型钻石，是科学上已知的最坚硬的物质。2005年在德国拜罗伊特大学高压实验中心被研究人员首次发现。钻石纳米棒聚合体ADNR较普通钻石可压缩率少11%。

首个自修复的混凝土

2012年，科学家在代尔夫特理工大学（NLD）创造了一种本身能够修复裂缝的混凝土混合材料。被水激活时，混凝土中的细菌摄取"食物"中提供的钙并与氧气和二氧化碳结合形成一种石灰岩。内置的细菌只有渗透裂纹的水才能激活。

首个纺织纤维

在亚麻制品形式中，湿地植物亚麻（学名：Linum usitatissimum）被认为是世界上最古老的纺织纤维。1983年，在以色列犹地亚沙漠那哈尔·海玛尔地区的洞穴中发现的亚麻遗迹大约可以追溯到公元前大约7000年。亚麻有许多有用的特性：当它变湿时，具有更强的韧性；吸收水分在自身重量的20%之内时，摸起来不会有潮湿感。

使用最广泛的塑料

截至2014年，全球约消费2.72亿吨的塑料。其中，聚乙烯约占8000万吨。相比之下，2012年世界成年人口的重量约为2.87亿吨。

最快的单芯光纤电缆

2011年4月，在美国新泽西的普林斯顿，NEC实验室显示通过165千米的单芯光纤电缆，数据发送率可达每秒101.7兆。这相当于每秒发送250张蓝光磁盘。

首个人造塑料

硝化纤维素塑料由亚历山大·帕克斯（英国）发明，并且于1862年在英国伦敦的大国际展览上公布。首个人工制造的塑料衍生于植物纤维，可加热塑性，冷却后可以保持其形状。

首个透明金属

2009年7月，英国牛津大学的科学家透露，软X射线激光轰击金属铝制成透明铝，尽管仅能持续约40飞秒左右。（1飞秒为千万分之一秒）牛津研究小组在德国汉堡大学利用激光x射线发

碳纤维造的最大船只

五个新瑞典维斯比级护卫舰中的第一个于2009年开始服役。该舰是用碳纤维制成的最大的船——船身塑料很轻，但却极其坚硬。它较传统的船更快、更轻，它的角状结构可以使它有效地隐形。

维斯比舰长73米，重达600吨，并配有43名船员水手。该设计主要用于反潜工作，可以达到35节（64千米/小时）。船舶成本为1.84亿美元（1.15亿英镑）。

首次批量生产的塑料椅子

博芬格椅子（BA 1171），由建筑师、设计师赫尔穆特·巴茨纳（德国）在1964年设计，1966年进入大规模生产。现在到处可见的可叠放的塑料椅子是一体的，由染色的钢化玻璃纤维聚酯在钢模中经一次冲压而成。

生器轰击每个铝原子的核心电子。在紫外光谱下复合材料表现出近乎完美的透明度。科学家把它描述成一种新状态的物质。

最结实的纤维

蜘蛛丝，最结实的天然纤维之一，结合了两种类型的蛋白质。2011年，韩国汉阳大学的科学家们通过混合聚乙烯醇（PVA）聚合物与简化的氧化字素片（RGOFs）和碳

最抗腐蚀的化学材料

1938年，在美国新泽西州，罗伊·普伦基特（美国）在研究制作动力化学品时，意外地创造了聚合的四氟乙烯，或称聚四氟乙烯（PTFE）。如今，它有许多用途，从防风雨衣（由戈尔特斯公司出品）到不粘煎锅。1945年，动力化学将该材料注册为"特氟隆"。

纳米管（CNTs），模仿了这种自然纤维。这种像线一样的纤维产品可用在制造防弹衣和工程材料上。

化妆品中毒性最大的物质

抗皱的肉毒杆菌素是一种稀释的肉毒毒素，是由肉毒梭状芽胞杆菌产生的——**最致命的自然毒素**。一颗盐粒大小的该细菌就足以杀死90千克的成年人。

最防水的材料

2013年，来自美国纽约布鲁克海文国家实验室的研究人员创造出了一种前所未有的防水物质。传统防水面料在一定程度上仍然会"湿"，但是这种材料的表层制作很薄，具有微锥结构，这种结构可以使水珠散落着滚下去——布鲁克海文国家实验室的物理学家安东尼奥·凯科这样解释。

! 小知识
由于水滴会携带灰尘，表面附有这种新型防水材料不仅可以防水，还可以保持清洁。这项功能使该材料可用于制造汽车和飞机的可挡风玻璃。

新型黑材料

想象一下黑得让人看不到其表面的任何物质。肉眼似乎看到的只是个空洞，就像一个黑洞似的。这就是你看到的最黑的物质：Vantablack。

2014年7月，由萨里纳米系统（英国）公布的Vantablack材料是人眼不能分辨其形态的一种黑色材料。它可以吸收99.96%的光——甚至在可见范围之外如紫外线、红外线，还有微波辐射和无线电波。

Vantablack由碳纳米管制成，这种碳纳米管是新兴的物质，它比一般人的头发丝还要细10,000倍。"我们将碳像种草一样种在这种纳米管上"，纳米系统的首席技术官本·詹森这样解释。光粒子击中Vantablack时，光就会在相互间隔的碳纳米管之间反弹，然后被吸收。如本所言，"光线一旦进入了这种材料，就再也出不去了"。"vanta"这一词指该物质的结构——表示"垂直排列的碳纳米管阵列"。

截至目前，你将如何使用如此科幻的物质呢？既然光对Vantablack物质几乎没有影响，这可能非常有助于改善天文摄像头并提高红外扫描仪的敏感度。它还可以提高望远镜的灵敏度，让人们能看到的更远的星星。这种吸收光的功能也可以使它在"隐形"军事设备上大有作为。

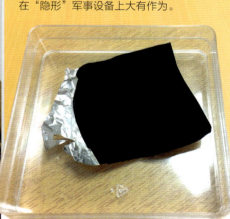

法医鉴定

区分同卵双胞胎的DNA几乎不可能，尽管警方希望尽快引进一项新的测试方法

数字集锦

93%
犯罪现场的遗体通过牙医记录进行鉴定的比例

1987
在刑事定罪时首次使用DNA分析方法的年份

100
捐献给美国田纳西州的诺克斯维尔运营时间最长的尸研所的遗体数量。此设施的建立使科学家能够对腐尸进行研究

6
人类胚胎指纹完全发育好需要的月龄

约公元前800,000年：最古老的非人类DNA

2007年7月，科学家宣布他们在从格陵兰岛的冰盾中提取的冰核里发现了可追溯到远至800,000年前的DNA。这些DNA说明飞蛾和蝴蝶在针枞和松林中大量存在。这些针枞和松林在格陵兰岛历史上这段较为温暖的时期存在过。

被提取的最古老的人类DNA是从一个有400,000年历史的与人类近似的物种的腿骨上提取的。他的遗骸在西班牙布尔戈斯省的一个叫胡瑟裂谷（骨坑）的洞穴被发现。其研究结果被德国莱比锡的马克斯·普朗克进化人类学研究所的科学家，及西班牙和中国的学者联合发表在2013年12月4日的《自然》杂志上。

约公元前250年：首次测谎仪测试

古希腊凯阿岛的医师埃拉西斯特拉图斯发现人说谎时脉搏频率会加快。这一发现来自于他对心脏和循环系统的综合研究。这些研究包含在对神经系统身体功能的其他关键性研究之中。据说他利用这一技术得知他的患者是否对他们的症状说谎，以及他们是否如实地按照他规定的疗法进行治疗。

公元前221年至公元前206年：首次利用指纹确认个人身份

中国秦朝（公元前221年至公元前206年）的教士利用指纹作为身份识别的方法。最早为人所知的关于指纹在法医鉴定中使用的描述来自中国的一份公文，题为《犯罪现场调查卷宗：入室盗窃》。里面描述了手套是如何用来作为当时审讯的证据。

最大的司法科学培训方案

司法罪案现场调查最全面的培训项目是由在美国诺克斯维尔的田纳西大学的国家法医学院提供的。在16个地区进行的为期10周的培训课程竞争十分激烈，只有已在执法机构受聘的人员才可以报名。自2001年起，总共609人从此培训课程毕业。上图是执法改革中心项目经理唐娜·凯利展示由策划人帕特里夏·康韦尔捐赠给大学的案件珍藏品。插图是学生在检测被烧毁的汽车残骸中的"尸体"。

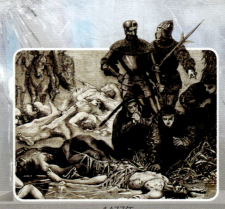

法庭科学取证的多样化

术语"forensic"简单地说意思就是"适合法庭的"，它被应用于各种犯罪案件中。"法律财会学"指的是针对财务不当状况的深入调查，如诈骗或贪污公款。"计算机法学"是对计算机技术的详细分析。"司法精神病学"是对精神不稳定的犯罪者的研究，而"法庭语言学"领域包括从口语或书面语的密切分析到确认作者身份或确立法律意义。

1248年：法医昆虫学的首次使用

根据著名法医生物学家马克·贝内克（德国），对从犯罪现场和尸体还原的昆虫的研究可以追溯到一本55卷的法医学教科书，名为《洗冤录》。它的作者宋慈，是中国的法学家和法医专家。一次在调查一起稻田致命伤人事件时，宋慈让工人们放下镰刀。很快，丽蝇都被由看不见的血迹覆盖着的镰刀吸引过去，迫使镰刀的主人承认了自己的犯罪事实。如今人们都知道丽蝇，如黑颊丽蝇等，喜欢将自己的卵产在新鲜血液中。

《洗冤录》中也描述了如何辨别溺亡和窒息死亡。这是首次利用医学知识解决犯罪问题的文字记载。宋慈的方法包括利用对喉部软骨的损伤调查来判断窒息等谋杀案件。

1302年：首次法医尸体解剖

意大利医生巴尔托洛梅奥·达·瓦利尼亚那在1302年首次进行了法医学尸体解剖，作为对一个贵族谋杀嫌疑人进行调查的一部分。在1321年巴尔托洛

约公元前250年
首次测谎仪测试

1248年
法医昆虫学的首次使用

1302年
首次法医尸体解剖

1477年
首次利用牙齿确认尸体身份

首次使用DNA分析

亚历克·杰弗里斯爵士（英国，见上图）在英国莱斯特大学发明了脱氧核糖核酸（DNA）指纹技术，并首次在《自然》杂志上（314卷，第67—73页；1985年3月7日）发表了关于它的潜能的文章。他在1985年春季通过确认了一个牵涉到移民争议的孩子的父亲身份首次证实了此技术的实用性。

这被用于作为对他定罪的主要证据。

1835年：首次法医子弹比照

1835年，一名来自英国南安普敦的叫做马克斯韦尔夫人的女性，在家中被枪杀。她的管家，约瑟夫·兰德尔声称发生了一连串的强盗交火。然而，当亨利·戈达德（英国）——早期英国警署弓街侦探——检查兰德尔的枪和子弹时，他发现现场所有的子弹上都有同样的凸起，包括杀死马克斯韦尔夫人的子弹以及兰德尔声称的射向他的子弹。戈达德发现在子弹射出的枪膛模具中有个相应的大头针大小的洞，证明凶手就是兰德尔本人。

1883年：首次法医学面部重塑

1883年，解剖学家及人类学家赫尔曼·韦尔克（德国）证实了人类面部肌肉和软组织结构可以在颅骨上重塑和叠加，以创造出人原本样貌的效果。这一过程成为当代犯罪和人类法医学面部重塑的基础。

1896年：首次使用指纹系统

最早的有效指纹识别系统——被称为指纹学——是英属印度警署的监察长爱德华·亨利在1896年开创的。他后来成为英国伦敦大都会警署的专员。

法政艺术

自1982年以来，洛伊丝·吉布森（美国）利用她的艺术才能协助对罪犯实施法律制裁。事实上，她获得了如此大的成功以至于她赢得了自己的吉尼斯世界纪录头衔，即**靠艺术家的综合能力而使最多罪犯被明确认定**。迄今为止，在美国田纳西州这位天赋的法政艺术家所拥有的综合能力已协助制裁超过1000个犯罪者。

洛伊丝目前在得克萨斯州休斯敦的警局工作。她的卓越事业始于非常戏剧性的方式：她曾遭受了残酷的、危及生命的侵害。这次触目惊心的经历给了这位前街头艺人以灵感，她搬到了休斯敦并为这个城市的警局服务。她的前两次素描并没有多大的影响力，但第三次帮助确保了对罪犯的定罪。自此以后，她就再也未曾走回头路了。

洛伊丝的工作不仅要求有艺术才能，还要有极大的耐心。"要（让受害人）记起他们最不愿记得的事情，"她说道。

右侧的照片是唐纳德·尤金·达顿，一个在逃犯。他多次用枪射击一个叫迪森的警官并开车从他身上碾过，拖着他前进了17米。坐在意识半清醒的警官的病床边，洛伊丝让他描述他的袭击者并绘制了右边的素描。

几天后，达顿在商店行窃时被抓，因为他与洛伊丝的素描形似而被认出。在警官迪森的病房里，一组人成阶梯状排列。警官认出了达顿就是袭击他的人。

梅奥去世之前，他还参与了一系列其他的依法律要求进行的尸体解剖。

1477年：首次利用牙齿确认尸体身份

15世纪的大胆的夏尔，即勃艮第公爵，计划在法国和德国之间建立一个独立国家。这造成了相当严重的政治紧张气氛。武装冲突接踵而至，夏尔在1477年1月5日的南希之战中被杀。他的尸体被严重毁坏，在战场上被搁置了三天。但他的侍从从他的牙齿状态确认了他的身份——他几年前在一次摔伤中掉落了几颗牙齿。

1784年：首次通过法医鉴定材料配对确认罪犯

1784年，来自英国兰卡斯特的约翰·汤姆斯，被审讯并判为枪杀了爱德华·卡尔肖。在卡尔肖的尸检过程中，一个弹垫（碾碎用来确保弹药置于枪口之内的纸团）在受害人头部伤口中被发现。它与在汤姆斯口袋中发现的被撕碎的报纸完全匹配，

1883年
首次法医学面部重塑

1896年
首次使用指纹系统

考古

象形文字可以是从左至右、从右至左或从上至下书写

数字集锦

18英里

2014年7月开凿的隧道的长度,在比利时从伊普尔到帕斯尚德勒曾经的战线上——是**在一战战场上开凿的最长隧道**(28.9千米)

4000

2009年7月5日,特里·赫伯特(英国)在英国的斯塔福德郡发现的可追溯到大约公元前7世纪的金属制品数量——这是**盎格鲁撒克逊时期留存的最多的金属制品**

8000+

中国的秦始皇陵中真人大小的"兵马俑"雕塑个数(见第153页)

11,000年

人们居住在属于巴勒斯坦领土的杰里科城(**最古老的持续有人居住的城市**)的时间

第一个……

被卫星遥感发现的古埃及遗址

1996年,来自东海大学和早稻田大学的日本高级研究人员通过卫星感应探测了尼罗河的西岸。他们发现了一个不寻常的地貌,开凿后证实是一个图坦卡蒙时期的泥砖砌成的墓穴。它被命名为"代赫舒尔北",是第一个从太空发现的古埃及遗址。

计算机应用程序提供国家级考古遗址访问权

2013年11月7日,威尔士启用计算机应用程序对考古数据进行分类,并允许考古数据资料之间的交互应用。阿彻威力尔("检测"网)受威尔士四大考古信托公司的委托,提供全国超过100,000个遗址的公开访问权。

象形文字

这些神圣的雕刻文字被古埃及人刻在石碑上来表达他们的宗教信仰。最古老的例子可追溯到公元前3400年至公元前3200年。这些文字在1999年埃及的阿拜多斯被发现。

相比较,**最新出土的象形文字**是在菲莱神庙的哈德良门上,此庙坐落于埃及尼罗河的一个岛屿上。这些文字可追溯到公元394年8月24日。

历史最悠久的……

棋盘游戏

考古学家在现代埃及的阿拜多斯和塞加拉的前王朝及第一王朝墓地发现了可追溯到公元前3500年至公元前3100年的塞内游戏(名为《通过》)。这个游戏代表与太阳神重聚的征程。两个玩家将自己一方的七个棋子沿着由三排每排十个方格构成的棋盘移动。将棋子移动越过对方区域并率先走完棋盘的玩家获胜。

军队的描绘

最早的军队出现在大约公元前3000年,最著名的是在美索不达米亚(大部分位于现今伊拉克)的苏美尔文化中。最古老的、有组织的、可被称之为军队的形象出现在乌尔王的皇家器物上。这个木质的盒子上画着战争时期和和平时期的场景,是20世纪20年代由考古学家伦纳德·伍利爵士从苏美尔城邦内挖掘出的。上面刻画着带着长枪和战斧的轻型步兵以及头戴很重的头盔、拿着长矛的重型步兵。

最高的考古遗址

1999年,约翰·莱因哈德博士(美国)和一个由国家地理学会赞助的团队在22,000英尺(6706米)高的尤耶亚科顶峰发现了三具印加人的木乃伊遗骸。尤耶亚科顶峰是阿根廷萨尔塔的一个火山。这些木乃伊,其中两具上图可见,都保存的非常好,有完整的器官,肺部和心脏有血液。

这些木乃伊遗骸是大约500年前作为献祭的儿童的。被封冻的状态有助于保存他们的躯体。专家相信这些是世界上保存最完好的木乃伊。

鞋类(本物溯源)

1938年,俄勒冈大学的卢瑟克雷斯曼(美国)在美国俄勒冈州的堡垒石窟中发现了几十只老式的草鞋。这些草鞋由灌木蒿编制成,很有可能是美国北部的当地人穿的,其中十只草鞋已碳化,可追溯到9300年到10,500年前。这是严格意义上可追溯到的最早鞋类本身的标本,而非来自于它的沉积物或周边的物品。

人类排泄物

2014年6月25日在科学期刊*PLOS ONE*(公共科学图书馆)上发表的一篇文章鉴定了最早为人所知的人类排泄物的年代是大约50,000年前。样本发现于西班牙阿利坎特附近的井盐穴居人露营地,并且在美国麻省理工学院进行了气相色谱分析。证据

最早确认的格斗士墓地

1993年,来自奥地利维也纳大学的一个团队在土耳其以弗所工作时发现了一个20平方米的堆满人骨和绘制了格斗士浮雕墓碑的区域。68具人类骨骼被确认,都带有与竞技场格斗生涯相符合的创伤。分析证实这些创伤都与格斗士所使用的武器以及他们的格斗方式相符合。

1343米 苏格兰的格兰扁区的本内维斯山的高度,是不列颠群岛上的最高山

也进一步支持这一理论，即尼安德特人属于杂食者，既能消耗植物性食物，也能消耗肉类食物。

现代人的骨骼

已知最老的现代人骨骼——我们的同类——在1967年埃塞俄比亚的基比什被发现。2005年，弗兰克·布朗（美国犹他大学）、伊恩·麦克杜格尔盖尔（堪培拉澳大利亚国立大学）和约翰·弗利格尔（美国纽约州立大学石溪分校）重新分析了骨骼周围的矿物储量和火山碎屑。他们得出的结论是这些实验对象已有195,000年的历史。

第一个发现的石器时代的山洞壁画

来自西班牙坎塔布里亚省的埃尔卡斯蒂约洞穴的动物壁画和手印发现于19世纪70年代，被证实至少有40,800年历史。这使它们不仅成为最古老的山洞壁画，也成为有史以来**最古老的绘画形式**。

最大的考古档案馆

英国伦敦博物馆的一部分——伦敦考古档案馆和研究中心储藏了自1830年以来伦敦超过8500个古迹的材料，包括从莎士比亚的玫瑰剧院到城市的罗马圆形露天竞技场的材料。

人造的膜拜圣地

1994年，由德国海德堡大学的克劳斯·施密特（德国）带领的一个团队开始在土耳其东南部挖掘哥贝克力山丘遗址。六个环状巨石阵被发现，由9英尺高（2.7米）的巨石建成，被石墙包围。其中包括刻着当时祭祀用的动物的T型柱。没有发现人类居住的迹象，这使得哥贝克力山丘成为一个纯粹的祭坛。这些石圈属于新石器时代，可追溯到约公元前10,000年——比英国威尔特郡的史前巨石柱的建造早大约7000年。

花镜

1981年英国伦敦市的考古学家发现了一副可追溯到15世纪的眼镜。它是设计夹在鼻子上的，边框由牛角制成。发现的时候镜片已经遗失。

海难

1975年8月23日，希腊海洋考古研究所的彼得·思罗克莫顿（美国）在希腊爱琴海的佐科斯岛发现了沉船残骸。水下20米处的一大堆陶制品被发现，相信是船上的货物。考古学家乔治·帕帕瑟纳索波罗斯（希腊）鉴定了沉船残骸的年代为公元前2200年。截止到2015年，它已有4215年的历史。

海盗船

2008年和2010年，在爱沙尼亚的萨雷马岛上发现了两艘海盗船。船体外壳的木头已经腐烂，但船上的铁质铆钉使考古学家们能够追踪到他们的概况。这些轻快的战舰中装满了人工制品，可确认属于斯堪的纳维亚人所有。放射性碳测结果显示他们的年代可追溯到公元700年至750年，比公认的海盗时代的到来提早了50年至100年。

已知的最大的个人墓穴

统一中国的第一个皇帝秦始皇的最终安息之所，坐落于一个355米×345米的土冢之中，恰好是中国北京紫禁城面积的四分之一。这个三层的陵墓是秦始皇都城咸阳宫殿的微缩版，是世界三大墓穴之一，也是唯一一个确定专为特定的个人建造的墓穴。

👤 公元前5000年前最好的东西

破纪录的考古发现食品可能由什么构成？

我们可以从**最古老的一碗面**（见上图）开始，它是2005年10月在中国西北部的喇家考古遗址被发现的。粟米制成的黄色细面条被保存在反扣着的碗下面，处于地面以下3米处，已有大约4000年的时间。

与之相应，你可以试试**最古老的葡萄酒**……但你得通过罐子上的陶瓷碎片去品尝。这种酒的实物证据可追溯到大约公元前5000年。它是1968年在伊朗的哈芝菲鲁兹山丘被发现的远古罐子（见右图）中的残余物。黄色残渣中包含两种葡萄酒元素的证据，其中之一是果酸，是葡萄富含的一种化学成分。

最古老的啤酒可追溯到大概同一时期。这种酒的文字记载始于大约公元前5000年，在美索不达米亚地区被发现。1973年，一个来自加拿大的安大略皇家博物馆的考察队发现了这种酒的实物证据。它是伊朗戈丁山丘遗址中的一个坛子里的残留物，可追溯到大约公元前3500年。

我们可以确定的**最古老的蛋糕**（见下图）。这个直径11厘米的美味佳肴上面有芝麻，里面有蜂蜜，可能还有牛奶成分。它被真空密封在佩皮翁的个人墓穴中，他生活在大约公元前2200年的古埃及。

最后，也许可以尝尝**最古老的巧克力**？2007年，来自美国康奈尔大学的一个团队在可追溯到公元前1150年的陶瓷样品中发现了可可。他们是在处于南美的洪都拉斯埃斯孔迪多港附近的遗址被发现的。

遥控技术

1997年"旅居者号"在执行火星探路者号的任务时成为**第一个通过遥控在另一个星球漫步的机器**

数字集锦

10秒
由阿瑟·M.扬（美国）在1942年发明的第一架遥控直升飞机第一次飞行的时长

74.5英里
"高飞"号一架微型无人驾驶机最长的飞行距离（120千米）；这是由俄克拉何马州立大学和加利福尼亚州立大学（都位于美国）合作的一个项目

36.9米
卡森幻影6S，一辆遥控汽车模型的最长坡路飞车距离，由托马斯·施密罗贝尔（德国）所操控

8克
最小的遥控直升飞机模型的重量：小黄蜂MX-1，由银辉玩具制造有限公司（中国）制造

100英里/小时
最快的由硝基提供燃料的遥控汽车能够达到的速度（160千米/小时）

最多的遥控直升飞机模型同时进行的航空表演

2013年9月8日，在无线电控制直升飞机协会（RCHA，英国）所组织的一场赛事上，98架直升飞机在英国莱斯特郡的普雷斯特伍德·霍尔飞行场同时飞行一分钟。就在同一天，53架飞机倒转飞行一分钟，RCHA也因此创造了最多架遥控直升飞机模型同时翻转进行航空表演的纪录。

24小时内无线电控制（遥控）航模行驶的最远距离

2002年5月4-5号，由弗朗西斯·麦克诺顿所建造，由迈克·沃茨和保罗·埃利森（都来自英国）操控的一般比例为1:32的42型驱逐舰模型HMS"格洛斯特"号，在英国康沃尔郡的布德航海节上行驶了121.59英里（195.68千米）。

24小时内遥控（RC）汽车模型行驶的最远距离

2013年4月20日，戴维·史蒂文斯（澳大利亚）驾驶着比例为1:10的方程式1号汽车模型，在澳大利亚维多利亚市坦普尔斯托郡的坦普尔斯托平地赛车俱乐部行驶了38.28千米。他完成了374圈的比赛，是只用一组电池完成的遥控汽车模型行驶的最远距离。戴维的纪录推动了遥控F1赛事。

2011年7月24日在德国松纳贝格的塔米亚赛车会上所取得的成绩。遥控（RC）汽车模型行驶的最远距离是34.19千米，由安娜-施密特-舒尔（德国）模型小组成员于取得。

多螺旋桨遥控直升飞机模型飞行的最长时间（时长）

2014年8月22日，

在美国奥尔良市的帕克代尔，福里斯特·弗朗茨和弗朗茨的家庭成员（都来自美国）放飞一架自建多螺旋桨直升机模型（比普通飞机多两个螺旋桨的无人驾驶飞机），飞机飞行了1小时39分23秒。

第一次……

无人驾驶飞机飞越太平洋

2001年4月23日，一架诺思罗普·格鲁门RQ-4"全球鹰"无人驾驶飞机连续飞行了22个小时，它从位于美国加利福尼亚州的爱德华空军基地起飞，降落在澳大利亚的阿德莱德市爱丁堡的澳大利亚皇家空军基地。这次飞行创造了一个纪录，**无人机飞行最远距离**：13,219.86千米。

手机遥控飞行器

2010年于帕罗（法国）无线电技术开发公司引进

第一个无线电视遥控器

1955年由美国真力时电子引擎的"真力时快速驱动"遥控器长得很像一个科幻片里的激光枪。它通过点击电视机里的四块光电池所对应的火把形电筒来调节图像、开关声音和更换频道。多数现代的遥控器不再使用原来的可见光，而是使用光谱上的红外线部分来进行遥控。

这个增强现实遥控飞行器是一个低空飞行、由螺旋桨供能的飞行器，用于增强现实游戏。四螺旋桨遥控飞机可由iOS系统和安卓系统经由Wi-Fi共同控制。

上面装载的照相机使玩家能够从飞行器的视角看到景色，从而更加容易捕捉视觉上的目标。这架飞行器充电90分钟可以飞行12分钟，高度达到50米，尽管其稳定飞行的极限为6米。

遥控注入激素

微芯片公司（美国）发明了一种新型的避孕药。它以芯片的形式被植入皮下。芯片只有20x20x7毫米大小，可以使用最多16年的时间，只要每天注入30微克剂量的左炔诺孕酮激素即可。遥控可以按照需要对芯片进行开关。临床试验将从2016年开始，并预计2018年开始销售。这种芯片也可以按需释放其他药品，或者按照预先设定的程序时间进行释放。

无人驾驶飞机飞行最长时间（时长）

碳纤维、高海拔、长时间飞行（HALE）侦察机"西风"号于2010年7月9日上午6:41分在美国亚利桑那州的美国陆军尤马试验场起飞。它连续空中表演336小时22分8秒——多于两周的时间——然后于7月23日降落。这次飞行创造了一个纪录：**迄今为止使用太阳能的无人驾驶飞机飞行的最高海拔**：70,740英尺（21,561米）。

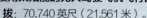

遥控装置操控的最深潜水

海洋中最深处是马里亚纳海沟的挑战者深渊区，临近西太平洋的关岛（见第23页）。1995年3月24日，日本的探测船首次探索这个海平面以下10,911.4米的极限之地。到2003年，这艘船已经做了250次潜水，收集了海洋物种和细菌，后者在医学研究领域具有很高的潜在价值。

太空遥控机械臂

于1981年11月12日发射的加拿大制造的远程航天器操控系统，也就是加拿大机械臂1是一个装载在美国航天器太空舱上的多目的遥控机械臂。

它第一次使用是被安装在执行STS-2任务的"哥伦比亚"号航天器上，它能在太空中携带最多332.5千克荷载。随后它发展成为国际空间站大容量系统。

卫星遥控的卡车制动

2003年10月，卫星安全系统公司（美国）使用摩托罗拉卫星数据网给一辆远在850千米以外的汽油卡车仪表板中的接收器发送了一条"停止"信息。远方的卡车使用一小块方形卫星天线接收到了指令，并在40秒钟的时间里缓缓停了下来。

这项技术被安装在用于恐怖活动的有潜在危险的车辆或卡车上，警察也可以通过此技术叫停一台被偷车辆。

最小的遥控模型……

汽车

2002年，在日本东京，日野通弘（日本）以完美的1:90的比例制造了一辆25毫米长的梅赛德斯—奔驰Smart汽车模型。在完全充电的情况下它可以行驶大约15分钟。

帆船

由克劳迪奥·迪奥拉伊蒂（意大利）制造的一艘船长5英寸（12.7厘米），宽2英寸（9.08厘米），高1英尺2英寸（35.56厘米），有桅杆、龙骨和电灯，这是在2007年11月14日法国尼斯市测量的数据。克劳迪奥制造这艘船使用的是玻璃纤维和其他建造真正的船只使用的材料。

飞机

约翰·韦克菲尔德（英国）在英国兰卡斯特发明了一架翼长69毫米的无人驾驶飞机，于2010年10月27日亮相。

直升飞机

由银辉玩具制造有限公司（中国）制造的内诺·福尔肯直升机在中国香港测量长5.85厘米，高4.55厘米，宽1.73厘米，并且还有一个尺寸为5.91毫米的螺旋桨。它于2014年12月5日在日本首次出售。

最贵的无人机

2013年3月，美国总审计局的一份报告显示，诺思罗普·格鲁门RQ-4"全球鹰"号无人机上的一个部件价值2.22亿美元（1.46亿英镑）。"鹰"在30个小时内能够飞行65,000英尺（19,800米），上面安装了一套强大的雷达、光缆和红外传感器，足以使它能够检查美国伊利诺伊州大小的领域。2014年9月，AV1——第一个"全球鹰"号——做了第100次飞行。

！ 小知识

两架"全球鹰"飞行器为美国航天航空总局完成了高海拔科学任务。他们飞行12,600英里（20,277千米），卫星连接使得地面观察者能够看到并实时评估数据。

美国空军

军事技术

1487年，**莱奥纳尔多·达·芬奇**设计了**坦克的原型**，大约在1485年，他设计了**降落伞**

服役最长的可变后掠翼战斗机

俄罗斯米格-23歼击机（北约代号"鞭挞者"）1970年首次服役。截止到2015年，它依然在一些国家使用，包括朝鲜、叙利亚和古巴。"可变后掠翼"指的是米格的机翼可以通过改变角度改善空气动力性能。

第一次……

海军遭遇的空袭

1914年圣诞节，德国飞机袭击了驻扎在黑尔戈兰湾的英国海军——哈里奇舰队。然而这次事件并没有造成损伤。1918年7月19日，**第一次成功的对海军的空袭是在一艘舰艇上针对陆地**目标进行的。当时7架索普威思2F.1骆驼战斗机从英国皇家海军舰艇"暴怒"号上起飞，凭两次单独飞行，在德国石勒苏益格-荷尔斯泰因州的同德恩击溃了策佩林飞艇。被骆驼战斗机的首轮攻击就摧毁了的是策佩林L.54和L.60型号飞艇。

坦克

威廉·福斯特有限公司（英国）生产了"林肯1号"，后来经过改进，更名为"小威利"。1915年9月6日该车首次投入使用。坦克首次参加战斗是在机枪军团，后来在1916年9月15日，法国弗莱尔-库尔瑟莱特之战中服役于坦克军团。

1918年4月24日，**第一次坦克对坦克的战斗**在法国维莱布勒托讷展开。当时三辆英国马克IV坦克对阵三辆德国A7V坦克。两辆英国坦克损毁后撤退了，但第三辆装备了重达6磅枪支的坦克停了下来，给枪手提供了一个稳定的平台来射击。德国A7V翻了，成为了第一辆被报废的坦克。然而后来披露出德国坦克只是冲下了一个陡峭的斜坡，然后翻了车。

海军战斗中的飞机

1916年5月31日日德兰战役见证了飞机在海军战斗中的第一次应用。在英德巡洋舰已经有过接触之后，空军上尉F.J.拉特兰驾驶8359号水上飞机在下午15:08从恩加丹尼号皇家海军舰艇出发侦察。他和他的观测员汇报了敌方巡洋舰航线的数次变化，直到汽化器管破裂限制了他们的行动。

第一架超音速无人驾驶战斗验证机

2013年8月10日，由英国国防制造商英国航空航天系统公司制造的"雷神"在澳大利亚伍默拉试验场进行了它的第一次飞行试验。作为高度机密的隐形战机，它的设计展示了无人战机在情报收集、监测、确定目标和自主攻击方面具有多任务同时处理的复杂功能。

第一个集思广益的军用车辆设计

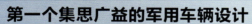

由洛克汽车公司和美国国防部高级研究计划局制造的快速机动运输车XC2V FLYPMode采用了150多人的设计理念。为了取代悍马，2011年6月底，原始设计完工还不到3个半月，设计图纸就被呈给了奥巴马总统。

第一架涵道风扇无人机

由位于以色列亚夫涅的战术机器人技术有限公司研发的"空中骡子"是一种垂直起降的无人机。这是第一架也是仅有的一架没有旋翼的无人机。它的升力风扇在内部，由位于无人机后部的两个涵道风扇提供推进力。"空中骡子"可以在40平方米的区域内起飞；而任何其他的直升机这样做都会有毁坏旋翼的风险。

最常见的歼击机（主动）

根据《国际飞行》发布的2014年世界空中力量报告，由通用动力公司/洛克希德·马丁公司制造的美国F-16战隼是最常见的主动作战飞机，共2281例，代表了世界上15%的战机。1974年1月20日首飞。

携带自身防御战机的飞艇

1918年11月3日，英国维克斯R-23飞艇在英国诺里奇附近的普汉姆航空站首次携带并发射了一架索普威斯"骆驼"无人双翼飞机。它在其控制装置关闭的情况下安全地滑翔到地面。同年11月6日，中尉R. E. 基斯承担了驾驶索普威斯"骆驼"第一次载人飞行的任务，在914米的高度从R-23飞艇上发射，在地面上发动了引擎，并在普汉姆着陆。

现代隐形飞机在战斗中的应用

隐形飞机不能被敌方雷达发现的特性给武器投射打开了新的局面。第一架投入使用的这类战机是由洛克希德·马丁公司制造的美国F-117战鹰。它于1981年首飞，直到1988年11月以前一直保持保密状态；一共制造了64架飞机。1989年12月美国入侵巴拿马，第一次在战斗中应用该飞机轰炸了里奥哈托机场。

无人机的攻击

2002年11月3日，美国中央情报局出动了一架美国通用原子公司生产的RQ-1"掠夺者"无人机，对在也门的6名所谓基地组织成员发射了一枚AGM-114"地狱之火"空对地导弹。

军队"蜘蛛侠"

2014年6月5日，美国国防高级研究计划局宣称其Z-Man计划已经成功展示了一种便携式的吸板能够使士兵爬上垂直表面——即使负重50磅（22.68千克）。这种吸板根据壁虎脚趾上的粘合剂原理研发，能够轻易吸附和脱离。这项技术最终将在一定程度上取代绳子和梯子。

海军机器人演示对船只的攻击

小型船舶可以在大型海军船无法灵活操纵的狭窄水道对其进行攻击。为了应对这一威胁，同时也为了使小型船舶聚集在有威胁的船周围使其攻击失败，美国海军研究办公室开发了一项能够适用于几乎所有船舶的设备，将其转化成无人驾驶的水面攻击船。2014年8月在美国弗吉尼亚州的詹姆斯河，这项名为机器人指令和感应控制装置的技术首次演示。

最大的航空母舰

美国尼米兹级航空母舰将被杰拉尔德·R. 福特级航空母舰取代。截止到付印时，新级别的首舰，"杰拉尔德·R. 福特"号航空母舰正在装配，预计于2016年全面交付使用。其满载排水量约为10.1万吨。

美国"杰拉尔德·R. 福特"号

考虑到其巨大的尺寸和先进的技术，"杰拉尔德·R. 福特"号航空母舰（CVN-78）已经积累了若干吉尼斯世界纪录的称号。

这艘航母既是**最大的航空母舰**（见左下图）又是**最大的核动力航空母舰**。上图为政府官员和杰拉尔德·福特（美国前总统）的家人在2007年1月美国华盛顿举行命名仪式时向这艘航母的模型致敬。

"杰拉尔德·R. 福特"号航空母舰也是**第一艘使用全面三维产品模型设计的航空母舰**，应用了被称为CATIA（计算机图形辅助三维交互式应用）V5R8版本的软件技术。这是由达索系统公司（法国）开发的3D产品生命周期管理软件集。CATIA帮助完成整个产品生命周期的创造，从最初的设计、策划，到最后的制造。这个软件集也有助于改善武器处理程序从而提高在既定时间内出动架次的可能性。

从航母发射时，飞机的飞行速度必须加速到非常快的程度，因为甲板的可用长度相对较短。"杰拉尔德·R. 福特"号航空母舰将装配电子电磁飞机发射系统（EMALS），**最先进的航空母舰飞机弹射装置**。作为弹射装置的新生代，EMALS应用电磁轨道炮技术研发，能够提供比现有发射装置更加平稳及可控的发射力度。EMALS系统需要大量的空间，但是不需要众多水手操作，同时也不需要在整条船体安装危险的蒸汽管道，所以它将更为安全高效。当然，所有这些技术花费不菲。130亿美元（81亿英镑）的价格使得美国"杰拉尔德·R. 福特"号航空母舰将成为**有史以来最昂贵的航空母舰**。

！小知识

杰拉尔德·R. 福特号航空母舰长度为1092英尺（332.8米），舰体宽134英尺（40.8米）。图为2013年11月9日在美国弗吉尼亚州纽波特纽斯举行该航母的下水仪式。

太空探索

最年长和**最年轻**的宇航员**年龄相差52岁**

数字集锦

1890
截止到2015年2月，太阳系外行星百科已证实的系外行星的数目

12
在月球上行走过的人数

17千米/小时
美国国家航空航天局的约翰·扬和尤金·塞尔南（均为美国）在不同的登月行动中分别驾驶月球车在**月球上实现的陆上急速纪录**

108分钟
1961年由尤里·加加林（苏联，现俄罗斯）实现**首次载人航天的**持续时间

40亿千米
"新视野"号（见下文）的行驶距离

第一次……

在其他星球上"自拍"

2012年9月7日，美国国家航空航天局的"好奇号"在火星上漫游时，用其中一个机械手臂末端上的照相机拍摄了一幅单帧自拍照。

1966年7月18日，迈克尔·科林斯（美国）在"双子座10号"太空舱中完成了**人类太空中的第一次自拍**。

太空种植

1995年10月10日，"哥伦比亚号"航天飞机载着重要货物发射：5片马铃薯叶。"哥伦比亚号"在轨道上环绕地球飞行了16天。期间，为了促使其生

速度最快的飞行器

一艘宇宙飞船发射的最快速度达到36,250英里/小时（58,338千米/小时）。这项任务由美国国家航空航天局的"新视野"号飞船完成。"新视野"号于2006年1月19日在美国佛罗里达州开普卡纳维拉尔角由宇宙神五号运载火箭发射升空。在其飞行的第九年，"新视野"号探索矮行星冥王星及其卫星。这是"新视野"号的第三次尝试，前两次发射均受强风影响而中止。

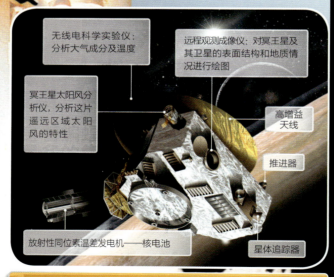

无线电科学实验仪：分析大气成分及温度

远距观测成像仪：对冥王星及其卫星的表面结构和地质情况进行绘图

冥王星太阳风分析仪，分析这片遥远区域太阳风的特性

高增益天线

推进器

放射性同位素温差发电机——核电池

星体追踪器

➕ 更多发现：如今的"新视野"号

2014年12月6日，"新视野"号在地球上的任务控制中心将其从休眠状态中唤醒。随着探测进入实际操作阶段，应该及时对柯伊伯带VNH0004号天体进行远距离勘测，以便在2015年7月开始观察冥王星及其卫星。这将是人类首次深入研究太阳系冰冷的外区域内天体的组成及演化。

长，这5片叶子被放在植物生长设备中——一个水量、营养素和紫外线能够被准确控制的特殊植物培养箱。任务结束时，这些叶子已经长出块茎。

太空伴侣机器人

"希望"号是第一个被送往太空会说话的机器人，于2013年8月9日抵达国际空间站。它的主要目的是陪伴宇航员若田光一（日本）。受卡通人物"阿童木"的启发，"希望"号用日语与人交流并且保存着与若田的对话记录。

最长……

太空漫步

吉姆·沃斯和苏珊·赫尔姆斯（均为美国）2011年5月11日进行了8小时56分的舱外活动。他们的工作是在国际空间站为意大利的货物舱"莱昂纳多"号腾出空间，"莱昂纳多"号为国际空间站运送物资和设备。

外星球的轨道勘测

截止到2015年3月5日，"卡西尼"号太空探测器已环绕土星飞行10年零249天。

最大的载人太空舱

2014年12月5日，"猎户座"飞船由德尔塔4号重型火箭运送发射升空，"猎户座"飞船直径5米，内部居住空间为8.95立方米。之前美国国家航空航天局的太空舱与现在中国和俄罗斯的模型一样，最多只能搭载3人。"猎户座"可以搭载4名宇航员前往外太空或搭载6人进行低地球轨道运行。

"卡西尼"号原来的任务是绕土星轨道飞行4年，但因为获得了额外的资金支持，它至少可以运行到2017年。

最大的……

太空菜单

俄罗斯的宇航员在太空站有300多种不同的食物可供选择。俄罗斯宇航员的每日菜单可谓丰富多彩，包括土豆泥、苹果味的压缩饼干、俄罗斯红菜汤、匈牙利红烩牛肉、米饭配肉、芝士菜花、水蜜桃和坚果。

如果他们希望对着景色进餐，他们可以前往国际空间站的穹顶舱。由7个透明板组成的圆顶，最大直径2.95米，穹顶舱是**太空里最大的窗户**。

记录月球的撞击

2013年9月11日，西班牙韦尔瓦大学的天文学家发现了月球上一道明亮的闪光。这是由一颗重约400千克的陨石以61,000千米/小时的速度撞击引起的。击中目标时，陨石撞击所释放出的能量相当于15吨的TNT炸药爆炸的威力。

6168米 位于美国阿拉斯加的麦金利峰（亦称德纳里峰）的最新测量（2013年）高度——是北美最高峰

太空葬礼

1997年4月21日，美国的"飞马座"火箭装载着24名太空探索先驱者的骨灰飞往太空，其中包括"星际迷航"的创建者吉恩·罗登贝瑞（美国）和前火箭科学家克拉夫特·艾瑞克（德国）的骨灰。

最······

活跃的环绕外星球轨道运行的探测器

截止到2014年12月，已有5艘飞船绕火星运行。按到达顺序排列，它们依次是："火星奥德赛"号（美国国家航空航天局，2002），"火星快车"号（欧洲航天局，2003），火星勘测轨道飞行器（美国国家航空航天局，2006），火星大气与挥发演化（美国国家航空航天局，2014）和印度的首次探测，火星轨道探测器（亦称曼加里安号，2014）。

离地球最远的人造飞行器

1977年9月5日发射，截止到2015年2月10日，美国国家航空航天局的"旅行者1号"探测器距离地球195亿6900万千米。其姊妹号"旅行者2号"是访问行星次数最多的探测器，它还造访了4颗气态巨行星——木星、土星、天王星和海王星。

在太空停留时间最长的人

谢尔盖·克里卡列夫（俄罗斯）执行过6次太空飞行任务，太空中的总飞行时间达到803天9小时39分。他在2005年以国际空间站指挥官的身份执行最后一次任务。

第一个水星轨道飞行器

仅仅是第二次到水星进行探测，美国国家航空航天局的"信使"号宇宙飞船（英文全称：**Me**rcury **S**urface, **S**pace **En**vironment, **Ge**ochemistry and **R**anging，意译：水星表面，太空环境，地球化学和广泛探索）于2011年进入了轨道，环绕太阳系最小行星运行。其重要发现之一是在水星北极地区的永久阴暗区陨坑深处可能存在冰水，并且在水星表面有大量的硫，这表明过去这里可能有火山喷发。

火星上工作时间最长的探测器

截止到2015年2月18日，美国国家航空航天局的"机遇"号已经在月球表面服役11年零24天，即4042天。

"机遇"号和它的双胞胎探测器"勇气"号于2004年在火星着陆。2010年3月22日，美国国家航空航天局与"勇气"号失去联系，2011年宣布任务结束。但是"机遇"号仍旧状态良好，着陆后移动了超过26英里（41千米）。

🧑 在彗星着陆

2014年11月12日，太空探索有了历史性突破，"菲莱"号成为第一个在彗星着陆的探测器，但任务并不是完全按照计划进行的……

2004年，欧洲航天局发射了载着"菲莱"号软着陆飞行器的"罗塞塔"号飞船。2014年8月6日抵达目的地——67P彗星/丘留莫夫-格拉西缅科。"罗塞塔"号进入彗星轨道后，11月，欧洲航天局准备部署"菲莱"号。

着陆器历经7小时的飞行后，在国际协调时间15:34着陆。欧洲航天局任务控制中心（见下图）的所有人都对此进展都感到十分高兴，直到……

由于彗星的低重力，鱼叉（见右图）本应抛到彗星表面使其固定，推进器也应防止其反弹。然而，这些着陆系统没有起到作用，"菲莱"号在距离地面1千米的地方弹了回来。

国际协调时间17:25时，"菲莱"号又一次着陆并再次被弹开，最终停在了当前的阴暗位置，距离预计着陆地点很远。由于电池电量不断减少，在11月15日失去联系之前，它在刚刚好的时间内采到了一些样本。欧洲航天局仍认为这次任务是成功的，因为已达到所有主要目标。

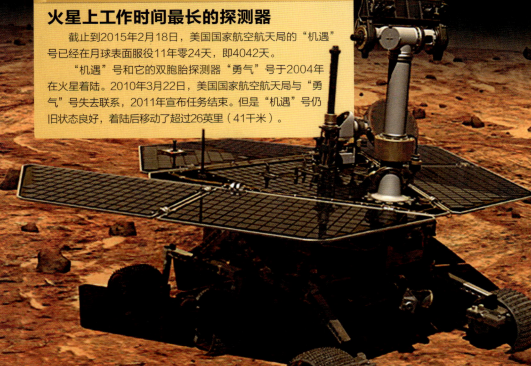

行进中

最大的机动模型车（13.62米长）是**道路上行驶的最小汽车**体积的20倍以上

绍，见第161页。

数字集锦

5
艾德·奇纳（英国）保持了"最快的家具"这一纪录

68千米/小时
最快的卫生间：
博格·施坦达德是一辆普通的侧三轮摩托车，上面载有一个洗手间，配备浴缸、手盆和洗衣桶

92千米/小时
最快的移动游戏装置：
行驶在英国伦敦，可容纳三名乘客玩家庭游戏

94千米/小时
最快的花园棚车：
2011年4月1日，在意大利米兰被用来播种

111千米/小时
最快的床：
2008年11月7日，在英国伦敦的一条私人公路上测出的这个纪录

140千米/小时
最快的办公室：
2006年11月9日，英国伦敦，一张能在道路上行驶的桌子的速度，上面放着电脑、显示屏和盆栽植物

坐电动飞机以最快速度爬升3000米

2013年11月24日，在美国的加利福尼亚州的因约肯，奇普·耶茨（美国）仅仅用5分32秒就飙升到9840英尺（3000米）的高空中。更多关于奇普的惊人纪录介

可以骑行的最高独轮车

2013年9月28日，在亚美尼亚埃里温，穆舍格·哈恰特良（亚美尼亚）骑着一辆3.08米高的独轮车行进了25.19米。他从12岁开始就作为埃里温马戏团工作室的成员骑独轮车。

毛发最多的车

玛丽亚·露西娅·穆尼奥和瓦伦蒂诺·斯塔萨诺（均为意大利）在他们的菲亚特500汽车上覆盖了120千克人的头发。2014年3月15日，在意大利萨莱诺的帕杜拉小镇上，人们用地磅称出这台毛乎乎的汽车的重量。

最长的巨型卡车

2014年7月10日，在美国的亚利桑那州的白山地区，测得拉斯·曼（美国）的巨型卡车长度为32英尺（9.8米）。

最小的直升机

就直升机螺旋桨的长度而言，最小的直升机是GEN H-4型直升机，由根公司制造（日本）。它的螺旋桨长度只有4米，重量为70千克。整个飞机由一个座位、一副起落架和一套动力单元构成。不同于传统的直升机，它具有两组同轴反向旋转的螺旋桨，省去了一个起平衡作用的尾翼螺旋桨。

在道路上行驶的最小汽车

2012年9月7日，奥斯汀·库尔森（美国）在美国得克萨斯州的卡罗尔顿展示了一种微型车，车身高63.5厘米，宽65.41厘米，长126.47厘米，这种汽车被获准在公共道路上行驶，限速25英里/小时（40千米/小时）。

最快的改良版……

高尔夫车

2013年10月4日，在美国南卡罗来纳州哈茨维尔的达灵顿赛道上，罗比·斯蒂恩（美国）开着普拉姆快速高尔夫车，驾车时速达166.81千米/小时。罗比在14.183秒内完成了0.25英里（0.40千米）的车程。

可以骑行的最高自行车

2013年9月28日，在亚美尼亚埃里温，穆舍格·哈恰特良（亚美尼亚）骑着一辆3.08米高的独轮车行进了25.19米。他从12岁开始就作为埃里温马戏团工作室的成员骑独轮车。

最长的摩托车

有些人热衷于以超级长度进入《吉尼斯世界纪录》。以巴拉特森·帕马（印度）为例，2014年1月22日，他在印度古吉拉特的邦贾姆纳格尔镇拉科塔湖制造了一辆26.29米的加长摩托车。他的车比以前最长车的纪录又长了4米。

! 小知识
为了证明他的超级加长摩托车能够像传统的摩托车一样开动，巴拉特森骑着它沿着道路脚不沾地地行驶了100米。

——— 35.79 米 ———>

速度最快的电动飞机

2013年11月23日，在美国加利福尼亚州的因约肯，奇普·耶茨（美国）驾驶着改装的鲁坦斯E-Z型飞机，时速达到324.02千米。这一数字是全程3千米的平均速度。

奇普还保持着**最快电动摩托车**纪录。2011年8月30日，他骑着SWIGZ电动超级摩托车样车，速度达到了316.899千米/小时。

割草机

2014年3月8日，本田和团队动力（均为英国）组装并开展了一场驾驶割草机的比赛。在西班牙塔拉戈纳的伊迪亚达试验场，他们驾驶的割草机速度达到187.61千米/小时。

送奶车

维他麦随身早餐配置了一辆超快送奶车。2014年6月25日，在英国莱斯特郡的布伦廷索普，罗布·吉尔（英国）驾驶着它，时速达136.081千米/小时。

房车（旅行房车）

2014年10月21日，在英国北约克郡的埃尔温顿机场，西蒙·罗宾斯（英国）驾驶着房车全速行进，时速高达227.35千米/小时。该房车包含一个双人床、水槽、灶具和卫生间。

机动双轮马车

2013年8月10日，小杰克·华莱士和马克·道森（均为美国）把他们的机动双轮马车加入了速度排行纪录簿。在美国加州罗莎蒙德柳树泉赛道上，他们二人实现了98.79千米/小时的速度。这辆双轮马车由一个人工连接装置连接在摩托车的后面。

购物手推车

2013年8月18日，在英国北约克郡的埃尔温顿，马特·麦基翁（英国）驾驶他的超高速机动超市购物车，速度高达70.4英里的时速（113.2千米/小时）。

沙发

2011年9月26日，在澳大利亚新南威尔士的卡姆登机场，赫伦·苏特（澳大利亚）参加一个由"破冰猴"（澳大利亚）组织的活动，期间，他驾驶着一张机动沙发，时速达到163.117千米/小时。

> **小知识**
>
> 几个铝制架（那种用在音乐会照明设施上的）被用来连接在**最长自行车**的两端。如果只用一个桁梁来连接如此巨大长度的车身，会导致车身整体下垂。

最长的自行车

最长的真实的自行车——只有两个车轮，没有稳定装置——长35.79米。2011年8月5日，由Mijl van Mares Werkploeg（荷兰）成员在荷兰的马尔海泽制成。图中的兄弟提万（前）和吕德·穆兰德克（后，均为荷兰）正在给他们的车做一次路试。希望了解更多？详见右侧嵌图。

👤 伸展它

弗兰克·佩尔特是组装**最长自行车**团队的队长。"吉尼斯世界纪录"摄制组在荷兰拍摄时，我们对他进行了采访。

你为什么要尝试这个纪录？

那是我们组织的自行车比赛50周年，我们希望藉此打破以前的纪录来纪念它。

尝试挑战先前纪录时，最大的问题是什么？

想让那么长、那么大的自行车正常行驶是非常困难的。可是，我们又不得不骑上它！

你们如何打造这辆自行车？

我们一起组建了一个团队。每一个人都熟悉自行车的某个特定部位——比如前面、后面、链条和齿轮。

怎样使（加长后的）自行车容易骑？

有了正确的传动装置，就很容易骑了。但是，因为车身又长又重，所以只需要小齿轮。[和传统的自行车一样，这个打破纪录的车在后面蹬轮，在前面把握方向。]

行人看到你的自行车时，一般有什么反应？

他们通常问我在做什么，整辆自行车究竟有多长以及为什么我要制造它等等问题。我告诉他们，这是要挑战吉尼斯世界纪录！

你能骑着这辆自行车走多远？

在直道上想走多远就能走多远——就是别转弯！

对于那些试图打破这一纪录的人，你有什么建议吗？

任何人都可以尝试，我没有什么建议。我们做到了，所以谁都可以做到！

媒体与娱乐

票房收入最高的科幻电影系列

《星球大战》大银幕电影首映于1977年5月25日。后来改名为《星球大战4：新希望》。此片以其一鸣惊人的续集和前传赢得了超过45.5亿美元（27.5亿英镑）的全球票房。

传奇继续，1997年1月31日周末到2月2日《新希望》在美国电影院票房收入35,906,661美元（21,903,063英镑），这使它成为**首映当周周末最赚钱的重播电影**。期待已久的第七集定于2015年12月发布，《星球大战》系列稳定的票房收益丝毫没有消退的迹象。左图是预告片《原力觉醒》里出现的BB-8机器人。

11,000米 哈雷彗星的平均直径。它于1705年被埃德蒙·哈雷发现，是人们**发现的第一个周期彗星**；它环绕太阳运行一周需要75.32年

！小知识
这里显示的海报是即将放映的《星球大战》续集：《原力觉醒》。该电影的预告片发布于2014年11月28日，是史上最受欢迎的电影预告片之一，其浏览量5天达到5820万。

目录

每天发送5亿条推特信息；80%的活跃用户通过手机访问网站。

在给出答案前，每一个谷歌查询平均往返距离为**1500英里**（2415千米）

147,388,472
发送电子邮件的数量（67%是垃圾邮件）

1,545,051千兆字节
的互联网流量

2062
兆瓦小时的电量——足够美国189户家庭用一年

2450吨
互联网产生的二氧化碳排放量

712
新建网站的数量

34
被黑客攻击的网站数量

2623
写博客帖子的数量

因特网爱好者应该在他们的日记里重点记下2016年6月8日这一天，因为这一天是世界上**第一个网站**建成25周年的日子，这个网站是由蒂姆·伯纳斯·李（英国）建的。

25年是互联网这些年重要阶段中的一个长的里程碑。2015年，网络用户已经超过30亿。2010年，网络用户刚刚过20亿，现在网络用户已经赶超全球一半人口。

同时，在2014年，网站的数量已经达到10亿——2015年3月，这一数字上升至12.3亿。有些网站注定会默默无闻，有些却不是。某些随处可见的网站名字称霸网络市场，每天吸引数以百万的访客，高访问量给网站带来了丰厚的广告收入。

与其他网站相比，谷歌已经在全球占据主导地位（见主图）。因为拥有世界**最大的因特网广告商（品牌）、最大的搜索引擎和最大的网上地图**，谷歌王国一直在不断扩大着。

随着在线衍生出的子网站如谷歌地球和收购大型品牌如YouTube，谷歌开始和很多大型玩家如安卓（Android）、美国在线（AOL）和美国航天局（NASA）在其他领域进行合作。2015年，如果你"谷歌"谷歌，你会链接到一切亦可能想到的事物，如从风力发电场、无人驾驶的骑车。

很难想象今天没有互联网的生活。在未来的另一个25年中，互联网的发展潜力有多大？我们将不得不关注这个网络空间。

上网一分钟……

由一组全球性的网络分析师和开发人员建立的InternetLiveStats.com用实时计算器和图标直观地代表一直变化的网上风景，重点关注一些大的网站。本栏的所有数据都是该网站在2015年2月12日用超过60秒的时间整理出来的。

全球20大网站排行榜（访问/月）

测网站人气有几种方法。在这里，我们通过网民总数的月访问量将网站排名如下（2015年2月总访问量为30.75亿）

网站	访问量	网站	访问量
Google.com	14.6亿	Live.com	1.999亿
Facebook.com	12.3亿	Google.co.in	1.784亿
YouTube.com	9.563亿	Sina.com.cn	1.753亿
Yahoo.com	4.613亿	LinkedIn.com	1.722亿
Baidu.com	4.490亿	Weibo.com	1.507亿
Wikipedia.org	4.182亿	Blogspot.com	1.353亿
Amazon.com	2.921亿	Tmall.com	1.261亿
Twitter.com	2.891亿	Yahoo.co.jp	1.076亿
QQ.com	2.675亿	Google.co.jp	＝9530万
Taobao.com	2.245亿	Ebay.com	＝9530万

资料来源：Alexa.com；Statista.com；InternetLiveStats.com

! 小知识

1997年，由于他的有关大众文化的百科全书作品，塞维利亚省的学者、作家、大主教伊西多尔（西班牙，公元560—636）被宣布为互联网的守护神。

2014年，亚马逊的净收入是889.9亿美元（591.3亿英镑）。

谷歌日本

2014年，76%的LinkedIn用户将"谁看了你的个人资料"选为最喜欢的功能。

2014年12月，平均有8.9亿Facebook活跃用户。

速度要求

自从拨号上网以来，互联网已经取得了长足的进步。据报道，2015年，英国萨里大学的科学家们正在研究5G数据连接，比现在的4G快65,000倍。根据云计算专家阿卡迈2014年的报告，下面这五个国家和地区在连接速度的竞争中名列前茅。

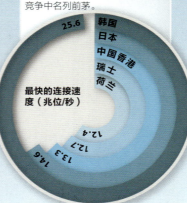

25.6
韩国
日本
中国香港
瑞士
荷兰

最快的连接速度（兆位/秒）

14.6
13.3
12.7
12.4

每分钟在Facebook上会有3,125,000个"点赞"。

到2014年，英文维基文章超过470万。

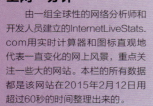

百度宣称占中国搜索引擎总份额的79%。

互联网里程碑

我们所熟知的互联网经历了数十年的研究和技术发展，最终在1993年4月30日形成了万维网。

1957年
苏联将**第一颗人造卫星**"伴侣号"成功送入轨道。

1958年
贝尔实验室（美国）发明了**第一个调制解调器**。

1961年
麻省理工学院的伦纳德·克兰罗克（美国）发表了一篇关于"分组交换"的论文。

1965年
第一个广域网（WAN）测试成功。

1969年
第一个操作数据交换网络和因特网的前身阿帕网诞生。

1971年
雷·汤姆林森（美国）发送了**第一封电子邮件**。他已经不记得邮件的内容了。

24,000米 一颗中子星的典型直径，这是**最小型的恒星**；中子星的密度大的惊人，从中子星上取下一粒沙子大小的物质就相当于一座摩天大楼的质量

"2014年世界杯"是谷歌2014年搜索量最高的词。

根据互联网实时统计，在谷歌网站上每分钟有 2,848,328 个搜索。

! 小知识

这里所有的网站标识显示的尺寸大小是按照它们所受欢迎程度而定的。换言之，相对于其他网站来说，标识的大小反映了他们所代表的网站每月吸引访客的数量。

地图上的因特网
根据互联网实时统计，2014年，这10个国家的上网人数最多

美国 279,834,232

英国 57,075,826

德国 71,727,551

法国 55,429,382

俄罗斯 84,437,793

日本 109,252,912

印度 243,198,922

中国 641,601,070

巴西 107,822,831

尼日利亚 67,101,452

在网上，每天用户平均用8分41秒访问新浪微博。

雅虎网站的所有访问者中大部分来自美国（29.9%），其次是印度（7.9%）。

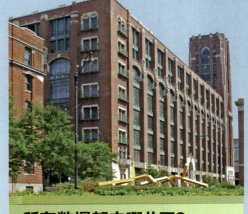

雅虎！
日本

根据互联网实时统计，每分钟在YouTube被观看的视频有5,745,350个。

所有数据都去哪儿了？

随着互联网的不断增长，我们的生活变得越来越数字化，我们需要基础设施来存储和处理所有这些数据。这就是数据中心的用武之地。这些巨大的设施就是"云"的物理位置，也是驱动网络服务器的家。

目前，**最大的数据中心（单体建筑）**是位于美国伊利诺伊州芝加哥市的莱克赛德技术中心（见上图），这个中心的房屋面积达1,100,000平方英尺（102,193平方米）。**最大数据中心建筑群**是位于美国内华达州拉斯维加斯市的交换通讯公司超级网络接入中心（见下图），这个中心的房屋面积为2,200,000平方英尺（204,386平方米），几个建筑分布在城市的不同地方。

谷歌
印度

截止到2014年，eBay的活跃用户已达1.552亿。

根据报道，拥有weibo.com的新浪微博在2014年的净收益为7.682亿美元（5.155亿英镑）。

天猫和淘宝的拥有者阿里巴巴每年的订单数量大约是127亿，相当中国电子商务总额的86%。

1974年
美国人文特·瑟夫和罗伯特·卡恩创造了"互联网"一词。

1978年
加里·蒂尔克（美国）发送了第一封电子垃圾邮件。

1989年
蒂姆·伯纳斯·李（英国）在欧洲核子研究中心开始研制万维网。

1997年
拉里·佩奇（美国）和谢尔盖·布林（俄罗斯）注册谷歌。

2001年
吉米·威尔士（见上图）和拉里·桑格（均为美国）创建维基百科。

2004年
美国哈佛大学五名学生创建Facebook。

2005年
贾韦德·卡里姆（德国/孟加拉国）把在动物园拍摄的视频上传到了YouTube，成为YouTube的第一个视频。

2015年
互联网用户超过了30亿。

电影

70多年来，迪斯尼一直试图对汉斯·克里斯蒂安·安徒生的《冰雪女王》进行改编，2013年他们终于发行了《冰雪奇缘》

数字集锦

150万美元
1990年美国作家迈克尔·克赖顿（1942—2008）因授权将《侏罗纪公园》拍成电影而获得的款额（778,000英镑）

10.3亿美元
根据The-Numbers.com统计，《侏罗纪公园》全球票房收入的总估值（7.0651亿英镑）

868
《粗口网站》（2014年）中的脏话数量——电影中的粗口之最

87
自1929年有奥斯卡颁奖典礼以来，共举行的奥斯卡颁奖典礼次数

5,702,153 美元
通过在线募资网站Kicks-tarter为《美眉校探》（2014年）募捐的款额——**大众资助最多的电影**

7分钟
由珍妮弗·李联合指导的《冰雪奇缘》的派生作品动画短片《冰雪热》的时长

800 TB
由于影响广泛，《星际穿越》（2014年）最后数据统计

票房最快达到10亿美元的电影

最激烈的犯罪惊悚片《速度与激情7》，从2015年4月1日起上映又17天，全球票房收入就达10亿美元（6.5亿英镑）。这是《速度与激情》系列中的最新一部，由2013年11月30日因车祸去世的已故影星保罗·沃克主演；采用电脑图像界面和替身演员来完成该片。

最长连续制作的电影

编剧、导演理查德·林克莱特（美国）的影片《少年时代》主要拍摄工作开始于2002年7月15日，由当时年仅7岁的艾拉·科尔特兰（美国）主演。影片拍摄了11年多，讲述科尔特兰所饰演人物的成长历程。这部电影于2014年1月首映，制作历经11年86天。

不过，这在一定程度上落后于**一部制作时间最长的动画电影**——共花费31年的时间。《小偷与鞋匠》又称《阿拉伯武士》，发行于1995年，动画师理查·威廉姆斯（加拿大）最初开始着手制作这部电影是1964年。

最快的电影制作

片长75分钟的《只是开车：一个纳米比亚的故事》是由驼眼电影公司（纳米比亚）在2014年3月16日至26日在纳米比亚温得和克的仓库剧院用时10天4小时47分钟制作的。

票房收入最高的恐龙系列

《侏罗纪公园》系列的三部电影（1993年、1997年和2001年）全球票房收入共计22亿美元（14亿英镑）。该系列一定会在2015年第四部《侏罗纪世界》再次获得巨大票房收入。

票房最高的……

电影作曲家

由汉斯·齐默尔（德国）配乐的90部电影，包括《星际穿越》（2014年，见下图）已经获得247亿美元（165亿英镑）的票房收入。约翰·威廉姆斯（美国）共配乐106部电影和电视，虽然完整的财务数据统计认为仅其中的72部有效。这72部电影的平均票房收入是2.794亿美元（1.778亿英镑），这使得威廉姆斯成为为不少于20部电影配乐的作曲家中每部电影票房收入最高的作曲家。

女动作影星

截止到2015年1月珍妮弗·劳伦斯（美国）的行动系列组合——《饥饿游戏》（其中她饰演凯特尼斯·伊夫狄恩）和《X战警》（魔形女瑞雯），票房收入达33亿美元。

一公历年中发行最多的续集

2014年最广泛发行的100部电影中，29部电影是续集、派生短片或者系列片，以微弱优势击败了2011年发行的27部系列电影的纪录。

2014年的名单中一些最大的大片，包括（从上图到下图）：《霍比特人：五军之战》、《神奇蜘蛛侠2》和《博物馆奇妙夜3：墓葬秘密》。

将震撼2015年的备受期待的续集包括：邦德最新电影《幽灵党》、《侏罗纪世界》和期待已久的第七部《星球大战》电影——《原力觉醒》。

最成功的动画制作公司

就全球票房而言，截止到2014年10月15日，梦工厂动画公司（美国）因获全球票房收入121.9亿美元（81.4亿英镑）而拔得头筹。2014年最叫座的影片是6月发行的《驯龙2》（见上图），到2015年3月票房收入为6.161亿美元（4.131亿英镑）。

票房收入最高的IMAX（巨幕）电影

《星际穿越》中有一个多小时的情景都是IMAX摄影机拍摄的原生画面，没有哪部电影比它更广泛地使用这种高分辨率格式拍摄，到2015年1月其拍摄共花费了6.654亿美元（4.525亿英镑）。这部惊悚片中，马修·麦康纳（右）和安妮·海瑟薇（左）饰演的宇航员冒险进入一个黑洞寻找适合殖民的新行星，这部影片于2014年11月在760个IMAX影院发行，成为**在最多IMAX影院首映的电影**。

28,100米 最大的办公大楼——五角大楼所有走廊的总长度；它位于美国弗吉尼亚州阿灵顿，能容纳26,000多名员工

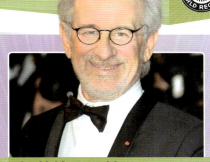

女性导演创造的最高电影票房收入

　　2013年由美国的珍妮弗·李（见插图）和克里斯·巴克联合导演的《冰雪奇缘》获得了12.7亿美元（8.41亿英镑）的全球票房收入。这也使得《冰雪奇缘》成为**第一部由女导演执导的票房收入过亿的电影**以及**最卖座动画电影**。李和巴克再次联手，执导了于2015年3月亮相的动画短片《冰雪热》。

年收入最高的女演员

　　截止到2015年6月，桑德拉·布洛克（美国）估计收入5100万美元（3390万英镑）。布洛克在此期间的最叫座电影是阿方索·卡隆的科幻大片《地心引力》（2013年），其全球票房收入达7.16亿美元（4.87亿英镑）。

科幻电影

　　截止到2010年8月12日，一部由詹姆斯·卡梅隆（美国）执导、发生在青翠的潘多拉星球的科幻电影《阿凡达》（2009年），全球票房收入累计达27.8亿美元（17.2亿英镑）。

宝莱坞电影

　　由阿米尔·汗（印度）主演的喜剧电影《P. K.》在2014年12月上映之后，迅速成为最成功的印度电影，到2015年1月全球总票房达62.2亿印度卢比（1.012亿美元；6740万英镑）。

僵尸电影

　　根据"The Numbers盈利性指数"（见右侧档案栏），由**最卖座的好莱坞明星布拉德·皮特**（美国）主演的《僵尸世界大战》（2013年），吸引了影迷成群结队到电影院观看，票房总收入累计为5.4亿美元（3.358亿英镑）。

吸血鬼电影

　　少年吸血鬼系列的最后一部《暮光之城：破晓（下）》（2012年），在全球上映超过113天后，票房已累计超过8.32亿美元（5.57亿英镑）。

运动类电影

　　最卖座的运动类电影是获奥斯卡奖提名（2009年）的《弱点》，截止到2010年6月1日全球票房收入达3.05亿美元（2.1亿英镑）。这勉强打败前纪录保持者——《洛奇4》（1985年），到1986年3月1日其全球票房收入为3亿美元（2.34亿英镑）。然而，如果考虑到通货膨胀，相比《弱点》的3.31亿美元（2亿英镑），《洛奇4》的票房收入目前估价为6.38亿美元（3.86亿英镑）。

最成功的超级英雄演员

　　截止到2015年3月24日，四部由小罗伯特·唐尼（美国）主演的电影《托尼·斯塔克》，又名《钢铁侠》，在全世界赚得了38.9亿美元（26.5亿英镑）。

　　随着2015年4月《复仇者：超能的时代》的发行，唐尼又迎来成功的一年，他是2014**年收入最高的演员**，估计入账7500万美元（4660万英镑）。

　　本系列的第一部电影——《复仇者》（2012），仍然是**最卖座的超级英雄电影**，全球票房收入15.1亿美元（9.38亿英镑）。

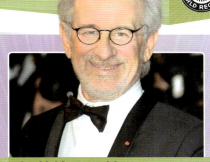

👤 好莱坞风云榜

　　根据过去十年里演员演艺生涯的票房收入和表现，"The Numbers盈利性指数"估算好莱坞巨星每年给电影产业带来的货币价值。2015年2月，制片人兼导演史蒂文·斯皮尔伯格（美国，见上图）因其约27,674,059美元（18,379,574英镑）的年贡献而排名第一。同斯皮尔伯格一起排名前十位的是：

2. 布拉德·皮特（美国）
男演员
每年拍摄电影：2.4部
23,672,569美元（15,725,641英镑）

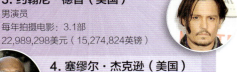

3. 约翰尼·德普（美国）
男演员
每年拍摄电影：3.1部
22,989,298美元（15,274,824英镑）

4. 塞缪尔·杰克逊（美国）
男演员
每年拍摄电影：4.6部
22,561,208美元（15,018,898英镑）

5. 汉斯·齐默尔（德国）
作曲家
每年拍摄电影：4.2部
22,475,688美元（14,962,098英镑）

6. 汤姆·克鲁斯（美国）
男演员
每年拍摄电影：1.2部
22,292,617美元（14,850,077英镑）

7. 汤姆·汉克斯（美国）
男演员
每年拍摄电影：2.4部
21,829,081 美元（14,543,542英镑）

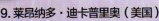

8. 亚当·桑德勒（美国）
男演员
每年拍摄电影：2.2部
20,211,897美元（13,462,181英镑）

9. 莱昂纳多·迪卡普里奥（美国）
男演员
每年拍摄电影：1.9部
20,041,463美元（13,344,396英镑）

10. 摩根·弗里曼（美国）
男演员
每年拍摄电影：3.7部
19,713,643美元（13,126,121英镑）

所有的电影均在美国制作，除非另有说明。

《星球大战》

*最开始**达思·韦德**的扮演者——戴维·普劳斯（形体）和詹姆斯·厄尔·琼斯（配音）——从未见过面*

《星球大战》系列乐高玩偶最大收藏

截止到2015年1月1日，挪威维卡的约恩·耶森拥有令人印象最深刻的378个《星球大战》系列乐高玩偶。这套玩偶——包含151,428块独立玩具——都是完整没拆封的。同时，耶森骄傲地拥有1999年到2012年发行的所有646个《星球大战》乐高迷你人物。

数字集锦

1138
《星球大战》中经常特写的"复活节彩蛋"数，指乔治·卢卡斯的另一部科幻电影《五百年后》（1971）

314
配音演员阵容最大的大型多人在线游戏，《星球大战：旧共和国》（美国艺电公司、卢卡斯艺术公司，2011）

10
1978年，第一部《星球大战》获得的奥斯卡金像奖提名数量，它获得了6项奖项，外加一个特别成就奖

电影

电影专营权中获得的最大的个人财富

著名的乔治·卢卡斯（美国）拒绝了作为交换1977年第一部《星球大战》所有衍生商品专利权和续集版权的导演费。

1977年到1980年，卢卡斯单靠销售电影衍生商品就赚了5亿美元（2.15亿英镑）。1971年，他成立了卢卡斯电影有限公司，之后创立工业光魔电影特效制作公司。

2015年3月，福布斯估计卢卡斯影业价值50亿美元（33亿英镑），包括2012年迪斯尼收购卢卡斯影业的40亿美元（25亿英镑）。卢卡斯仍然是《星球大战7：原力觉醒》的创意顾问。

最高的票房……

● **科幻电影（因通货膨胀调整过的）：** 基于票价通货膨胀调整过的国内总票房，《星球大战4：新希望》一直都是最成功的科幻电影。根据票房数据情报显示，1977年这部电影首次亮相，外加各种重新上映（1978，1979，1981，1982和1997），仅在北美就赚了13.3亿美元（8.25亿英镑），超过了《E.T.》（1982）和《阿凡达》（2009）调整过的票房。

相比之下，**总票房最高的科幻电影（非调整的）** 是《阿凡达》，截止到2010年11月18日，国内总票房7.6亿美元（4.78亿英镑）。《阿凡达》也是**全球票房最高的电影**，非调整的票房27.8亿美元（17.4亿英镑）。

● **电影星球大战：** 就非调整全球票房而言，《星球大战》版权范围内最成功的电影是《星球大战1：幽灵的威胁》（1999），截止到2012年5月18日，票房总计10.07亿美元（6.127亿英镑）。（见下面6部系列电影的票房数值。）

健在的获奥斯卡提名最多的人

约翰·威廉斯（美国）获得了49次奥斯卡提名（5次获奖），在他的职业生涯中共给101部电影配乐，票房记录他每部电影的平均收入为2.7940亿美元（1.778亿英镑）（见第166页）。这个数字得益于几部高收入的电影，如6部《星球大战》和《哈里·波特》系列电影的几项收入。2013年，他确认会给《原力觉醒》配乐。

第一部《星球大战》电子游戏

根据第二部电影，1982年发行了《帝国反击战》（帕克兄弟），这是使用雅达利2600和电子游戏机进行的游戏。

第一个包含光剑动作的电子游戏是通过雅达利2600游戏主机进行游戏的《星球大战：绝地竞技场》（帕克兄弟，1983）。虽然决斗不是真实的，但它确实允许玩家通过偏转激光束杀死敌人。

上映和重新上映的年份
资料来源：The Numbers

STAR WARS EPISODE I
THE PHANTOM MENACE

《星球大战1》
幽灵的威胁
1999, 2012
1,007,044,677美元
（612,744,000英镑）

STAR WARS EPISODE II
ATTACK OF THE CLONES

《星球大战2》
克隆人的进攻
2002
656,695,615美元
（451,120,000英镑）

STAR WARS EPISODE III
REVENGE OF THE SITH

《星球大战3》
西斯的复仇
2005
848,998,892美元
（442,487,000英镑）

42,195米 官方马拉松长跑距离；1921年由国际业余田径联合会根据1908年英国伦敦夏季奥运会行程长度而定

最大的《星球大战》雕塑

为了庆祝2015年2月举办的第66届札幌雪祭，日本陆上自卫队第11旅，花了大概一个月的时间，在北海道用3175吨雪制作了《星球大战雪雕》。

这座得到卢卡斯影业认可的雕塑高15米，宽23米，制作了达思·韦德、3个冲锋队、韦德的先进钛战机和死星。

● **重新上映的电影**：在花了大约1000万美元（600万英镑）进行数字化扩大重新灌录之后，1997年，《星球大战4：新希望》重返美国影院，赢得了1.38亿美元的国内票房和2.57亿美元的世界票房。

衍生品

基于玩具设计的最受好评的电子游戏

截止到2015年3月6日，在游戏排行网站（gamerankings.com）的21份调查反馈中，为个人电脑制作的《乐高星球大战2：原创三部曲》（游戏制作公司Traveller's Tales，2006）的得票占86.83%。

《星球大战》也是有许可权的电子游戏系列最多的电影。截止到2013年，有296个《星球大战》主题游戏发布到了44个平台。

基于系列电影而设计的最成功的系列图书

有记录的卢卡斯授权许可的《星球大战》书籍销售至少有一亿本，这些书涉及了850多种电影小说、原创小说、相关介绍书籍和儿童读物，包括80种《纽约时报》提到的畅销书。

最成功的人物动作玩具系列

在销售开始的30年，肯纳/哈斯布罗生产的《星球大战》玩具获得了90多亿美元（45亿英镑）的销售额。肯纳最开始的系列人物玩具在1978年买了4000多万套。2007年到2010年，《星球大战》在美国一直是公认的最畅销的男孩玩具，仅2010年，净利润就达5.1亿美元（3.213亿英镑）。

最畅销的《星球大战》应用程序

罗维奥公司制作的《愤怒的小鸟星球大战版》（2012），是苹果公司移动操作系统中《星球大战》应用程序里排名最高的，截止到2015年3月，在苹果iTunes商店下载最多的所有付费应用程序中排名第90。

《星球大战》超级粉丝

在2011年退休之前，史蒂夫·圣斯威特（美国）是卢卡斯影业内容管理和粉丝联系部门的主管，他全身心投入，收集了**最多的《星球大战》纪念品**。截止到2015年5月4日，他的收藏品中"只有"93,260件经过审查，在美国加利福尼亚州佩特卢马的奥比菲牧场公开展出，但这已经超越先前的纪录四倍。

最先吸引你看《星球大战》的原因是什么？

我对《星球大战》感兴趣是因为我从小就热爱科幻小说。我读了所有经典的科幻小说，看了所有质量低下的电影和电视节目。[有一段时间]，没有多少科幻内容出现在媒体上，这时《星球大战》出现了。我从一开始就被它迷住了。

库存是如何建立起来的？

我们从大约[8]年前开始建立库存，期间有过几次中断。现在数目已经达到92,000多件，但我们认为那还不到三分之一——据估计共有300,000件单品。

最受欢迎的展品是什么？

参观者喜欢真人大小的展品。我们有酒吧乐队的四名成员，它们是能发音的机械偶，所以你可以和它们跳舞！

我们有一个FAO施瓦茨玩具商店制作的原尺寸的战斗机器人，以及仅有的两个生产出售的原尺寸乐高人物玩偶：达思·韦德和博巴·费特。

这里有一个游戏间，几乎包含了所有《星球大战》的电子游戏和弹球游戏。如果我在巡展结束之前打开它，我将会失去所有游客，所以我们要等到结束这一刻。

《星球大战4》 新希望	《星球大战5》 帝国反击战	《星球大战6》 绝地大反击
1977, 1978, 1979, 1981, 1982, 1997	1980, 1981, 1982, 1997	1983, 1985, 1997
786,598,007美元	534,171,960美元	572,700,000美元
（487,208,000英镑）	（330,859,000英镑）	（354,726,000英镑）

戏剧

古希腊剧场观众用踩脚代替鼓掌。

数字集锦

40
"百老汇"剧院的数目，但在百老汇大街上的只有4个

150+
音乐剧《发胶》使用的假发数量；《悲惨世界》正好用了85个

232+
《狮子王》舞台演出中用的木偶的数量

2,057,354 美元
荧屏和舞台两栖明星休·杰克曼（澳大利亚），为百老汇对抗艾滋慈善项目筹款的数目（1,323,380 英镑）。这是百老汇单人演出最高周收入

荣获托尼奖最多的女演员

奥德拉·麦当娜（美国）自1994年以来已经获得六项托尼奖。上图就是她2012年1月12日出演《乞丐与荡妇》的开幕之夜。这场演出为她赢得了托尼音乐剧女主角最佳表演奖。

百老汇音乐剧最长上映期

2012年2月11日，美国纽约美琪大戏院内，安德鲁·劳埃德·韦伯（英国）的音乐剧

《歌剧魅影》（见第171页）在百老汇第10,000次上演。据互联网百老汇数据库统计，截止到2015年2月22日，它已经上演了11,263场。

百老汇剧院最高年收入

根据美国剧院和制作人联盟的统计，美国纽约百老汇剧院最卖座的一年是2014年。从2014年1月5日至2014年12月28日，票房达13.6亿美元（8.7654亿英镑）。观众人数达到了1313万，比2013年上升了13%。

由电影改编的最成功舞台剧

迪斯尼的《狮子王》是屏幕转向舞台最盈利的典范。1994年的电影改编成了戏剧，自从1997年首次演出至今，在全世界范围内创利超过54亿美元（39亿英镑），是影院总收入的至少五倍。

戏剧制作人最长职业生涯（制作同一演出）

巴多·索萨（巴西）制作的独角戏《奴隶船》，从1971年10月23日至2012年5月，持续了40年零7个月。2012年5月17日，在巴西圣保罗Churrascaria Vento Haragano烤肉店，特别节目之

百老汇单周最高票房收入

截止到2013年12月29日周末，音乐剧《绿野仙踪》前传《女巫前传》，在百老汇上演9场，票房周收入达3,201,333美元（2,113,790英镑）。根据百老汇联盟统计，这个音乐剧——现在是上演的第12年——打破了自己的票房纪录，去年同一周的票房收入为2,947,172美元（1,822,840英镑）。

后，他获得吉尼斯世界纪录证书。

获奖

个人荣获最多托尼奖

截止到2014年6月8日第68届托尼奖，哈罗德·普林斯（美国，生于1928年1月30日）赢得了21项托尼奖，包括八次导演奖、八次制片奖、两次年度最佳音乐剧奖（他是制片人）、和三项托尼特别奖。普林斯在

2006年6月荣获他第21个奖项，戏剧类终生成就奖。

首次单独荣获托尼最佳原创配乐奖的女性

辛迪·劳珀（原名辛西娅·安斯蒂芬妮·劳珀，美国），成为单独荣获托尼最佳原创配乐奖的唯一女性。她为《长靴》作词作曲，使她于2013年获奖。这幕音乐剧根据真实故事改编，一个古板的男鞋厂老板为求生存，转向为变装皇后缝制骇人的长靴。

伦敦西区音乐剧最长上演期

2015年12月4日庆祝《悲惨世界》——法国克劳德-米歇尔·舍恩伯格作曲，阿兰·鲍伯利作词——西区首映30周年。这部音乐剧首次演出是在1985年，它的灵感来自于维克多·雨果法国大革命时期的小说。

获最多托尼奖提名但没有获奖的音乐剧

2010年上演的音乐剧《斯科茨伯勒男孩》，根据

! 小知识

《悲惨世界》被戏剧群体称为"阴郁"，该剧被翻译成22种语言，观众来自43个国家，人数超过7000万。

戴维·汤普森的书改编，由约翰·坎德作曲，弗雷德·艾柏作词，讲述了20世纪30年代由于种族歧视导致法律误判的真实故事。该剧在百老汇上演了两个月，获得12项托尼奖提名，但最终没有一项获奖。

让·科克托1938的戏剧《可怕的父母》，被杰里米·萨姆斯（英国）翻译成《轻率之举》，尽管荣获托尼奖9项提名，但没有一项获奖，成为**最多托尼奖提名却没有获奖的戏剧**。1995年4月3日巴黎专场在埃塞尔·巴里莫尔剧院开幕，经过28场

拥有全球最高票房收入的戏剧

1986年10月9日安德鲁·劳埃德·韦伯（英国）的音乐剧《歌剧魅影》在英国伦敦首轮上演。截止到2015年1月17日，演出票房收入超过60亿美元（32亿英镑），也成为最高收入的娱乐形式，超过《星球大战》（美国，1977）、《阿凡达》（美国/英国，2009）和《侠盗飞车》等系列游戏。

百老汇原创演出最高票房

舞台音乐剧《摩门经》得名于宗教经典《后期圣徒运动》，由特雷·帕克根据此书原创，马特·斯通作词，罗伯特·洛佩斯作曲（均为美国）。自从2011年2月24日在尤金·奥尼尔剧院预演，演出收入已经高达316,574,288美元（208,580,000英镑），在百老汇历史中演出票房排位第10。

预演和220场演出后，11月4日闭幕。演员包括凯瑟琳·辛纳、辛西娅·尼克松和裘德·洛。

荣获最多劳伦斯·奥利弗奖

2013年4月29日，《夜犬神秘事件》荣获7项奥利维尔大奖。这个国家剧院的制作与皇家莎士比亚公司出品的音乐剧《玛蒂尔达》创下了同一纪录，后者在2012年创造了此项纪录。

2012年4月15日，埃莉诺·沃辛顿-考克斯（英国）**成了年龄最小的劳伦斯·奥利维**

尔奖得主：她当时只有10岁，在音乐剧《玛蒂尔达》中饰演玛蒂尔达。她是饰演这一角色的四个女孩中最小的一个，其他饰演者，克莱奥·德梅特拉也是10岁（只比埃莉诺大几周），克莉·英格拉姆和索菲娅·凯利都是12岁。她们比以前任何劳伦斯·奥利维尔奖得主都年轻。

获劳伦斯·奥利维尔奖提名最多的演出

2008年的音乐剧《发胶》获劳伦斯·奥利维尔奖10个类别11项提名。这部根据1988年约翰·沃特斯的同名电影改编的喜剧最终获得四项奖，包括最佳新音乐剧奖。2001年科尔·波特（美国）的新版《吻我，凯特》在2002年颁奖仪式上获得9项劳伦斯·奥利维尔奖提名，但没一项获奖，成为获**最多奥利维尔奖提名却没有获奖的演出**。

票房最高的百老汇演出

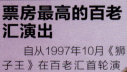

自从1997年10月《狮子王》在百老汇首轮演出，截止到2015年1月，累计票房11.2亿美元（7.428亿英镑）。7170场演出，总共售出座位12,091,055个。百老汇只有其他三个演出比它的上演期长。

著名的百老汇词曲作者——2015年3月22日已满85岁——**获最多托尼奖的作曲家**，捧回家八个托尼奖奖杯（1971—2008）。

托尼奖——又称安东尼特·佩里杰出戏剧奖，是戏剧界的奥斯卡奖。人们认为斯蒂芬·桑德海姆超过了任何健在和过世的作曲家。他1971年的作品《伙伴们》，使他获得两项奖，最佳音乐和最佳歌词奖（这两类奖项后来合并）。之后因《富丽秀》（1972）、《小夜曲》（1973）、《理发师陶德》（1979）、《拜访森林》（1988）和《激情》（1994）获得最佳配乐奖。2008年他获得托尼戏剧终生成就特别奖。

对于一个演员来说，能在桑德海姆的演出中获得一个角色是对其职业生涯的认可。例如，舞台音乐剧《玫瑰舞后》（桑德海姆作词）中罗斯妈妈一角，成为**获托尼奖最多提名的角色**。饰演此角色的五名女演员都获得了提名，得到了公众的认可：埃塞尔·默尔曼（1960），安杰拉·兰斯伯里（1975，获奖者），泰恩·戴利（1990，获奖者），伯尔纳黛特·彼得斯（2003）和帕蒂·卢波内（2008年，获奖者）。《论坛路上趣事多》中说谎者的角色，拥有**一个角色赢得最多托尼奖的纪录**。泽罗·莫斯特提尔（1963）、菲尔·西尔弗斯（1972）和内森·莱恩（1996）都因此获奖。

还是桑德海姆的一个角色——《拜访森林》中的女巫，使得2014年电影版的饰演者梅里尔·斯特里普（下图）获得第18次奥斯卡奖提名（**获最多奥斯卡奖提名的女演员**）。

"《刺客信条》是一个现代成功故事,诞生于一个技术超级大国……"

HardcoreGamer.com

《游戏玩家版》

这几页的内容受启发于全面升级的《2016游戏玩家版》最新设计——这本《吉尼斯世界纪录大全》图书致力于记录游戏者闯关时间、最高得分、游戏销售及游戏技术成就。该书目前记载了1000多条纪录,外加一个引导玩家建立自己游戏纪录的指南。详情请登录www.guinnessworldrecords.com/gamers。

小知识:
纵横驰骋在加勒比海上的18世纪海盗,全副武装,靠掠夺英国和荷兰这样的殖民帝国船只发家致富。他们怀揣各式武器进入战斗,但很少会攻击另一艘海盗船。

玩《刺客信条》的最大在线总时长(所有玩家)

截止到2014年5月22日,全球游戏平台综合数据显示:《刺客信条4:黑旗》(育碧工作室,2013)的总在线时长已经达到令人瞠目的451个世纪62年零131天19小时。《刺客信条3》的总时长已经令人惊叹了,这个时间长度比它至少还要多出100个世纪。玩家收集了964,721,963,817个记忆片段,找到了980,305,303,180个宝箱,破坏了5,372,737,156艘船,摧毁了1,295,005,143,470只海洋生物。

你知道吗?

《刺客信条4》中为了实现玩家的隐蔽行动,战斗制作得更加激烈,敌人进攻更快、更有效,只需两枪便可以杀死玩家人物。

176,000米 1980年2月16日最长的交通堵塞长度,往来于法国里昂和巴黎之间大约1800万辆小汽车卷入其中

收入最高的《使命召唤》玩家

截止到2015年4月30日，根据eSportsEarnings.com统计，《使命召唤》职业玩家戴蒙·"卡马"·巴洛（加拿大）在职业收入上总共积累了241,411美元（156,937英镑）。2013年巴洛作为Impact团队成员获得《使命召唤》职业玩家比赛冠军，2014年他又作为compLexity团队成员再次赢得冠军。

最快速度完成《使命召唤：幽灵》灭绝模式

2014年7月10日，玩家"首领乔恩"仅用39分53秒便完成了动视暴雪旗下的游戏《使命召唤》的灭绝模式——了不起的成就，因为它是为四名玩家设计的。

最长的马拉松式实战策略游戏

2014年5月5日至7日在美国蒙大拿州博兹曼，"The Hiveminders"，即杰夫·内申和J. J.洛克（均为美国）玩《星际争霸2：虫群之心》（暴雪公司，2013）共用44小时。

玩《战地3》最长的总时间

截止到2013年6月18日，玩家"mihmei"花费了4945小时3分的时间玩《战地3》（艺电公司游戏制作工作室，2011）多人游戏，相当于现实世界《战地3》行动206天。

截止到2015年1月17日，一位被称为"DIEMEXO"的匈牙利游戏玩家，取得了PC版游戏《战地4》（艺电公司游戏制作工作室，2013）的最高分数：272,066,776分。

最成功的《守护古迹2》玩家

截止到2013年6月20日，根据《守护古迹2（DotA2）》研究院统计，在DotA 2职业比赛中智力英雄"拉席克"获胜次数最多。总之，这匹迪斯科小马已经帮助推毁了690个敌方"古迹"。

Facebook上最"有人气"的游戏

截止到2015年2月26日，70,859,985人为"得克萨斯HoldEm扑克"点赞（星佳公司，2007）——使其成为比凯蒂·佩里等超级巨星的网页更受欢迎的网页。

同时，截止到2013年6月18日，参与率最高的Facebook游戏——刑事案件（Pretty Simple Games公司，2012），平均评级为4.4，1,114,724人给予它最高级的五星奖励。

你知道吗？

《小龙斯派罗：斯派罗的大冒险》是原《玩具总动员》电影的两位作者写的。每位玩家的玩具都可以在游戏中激活，并可以被其他玩家使用。

最畅销的互动游戏玩具

根据《福布斯》和《财富》杂志，超过1.75亿小龙斯派罗图形和玩具被销往世界各地。好战（上图）是32个标准人物之一，属于"科技"元素。自从2011年《小龙斯派罗：斯派罗的大冒险》（动视公司）问世以来，该系列赚的钱超过了30亿美元（19亿英镑）。

最畅销的超级英雄游戏

根据VG Chartz，截止到2015年3月5日，《乐高蝙蝠侠：电子游戏》（旅行者的故事公司，2008）已经售出1310万套。这是第一个以原创故事中的卡通人物形象为特征的乐高游戏。玩家在各种环境中控制一个人物，收集带有乐高零件的游戏货币。

没有秘密，大获成功

2014年7月18日至21日，"新兵"战队（中国）的五名成员在美国华盛顿西雅图钥匙球馆举行的国际DotA2锦标赛中赢得团队竞技游戏中的最大奖：5,028,121美元（3,251,103英镑）。

为什么"新兵"在总决赛表现这么好？

我们渴望冠军，并且非常了解我们的竞争对手。准备过程中，我们进行了封闭式训练，并与国内团队进行了很多演练。我们没有成功的秘密——仅仅是靠相信我们的团队，还有我们自己。

赢得比赛感到惊讶吗？

对我们来说这是一个巨大的惊喜。在小组赛阶段，我们处于被淘汰的边缘，但是我们的团队精神告诉我们"永不放弃"。在复赛中，我们击败了六个竞争对手，最终成为世界冠军。

游戏正在成为吸引大量观众的体育运动吗？

电子竞技和传统体育不仅有相同的竞争和严格的规则，而且也包含耀眼酷炫的魔法技能，观赏性很强。

对以玩家作为谋生手段有何建议吗？

人们永远不应该选择这条路以逃离现实，但是可以规划职业生涯，避免成瘾，找到自我完善的方法，努力练习并坚持下去。一般来说，不建议靠玩电子竞技谋生。天资非常重要，但是，转为专业的可能性较低。

秘诀和技巧

一个获得乐高零件的简单方法就是与本该被囚在监狱里的大王完成一个级别。走进实验室，大王的追随者一出现就杀死他们。一定要杀死不时出现的坏人。每次他被攻击，若追随者被攻击并被杀死，他们就会放弃越来越多的零件。

能量砖位置包括：
● 蝙蝠侠第一关：泥面人所站笼子的左侧。
● 双面追击：在战斗的最后阶段，在左侧公园的左上角……

喜剧与漫画

每年大约售出20亿本日本漫画，产值达**100亿美元**（65亿英镑）

数字集锦

312,500 欧元
售出的最贵的漫画书页艺术品：1963年比利时漫画家赫其手绘的一页《丁丁历险记·绿宝石失窃案》（279,875英镑；461,503美元）

130万欧元
最贵的漫画书封面：2012年在美国售出的《丁丁历险记》特刊（100万英镑；160万美元）

250万欧元
最贵的连环漫画衬页：34张丁丁和他的狗白雪的素描（200万英镑；340万美元）

以漫画为蓝本的最畅销电子游戏

截止到2015年2月6日，《蝙蝠侠：阿克汉姆之城》（洛克斯代迪工作室，2011）已售出超过1057万份。

最大的连环漫画

2010年5月25日，在日本东京大田区城南岛海滨公园，阿迪达斯日本天空漫画项目团队创造了一个3785.35平方米的连环漫画。每13个画面描绘一个参加世界杯的日本足球队员。

最大的动漫节

Comiket是一个为期三天的同人志节，同人志是自助出版的日本漫画书，现在每年在东京湖东台场的东京都有明国际展览馆举行两次。2013年夏季，第84届Comiket的最多出席人数达590,000。

历时最长的……

● **月刊漫画**：1937年3月，美国DC漫画公司出版了第一期《侦探漫画》。截止到第二卷第39期（封面日期为2015年4月）共计出版两卷

（1937—2011；2011—现在）927期。在第27期（1939年5月），蝙蝠侠初次登场。

● **周刊漫画**：英国幽默漫画《比诺》初次刊登于1938年7月30日，此后，除了第二次世界大战时期，它一直在出版。截止到2015年1月27日，《比诺》已经出版了3768期。

● **以一款电子游戏为蓝本的漫画**：1993年7月，阿奇漫画公司第一次出版了美国漫画《刺猬索尼克》，它的第268版出版于2015年1月。

● **仍然被多家连载的连环漫画**：2014年12月12日，由鲁道夫·德克斯（美国）创作的报刊连环画《闹事孩子》迎来了第117个年庆。它第一次刊载于1897年12月12日的《纽约报》上，现连载于50家报纸。

● **四格漫画**：日本的四格漫画（"四个框"）相当于西方的报刊连环画。从1956年10月至2014年8月，由小岛功（日本）创作的《仙人部落》（"隐

士村落"）刊登在成人杂志《朝日演艺周刊》上，从1956年10月至2014年8月，历时58年，共2861期。

最大的漫画书

2014年8月30日，在美国加利福尼亚州的弗里蒙特市，奥马尔·莫拉莱斯（美国）创作的图画小说《十字军：梵蒂冈的代理人》的第一章约为2英尺×3.1英尺（60.9厘米×94.4厘米）。这个全色的28页漫画印刷105份。它在全球和美国的售价分别为300美元（185英镑）和200美元（123英镑）。

最年长的漫画家

肯尼思·"肯"·鲍尔德（美国，出生于1920年8月1日）创作漫画、连环漫画和电影海报已超过83年。截止到2015年3月4日，94岁零215天的他仍接受为粉丝创作超级英雄素描的任务。

作品被改编为最多电影的漫画作者

截止到2015年3月5日，美国漫威漫画公司的斯坦·李（美国）的作品已被改编成21部电影。

年度发行量最大的漫画杂志

根据日本杂志出版协会统计的数据，2014年9月之前的12个月，集英社最受欢迎的《周刊少年Jump》日本漫画杂志发行量达270万份。"少年"漫画的目标读者是广大青少年，主要是男性读者。

!小知识

里奇·伯卢的众筹计划（见下文）毫无疑问引起了动漫粉丝的共鸣。他的最初目标是57,750美元（36,400英镑），但里奇的14,952名赞助人捐献的数量几乎达到其22倍。

给予一个众筹漫画项目的最多钱

为了重新发行绝版了的《废柴兄弟会》一书，里奇·伯卢（美国）发起了一项众筹项目。2012年2月21日，"废柴兄弟会重印助力"项目成功立项，筹集金额达到1,254,120美元（790,570英镑）。

最多编著者参与的一本出版漫画书

来自17个国家的94位画家向组合项目投稿，2013年10月30日出版了雅各布·马泽朗（波兰）创作的《组合书1》。他在澳大利亚新南威尔士州的悉尼市创建了"图解你的生活"公司。这本书起始于一组成员在一个特定背景下描绘一组角色，每个由不同艺术家制作出来的连续的"单张"发展出故事情节。

第一……

漫画诉讼案件

在《超人》初次登场不久之后（见下文），侦探漫画公司起诉《超级漫画》第一册的出版商布鲁斯出版社侵犯版权。侦探漫画公司声称布鲁斯出版社的《超级英雄》漫画抄袭超人漫画。1939年4月6日至7日审判后，侦探漫画公司赢得了官司。

超级英雄团队

美国正义协会（JSA）的创建成员有原子侠、命运博士、闪电侠、绿灯侠、鹰人、时侠（后称"Hour-Man"）、睡魔和幽灵。1940年冬天，他们第一次一起出现在《全明星漫画》第三期的封面上。

嵌入漫画故事大纲的超级英雄电子游戏

1994—1995年间，《超人之死与回归》（暴风娱乐）发布在超级任天堂和世嘉至强驱动器/创世纪上。它是最早嵌入漫画书故事大纲的超级英雄电子游戏，且两者同时出版。

最受欢迎的数字漫画服务

截止到2014年1月13日，根据苹果应用商店，以云端为基础的漫画和图像小说输送平台comiXology已经向用户提供超过600万页漫画。截止到2013年9月，通过comixology.com、iOS系统、安卓系统、Windows 8系统和Kindle应用程序，它已经提供2亿多次下载。

赢得小学馆漫画奖最多者

漫画界的奥斯卡奖小学馆漫画奖第一届于1956年举办。漫画家浦泽直树（日本）共三次赢得该奖，分别是《以柔克刚》（1989）、《怪物》（2000）和《20世纪少年》（2002）。

最贵的漫画

2014年8月24日，一册《动作漫画》第一期在易趣网拍卖中以3,207,852美元（2,014,450英镑）卖给了大都市收藏公司（美国）。1938年6月，这本超人初次登场的漫画首次出版，原始售价为10美分。下图是漫画经销商文森特·祖尔佐洛（左）和大都市收藏公司的斯蒂芬·费舍勒。

！ **小知识**

1933年，作家杰里·西格尔和画家乔·舒斯特创作了超人形象。五年后，他们将这个角色卖给了侦探漫画公司，即后来的DC漫画公司。

！ 话语魔术师

艾伦·穆尔（英国，见上图）是位全球知名的作家和图画小说家，他的作品为他赢得了两个个人吉尼斯世界纪录头衔：获得最多次埃斯纳最佳漫画奖（5）和最佳作者奖（9）。他还创作了76米长的连环漫画《小虫》，为创造专业参与者最多的图画小说（133）纪录起到关键作用。吉尼斯世界纪录就艾伦的开创性工作进行访问。

你保持了这些非凡的纪录，但哪一件作品最令你自豪？为什么？

职业生涯的早年，我认为奖项没有意义。起初，我悄悄地将它们扔掉，后来我那多愁善感的妈妈让我把它们保留下来，一直到她被我的雨果奖奖杯（《守望者》得奖）刺伤。至于我是否为自己的作品感到骄傲，因为实际上作品的三分之二都不属于我，所以，恐怕我不得不说，那不是我的奖杯。

我最自豪的作品都是我的小说，比如《火焰的声音》和《耶路撒冷》或《来自地狱的迷失少女》和《绅士联盟》（见上图），这些是我与其他画家共同拥有的，我现在仍然十分高兴能够名列其中。

你希望自己的艺术合作者有哪些素质？

目前我寻求真诚的友谊和忠诚。

对于下一代作家，您有什么建议吗？

如果你的天赋不能开创新的领域并勇往直前，那么就像和鲨鱼在一起一样，可能会逐渐死亡。请保持原创，跟随时代。

广播

从1922年到1971年，英国公民必须获得**许可才能收听广播**

数字集锦

59%
美国每天收听无线电广播的人口比例

49%
美国每天上网的人口比例

21.4小时
根据Statista.com网的统计，截止到2014年末，英国公民每星期收听无线电广播的平均时间

60
2012年3月31日布拉德福德社区广播（英国）中**无线电DJ同时主持一个节目的最多人数**

198小时
最长的无线电DJ马拉松时长，2014年5月12日至20日，吉尔·贝伦（荷兰）在无线电3FM的《吉尔! 早餐秀》上创造

51,000+
世界范围内的无线电台，根据联合国教科文组织的统计

作为广播员的最长职业生涯

截止到2014年10月，鲍勃·沃尔夫（美国）在美国无线电广播和电视台工作了75年。他从1939年10月23日开始在美国北卡罗来纳州的达勒姆的WDNC工作。此后，他在五个独立的体育赛事中担当过八个不同职业球队的比赛报道解说员。上图是鲍勃和吉尼斯世界纪录评判员迈克·雅内拉及篮球传奇人物沃尔特"克莱德"·弗雷泽。

运行最久的网络广播

《音乐及配音朗诵》的第一集——一个30分钟的无线电广播和电视节目，包括古典音乐、赞美诗及口语诗——1929年7月15日开始广播。自此以后每星期都进行广播，持续了八十五年之久。截止到2015年1月11日，总共播出4452集。

最流行的音乐流媒体服务

2014年，和它最接近的对手声破天"仅仅"四千万的用户相比，潘多拉拥有两亿个用户。甚至每月使用活跃的潘多拉账户的数量——超过七千万——也胜过了声破天的用户基数。

无线电台主持人的最高年收入

根据《福布斯》杂志的编纂，最高年收入名人榜将电台DJ霍华德·斯特恩（美国）列为第62位，其在2014年6月之前的收入是9500万美元（5570万英镑）。斯特恩至少有1500万美元（870万英镑）的收入来自于他在《美国达人秀》做评委的收益，但这与他和美国卫星广播公司天狼星XM的合同相比显得相形见绌。

24小时之内进行的最多次电台采访

"男仆"，又称约翰·吉尔摩（英国），于2014年11月13日在英国布莱克本的兰开夏郡英国广播公司主持了293次采访。这一天载入了《吉尼斯世界纪录》。

在无线电广播中现场歌唱的最多人次

2011年7月8日，在英国伦敦的温布利体育场总共由3885人组成的最大乐队（英国）被正式计数。成员们通过共振调频电台演唱了东部17的《没关系》。此单曲两天后发布，下载的收益将用于救助儿童。

最多的无线广播电台

根据中情局世界概况，美国是拥有最多数量调频、调幅和短波无线广播电台的国家，其数量达到13,769个。

联合国教科文组织对来自不同国家公众成员所拥有的无线电接收器的典型数量进行了数据对比，发现美国拥有**最多人均无线电接收器**，按照其人口计算平均每人有2.11个接收器。

最古老的公共服务广播组织

1922年11月14日，来自英国伦敦马尔科尼的两则新闻公告成为英国广播公司最早播送的信息。那是在93年前，公司正在

第一个网络广播秀

最早的网络广播秀《本周怪杰》，由卡尔·马拉默德（上图）首创，网络访谈广播电台（均为美国）出品。它在1993年4月1日首次播出。

发展壮大，这使其成为最古老的广播公司，其主要目的是为公众服务而非盈利。

首次……

电话通讯服务

在广播出现之前，匈牙利发明家蒂沃道尔·普斯卡尔完善了一套系统，可通过电话总机进行广播。首次"电话通讯服务"称为赫蒙度电信，在1893年匈牙利的布达佩斯开始现场播放。

! 小知识

从1986年到2005年，他作为"杂谈节目主持人"的古怪举动吸引了两千万听众收听《霍华德·斯特恩秀》。斯特恩从未被罚款，但他所在的广播电台老板——被罚数目达250万美元（130万英镑）之多。

400,000米 南极洲兰伯特·费希尔冰川的长度。这是世界上**最大最长的冰川**

最长的水下现场无线电广播（未支持）

英国部队无线电广播电台主持人理查德·哈奇（英国），在2011年11月24日英国埃塞克斯的水下工作室主持了一个4小时43分54秒的现场秀。这个表演秀被称作"BFBS泳池聚会"，是专为英国部队而设的电台实况转播。术语"未支持"表明此次录音只配备了轻便潜水装置；不允许使用潜水钟。

公共无线电广播

首次公共无线电广播于1910年1月13日在美国纽约大都会歌剧院开始播放。美国发明家李·德福雷斯特在礼堂周边装了一些麦克风，将其和一个传送器连接起来，可以在全城播放当晚的娱乐节目——歌剧男高音恩里科·卡鲁索的表演。

播客

最早的播客是电视和无线电广播员克里斯托弗·莱登对软件开发员戴夫·维纳安排的采访。维纳是最早在网上拥有博客的人之一。他协助开发了许多相关科技。运用维纳的配线系统，莱登在2003年7月将这个录音采访发布到他的博客上，使之成为第一个播客。

最长……

职业无线电广播DJ/主持人（男性）

赫伯特·"冷静的绅士"罗杰斯·肯特（美国，生于1928年10月5日）自1944年起就在广播电台工作。截止到2015年，他仍在美国伊利诺伊州芝加哥的WVAZ广播电台（或当地人熟知的"V103"）主持一个周末秀。

马鲁哈·贝内加斯·萨利纳斯（秘鲁，生于1915年7月）成为**时间最久的职业无线电广播主持人/DJ（女性）**。她自1944年12月18日起在秘鲁利马的圣塔罗莎广播电台主持《儿童世界无线广播俱乐部》节目。截止到2014年7月2日，她的职业生涯已长达69年零196天。在萨利纳斯女士99岁生日时，她宣布她并没有从自己长期从事的节目中退休的计划。

无线电广播持续时间

2013年12月22日尼桑·A.阿贝·令治连续不停地广播了8小时23分31秒，成为其同名广播系列节目的第400次广播秀。这次尝试由日本神奈川县横滨的尼桑汽车公司、东京调频广播公司和釜石新宿调频广播（均为日本公司）支持，由该系列节目的演员们完成。

《阿彻斯》

《阿彻斯》是英国无线电广播电台的一个著名节目，由戈弗雷·贝兹利（英国）编创，1951年1月1日第一次广播。事实上，它超过64年的持续时间使之成为延续时间最长的广播剧。

在第59年零177天时，诺曼·佩因廷（英国，生于1924年4月23日，死于2009年10月29日）担任主角菲利普·阿彻。（上图显示的是所有演员在2001年五十周年纪念特集相聚时的情况。诺曼是中间白胡子的那位绅士。）他于1950年5月29日在试播集中初次表演。他的最后一场表演就在他过世的前两天，并于2009年11月22日在他过世后播放。这些出色的演出使得他赢得了**在一个广播剧中出演同一角色（男性）的最长职业生涯**。

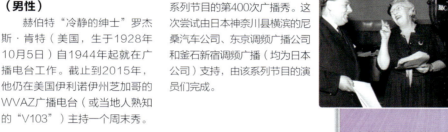

最长的无线电广播采访

无线电广播主持人/作家理查德·格洛弗（右图）在702ABC悉尼电台对作家/体育明星彼得·菲茨西蒙斯（左图，均为澳大利亚）进行了整整24小时的采访。此次尝试从2011年12月11日上午10点到第二天的上午10点，在澳大利亚悉尼ABC商场橱窗的弹出式工作室进行的。

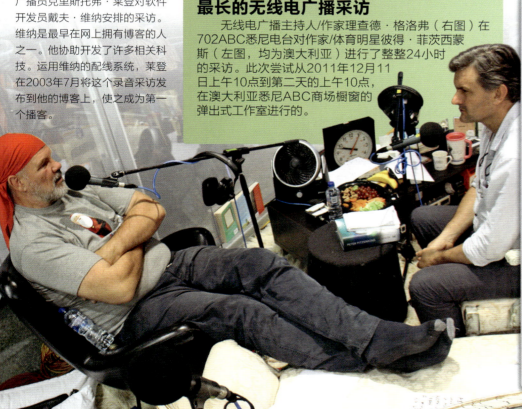

这个表演在一定程度上受到了艰苦时期的启发。战后英国忍受了长期配给供应，直到1954年——上图中的那一年，图片中的是鲍勃·阿诺德（扮演汤姆·福里斯特）和考特尼·霍普（扮演寡妇特维）。英国政府热衷于鼓励农民提高产量，因此这个表演的最初宣传宗旨——"村民的日常生活故事"——和农业主题遍布于表演中。

《阿彻斯》常被看成是对英国中产阶级惬意的生活和价值观的颂扬。但如今故事情节囊括了当今的社会问题。很显然它的流行程度没有任何衰退的迹象：到2014年10月，于2007年发布的《阿彻斯》的播客，被下载了6340万次。

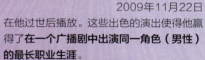

电视

到2020年，9.65亿台电视机将接入互联网

《权力的游戏》每一集的制作成本平均为600万美元（380万英镑）。这是一笔大预算，但2003年《老友记》最后一季的每一集制作成本还要高出100万美元。

数字集锦

9美元
1941年在美国播放20秒电视节目的成本

180万美元
2002年第36届美国橄榄球超级杯大赛期间，百事可乐所支付的20秒广告时间的成本，是最昂贵的电视广告宣传活动（120万英镑）

5740万
根据Forbes.com统计，截止到2015年1月奈飞公司的订阅人数

1.14亿
美国有线电视和卫星HBO电视网的全球用户数量

3.1701亿
根据Statista.com统计，2014年拥有模拟电视的全球家庭估计数量；2010年这一数字达到5.3185亿

收视最高的电视连续剧（当前）

2015年4月12日在美国HBO电视网首播的《权力的游戏》第五季，在评论聚合网站Metacritic得了91分（满分100）。目前它与路易斯CK（美国）的FX系列喜剧《路易的故事》（也是第五季）平分秋色。

《权力的游戏》因为是**最长的同步播出电视剧**而继续破纪录：2015年4月20日播出第五季前两集，该电视剧对173个不同国家和地区同时播放。图为饰演阿里亚·斯塔克的梅茜·威廉姆斯（英国）代表电影剧组接受吉尼斯世界纪录证书。

第一位艾美奖得主

口技艺人雪莉·丁斯代尔（美国）和她的假人朱迪·斯普林斯特斯在与她同名的电视剧中取悦了早期的电视观众。她获得了1949年最优秀电视名人奖。

一分钟内推特短消息发送最多的电视剧

根据尼尔森"2014社交电视排行榜"的报告，在60秒内发送最多推特消息的电视剧是NBC电视台旗下的《美国好声音》，2014年5月13日美国东部时间下午8:59，共发送了310,000条推特消息。电视真人秀是发送推特最多的电视节目类别，占直播电视剧推特的70%以上。

目前热播电视剧中电视女演员的最高年收入

2014年，《摩登家庭》明星索菲娅·贝尔加拉（哥伦比亚）连续第三年被评为电视台收入最高的女演员，每年收入据《福布斯》估计是3700万美元（2170万英镑）。从2013年6月至2014年6月，她再一次超过**收入最高的男演员**阿什顿·库彻尔（美国）（2600万美元；1525万英镑）。

在一个电视游戏节目中赢得的最高奖金

2009年5月23日，尼诺·哈泽（德国）出现在深受大众欢迎的对抗节目《击败拉布》中，成功问鼎。他击败了主持人斯蒂芬·拉布，赢得3,000,000欧元（2,559,122英镑；4,183,594美元）。

连续播放最多集的电视游戏综艺节目

由ITV制作公司出品、第四频道推出的《倒计时》节目在2015年1月5日播出了第72集。该节目自1982年以来一直在英国播出。

电视智力竞赛选手出场最多的次数

截止到2014年7月15日，参赛者戴维·圣约翰（英国）在1982年至2013年间，共34次出现在电视智力竞赛节目中。

最长的……

职业电视新闻播音员

阿方索·埃斯皮诺萨·德·洛斯蒙特罗斯（厄瓜多尔）自1967年3月1日起主持厄瓜多尔电视台电视新闻节目，截止到2014年5月22日，共计47年零83天。其职业生涯中唯一重要的中断是在1970年的贝莱斯科·伊瓦拉的独裁统治期间，电台决定停播三个月。

电视直播拍摄电视剧

2014年3月5日，电视直播拍摄了泰米尔语的电视剧《纳德哈斯沃拉门》的第1000集，时长为23分25秒，这要归功于太阳电视网络有限公司和电视连续剧导演瑟如穆如干·穆尼岩迪（均为印度），该集电视剧在印度的泰米尔纳德邦的卡拉库迪拍摄。

获许可的连续播放的电视剧

2014年8月21日至2014年9月1日，在美国洛杉矶矶，FXX网站连续12天播放了《辛普森一家》。该剧除广告外共播放了200小时50分4秒，包括《辛普森一家》的每一集、短剧和电影，全部按顺序播放。

获得最多的黄金时段艾美奖喜剧类最佳剧集

2014年8月25日在黄金时段艾美奖颁奖典礼上，《摩登家庭》（美国广播公司，2009年至今）连续五次蝉联艾美奖喜剧类最佳剧集，和《欢乐一家亲》（美国全国广播公司，1993—2004）持平。它的创作者史蒂文·莱维坦和克里斯托弗·劳埃德也是《欢乐一家亲》的执行制片人。

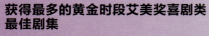

收视率最高的体育赛事

2015年美国橄榄球超级杯大赛中，新英格兰爱国者队击败西雅图海鹰队，平均有1.144亿美国观众观看比赛（最高有1.208亿人次收视）——创下美国国内体育电视观众最多纪录。

2010年7月11日，西班牙队和荷兰队之间的2010年世界杯决赛吸引了全球3.29亿观众，拥有**足球比赛电视广播的最多观众**（见插图）。国际足联估计，多达10亿的观众观看德国队和阿根廷队之间的2014年世界杯决赛，但这一数字仍有待验证。

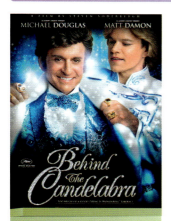

《辛普森一家》为获得**最多艾美奖的电视动画系列剧**，截止到2014年共获奖31次，提名78次。

不间断播出的电视连续剧

犯罪电视剧《海军罪案调查处》于2013年12月29日至2014年1月8日，在日本的福克斯国际频道播出，连续播出总计234小时。

电视广告

美国知名快餐品牌阿贝兹公司为了促销熏肉三明治，制作了一个长达13小时5分11秒的电视广告。2014年5月24日至25日在美国明尼苏达州德卢斯市KBJR电视台的My 9频道播出。

持续时间最长……

在同一频道播出的直播电视综艺节目（集数）

1982年10月4日至2014年3月31日，富士电视网络公司的《笑笑又何妨！》节目共在日本播出8054集。

一部电视电影获得最多的黄金时段创造性艺术艾美奖

一部有关钢琴弹奏家利伯拉斯的传记片《烛台背后》（美国HBO家庭影院频道，2013年），获得了11个艾美奖。这部电影获得了最佳迷你剧/电视电影奖，迈克尔·道格拉斯和史蒂文·索德伯格（均为美国）分别获得电视电影最佳男主角和电视电影最佳导演。

获最多次艾美奖喜剧类最佳女演员提名

2014年，朱莉娅·路易斯·德赖弗斯（美国）因其喜剧表演，获得第15个黄金时段艾美奖提名。她四次斩获喜剧类最佳女主角奖（凭借《老克里斯汀的新冒险》和《美国副总统》）与海伦·亨特（凭借《为你疯狂》）打成平手。

玛丽·泰勒·摩尔和坎迪丝·柏根（均为美国）并列为五次**喜剧类最佳女主角获得者**。

儿童电视节目（非连续年）

1952年手偶熊Sooty就出现在电视上，当时木偶表演师哈利·科比特（英国）和Sooty在英国BBC电视台的《才艺之夜》初次登台。在英国独立电视台的CITV频道中，哈利连续出现在自己的Sooty表演中。从1952年到2004年他年年出现在电视上，并于2011年再次回到电视屏幕。除间断的那几年外，截止到2015年，Sooty已经活跃在电视上63年。

教育类电视节目

1963年2月8日，哥斯达黎加的《电视俱乐部》首次播出。截止到2015年3月24日，它还在播出，每周从周一播到周五，52年间持续播放。

电视的一个转折点？

提供在线流媒体点播的网飞公司，给观众提供了选择观看热播新剧的机会。随着美剧《纸牌屋》（2013年至今）的播放，它真正改变了游戏规则。

网飞成立于1997年，最初提供邮件订阅DVD电影租赁服务，后来变为按需提供在线视频。然而，2011年网飞也开始授权原创内容，用户可以在线快速方便地挑选影片。《纸牌屋》中由凯文·斯佩西（下图左）饰演弗兰克·安德伍德、罗宾·赖特饰演他的妻子克莱尔，是一部以政治为题材的著名电视连续剧，成为**在线流媒体服务上首映的第一部大型电视连续剧**。《纸牌屋》迅速获得赞誉，证明了网飞可以与其竞争对手有线电视网络媒体公司（HBO）竞争，制作的电视剧具有最好电影的范围和质量，HBO曾制作《黑道家族》、《火线》、《广告狂人》和《权力的游戏》等电视剧。

《纸牌屋》获得九项2013年艾美奖提名（网飞的节目总共获得14个提名）。基于英国早些时候的同名电视剧，它成为**第一个被提名为主要黄金时段艾美奖的在线流媒体节目**，主要有最佳电视剧导演，最佳男主角和最佳女主角等奖项。

《纸牌屋》也是**第一部获得艾美奖的仅在网站上播出的电视剧**（使网飞本身成为**第一个获得艾美奖的视频流服务**）。节目摘得三个艾美奖，包括令人垂涎的最佳电视剧导演奖，因在第一季稳获电视剧收视第一而授予给了戴维·芬彻。

有了这样一个充满希望的开始，看起来，"总统先生"弗兰克·安德伍德的黑暗行为可以很快在你附近的屏幕上播放。

YouTube

每分钟有长达**300**小时的视频被上传到YouTube视频网站

数字集锦

18秒
YouTube视频网站第一个视频"我在动物园"的时长，该视频上传于2005年4月23日，展示了YouTube视频网站共同创始人贾韦德·卡里姆在美国加利福尼亚州圣地亚哥动物园的情景。

50%
YouTube视频在移动设备上的播放量

60%+
使用过YouTube视频网站的人占互联网用户的比例

600+
每分钟发出的包含YouTube视频链接的推特数量

40亿美元
据《华尔街日报》报道，2014年YouTube视频网站的收入（25亿英镑）

被"赞"次数最多的在线视频

截止到2015年5月3日，韩国流行/说唱歌手PSY（亦称朴载相，见右图）在2012年演唱的轰动一时的《江南Style》在YouTube视频网站已经被"赞"了9,371,381次。同时它也被"踩"了1,256,256次。

YouTube视频网站上同时观看人数最多的现场直播

2012年10月14日，跳伞运动员费利克斯·鲍姆格特纳（奥地利）在美国新墨西哥州东部上空破纪录地从38,969.4米的热气球上做自由落体（见第202—203页）。据英国谷歌报道，这一壮举吸引了800多万人同时在YouTube视频网站上在线观看。

YouTube视频网站收益最高视频《我的世界》

截止到2015年2月，YouTube视频网站的数据监控公司社会叶片判断YouTube视频网站收益最高的视频是《我的世界》世界公开赛的视频

观看次数最多的电子游戏攻略

2009年6月8日，"cesaritox09"上传了"新超级马里奥第22关游戏攻略"。截止到2015年5月3日，这一以任天堂为平台的游戏《超级马里奥兄弟》的攻略已经被观看了30,221,835次。

"流行网游"，它的年收益为750,900—12,000,000美元（486,700—770,000英镑），平均每年收入637万美元（412万英镑）。截止到2015年5月3日，《我的世界》以其非凡的任务和饶有趣味的特色已经被流行网游的4,255,285个用户观看了24亿次。欲知核算YouTube明星收益时的内在挑战，详见第181页。

观看次数最多的······

在线音乐视频（女性艺术家）

2014年2月20日，凯蒂·佩里

（美国）发布了由说唱歌手尤西斯J（Juicy J）主演的MV《黑马》。截止到2015年5月3日，这首MV在YouTube视频网站已经被观看了931,194,248次。截止到2015年5月3日，佩里的MV《咆哮》以902,750,117次成为由女性艺术家创作的被观看次数第二多的MV。

第一个被观看10亿次的视频

截止到2012年12月21日，PSY的《江南Style》是第一个被观看超过10亿次的视频，它在YouTube视频网站的点击达到1,000,382,639次。它首次上线时间是2012年7月。

连续每天发布的最多的个人视频博客

截止到2015年5月7日，查尔斯·特里皮（美国）在他的YouTube视频网站频道"网络杀死电视"上不间断地发布了2200个视频博客，从未漏掉一天。

观看次数最多的电影官方预告片

截止到2015年5月3日，《复仇者联盟：奥创纪元》的预告片被观看73,761,359次。据数据间谍报道，它在YouTube视频网站上刚上线的24小时内观看量达到2620万次。

! 小知识
2009年12月，环球音乐、谷歌、索尼音乐娱乐公司和阿布扎比传媒创建了VEVO音乐视频服务。它覆盖了两百多个国家。

24小时内观看次数最多的VEVO视频

2014年8月19日至20日，妮琪·米娜（美国）的《蟒蛇》视频在VEVO被观看了1960万次，击败了麦莉·赛勒斯在2013年9月9日至10日《爱情破坏地球》视频创造的1930万次的纪录。

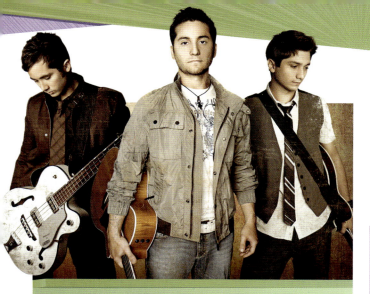

YouTube视频网站上观看次数最多的独立音乐行为

亚历杭德罗、丹尼尔和法比亚恩·曼扎诺三兄弟（均来自美国）组成了博伊斯大道乐队。截止到2015年5月3日，该乐队的浏览量超过了18.7亿次，在YouTube视频网站上他们频道的订阅者已经达到了700万，（"博伊斯大道"和"博伊斯大道临时演出"），这比粉红佳人、阿黛尔和酷玩乐队的官方频道的浏览量还要高。

科幻电影预告片

截止到2015年5月3日，YouTube视频网站上观看次数最多的科幻电影预告片《星球大战：第七部——原力觉醒预告片1》的浏览量达到67,645,982次。这部令人期待已久的星战系列电影第七部将在2015年12月登上银幕。

应用程序预告片

截止到2015年5月3日，在YouTube视频网站上，"会说话的汤姆"应用程序的预告片已经被观看了133,193,235次。这个程序主要是一只叫汤姆的猫，玩家们可以将它养大并带领他闯过各种游戏。Outfit7公司创造了

会说话的汤姆猫，更催生了一系列的副产品，包括会说话的安杰拉、会说话的皮埃尔，甚至包括会说话的圣诞老人。

在线文字游戏视频

2012年4月3日，YouTube视频网站用户"thedotnetkid"上传了"与朋友文字接龙（2700分，一轮）"视频。截止到2015年5月3日，它的总浏览量达到了348,027次。

YouTube视频网站上订阅者最多的……

乐队

截止到2015年5月3日，英国流

YouTube视频网站上收益最高的用户

截止到2015年2月，YouTube视频网站的数据监控公司社会叶片判断迪尼斯视频（亦称儿童玩具视频）年收入在150万至2340万美元（90万至510万英镑）之间。这位匿名女性用户上传玩具视频并展示它们是如何运作的。截止到2015年5月3日，迪尼斯视频频道已经有了4,398,113个订阅者和6,316,071,933次浏览量。

最大的视频分享网站

YouTube视频网站作为主要的视频源继续在互联网上占据着主导地位，表现为它每月有超过60亿小时的视频被观看和10亿活跃的独立用户。截止到2015年1月，它每天的订阅量是2014年每天订阅量的4倍多。

行乐队单向组合在VEVO频道的订阅者达到了15,812,273人。VEVO是YouTube视频网站的合作伙伴之一。

喜剧频道

截止到2015年5月3日，由智利喜剧演员/艺人赫尔曼·亚历杭德罗·加门迪亚·阿里尼斯主持的VEVO网"HolaSoyGerman."频道订阅人数累计达到了22,026,825人，比订阅人数排名第二的喜剧频道duo Smosh的订阅人数20,310,103多出一些。

音乐家

截止到2015年5月3日，美国说唱歌手埃米纳姆（出生于马歇尔布鲁斯源泉三世）在VEVO频道上的订阅者达到了15,273,154人。

! 小知识

为什么YouTube视频网站的频道收益估算有这么大的数值范围？社会叶片公司说，这是因为频道之间的CPT（每千次观看的成本）差异巨大。这个数值也没有将谷歌的份额考虑在内。

👤 PewDiePie频道

如果你是一个游戏玩家，假设你已经非常熟悉这个男士。

截止到2015年2月，社会叶片公司判断YouTube视频网站收益最高的游戏视频是由"PewDiePie"频道的评论家——也称费利克斯·阿尔维德·乌尔夫·谢尔贝里（瑞典）贡献的。他的年收益为120万至1809万美元（777,800至1220万英镑），平均每年收入1005万美元（561万英镑）。

对于许多非游戏玩家来说……"PewDiePie"因其夸张的游戏评论而出名——例如"像素英雄（2012）"和"模拟山羊（2014）"都是在他玩这些游戏时独立制作的。截止到2015年5月3日，他拥有86亿浏览量和36,376,634个订阅者，成为YouTube视频网站上订阅者最多的人。他受追捧可以追溯到2013年，当时他因"仅仅"拥有12,115,082名订阅者而获得吉尼斯世界纪录证书。

据娱乐杂志《综艺》报道，"PewDiePie"的崛起可能象征着青少年之间的一种总体趋势。2014年7月，《综艺》杂志面向1500名13至18岁的人就"谁是他们心目中最有影响力的名人"进行了调查。排名前五的都是YouTube视频网站的明星：Smosh搭档排名第一，"PewDiePie"排在第三位，比"主流"的名流例如珍妮弗·劳伦斯和约翰尼·德普还要领先。

YouTube的轰动效应体现在2013年新加坡为在世界社会媒体上具有巨大影响力的人举办的社会明星奖红毯秀（见下图）。

应用软件

截止到2014年6月已有超过750亿款应用软件和游戏通过苹果应用商店下载

数字集锦

1/5
拥有智能手机的人，数据来自美国商业新闻网站

1/5
下载后只使用一次的应用软件，数据来自美国手机应用网站

111.1亿
数据网统计2014年被下载的付费软件数量

1277亿
数据网统计在2014年被下载的免费软件数量

35天
《愤怒的小鸟》（拉维奥，2009）用户数量达到5000万所用时间，收音机用了38年才拥有这个数量的听众

275
《愤怒的小鸟》蝉联美国苹果应用商店排行榜位的持续天数，是苹果商店最畅销软件持续天数最多的软件

苹果应用商店里最贵的游戏

据金融网站称：截止到2015年1月5日，《高清版独闯天涯》零售价格为349.99美元（1228.29英镑），成为苹果应用商店里最贵的游戏。玩家需要控制一个名为超级英雄的角色在一连串由球组成的3D界面中进行冒险。

最贵的内购应用

彼得·莫利纽克斯开发的实验游戏好奇系列之魔方探秘游戏邀请玩家敲开一块很大的立方体，立方体的每一层都会揭露新的信息，并承诺敲开中心解开秘密的玩家可以知道一个惊天大秘密。若要敲击力度达到10万，玩家需要花费30亿游戏币购买金刚石凿子，相当于含泪花掉47,000欧元（75,000美元）。

排在最多国家榜首的苹果商店游戏

《愤怒的小鸟》（拉维奥，2009）在67个国家的苹果应用商店中排名第一。

最受欢迎的应用分类

据在线量化数据门户数据网

第一款达到10亿下载量的安卓应用

2014年5月14日，谷歌宣布其Gmail应用在谷歌应用商店中达到10亿下载量。相当于地球上每7个人中就有1人下载了该软件。

统计，截止到2014年9月，苹果在线商店中游戏数量占所有可用应用的20.38%。

YouTube上观看次数最多的游戏应用电视广告

越来越多的应用发行商把目光转向"游戏应用电视广告"，借此把产品推广给大众。从2013年12月23日《部落战争》电视广告首播到2015年3月5日，观看次数已达到27,664,097次。

日收益额最高的IOS游戏应用

截止到2015年2月，多人在线策略游戏《部落战争》每天为其发行商（Supercell）美国社交游戏公司创造1,639,220美元（1,050,120英镑）收益——日收益超过其最有力的竞争对手《糖果传奇（至尊）》300,000美元，《糖果传奇（至尊）》日收益为1,097,578美元。两款游戏均上线于2012年。

首次……

纽约现代艺术博物馆应用

2014年6月，冰岛创作歌手比约克的歌曲《生物恋》（2011）被美国纽约现代艺术博物馆选用。《生物恋》歌曲是应用程序和音乐专辑的混合体，通过图片和动画来加强音乐效果。用户可以在应用中通过视觉和音乐两方面进行互动来创造他们自己的音乐作品，这样听音乐就从通常情况下的被动体验变成了参与体验。

赚了10亿美元的游戏应用

《开心农场》（星佳公司，2009）在巅峰时刻一个月内达到8亿2千万玩家，截至2013年2月玩家游戏内购买为其

最小的手机游戏应用程序员

佐拉·鲍尔是美国一名7岁的女孩，她编写了一个关于芭蕾舞女演员在美甲沙龙躲避吸血鬼并寻找一件首饰的游戏。该游戏使用名为Rocket的开放源代码编程语言写成，并于2013年2月发行。

带来超过10亿美元（6亿英镑）收入。

《糖果传奇》和《部落战争》（见下方）可能对于西方玩家来说更为熟悉，但它们都无缘"首家赚到

! 小知识

《部落战争》是一款"免费增值"应用。应用本身在下载时免费，但是其中的道具（额外关卡、角色或者特性）需要花钱去解锁，只要有人使用软件，发行商就会源源不断地获得收益。

植物大战僵尸

迄今为止最成功的苹果商店发行商

2013年5月发布的苹果商店排名前25的付费iPhone应用中有五项荣誉由电子艺界公司获得——超过其他任何一家公司。这些游戏包括《植物大战僵尸》和《模拟人生3》，还包括经典的棋盘游戏《拼字游戏》、《大富翁》以及《游戏人生》（均在2010年发布）。

最受欢迎的Facebook音乐应用

据数据网统计，截止到2015年2月，Facebook音乐应用下音乐下载音乐播放器（Spotify's）（瑞典）的月活跃用户达3983万。

飞起来

软件开发员阮东，1985年出生于越南河内。他设计了一款非常成功的手游——《像素鸟》，这款手游让他一夜成名。

虽然东的父母并不富裕，但他们还是在他小时候给他买了一台任天堂掌上游戏机。他对任天堂几近痴迷，16岁的时候，东开始自己写程序。19岁时，他在大学学习计算机科学，还在越南一家游戏公司——潘趣社交手游公司实习。他设想的《像素鸟》（.GEARS，2013）很容易上手，可以在活动中进行，这样忙碌的上班族可以站在车上玩一只手玩。这款游戏取得了极大的成功，东一天的广告净收入最多达到5万美元。但是不久他就担忧玩家们过度沉迷游戏。他坦言"设计《像素鸟》这款游戏是想让人们在闲暇时放松几分钟，但它却成了一款让人上瘾的游戏。我觉得这已经成为一个问题了"。

于是，在2014年2月10日，东把这款游戏从苹果应用商店中撤出，这款游戏也是**苹果商店排行第一的游戏中第一款被下架的**。在东发布了告诫大家快去卸载游戏的推特后，《像素鸟》在它下架前的22小时内又被下载了1000万次。由于不再提供下载，《像素鸟》的手机预下载文件在易趣网上卖到了几千块。现在，东依然经营着他在2005年成立的独立游戏开发公司.GEARS。

10亿美元的手机游戏"这一殊荣。这份荣誉属于《智龙迷城》（GungHo 在线娱乐，2012）。其日本开发人员透露，此款游戏赚得的15亿美元（9亿英镑）收入中有91%，也就是6.5亿美元（3.94亿英镑），是来自手机客户端的苹果应用商店，7.75亿美元（4.7亿英镑）来自谷歌市场。

手游应用开发商经营全球性电视广告公司

国王数字娱乐公司（英国）是首家经营全球性电视广告的手游应用开发商，最初在美国、英国和日本宣传《糖果传奇》，之后又宣传其他受欢迎的游戏，如《泡泡女巫》（2012）、《农场英雄传奇》（2014）和《宠物大营救》（2014）。广告效果在日本体现得最为显著，五天内《糖果传奇》的下载量从100名开外一跃成为榜首。

电视游戏比萨送餐系统

2005年2月，索尼在线娱乐公司在《无尽的任务2》（2004）中添加了比萨送餐系统。通过点击"/比萨"，玩家会跳转至必胜客订餐网站。这是大型多玩家在线角色扮演游戏第一次让玩家收到现实世界中的商品。

8年后出现了**首款游戏平台购物软件**，必胜客再一次担当重任。2013年4月23日，微软在Xbox平台上发布了必胜客应用用于Xbox 360，这样玩家就不用退出游戏可以直接在网上菜单中订购必胜客里的食物。

供下载应用数量最多（应用市场）

据应用分析公司安妮应用统计，2014年，谷歌应用商店在供下载应用数量上超过苹果应用商店。谷歌商店拥有超过160万可用应用，而苹果商店只有130多万个。

音乐

2014年秋季，女歌手**连续七周**占据着Billboard 100单曲榜单前5名

数字集锦

6

美 国 连 续 六 个 十年的专辑销量第 一，由芭芭拉·史翠珊（美国）获得

11

阿黛尔（英国）的专辑《21》（2011）连续登顶英国专辑排行榜的周数。它是**21世纪英国持续最久处于销量第一的专辑**

50分钟

泰勒·斯威夫特（美国）的歌曲《我们再也回不去了》登顶iTunes单曲榜的用时——**售卖最快的数字单曲**

106

多莉·帕顿（美国），作为一名女艺术家，登上美国热门乡村音乐榜最多次数的纪录

美国专辑榜上销量过百万周数最多的专辑

从1991年尼尔森音乐浏览追踪专辑销量开始，泰勒·斯威夫特（美国）是唯一一位在Billboard 200专辑榜上三次周销量过百万的艺人。这位因演唱《左右摇摆》爆红的明星其第三、第四和第五张专辑都获得了首周销量过百万的佳绩。

最多次赢得格莱美奖的女歌手

艾莉森·克劳斯（美国）从她1990年第一次拿格莱美奖到现在已经28次赢得该奖项了。她的两张专辑斩获了她梦寐以求的年度最佳专辑奖——2001年发行的《噢，兄弟，你在哪里？》和2008年发行的《捧起沙া》，后一张专辑是与曾担任Led Zeppelin乐队主唱的罗伯特·普兰特共同录制的。

获格莱美奖最多提名的女歌手是53次被提名的碧昂斯·诺尔斯（美国），她在2015年2月举办的第57届格莱美奖上六次被提名，超过了多莉·帕顿（46次提名）。

福布斯全球百位名人榜位列最高的女性

碧昂斯的幸运年：在到2014年6月1日为止的12个月时间里，她的收入估测为11500万美金（6860万英镑），足够登顶福布斯最具影响力名人排行榜。这段时间内，这位明星举办了95场主题为"卡特夫人世界巡演"的演唱会，每场收入平均240万美元（170万英镑）。2013年12月，她发行的同名专辑《视觉专辑》在三天的可下载日里，全球范围内下载828,773次，成为**销售最快的iTunes专辑**。

第一支仅靠音频流进入英国Top 40的歌曲

2014年10月4日英国官方单曲榜上，由梅根·特雷纳（美国）演唱的《像低音贝斯一样》以117万频音频流的力度登上Top 40的榜单，而100音频相当于一个下载量。

音乐巡演吸金最多的女歌手

麦当娜（美国）的"甜甜黏黏世界巡回演唱会"共收入4.08亿美元（2.511亿英镑）。为了宣传专辑《水果硬糖》，从2008年8月23日至2009年9月2日，这场巡演走访了32个国家、累计85场的辛劳演出，以人均186美元（115英镑）的票价吸引了354万粉丝。自从她1983年首次演出起，麦当娜已经卖出了三亿多张专辑，这使她成为**专辑销量最好的女歌手**。

由独唱女歌手发行的销量最好的录音室专辑

沙妮娅·特温（加拿大）的专辑《过来》从1997年11月4日发行到现在在全球范

美国数字作品销量最高的歌手

截止到2014年10月31日，凯蒂·佩里（美国，全名凯瑟琳·赫德森）获认证在美国本土销售了7200万张数字单曲。她的主要专辑包括2010年发行的900万销量的《烟火》，同年发行的《加州姑娘》和2011年发行的《E.T.》，后两者均销量700万张。这里看到的是她在2013年发行的销量600万张的主打歌曲《黑马》中的剧照。

截止到2015年2月5日，佩里在推特上共有64,630,666人关注，成为**推特最受关注人物**。其次受关注最多的女歌手是泰勒·斯威夫特（美国），截止到同期数据，关注她的人数达到51,939,930人。

小知识

佩里埃及风格主题的视频在YouTube上被大量点击。这个视频在2014年吸引了超过七亿次的浏览，使它成为当年YouTube上观看最多的音乐视频。

小知识

截止到2015年2月5日，只有两个Facebook主页的获"赞"量多于夏奇拉。它们是Facebook手机应用专页（547,111,981）和Facebook本身（169,250,505）。

后被《日本时报》评为20世纪最具影响力的艺人。

销量最多的《英国偶像》选手

利昂娜·刘易斯（英国）从开始参加第三期《英国偶像》（2006）选秀节目至今，在全球范围内已卖出了超过3000万张的唱片。她的首张专辑《心灵》（2007）已经卖出超过800万张。

专辑登上英国专辑排行榜Top 40最多的女歌手

根据2014年9月6日英国专辑排行榜的数据，凯特·布什（英国）共有八张专辑进入Top 40，它们是：《完整故事》（1986，第6名），《猎爱》（1985，第9名），《关于雪的50个词》（2011，第20名），《内在冲击》（1978，第24名），《感性世界》（1989，第26名），《梦幻》（1982，第37名），《永不言败》（1980，第38名），《壮志豪情》（1978，第40名）。她取得这一成就的日子正是35年前，她在英国伦敦阿波罗剧院开启她的22场《黎明前》演唱会首演的那一天。

VEVO网站24小时内观看最多的视频

2014年8月19日至20日一天时间内，尼茨基·米纳伊（美国）的视频《蟒蛇》在VEVO上观看次数达到1960万次。

英国Top 20单曲榜持续最多周（女歌手）

鲁比·默里（英国，1935—1996）的首张单曲《心跳》从初次登上英国单曲榜Top 20开始，在1954年12月3日至1955年11月25日的时间里，连续52周至少有一支单曲登上该榜单。

第一位在Facebook上获1亿个"赞"的名人

第一位在Facebook官方粉丝主页上获"赞"上亿的名人是哥伦比亚歌手夏奇拉（全名夏奇拉·梅巴拉克·里波尔），她在2014年7月18日到达了这一里程碑。截止到2015年5月8日，这位演唱《屁股不说谎》的明星定期上传视频、新闻、照片和宣传材料到其主页，共获100,247,580个"赞"。

围内已经售出超过4000万张。

在一个国家销售最快的专辑

出生于美国的创作歌手宇多田光（日本）在2001年3月28日发行了她的第三张专辑《距离》。该专辑发售一周时间内在日本卖出了3,002,720张。宇多田光之

伊迪纳·门泽尔

从2013年末开始，土生土长的纽约人伊迪纳·门泽尔已经风靡全球媒体界。这位获奖的百老汇演员、歌手、作曲人以及影视明星为迪斯尼动画巨作《冰雪奇缘》（美国，2013）中成year阿伦黛尔女皇埃尔莎配音。之后这股强力流行乐的冰雪风暴将她推向榜单前十。

伊迪纳·门泽尔出生于1971年5月30日，这位艺人在纽约艺术学院筹划她的事业，她一边以受戒仪式献唱，一边寻找更大的舞台，以此追求名利。1996年，她开始了第一场百老汇演出，出演乔纳森·拉森的摇滚音乐剧《出租》中文歌手莫琳·约翰逊一角（她在2005年电影版中又重新扮演这一角色），直到她发行首张专辑《我依然不能停止》（1998），并借此机会career腾飞。

第58届托尼奖（2004）上，门泽尔凭借在百老汇2003年舞台剧《坏女巫：奥兹女巫不为人知的故事》中饰演女主角埃尔法巴·思罗普，获得最佳女演员奖。她又通过在热播电视剧《欢乐合唱团》（福克斯，美国）中饰演肾上腺合唱团指导老师谢尔比·科科伦一角被更多观众所知，因为在这之前有粉丝发起活动提出让她饰演雷切尔·贝里的母亲（由长得像门泽尔的利·米歇尔饰演）。这两个人表演的《梦一场》是第一季的收视亮点。

门泽尔的事业在《冰雪奇缘》及其热销配乐的发行中达到巅峰，以《人生第一次》（与克里斯滕·贝尔的二重唱）和《随它吧》凸显，结合歌词与旋律完全深入了全世界迪士尼粉丝的内心。《随它吧》（见左边）一歌仅在美国就获得榜单第五名以及销量超过350万张的成绩，同时在英国单曲榜上连续60多周上榜，还获得了奥斯卡最佳电影歌曲奖和2015年格莱美最佳视觉媒体音乐这样空前的成功。

包含语种最多的单曲（多位歌手）

用25种语言诠释的一版《随它吧》2014年1月可以下载了，这首获奖歌曲出自迪士尼动画《冰雪奇缘》（美国，2013；**票房最高的动画片**，见第166页）。

与YouTube视频中埃尔莎公主的演唱（由伊迪纳·门泽尔配唱，见右图）版本一起出现的译制版本拍摄了22位不同女歌手，该版本的歌词包括英语、法语、德语、荷兰语、汉语、瑞典语、日语、拉丁美洲西班牙语、波兰语、匈牙利语、西班牙语、加泰罗尼亚语、意大利语、韩语、塞尔维亚语、粤语、葡萄牙语、马来语、俄语、丹麦语、保加利亚语、挪威语、泰语、加拿大法语和弗莱芒语。

印度洋马达加斯加岛的长度，是**历史最悠久的岛屿**；约8千万至1亿年以前从印度次大陆分离出来　**1,601,000米**

185

"没有人能读懂音乐。没有人能写音乐。"——"披头士"约翰·列侬

数字集锦

2.5亿美元
迈克尔·杰克逊去世九个月后，索尼公司签订了与其遗产相关的合约，价值2.5亿美元，成为最赚钱的唱片合约

185,224,749
截止到2014年12月2日，埃米纳姆和蕾哈娜的"怪兽"在Spotify音乐平台上的数据流

13
在美国专辑榜上夺得第一的最多次数，美国说唱歌手杰伊·Z有此殊荣

9分钟38秒
奥西斯《世界各地》的时长，英国排行榜最长单曲冠军

900
截止到2015年4月11日，《月之暗面》留在美国音乐公告牌排行榜的周数

370万
2007/2008年，乔希·格罗班《诺埃尔》的销量，美国专辑排行榜上最成功的圣诞专辑

首次在浮冰上进行的演奏

工业金属乐队The Defiled（英国）勇敢地面对低于零度的气温，于2014年10月15日，在格陵兰海中间的浮冰上进行了一场30分钟的演出，地点在库鲁苏克小镇附近。观众们在渔船上观看了这场音乐会——耶格迈斯特"冰冻演唱会"系列的最新挑战（下图）。

最畅销的独唱艺术家

2016年1月是《心碎旅馆》发行60周年，这或许会成为摇滚之王埃尔维斯·普雷斯利（美国，1935—1977）排名第一的流行单曲。普雷斯利创下了全球销量（唱片、磁带、CD和下载）超过10亿的世界纪录，并且拥有在英国和美国专辑排行榜上榜最多的纪录（均为129）及在英国（80周）和美国单曲排行榜上位列第一累计周数最多的纪录（79周）。

迄今为止收益最高的音乐家

根据福布斯财富榜，嘻哈音乐人/制作人德雷博士（美国，原名安德烈·扬）至2014年6月的12个月里税前收益约为6.2亿美元（3.78亿英镑）。尽管1999年以后没有发行新专辑，这位经验丰富的饶舌歌手在2014年5月年通过把"魔音电子"——他和吉米·约维内创办的双耳式耳机制造公司——出售给苹果公司赚取了30亿美元（18亿英镑），远远超过迈克尔·杰克逊（美国）在1989年赚到的1.25亿美元（7620万英镑）。

独唱歌手收入最高的巡演

经过六站，历时三年（2010—2013），总共219场演出，罗杰·沃特斯（英国）的《迷墙》巡演创造了4.586亿美元（2.86亿英镑）的收入纪录。据报

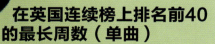

在英国连续榜上排名前40的最长周数（单曲）

由法瑞尔·威廉姆斯（美国）编写、制作和表演的《快乐》于2013年12月14日首次进入英国官方单曲榜前40名，至2014年11月15日，连续上榜49周。这首歌曲——有不连续的4周位列第一，并且有20周排名前10——仅在英国就售出了超过160万张。

最大的专辑发行量

2014年9月9日，U2（爱尔兰）价值1亿美元（6180万英镑）的专辑《天真之歌》受苹果公司的公关活动支持，被赠送给5亿iTunes用户——世界上人口的7%。据报道，一个月后，119个国家的8100万iTunes用户"体验"了该专辑，结果反应复杂。"只有"2600万人下载了整张专辑。

经过最长时间登上英国单曲榜榜首

埃德·希兰（英国）2014年的民谣单曲《自言自语》经过19周的时间才荣登英国单曲榜榜首。《自言自语》是希兰的专辑《x》（又名《乘》）中的第三首单曲，于2014年7月5日首现榜单，排名第26，到2014年11月8日排名第

一。这首单曲在英国的选秀节目《x音素》中经作者亲自现场演唱后攀上第一名，之前在排行榜前30名待了19周的时间。

美国饶舌歌手利尔·韦恩（原名德韦恩·卡特）已经有124首单曲登上了美国公告牌百强单曲榜。

最值钱专辑

嘻哈组合Wu-Tang Clan（美国）的专辑《少林往事》被卖到了约300万美元（190万英镑）的价格，并且只提供给一个买家。此专辑的双碟装专辑放置在摩洛哥马拉喀什的皇家曼苏尔酒店里小心珍藏，据报道该双碟装专辑有人出价高达500万美元（310万英镑）。

美国公告牌百强单曲榜上单曲最多的独唱歌手

截止到2014年11月15日，

道，世界各地的410万人共花费了6000万美元（3740万英镑）观看Pink Floyd乐队创始人演出1979年的经典专辑《迷墙》。

每天写一首歌，连续创作最多的天数

截止到2014年11月16日，乔纳森·曼（美国）已经连续2146天每天写一首歌。他在2009年1月1日开始了"每日一曲"的计划，并将每一首歌都拍成视频上传到他专属的YouTube频道，吸引了1500多万人观看。曼的歌有《Siri二重奏》（一首与iPhone虚拟助手合作的歌曲）、《一只不存在的猫》、《查理情歌》，还有《IOS自动完成曲》（由移动操作系统自动完成功能提供的歌词）。

最年轻的夜店DJ

Dextrous One，又名布兰丹·杜克（生于2006年11月10日，加拿大），2013年6月15日开始作为一名职业DJ在加拿大安大略省多伦多市政府娱乐中心的Kool Haus俱乐部演出，年仅6岁零217天。"我可以让大家变得疯狂！"布兰丹说。他第一次见到父亲唱机上的转盘支托面时才三岁，需要踩在台子上才能够着。

单向乐队

他们本来可能在2010年英国达人秀系列节目《x音素》中仅取得第三的成绩，但是"单向乐队"这个男子乐队组合证明了自己是最终的赢家，他们发行了一系列畅销专辑，征服了美国，为自己赢得了许多世界纪录：

第一个英国团体带着首张专辑首次在美国获得第一名：2012年3月31日，《整夜无眠》以第一周176,000张的销量首次获得美国公告牌专辑榜的第一名，超过了之前的披头士乐队（1964）和辣妹组合（1997）。

首次获得最高美国单曲榜的英国团体：2012年10月20日，他们首次在美国单曲榜以《青春不留白》取得了第三名，第一周累计数字销售量为341,000，并且超过了辣妹组合和她们排在第五名的《说你会在那里》（1997）。

第一个前四张专辑在美国排第一的团体："单向乐队"在美国公告牌200张专辑榜取得的前所未有的成功始于2012年的《整夜无眠》，他们的首张专辑《带我回家》（2012）随后登顶，《青春午夜场》（2013）和有着恰当名字的《第四》（2014）在2014年12月6日上市第一周销量达到387,000张，排名第一。

推特上有最多粉丝的音乐团体：截止到2015年4月28日，"单向乐队"在推特上已有23,393,106个粉丝。

最流行的舞蹈游戏音乐：截止到2015年4月28日，来自育碧的《舞力全开4》的一段"是什么让你如此美丽"的视频在YouTube上已被浏览40,351,368次。

冒险家

小知识

与看上去不同的是，除了1848年那一次之外，尼亚加拉瀑布从来没有彻底冰封过，在冰层下水照样流过。只有那一次，水流彻底停止了，但那主要是由远处上游的"冰塞"导致的。

2,655,000米 格陵兰岛的长度；总面积约为2,175,600平方千米，**是世界上最大的岛屿**（如果不把澳大利亚这块大陆包含在内）

目录

第一个攀爬冰冻的尼亚加拉大瀑布的人

　　47岁的威尔·加德（加拿大）是一位经验老道的极限冒险者。2015年1月27日，他攀爬了加拿大安大略省半冰冻状态的霍斯舒瀑布。描述攀爬世界最壮观的瀑布是什么感觉时，他说："让人五脏六腑都颤抖，感觉自己是如此、如此的渺小。"从事这种艰难的运动，对于加德来说，已经不是新体验了。在1998—1999年间的运动项目中，他共获得三块金牌，这些都是**最极限攀冰运动奖牌**。此后不久，萨拉·温肯（加拿大）继加德之后也攀爬了"霍斯舒瀑布"，从而成为**第一个攀爬尼亚加拉瀑布的女性**。

史诗般的旅行

韦提希·瑟拉珀希（英国，出生于2008年5月6日）在他205天大的时候完成了游遍七大洲的壮举，成为**游遍七大洲年纪最小的人**

最周密的计划

有史以来，那些行程数千公里的旅行者都需要付出十二万分的辛苦。如今，随着尖端技术和能够适应一切条件的车辆出现，似乎可以说，我们做一次长途旅行从来没有像现在装备得这么好。

如果你有任何疑问，看看过去这些没有按计划进行的航行吧……

俗话说"千里之行，始于足下"。中国古代哲学家老子的格言正是破纪录之旅的一个恰当的介绍，为了获得了吉尼斯世界纪录的头衔，你是实实在在地要走完那些路程。

人类的脚步永不停歇，总是以探索的名义去冒险各种风险。在过去，诸如财富、权力和名誉这样的奖励通常让人忽略了需要经历的危险。如果要说出一个探险家的名字，你可能会想到有历史意义的探险家，像克里斯托弗·哥伦布和马可·波罗等（均为意大利），或者冒险家阿梅莉亚·埃尔哈特（美国）和罗伯特·斯科特（英国）。但不要以为探索的时代已经过去，旅行者们的选择向我们证明了如今进行史诗之旅的愿望和以前一样强烈。

这并不是要把开拓者们的壮举一笔带过。1519年，斐迪南·麦哲伦（西班牙）从西班牙出发，之前从没有人进行过环球航行。三年后，他回到西班牙，只剩下出发时不到10%的船员，麦哲伦自己在经过一个菲律宾部落时在部族冲突中被当地居民砍死。不过，这次航行还是被认定成**首次环球航行**。

如今，我们从A地到B地的方式有了很多选择，但是冒险精神依旧是一种驱动力。无论是依靠发动机、自然的力量或是依靠自己——甚至是在虚拟世界中行进——每一次旅行都会给我们独一无二的奖励和挑战，然而每一次史诗之旅，都是从第一步开始的。

11
罗阿尔·阿蒙森（挪威）于1911年至1912年带领52只哈士奇进行南极探险，回来时仅剩11只

17
航海家斐迪南·麦哲伦（葡萄牙）出发环游世界时带了239名水手，回去时还剩17人

24
马可·波罗（意大利）离开威尼斯24年，其中17年在中国，本来只打算旅行几年而已

157°～337°
飞行员阿梅莉亚·埃尔哈特（美国）1937年在太平洋上失踪时报告的最后位置

50%
克里斯托弗·哥伦布（意大利）共进行四次航海，其中有两次旗舰失事，航海成功率为50%

15.2厘米
"的里雅斯特"号深海潜艇窗户的厚度，这是**下潜深度最大的载人潜艇**，下潜过程中一扇窗户破裂，但1960年的那次下潜依旧是一次成功的尝试（见第23页）

0千米　5000千米　10,000千米　15,000千米　20,000千米　25,000千米

GAS

空气
陆地
水

1. 汽艇
- 小威廉·法德利和尤金·加德维科（均为美国）
- 1770千米
- 美国佛罗里达州杰克逊维尔市至纽约州纽约市（1986年）

2.《我的世界》
- 库尔特·J.马克（美国）
- 2097千米
- 从游戏世界的中心"远方大陆"的开端（2011年至今）

3. 户外游泳
- 马丁·斯特雷（斯洛文尼亚）
- 5268千米
- 游完从秘鲁到巴西整个亚马孙河的长度（2007年）

4. 气垫船
- 戴维·史密瑟斯（英国）
- 8000千米
- 穿过了从西非到非洲近赤道地区的八个国家（1970年）

5. 帆板
- 弗拉维奥·雅尔丁和迪奥戈·格雷罗（均为巴西）
- 8120千米
- 沿巴西海岸从舒伊到奥亚波基（2004—2005年）

6. 动力伞
- 米罗斯拉夫·奥罗斯（捷克）
- 9132千米
- 从捷克共和国的萨则纳到利波瓦拉德（2011年）

7. 滑板
- 罗布·汤姆森（新西兰）
- 12159千米
- 从瑞士莱森到中国上海（2007—2008年）

8. 水上摩托艇
- 阿德里安·马雷和马里纳斯·杜普莱斯（均为南非）
- 17266千米
- 从美国阿拉斯加到巴拿马的巴拿马城（2006年）

9. 商用飞机
- 波音777-200LR环球客机
- 21601千米
- 从中国香港到英国伦敦（2005年）

10. 割草机
- 加里·哈特（美国）
- 23487千米
- 从缅因州波特兰市到佛罗里达州代托纳比奇，途经美国48州、加拿大以及墨西哥（2011年）

超越史诗级的旅程

一些旅客真的是要在行程上打破纪录。这里，我们收录了一些有史以来行程最长的旅行……

参与者（们）	工具	行程	用时
埃米利奥·斯科托（阿根廷，见左下）	摩托车	735,000千米	1985—1995年
埃米尔和利利安娜·施密德（均为瑞士）	四轮驱动车	692,227千米	1984年至今
沃尔特·施托勒（英国）	自行车	646,960千米	1959—1976年
哈里·科尔曼和佩姬·拉森（美国，见右下）	野营车	231,288千米	1976—1978年
休吉·汤普森，约翰·韦斯顿和理查德·斯蒂尔（均为英国）	公交车	87,367千米	1988—1989年
本·卡林（澳大利亚）	水陆两栖车	78,215千米	1950—1958年

✚ 远离地球的奥德赛

虽然这些史诗之旅都有其震撼之处，但与离我们**最遥远的**人造卫星"旅行者1号"相比就是小巫见大巫了。自1977年发射升空至2015年2月10日，宇宙飞船累计行进了195.69亿千米。2012年8月，它成为了**第一个离开太阳系的探测器**，现在正穿越星际空间，也就是恒星之间的贫瘠的地带。令人惊讶的是，"旅行者1号"还在继续传输数据，谁知道它在进行宇宙史诗之旅时会发现什么样的深空之谜呢？

35,000千米 40,000千米 45,000千米 50,000千米 55,000千米 60,000千米 65,000千米 70,000千米

月球 →

从地球表面到月球距离最近的路程

地球赤道的河流的中间

地球的周长

！小知识

活动量适中的人每天大约行走7500步，按平均寿命70.5年计算，大概行走了161,000千米，相当于绕地球四圈！

对长途旅行感兴趣？见第200—201页那些让人震撼的环球旅行吧！

---

11. 热气球（单人）
- 史蒂夫·福赛特（美国）
- 33,195千米
- 从澳大利亚西部诺瑟姆到澳大利亚昆士兰环游世界（2002年）

13. 轮椅
- 里克·汉森（加拿大）
- 40,075千米
- 以加拿大不列颠哥伦比亚省温哥华市为起止点环游世界（1985—1987年）

15. 多种飞行器连续飞行
- 史蒂夫·福赛特（美国）
- 42,469千米
- 从美国佛罗里达州到英国多赛特郡伯恩茅斯（2006年）

17. 消防车
- 史蒂芬·穆尔和他的组员（全为英国）
- 50,957千米
- 以英国伦敦为起止点环游世界（2010—2011年）

19. 太阳能汽艇
- 克里斯蒂安·奥克森拜因，拉斐尔·多米扬（均为瑞士）和延斯·朗水（德国）
- 60,023千米
- 以摩纳哥为起止点环游世界（2010—2012年）

12. 双座自行车
- 菲尔和路易丝·赛布鲁克（均为英国）
- 38,143千米
- 以英国林肯郡布里格为起止点环游世界（1994—1997年）

14. 热气球
- 贝特朗·皮卡尔（瑞士）和布赖恩·琼斯（英国）
- 40,814千米
- 从瑞士城堡到埃及沙漠（1999年）

16. 独木舟（伴陆上运输）
- 沃伦·克鲁格和史蒂文·兰迪科（均为美国）
- 45,129千米
- 从美国蒙大拿州到密歇根州，途经加拿大（1980—1983年）

18. 沙滩车/全地形车
- 瓦莱里奥·德西莫尼，克里斯托弗·达万特和瑞姆斯·凯尼恩（均为澳大利亚）
- 56,239千米
- 从土耳其伊斯坦布尔到澳大利亚悉尼（2010—2011年）

20. 出租车
- 利·珀内尔，保罗·阿彻和乔诺·埃利斯（均为英国）
- 69,716千米
- 以英国伦敦为起止点环游世界（2011—2012年）

极地

古希腊人称南极地带为"安塔克图斯（Antarktos）"——与"亚克图斯（Arktos）"或北极地带相对；他们从未看到过南极的样貌

数字集锦

20,000
第一批人探访北极地区的距离今年份，他们从东北亚跨越了冰冻的白令陆桥

24
北极圈覆盖的时区，占地球大陆面积的六分之一

6个月
北极圈冬季的持续时间，从十月初到三月初，这段时间是连续的黑暗

3223米
南极洲东部高原的海拔高度，最冷、最干、最高和最大的沙漠

99%+
南极洲被冰覆盖的比例，大约和穿越美国的距离相当

在每个大洲及北极完成马拉松的最快总时间

从2013年4月8日到11月20日，菲奥娜·奥克斯（英国）参加了8次马拉松比赛，累计时间达到31小时11分53秒。她在三次比赛中夺冠：北极、马恩岛和南极冰川马拉松。

第一个独自到达北极的人

1986年5月14日，让-路易斯·艾蒂安博士（法国）从加拿大的沃德亨特岛出发，经过63天的滑雪及拉雪橇到达地理北极。他全程历经1000千米，一天连续不停滑雪8小时，中间得到了几次补给。

长途旅行（滑雪）到北极的第一批人

1979年3月16日，一个由探险家德米特里·什帕罗带领的七人组成的苏联团队，离开白令海峡附近的亨利埃塔岛，经过77天1,500千米的长途跋涉，在5月31日到达北极。

1988年，夏皮罗带领一支苏联-加拿大的12人滑雪探险队首次穿越北冰洋。他们从俄罗斯出发，穿越地理北极并到达加拿大。在穿越过程中，他们利用了狗拉雪橇和后勤补给。

2007年12月22日——冬至——什帕罗的儿子，马特韦·什帕罗和鲍里斯·斯莫林（均为俄罗斯）开始了最早从北冰洋的共青团员岛到北极的冬季探险。他们在2008年3月14日"极昼"开始的八天前到达北极。

个人进行的最多次极地考察

理查德·韦伯（加拿大）从1986年5月2日到2010年4月14日期间六次从海岸到达地理北极。从2009年1月7日到2011年12月29日，两次从海岸到达地理南极。在他最后一次到达北极的旅行中，他的儿子泰苏姆成为团队成员之一。

独自长途旅行到达两个极点的第一人（无支援，无人帮助）

波兰出生的马雷克·卡明斯基（美国）在1995年5月23日从加拿大的哥伦比亚角出发，历经70天770千米的旅行到达北极。在1995年12月27日，他从南极洲的伯克纳岛出发，历经53天1300千米的行程到达了南极。

到南极的最快长途旅行（借助交通工具）

2013年12月24日，帕克·利奥托（法国/美国）和队友道格·斯托普从罗斯冰架出发，用时18天4小时43分，经过了563.3千米的雪橇滑雪后到达了南极。尽管出现高原缺氧症状，利奥托还是在一天之内走了30千米的距离。

一对夫妇（合计）在北极和南极的最快马拉松

乌马和克里希纳·奇古鲁帕蒂（均为印度）在2010年12月15日参加了南极洲冰川马拉松赛，在2011年4月8日参加了北极马拉松赛，总共用时35小时6分28秒。乌马用8小时16分22秒完成了南极洲田径赛，克里希纳用8小时27分26秒完成。他们都在9小时11分20秒

用轮式拖拉机进行的首次南极考察

2014年11月22日18:55（世界标准时间），玛农·奥塞沃特（荷兰）驾驶梅西·弗格森5610型拖拉机从南极洲新西伯利亚跑道出发。她完成了一个历经4638千米、为期27天19小时25分的往返南极的旅行。南极洲2号考察队在2014年12月20日返回新西伯利亚跑道，据记录其驾驶时间为438小时17分。

! 小知识
玛农和她的技术及指导团队花了16天8小时35分到达了南极——2309千米的旅程。返回前他们在那里休息了24小时。

3,900,000米 澳大利亚的宽度，最平坦和最少有活火山的大陆板块

小知识

1911年，罗阿尔·阿蒙森（挪威）从鲸湾出发，进行了第一次成功的南极考察。他的科考船"法拉姆"号因圆形的船体使其能略过浮冰。

雷纳夫·法因斯先生

1982年8月29日，雷纳夫·法因斯（上图）和查尔斯·伯顿（均为英国）完成了首次穿越南北极点的环游世界地表航行：共计35,000英里（56,327千米）。

和我们讲讲你的环球航行……

我们事先用七年的时间不停地工作以获得赞助。我们在北极培训并进行了一次试验，然后去格陵兰岛了解南极洲裂缝的情况。我们在800位申请人中选择了两人加入我们——两人均未参加过考察。我们在南极洲度过了18个月，我们四个人住在雪中的纸房屋里，距离任何地方都要600英里（965千米）。

到达北极点后，我们非常虚弱。我们成为**到达南北极点的第一批人**。但最后从北极点出发的1800英里（2897千米）是致命的。当然，我们没有卫星导航，没有GPS。我们只能在一块冰川上游荡，希望能到达西伯利亚。一些熊出现并跨过冰川，冰川开始裂开。要得到救援是非常困难的——如果我得到了，我们生命中的11年就在这最后一分钟浪费了……

保持吉尼斯世界纪录头衔意味着什么？

在过去的40年中，我真的为保持着吉尼斯世界纪录感到非常自豪。吉尼斯世界纪录以完全诚实的态度收集世界纪录，检查每一个事实。它还帮助我们得到至关重要的赞助——没有媒体关于打破纪录的报导，是无法做到的。

这本书的哪些章节你特别感兴趣？

最新的纪录。我花了17年的时间去跨越冰盖和攀登珠穆朗玛峰——同时，我总是要看那个章节来确保之前没有人做过。

一对已婚夫妇到达南极的最快时间（无帮助，无支援）

克丽丝和马蒂·费根（美国）在2013年12月2日从龙尼冰架出发，2014年1月18日历经48天到达南极。他们途经980千米，每天平均行进20.4千米。

最长的极地远足

2014年2月7日，本·桑德斯和塔尔卡·L.埃尔潘尼尔（均为英国）通过滑雪和拉雪橇，每人负重几乎200千克，完成了2890千米的南极旅程并返回。他们史诗般的105天的徒步旅行也使他们成为**第一个完成**1912年斯科特船长的塔拉诺瓦探险的队伍。

远足到南极的最年轻的人

刘易斯·克拉克（英国，生于1997年11月18日）在2014年1月18日到达地理南极时是16岁零61天。他和极地导游、国际探险网的卡尔·阿尔维，在2013年12月2日离开龙尼冰架的大力湾，在没有支援的情况下滑雪内完成了北冰洋田径赛。

最靠南的航行

2014年1月27日，帕克家族（澳大利亚）拥有的一架名为"北极圈P"的87.6米长的摩托艇，由拉塞尔·皮尤船长（澳大利亚）指挥，到达南纬78°43.0336′，西经163°42.1317′——地处南极洲罗斯海的鲸湾——是有记录的船只到达的最南端。

1123.61千米，尽管使用了医疗和食物补给。

到南极的最多次考察

2004年11月4日到2013年1月9日，哈拿·麦金德（英国）六次到极地远足。在2006年11月19日到12月28日期间的第二次旅行中，她独自滑雪并成为**女子单人到达南极旅行最快速者（无支援，无人帮助）**：39天9小时33分。

到南极的最快自行车骑行

2014年1月17日，西班牙的胡安·梅嫩德斯·格拉纳多斯（左图）从大力湾出发，骑着他的"胖胎车"——一辆为在雪地及各种地形骑行而改造的宽轮胎自行车——历经700英里（1126千米），用时46天独自到达南极。在没有支援和无人帮助的情况下，他在无法骑车前进时通过滑雪和用雪橇拉车的方式前进。几天后的1月21日，丹尼尔·伯顿（美国，插图）在得到四次补给的情况下，历经51天骑行（和推车前进），骑胖胎车完成了同样的路程。

骑自行车到达南极的第一人（由一个团队援助）是玛丽亚·莱耶斯坦（英国），她2013年12月27日骑着倾斜卧位三轮车到达南极。

登山运动

板块运动造成**珠穆朗玛峰**每年上升**4毫米**

数字集锦

25%
根据联合国的统计，地球表面被山脉覆盖的比例

12%
根据联合国的统计，居住在山里的世界人口比例

64%
尼泊尔被山脉占据的领土比例

33%
与海平面氧气可用量对比，珠穆朗玛峰顶的氧气可用量

80%
试图攀登上艾格尔峰北坡的前十位攀登者死亡的比例

最高海拔的陆地音乐会

奥兹·贝尔顿（英国）于2012年5月16日在尼泊尔梅拉峰6,476米处举办了一场音乐会。演出者、音乐家和观众是来自一个叫做"音乐4孩子"的以伦敦为基地的慈善机构的代表，这是一个为尼泊尔下层社会儿童筹款的机构。其目的是为加德满都附近一个可持续性孤儿院的建造提供资金。

爬上最多个安第斯山脉中6000米以上的山

马克西莫·考施（英国）试图爬上安第斯山脉中所有6000米以上高度的山。2014年9月1日，他爬上乌都隆口的顶点（又称乌都隆古，6015米）。这是他第58次成功攀登，比迄今为止任何其他登山者的次数都多。

据估计安第斯山脉口有99到106座6000米或以上高度的山，其高度仅次于高亚细亚。安第斯山脉是世界上**最长的山脉群**，跨度为7600千米，贯穿七个国家——阿根廷、玻利维亚、智利、哥伦比亚、厄瓜多尔、秘鲁和委内瑞拉——据测量其宽度达300千米。

爬上12个最高的安第斯山的第一人——所有山均超过6600米——是阿根廷的达里奥·布拉卡利。这位登山先驱者在2004年完成了对安第斯山的挑战，2008年5月他在试图独自登上尼泊尔道拉吉利峰时失踪。

独自登上艾格尔峰北坡的最快时间（无帮助）

2008年2月13日，尤利·斯特克（瑞士）用了2小时47分33秒登上瑞士伯尔尼山的艾格尔峰北坡。

2011年4月20日，瑞士的达尼·阿诺德用2小时28分独自登上了艾格尔峰，用少19分钟的成绩打破了斯特克的纪录，但阿诺德在Z型攀越段使用了固定绳索。这代表着**独自登上艾格尔峰北坡的最快时间（无帮助）**。

登上七个顶峰的最年长者（卡斯滕士峰系列）

选择在每个大陆攀登最高峰的登山者可以从两个名单中选择，这取决于澳洲大陆如何被

定义：科西阿斯科山脉（澳大利亚）或卡斯滕士峰系列。

沃纳·伯杰（南非/加拿大，生于1937年7月16日）于2013年11月21日，在他76岁零128天时，完成了艰难的卡斯滕士峰系列攀登之旅。当他成功地攀上卡斯滕士峰，又称查亚峰——4884米，**岛屿上的最高峰**时，他创下了该纪录。他于2007年5月22日提早六年完成了科西阿斯科山脉的攀登。

登上七个顶峰的最年长者（科西阿斯科山系列）是拉蒙·布兰科（西班牙，生于1933年4月30日），在2003年12月29日最后一次攀登科西阿斯科山时他已经70岁零243天了。

最年轻的攀登两个系列群山七个峰顶的人，见下图。

最多人数的一次登山（单独的山脉）

2011年9月3日，挪威IT公司共972名员工登上了尤通黑门山国家公园的加尔赤峰（2469米）。

最多人参与的跨越多个山脉的登山旅行是2011年10月2日的欧都纳台湾100人远足活动。总共6136人同时攀上跨越中国台湾的10个不同山峰。

未被攀登过的最高山

位于不丹和中国交界处的干卡本森峰高7570米，是世界上高度排名第40位的山，也是迄今未被攀登过的最高峰。20世纪80年代，有几次试图登上峰顶的不成功的尝试。随后，在1994年，因宗教原因，不丹部分地区颁布了登山禁令。自2003年起，在不丹所有登山活动均被宣布为不合法，因此干卡本森峰仍会是未来许多年未被攀登过的山。

冬季未被攀登过的最高山是乔戈里峰，8611米高，是世界第二高山。在历法冬季（12月20日—3月20日）和气象学冬季（12月1日—2月28日）均未被攀登过。迄

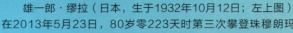

攀登珠穆朗玛峰的最年长者

雄一郎·缪拉（日本，生于1932年10月12日；左上图）在2013年5月23日，80岁零223天时第三次攀登珠穆朗玛峰（8848米）。下山时，他被直升机从2号露营区送到加德满都。

琼科·塔贝（日本，生于1939年9月22日；右上图）于1975年5月16日到达峰顶，使她成为**登上珠穆朗玛峰的第一位女性**。自那时起，塔贝继续征服了超过70个世界上其他主要的山峰。关于塔贝的更多攀登情况，见下一页。

高成就者

登山是充满危险的运动，正出于这个原因，吉尼斯世界纪录不接受年龄低于16岁的人的申请。然而，这并没有阻止乔旦·罗梅罗（美国）在15岁零165天时完成所有七个顶峰的攀登。他10岁时征服了七个顶峰中的第一个，坦桑尼亚的乞力马扎罗山。在2011年12月24日，他完成了南极洲文森峰的攀登。他还是攀登"8000er"（见第196—197页）的最年轻的人，他在2010年5月22日13岁零314天时登上了珠穆朗玛峰。

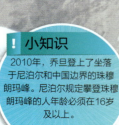

! 小知识
2010年，乔旦登上了坐落于尼泊尔和中国边界的珠穆朗玛峰。尼泊尔规定攀登珠穆朗玛峰的人年龄必须在16岁及以上。

4,000,000米 **宇宙中最大的钻石**的直径：结晶碳白矮星BPM 37093，又称"露西"（在披头士的歌曲《缀满钻石天空下的露西》之后得名）

攀登"三倍七顶峰"的第一人

到2013年8月23日为止，克里斯蒂安·施坦格尔（奥地利）到达格鲁吉亚和俄罗斯边界的史克哈拉峰顶（5193米），他登上了所有七个大陆的第一、第二和第三高山峰——被称为"三倍七顶峰"。施坦格尔也成为攀登"第二个七峰顶"（到2013年1月15日为止）和"第三个七峰顶"（到2013年8月23日为止）的第一人。

今为止，在这个季节只有三次试图攀登乔戈里峰的不成功尝试。

到达珠穆朗玛峰和洛子峰顶点的最快时间

2012年5月15日，在瓶装氧的帮助下，迈克尔·霍斯特（美国）成为跨越珠穆朗玛峰顶的第一人——世界最高山——并沿着南坳路，到达洛子峰顶（8516米），第四高山。这也是第一次两座8000米以上的山在24小时内被登顶。

第一次……

攀登珠穆朗玛峰

1953年5月29日上午11：30，埃德蒙·珀西瓦尔·希拉里（新西兰）和登津·诺盖（印度/中国西藏）成为征服珠穆朗玛峰的第一批人。考察队由亨利·塞西尔·约翰·亨特上校领导。希拉里被授予爵士称号，诺盖得到乔治勋章。

攀登七个顶峰

理查德·"迪克"·巴斯（美国）1985年4月30日完成了科西阿斯山脉系列的七个顶峰的攀登。

第一个攀登上七个顶峰（卡斯滕士峰系列）的是帕特里克·莫罗（加拿大），他在1986年8月5日完成了这个更为艰难的系列。

当琼科·塔贝（日本）在1992年7月28日登上俄罗斯的厄尔布鲁士山峰顶时，她成为攀登了七个顶峰的第一位女性。这次登顶完成了她在科西阿斯科山脉系列和卡斯滕士峰系列的攀登。

攀登莎瑟岗日Ⅱ号峰

1985年9月7日，一个日本和印度的考察队登上了莎瑟岗日Ⅱ号西北峰顶（约7500米），但它的最高峰东南峰顶（7518米）直到2011年8月24日才由马克·里奇，史蒂夫·斯温森和弗雷迪·威尔金森（均为美国）登上。直到那时，它仍是继干卡本森峰（见第194页）之后未被攀登过的世界第

二高山，及在攀登不被禁止地区仍未被攀登过的最高山——此纪录现在仍被中国西藏南部拉布吉康山脉的一个无名山峰所保持着，其高度约为7250米。

在一个季度内从两侧攀登珠穆朗玛峰

戴维·利亚诺·冈萨雷斯（墨西哥）在2013年5月11日从珠穆朗玛峰南面的尼泊尔登顶，然后从北面的中国西藏攀登，于5月19日再次达到顶峰。这是第一次有攀登者在一个季度之内从两侧登顶珠穆朗玛峰。

攀登珠穆朗玛峰的双胞胎

2010年5月23日，阿根廷出生的达米安和威利·贝纳加斯（美国）成为攀登珠穆朗玛峰的首对双胞胎兄弟。他们从南坳登顶。

塔希和农实·马利克（印度）是第一对攀登珠穆朗玛峰的双胞胎姐妹，她们在2013年5月19日完成了攀登。她们与萨米纳·拜格，第一个成功完成攀登的巴基斯坦女性一同到达了峰顶。一年后，在2014年12月16日，她们也成为完成七个顶峰攀登的首对双胞胎（及首对兄弟/姐妹）。

攀登珠穆朗玛峰的宇航员

2009年5月20日，前美国宇航局宇航员斯科特·帕拉津斯基（美国）登上了珠穆朗玛峰，成为第一个进行了太空旅行和登上地球最高峰的人。登上珠穆朗玛峰顶后，他就留下了一小块阿波罗11号上的工作人员收集到的月球上的岩石。

尼泊尔地震

2015年4月25日，星期六，恰逢正午之前，一场强烈的地震袭击了亚洲大陆。里氏震级为7.8级的地震导致中国和印度大面积区域的毁坏及人员伤亡。其震中在尼泊尔加德满都以北约80千米。

到4月28日，据估计有5000人被确认在地震中死亡。官方曾预计总数将达到近10,000人。然而，在救援小组的努力下，他们到达了西部难以进入的山区：根据联合国统计，那里有660万人口被波及。大约有6500人受伤，住宅区被毁坏或彻底摧毁，导致大量人无家可归。很多历史纪念碑也被毁坏。

巨震引起珠穆朗玛峰雪崩——在震中以东大概220千米处——导致巨大的冰层断裂并向探险队大本营推进。至少19人在破坏中死亡。地震发生时，约有超过1000人在山中。大概有60个登山者受伤，但在紧随其后的破坏性余波引起的混乱状态下，仍有十几个登山者下落不明。许多人仍被困于珠穆朗玛峰的部分高地。幸运的是，在山中约200人获救。

不论最后数字是多少，这登山史上可怕的一天将注定导致一天之内在珠穆朗玛峰上的最高死亡数字。吉尼斯世界纪录对受到这次史无前例、令人触目惊心的事件影响的所有人表达同情和哀悼。

攀登美国50个州所有至高点的最快时间

2010年6月3日至7月16日，迈克·莫尼兹（美国）登上美国50个州各自的最高峰，用时43天3小时51分。迈克在他的儿子小迈克的陪同下完成了攀登。他的儿子因年龄在16岁以下（见"高成就者"，左图）没有资格入选吉尼斯世界纪录。

8000米以上的山峰

8000米以上的山峰指的是**超出海平面8000米的14座山峰**

数字集锦

10+
珠穆朗玛峰与最高**建筑**——阿拉伯联合酋长国迪拜的哈利法塔（828米）相比的倍数

3
火星上的奥林波斯山与珠穆朗玛峰高度相比的倍数，奥林波斯山高25千米，是**太阳系**中最高的山峰

16年零271天
印度喜马偕尔邦沙姆伦瓦劳伦斯学院一组学生的平均年龄，这组学生在2013年登上了珠穆朗玛峰。由于其中一名学生当时不满16岁，他们没有被收录到吉尼斯世界纪录中

52
45名尼泊尔登山员成功登上乔戈里峰的次数——这是同一国家登乔戈里峰次数最多的；其中4次没有使用氧气瓶

登上8000米以上山峰次数最多的人

普巴·塔西·夏尔巴（尼泊尔，上图）已经32次登上14座8000米以上的山峰，他的第32次登顶于2014年9月25日完成，也是他第五次登上玛纳斯卢峰。

这位44岁的登山员还是登上**珠穆朗玛峰次数最多的人**，截止到2013年5月23日他已成功登上珠峰21次。阿帕·夏尔巴（尼泊尔，见197页）也达到了这个纪录，截止到2011年5月11日他登顶珠峰21次。

第一个登上全部8000米以上山峰的人

1986年10月16日，当赖茵霍尔德·梅斯纳（意大利）登上尼泊尔和中国边境的洛子峰时，他成为了第一位登上全部14座8000米以上山峰（见页尾）的人。他的登山活动源于1970年6月登顶南伽峰。截止到2015年3月31日，仅34人能与之比肩。

第一个登上所有8000米以上山峰的女性是吴银善（韩国），尽管她攀登干成章嘉峰仍有争议。第一个没有争议地完成这一划时代事件的是埃杜尔纳·帕萨班，她于2001年5月23日登顶珠穆朗玛峰，并于2010年5月17日登上了希夏邦玛峰。

第一个不使用氧气瓶登上全部8000米以上山峰的女性是格林德·卡尔滕布伦纳（奥地利）。她以"死亡地带女王"之称为人所知。2011年8月23日她登上乔戈里峰，标志着她完成了这一

登上干成章嘉峰年纪最大的人

2014年5月8日，卡洛斯·索里亚（西班牙，生于1939年2月5日）从南坡登上了干成章嘉峰。那时他已经75岁零102天了。**年纪最大的不使用氧气瓶登上干成章嘉峰的是奥斯卡·卡迪克**（西班牙，生于1952年10月22日），他于2013年5月20日60岁零210天时完成了这项纪录。

纪录，这也是她第七次挑战这一全球第二高峰。完成这项纪录之后，她得以在少数不用补给氧气就登上全部8000米以上山峰的精英登山员中占有一席之地。

第一个在冬季登上8000米以上山峰的女性是瑞士的玛丽安娜·沙法萨，她于1993年2月10日登上了中尼边境的卓奥友峰。

攀越8000米山峰最多的兄弟俩

巴斯克兄弟阿尔韦托和费利克斯·因拉特基（西班牙）共同攀登了12座8000米以上的山峰。2000年7月28日，他们在加舒尔布鲁木山峰进行第12次攀爬，费利克斯下山途中由于绳子突然断裂不幸身亡。在接下来的22个月中，阿尔韦托继续完成14座8000米以上山峰的攀登。2002年5月16日，他完成了安纳普尔纳峰的攀登。

兄弟俩还创造了用最短时间攀登五大峰的纪录，他们用了4年零219天攀登了马卡鲁峰、珠穆朗玛峰、乔戈里峰、洛子峰和干成章嘉峰（1991年9月30日至1996年5月6日）。而且，他们在攀登过程中没有使用补给氧气。

攀登8000米以上山峰的人数最多的兄弟姐妹共三人：拉卡帕，明卡帕姐姐和她们的兄弟明马·杰卢·夏尔巴（尼泊尔），他们于2003年5月22日共同登上了珠穆朗玛峰。

不使用氧气瓶攀登8000米山峰年纪最大的人

截止到2014年4月，只有5个年龄65岁以上的人在没有氧气瓶的情况下登上了8000米以上的山峰。第一个无可争辩的纪录是卡洛斯·索里亚（西班牙，生于1939年2月5日，见左图）创造的，他于2010年10月1日登上了玛纳斯卢峰，当时71岁零238天。鲍里斯·科尔舒诺夫（俄罗斯，生于1935年8月31日）声称自己在2007年10月2日登上了卓奥友锋，当时72岁零32天，但是一些

第一个探险家大满贯

完成大满贯要徒步走到南北极以及攀越七大洲上最高的山峰（七大峰）和所有8000米山峰。朴阳石（韩国）是第一个挑战这个项目的人，2005年4月30日，他徒步走到北极。他的探险于1993年5月16日他登顶珠穆朗玛峰时就已经开始了。

登山家对此仍有争议。

不用氧气瓶登上珠穆朗玛峰年龄最小的人

2012年5月18日，尼泊尔萨纳姆尔登津·夏尔巴（生于1992年3月7日）在不使用氧气瓶的情况下登上了珠穆朗玛峰，当时他20岁零72天。与他一起攀登的还有瑞士登山员乌里·斯特克（见第194页）。

一天中登上乔戈里峰人数最多

2014年7月26日，共有33人登上世界第二高峰乔戈里峰。这一纪录超过了2012年7月31日28人登顶的纪录。

登上玛纳斯卢峰次数最多

2014年10月3日，普尔巴·次仁·夏尔巴（尼泊尔）在他的登山生涯中第七次成功登顶玛纳斯卢峰。

攀越8000米山峰数量最多的夫妻

1989年结婚的意大利夫妻尼韦斯·梅罗伊和罗马诺·贝尼特在不用氧气瓶的情况下于1998年7月20日（南伽峰）至2014年5月18日（干成章嘉峰）期间共同攀

! 小知识

"死亡地带"通常在海拔超过8000米的地带。那里的气压大概是海平面气压的三倍，氧气稀薄，气温骤降。

珠穆朗玛峰（尼泊尔/中国）海拔8848米	乔戈里峰（巴基斯坦/中国）海拔8611米	干成章嘉峰（尼泊尔/印度）海拔8586米	洛子峰（尼泊尔/中国）海拔8516米	马卡鲁峰（尼泊尔/中国）海拔8485米	卓奥友峰（尼泊尔/中国）海拔8188米	道拉吉利峰（尼泊尔）海拔8167米	玛纳斯卢峰（尼泊尔）海拔8163米	南伽峰（巴基斯坦）海拔8125米	安纳普尔纳峰（尼泊尔）海拔8091米	加舒尔布鲁木峰（巴基斯坦/中国）海拔8080米	宽峰（巴基斯坦）海拔8051米	加舒尔布鲁木川峰（巴基斯坦/中国）海拔8034米	希夏邦玛峰（中国）海拔8027米
1	2	3	4	5	6	7	8	9	10	11	12	13	14

8000米山峰

4,880,000米 水星的直径，它是**太阳系**里最小的行星，也是**运转最快的行星**，以每小时172,248千米的速度围绕太阳运动，其速度是地球公转的两倍

登上玛纳斯卢峰用时最短

2014年9月25日，波兰登山员安杰伊·巴吉尔登上了世界第八高峰——尼泊尔的玛纳斯卢峰，用时仅14小时5分。下山用时还不到登山的一半。

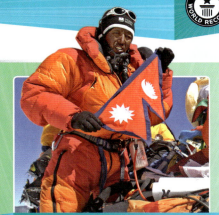

阿帕·夏尔巴

登了12座8000米以上的山峰。

攀登所有8000米以上山峰年龄最小的人

明格马·夏尔巴（尼泊尔，生于1978年6月16日）从2000年5月12日至2010年5月20日攀登了所有8000米山峰，完成这一壮举时他的年龄是31岁零338天。

据报道，他的弟弟张·达瓦·夏尔巴（尼泊尔，生于1982年7月30日）在2001年5月14日（马卡鲁峰）至2013年4月30日（希夏邦马峰）期间攀登了所有的8000米山峰，完成时其年龄为30岁零274天。然而，这种说法是有争议的，因为2012年4月20日张·达瓦可能没有达到安纳普尔纳I峰的最高点。如果确定张·达瓦确实登上了安纳普尔纳I峰的山顶，不仅会又有一个人达到这个纪录，他和明格马还会打破因扎特尼兄弟（见第196页）攀登8000米山峰次数最多的纪录。

第一次不使用氧气瓶攀登8000米山峰

14座8000米山峰中只有7座有不使用氧气瓶就登顶的纪录：

山峰	日期	登山者
玛纳斯卢峰	1972年4月25日	赖茵霍尔德·梅斯纳（意大利）
加舒布鲁木I峰	1975年8月10日	彼得·哈伯勒（奥地利）、赖茵霍尔德·梅斯纳
马卡鲁峰	1975年10月6日	马里安·曼弗雷达（斯洛文尼亚）
洛子峰	1977年5月11日	米歇尔·达谢（德国）
珠穆朗玛峰	1978年5月8日	彼得·哈伯勒、赖茵霍尔德·梅斯纳
乔戈里峰	1978年9月6日	路易斯·F·赖卡特（美国）
干成章嘉峰	1979年5月16日	道格·斯科特、彼得·博德曼、乔·塔斯克（均为英国）

攀登完全部8000米山峰用时最短

金成厚（韩国）在2005年（南伽峰）至2013年（珠穆朗玛峰）的7年零310天时间里攀登了所有的8000米山峰，而且没有使用氧气瓶。

截止到2015年4月，攀登珠穆朗玛峰次数最多的纪录已有2人达到（见第196页），作为第一个达到这个纪录的人，阿帕·夏尔巴对吉尼斯世界纪录讲述了他的成就史。

您的登山事业是如何开始的？

我12岁的时候就给登山员搬运行李，之后当了登山向导。那时我就已经攀登了两三座8000米的山峰了，比如第一个就是安纳普尔纳I峰。之后，在我28岁的时候，我攀登了珠穆朗玛峰。

第一次攀登珠峰是什么感觉？

那是1990年，我们当时组织了一个大型的国际登山队，有罗布·霍尔（新西兰）和彼得·希拉里（埃德蒙·希拉里的儿子），我非常荣幸可以与他们同行。登山不易，但是我们是一个很强的团队。登上山顶时，我感觉非常兴奋，就像到了天堂一样。那次登山是我的骄傲，因为那是我第一次登上珠峰峰顶。

那时和现在最大的区别是什么？

气候变化算一个，现在珠峰更崎岖了。科技也有很大很大的影响。科技让登山容易了很多。1999年的时候，我从珠峰西藏边境的地方手写了一封信寄给家里，家人一个月才收到。2010年的时候我都能在山顶给家人打电话了！

为什么你现在不登山了呢？

因为家人担心我的安危，我在2011年退休了。现在我可以花更多时间陪伴他们。我还为我们的登山基金会"阿帕·夏尔巴尼泊尔社区基金会"募捐。但是，是的，我怀念登山的时光！

第一位在冬季攀登希夏邦马峰的人

西蒙·莫罗（意大利，见右图）和皮奥特·莫拉夫斯基（波兰）于2005年1月14日攀登了希夏邦马峰，他们是最先在冬季登顶此峰的登山员，此时登山条件较平时更为恶劣。

冬季攀登8000米以上山峰次数最多的人是捷西·库库奇卡（波兰），共攀登四次：1985年攀登道拉吉利峰和卓奥友峰，1986年攀登干成章嘉峰，1987年攀登安纳普尔纳峰。

> **小知识**
>
> 历法上的冬季是从12月21日到次年3月20日，而气象学中的冬季是从12月1日到次年2月28日。因为冬季的极端气候，此时登山要比平时更加费力。

海上划艇

1896年，挪威出生的弗兰克·萨穆埃尔森和乔治·哈博完成了**首次横跨大西洋的海上皮划艇**

数字集锦

48,806千米
海上皮划艇最长的滑行总距离，2006年12月由埃尔登·伊卢克（土耳其）创造的纪录，用时876天

85天2小时5分
2012年4月19日至7月13日由劳伦斯·格兰德·克莱门特和劳伦斯·德郎古（均为法国人）创造的**最快跨越印度洋划艇队**的纪录

12
划艇连续天数最多的纪录，每天行程超过160千米，由萨拉·G全体船员创造，时间从2011年1月9日到20日，他们从2011年1月5日到2月8日这段时间一路从摩洛哥划到巴巴多斯

396
截止到2015年3月完成的海上皮划艇总数

730
截止到2015年3月，来自45个国家进行过海上皮划艇的人数

7
埃曼努埃尔·宽德尔（法国，见右下方）创造的**单人横跨大洋最多次数纪录**

首次四名女船员自东向西横跨太平洋中部

2014年6月19日至8月8日期间，埃米莉·布莱格登，阿曼达·沙朗（均为英国），英格丽德·可菲尔（美国）和奥伊弗·尼·奥伊里奥文（爱尔兰）划了两条太平洋中部路线的其中一条，从美国加利福尼亚蒙特利到美国夏威夷的火奴鲁鲁。她们花了50天8小时14分划完了这条长2400英里（3862千米）长的线路，后搭乘"黑牡蛎号"。

所有划过大洋的人中年龄最大的

托尼·肖特（英国）开始在大西洋自东到西划艇的时候年龄为67岁零252天，路线从拉戈梅拉岛到巴巴杜，他是"柯林特之灵"号上的四名船员之一。这次划艇从2011年12月5日一直到2012年1月22日，共历时48天8小时3分。

由西向东划过大西洋年龄最大的组合

克里斯·达比·沃尔特斯（英国，生于1958年5月2日）和埃利奥特·戴尔（英国，生于1959年6月30日）于2014年6月7日至8月6日从美国纽约市出发划至英国锡利群岛，出发时他们的年龄加在一起有111岁零13天。这次长达60天1小时6分的横渡创造了纽约地区西到东二人划敞篷舡横渡大西洋最快的纪录。

两次完成单人横渡大洋年龄最小的人

2013年4月27日到9月23日萨拉·奥滕（英国，生于1985年5月26日）开始了她的第二次单独横渡，那时她的年龄为27岁零336天，路线从中太平洋的日本铫子市到阿拉斯加州埃达克。早在2009年4月1日到8月3日期间她已经成功独自横渡印度洋，出发时她23岁零310天。

横渡中太平洋年龄最小的女性

2014年6月9日到8月5日苏珊娜·卡斯（英国，生于1998年6月11日）所在的一个四人小队从美国加利福尼亚州蒙特利划船到夏威夷檀香山，出发时她25岁零363天。

两人划敞篷船由东到西横渡中太平洋用时最短

2014年6月18日到8月2日期间，萨米·因基宁（芬兰）

和梅雷迪思·洛林（美国）从美国加利福尼亚州蒙特利划到夏威夷火奴鲁鲁，用时45天3小时43分，后搭乘"罗斯福"号。

单人划敞篷船由东到西横渡大西洋用时最短

2013年2月6日至3月13日查理·皮彻（英国）驾驶他6.5米长的碳纤维艇"埃塞克斯郡索马"号从加那利群岛的拉戈梅拉群岛到加勒比海的巴巴多斯，用时35天33分。

首次……

横渡三个大洋的女性

罗兹·萨维奇（英国）于2005年6月横渡大西洋，2008年10月横渡太平洋，2011年从澳大利亚珀斯到毛里求斯横渡印度洋，三次横渡均为由东到西。罗兹在海上航行总时长510天，行程超过15,000英里（24,140千米）。

由东到西横渡中太平洋的团队

2014年5月21日到7月20日期间，安杰拉·马德森（美国，见第199页侧边栏）和塔拉·雷

明顿（新西兰）从美国加利福尼亚州长滩划到美国夏威夷州火奴鲁鲁，用时60天5小时5分，后搭乘"奥兰多之灵"号。

他们的这一壮举不久后被**第一个横渡太平洋路线的四人组**追平。四人组成员为：克雷格·哈克特（新西兰）、安德烈·基尔

划行路线

- **太平洋西到东**：日本或俄罗斯到美国或加拿大
- **太平洋东到西**：北美或秘鲁或智利到巴布亚新几内亚或澳大利亚
- **太平洋中部东到西**：南美洲到太平洋中部岛屿，或美国大陆到夏威夷
- **大西洋东到西**：加那利群岛到加勒比海或南美洲北部（I号信风）；塞内加尔或佛得角到加勒比海或南美洲北部（II号信风）
- **大西洋由西到东**：北美洲到不列颠群岛或欧洲
- **印度洋**：澳大利亚西部到毛里求斯或马达加斯加或塞舌尔

单人划敞篷船横渡印度洋用时最短

2013年11月30日到2014年1月25日期间，以埃曼努埃尔·宽德尔（法国）划船从澳大利亚西部卡那封郡到马达加斯加东部700千米的留尼汪岛西港，后搭乘"长库尔"号，全程5960千米，用时56天7小时29分11秒。他平均每天划船18小时，途中甚至越过了热带科林气旋的路径。

（缅甸）、蔡俊红（韩国）和卡斯珀·扎菲尔（英国），他们于2014年6月9日至7月23日用时43天7小时39分划过了同样的路程。他们还创造了**划过中太平洋东到西用时最短四人组**的纪录。

划过中太平洋的男子小组
2014年6月9日至8月23日，克莱芒特·和略特和克里斯托弗·帕皮永（均为法国）从美国加利福尼亚州蒙特利到美国夏威夷火奴鲁鲁，用时75天9小时25分。

没有停顿划完大西洋两条线路的人
2012年7月9日，查尔斯·

小组横渡印度洋用时最短
从2014年6月11日至8月7日，蒂姆·斯皮泰里、沙恩·亚瑟（均为美国）、队长科文·布朗、杰米·道格拉斯-汉密尔顿、希瑟·里斯-冈特（均为英国）、费恩·保罗（爱尔兰）和卡梅伦·贝拉米（南非）从澳大利亚西部的杰拉尔顿出发到塞舌尔的马埃岛，历时57天10小时58分。这次划行也是印度洋上由**小组进行的最长距离划行**：全长6772千米。

24小时内在大洋上划行距离最长
2015年1月2日上午4点至1月3日上午4点，西蒙·乔克、罗兰·伯尔、约翰·弗雷德尔、史蒂芬·哈平、奥利弗·韦特、杰里米·韦布（均为英国）和诺埃尔·沃特金斯（新西兰）在大西洋上沿"信风I"号路径航行了192.4千米。在这次横渡中，西蒙又为自己**海上划行次数最多**的纪录新添了一次——共9次——印度洋2次以及大西洋7次。

海德里希（法国）以"尊重地球"的名义从圣皮埃尔和密克隆群岛（加拿大纽芬兰市法属群岛）出发，于2012年12月2日划到加勒比海的马提尼克岛登陆。这次经由欧洲海岸的不停顿的航行共历时145天10小时57分。

从非洲大陆到美洲大陆横渡大西洋
从2013年12月30日至2014年6月20日，里安·曼瑟和瓦斯蒂·赫尔赫伊斯（均为南非）从摩洛哥阿加迪尔市划行至美国纽约市。途经巴巴马群岛和佛罗里达州迈阿密市，历时172天8小时。这次横渡最后搭乘"马迪巴之灵"号，一共划桨1,800,000次。

扬帆在印度洋和大西洋航行的人
2005年1月8日至2月13日，詹姆斯·凯尔船长（英国）扬帆从泰国航行到非洲东海岸的吉布

提。2011年4月21日至7月6日，他作为一个四人划行小队的队长从澳大利亚西部的杰拉尔顿划至非洲沿岸的毛里求斯岛。
凯尔在大西洋上的冒险是从2000年11月19日至12月6日从那加利群岛的大加纳利岛到加勒比海的圣卢西亚岛的那次航行开始的。之后他作为一个四人小队（其中2人是受伤截肢的军人）的队长完成了一次超越这次航行的挑战，2013年12月4日至2014年1月21日，他们从加纳利群岛的拉戈梅拉岛出发航行至加勒比海的安提瓜岛。

单人从欧洲出发横渡大西洋和加勒比海到达北美洲
从2014年10月21日到2015年3月14日，亚伯拉罕·列维（墨西哥）从西班牙韦尔瓦划行至墨西哥坎昆，途经拉戈梅拉岛和加勒比海安提瓜岛，历时144天1小时32分。

首次单人不停顿地从东到西横渡太平洋，从大陆到大陆
费奥多尔·科纽霍夫（俄罗斯）于2013年12月22日从智利康登出发，乘坐轻量级玻璃纤维小艇划行了11,898千米，于2014年5月31日登陆澳大利亚昆士兰的穆卢拉巴。他只用了159天16小时58分，创造了**单人东到西横渡南太平洋用时最短**的纪录。

安杰拉·马德森
前美国水兵和一级篮球运动员安杰拉·马德森（生于1960年5月10日）是一名残疾人划手，她曾获得过残奥会奖牌，还创造了很多项纪录。

马德森的运动精神和意志力帮助她克服了自身的不足（由背部手术引起的下半身麻痹），1997年她参加了退役军人轮椅比赛，并在接下来的三年内进入了美国国家残疾人赛艇队。2008年她与斯科特·布朗一起在北京残奥会上赢得了混合双人双桨冠军（下图）。但是她的心还是向往着海洋，随后她又继续在海上创造多项纪录。

● **首位划过印度洋的女性**
2009年4月28日到6月25日她与海伦·泰勒（英国）一道，作为一个八人小组的成员划过印度洋东到西，他们从澳大利亚西部的杰拉尔顿出发到达毛里求斯的路易斯港。

● **海上划行最多的女性**
2011年1月15日至3月4日共在大西洋东到西划行过4次，是一艘16人（**在大洋上航行人数最多的队伍**）双体船"蓝色巨人"号的队长，最近还成为了**第一个划过中太平洋东到西的小队**（见第198页）。

● **环英国大陆划行的年纪最大的人**，2010年6月1日至7月23日，50岁零21天的她开始了划行，她是**第一个全部由女性组成的环英国大陆划行小队**的一员。

环游世界

戴维·孔斯特徒步环游世界时穿破了21双鞋子

数字集锦

14天19小时50分

热气球单人环球飞行持续时间最长的纪录，由史蒂夫·福塞特（美国）创造。2002年6月19日到7月4日，他驾驶"自由精神萌芽之光"完成了环球旅行（更多关于福塞特的热气球壮举，见第202页）。

57天13小时34分6秒

单人环球航海最快纪录是由弗朗西斯·茹瓦永（法国）从2007年11月23日到2008年1月20日创造的

4年31天

使用地面交通工具最快时间环游世界的纪录由格雷厄姆·休斯（英国）创造。他从2009年1月1日到2013年1月31日游历了世界197个国家

最快驾驶直升机环球飞行（女性）

从2000年5月31日到9月6日，60岁的珍妮弗·默里（英国）驾驶"罗宾逊R44"号直升机99天里穿越30个国家，实现了单人驾机环游世界的壮举。

由太阳能动力船创造的最长旅程

"图兰星球太阳"号（瑞士）历经1年零220天的航行，穿越32,410海里（60,023千米），于2012年5月4日返回到摩纳哥。2010年9月27日，"图兰星球太阳"号从摩纳哥公国启航一路向西航行完成了环球旅行。船员主要有船的创始人，也是一名探险队领袖拉斐尔·多米扬、工程师克里斯蒂安·奥克辛本（均为瑞士）、水手延斯·朗瓦斯尔（德国）、船长帕特里克·马尔谢索和厄万·勒·鲁齐克（均为法国）。

在陆地上，由**太阳能汽车**创造的最长旅程是29,753千米。这一纪录由波鸿大学（德国）"太阳能汽车项目"团队创造。该团队于2011年10月26日从澳大利亚阿德莱德出发，于2012年12月15日返回芒特巴克。

最快的环球航行……

驾车

第一个驾车及驾车最快环游世界的纪录由萨洛·乔杜里和妮娜·乔杜里夫妇（均为印度）创造。根据1989年和1991年的相关适用规则，他们开车横跨六大洲，行程超过赤道长度（24,901公路里程；40,075千米）。他们的环球之旅从1989年9月9日开始，11月17日结束，历时69天19小时5分。夫妻两开着一辆1989年印度产的"经典伯爵夫人"从印度德里出发，最终返回德里。

驾驶直升机

经国际航空联合会（FAI）确

认，驾驶直升机最快的环球旅行纪录由爱德华·卡斯普罗维奇和他的机组成员斯蒂芬·谢赫（均为美国）创造。飞机共飞行11天7小时5分，途中加油70多次，并于2008年8月18日返航。他们驾驶着由奥古斯塔威

最快的环球航行 乘动力船

2009年6月26日，国际摩托艇联盟（UIM）将由动力船创造的最快环游世界的纪录授予了"地球竞速"号（新西兰）。"地球竞速"号于2008年4月27日从西班牙萨贡托市启航，并于2008年6月27日返航，整个旅程历时60天23小时49分。

斯特兰公司制造的大飞机以平均时速136.7千米的速度向东飞行12到13小时。飞机一路穿越格陵兰岛、英国、意大利、俄罗斯和加拿大，最终返回纽约。

驾驶机动滑翔飞翼

科林·鲍迪尔（英国）驾驶"主风剑912"三角形超轻型

最快的环球航行 骑自行车（女性）

尤利亚娜·贝林（德国）2012年7月23日骑自行车从意大利那不勒斯的普雷比席特广场出发，共骑行29,069千米，历时152天1小时，于12月22日返回那不勒斯，完成骑自行车环游世界的旅行。

骑自行车环游世界最快的纪录由艾伦·贝特（英国）创造。2010年3月31日，他从泰国曼谷大皇宫出发，历时125天21小时45分，骑乘29,467.91千米，于8月4日返回泰国曼谷，完成了骑自行车环游世界的旅行。

6,670,000米 尼罗河的直径——世界上**最长**的河流；它流经北非的11个国家，最后注入地中海

不间断独自驾船环游世界年龄最大的人

2005年6月6日，斋藤实（日本，生于1934年1月7日）独自驾驶游艇历时233天完成了他的环游世界之旅，这一天他71岁零150天。

独自驾船环游世界年龄最大的女性是珍妮·苏格拉底（英国，生于1942年8月17日，插图）。她的海上航行超过258天，并于2013年7月8日完成了她的环球旅行，这一天她70岁零325天。

飞机在2000年5月31日从英国萨里的韦布里奇出发开始环游世界，他的飞行历时99天，并于9月6日返航。在他的陪伴下，珍妮弗·默里独自完成了环球飞行（见第200页）。他们一共飞行了35,000千米。

驾船环游英国和爱尔兰

西德尼·加维涅（法国）和六名船员驾驶"穆桑代姆－阿曼赛"号三体帆船历时3天3小时32分于2014年8月14日完成了他们环英国大陆和爱尔兰的航行。他们以平均时速23.48海里（43.48千米/小时）的速度航行，总行程达1773海里（3283千米）。

第一次环球航行……

驾驶飞机

第一个环球飞行的纪录由两架来自美国陆军道格拉斯世界巡洋上的57架水上飞机中的2架创造。这两架飞机于1924年4月6日在美国的西雅图起航，并于1924年9月28日返回美国华盛顿州

西雅图。芝加哥号由中尉洛厄尔·H.史密斯和莱斯利·P.阿诺德驾驶。新奥尔良号由中尉埃里克·H.纳尔逊和约翰·哈丁（均为美国）驾驶。他们共飞行了42,398千米，用时371小时11分。

1971年11月5日至12月3日，机长埃尔根·M.朗（美国）驾驶双引擎飞机"派珀PA-31纳瓦霍"第一个穿越两极。他共飞行了62,597千米，用时215小时。

驾车

第一个驾车环游世界的记录是由赛车手克莱瑞尼奥·施廷内斯（德国）和电影制片商卡尔·阿克塞尔·瑟嫩斯特伦（瑞典）创造的。他们于1927年5月25日从德国法兰克福出发，行程46,063千米，并于1929年6月24日返回德国柏林。他们驾驶的汽车是"三速50马力奥尔德标准6"。整个行程用时2年33天。

步行

第一个徒步环游世界的壮举由乔治·马修·席林（美国）在1897年到1904年创造。但是得到吉尼斯纪录认证的第一次徒步环游世界的壮举却是由戴维·孔斯特（美国）创造的。他从1970年6月20日到1974年10月5日徒步行走了23,250千米。

独自不间断的驾船环游美洲

马特·拉瑟福德（美国）独自驾驶着他那27英尺（8.2米）长的"圣布兰登"号开始了不间断环游南北美洲的旅行。他于2011年6月13日从美国马里兰州切萨皮克湾的安纳波利斯市码头起航，历经310天完成了43,576千米的航行。

在旅途中，拉瑟福德同样创造了驾驶最小的船穿越西北航道的纪录，西北航道是北极洋航线中一段危险的航道。

👤 马特·高斯米勒

19岁零227天的马特·高斯米勒（美国，生于1994年11月29日）成为独自驾驶飞机环游世界最年纪最小的飞行员。2014年5月31日，他驾驶着"好运比奇A36"飞机从美国加利福尼亚州的埃尔卡洪出发，并于2014年7月14日返航。

你是什么时候想要独自驾驶飞机环游世界的？

2013年5月3日。那一天我读到一篇关于来自加利福尼亚州20岁男孩杰克·威甘德的文章。他想要尝试创造世界纪录。我想我也能做到，而且希望激励别人也能这样做。

什么时刻是最激动人心的时刻？

如果必须要选出一个单独的时刻，那就是驾驶飞机飞越开罗向下看时，我才意识到我正在飞越金字塔。这简直像做梦一样。

最可怕的时刻呢？

有几次，当我穿越有暴雨和气流的云层时，这非常令人伤脑筋，直到飞回晴空……穿越云层往往要花几个小时的时间。

你接下来要做什么呢？

我正在麻省理工学院学习电子工程和计算机科学，我一直觉得要是能成立第二个苹果公司会多么有趣啊。但是我发现试飞员要比软件工程师赚的多，所以我到底会做什么将来再说吧！从根本上说，我会一直力争上游，希望能够在某一方面做得很好。

第一次环格陵兰冰帽航行

埃里克·麦克奈尔·兰迪（加拿大，左图）和迪克西·丹泽科尔（比利时，右图）于2014年4月10日至6月4日间完成环格陵兰冰帽的探险。他们用风筝拉动雪橇和滑雪板开始了探险之旅，并在位于北纬66°02771′西经39°26409′的**世界第一大岛**，也是世界上第二大冰体结束旅程。他们的风筝在右上图中还随风摆动。

热气球

1783年第一个热气球的乘客是一只羊、一只公鸡和一只鸭子

数字集锦

322.25千米/小时
最高速度是由史蒂夫·福塞特（美国）驾驶"自由精神"号热气球创造的，也是载人热气球的最快速度

19
2013年埃及卢克索事故死亡人数，这是最严重的热气球灾难

4632米
热气球最高蹦极跳，柯蒂斯·里弗斯（英国）于2002年5月5日创下此项纪录

4分30秒
艾伦·尤斯塔斯（美国）从41,420米高处做自由落体运动，估计时间为4分30秒——见第203页

58
截止到2014年，戈登·本内特（最早的飞行竞赛）举办的次数；第一次是在1906年

19天21小时47分
热气球飞行最长时间，贝特朗·皮卡尔（瑞士）和布赖恩·琼斯（英国）创造，详见第203页

热气球最高飞行
2005年11月26日印度孟买，富翁维贾伊帕特·辛加尼亚（印度）乘卡梅伦Z-1600型热气球飞至68,986英尺（21,027米）高空。

年龄最大的热气球飞行者
埃玛·卡罗尔（美国，生于1895年5月18日）博士于2004年7月27日，也是她109岁零70天，在美国艾奥瓦州奥塔姆瓦市乘热气球飞行。

最大的热气球
由温森工程股份有限公司（美国）制造的 SF3-579.49-035-NSC-01型热气球，充气量为2,003,192立方米。1975年10月1日，这个无人驾驶的热气球在美国得克萨斯州帕勒斯坦市，由国家科学热气球中心的设备发射升空，但是由于技术问题，飞行被迫中止。
最大的载人热气球，2012年10月4日最大热气球带着红牛斯特拉托斯项目的使命，载着费利克斯·鲍姆加特纳（奥地利）升空至海拔38,969.4米。热气球完全膨胀后像自由女神像一样高，充气量约为850,000立方米。

从一个热气球上同时跳伞最多的人数
2013年2月10日，共25名跳伞运动员从阿联酋迪拜上空的一个热气球上同时一跃而下。迪拜高空跳伞活动还使得**热气球一次飞行中跳伞最多人**纪录获得成功，共有40名寻求刺激者随着气球的上升飞身而下。

首次……

热气球飞行
1709年8月8日在葡萄牙泰瑞罗都帕克，由法特·巴尔托洛梅乌·德古斯芒（葡萄牙）制造的无人驾驶的热气球在室内第一次飞了起来。

载人热气球飞行
法国人让-弗朗索瓦·皮拉特尔·德罗齐耶被广泛视为热气球飞行第一人。1783年10月15日他在一个绳系热气球中上升了26米。热气球是由约瑟夫和雅克·蒙戈尔菲耶（均为法国）设计的。
接下来的一个月，11月21日德罗齐耶成功地完成了**首次载人自由飞行**（无绳系），由达兰德斯侯爵（法国）陪同，飞行了25分钟。

战争用热气球
1794年6月，"创业号"热气球在弗勒吕斯战役（今比利时）中，被法国航空部队当作军事侦察机使用。这个丝质的充满了氢气的热气球用于跟踪反法联盟军的活动，对法兰西共和国取得胜利起了重要作用。

热气球环球最快飞行（单人）
2002年6月19日至7月2日，已故探险家史蒂夫·福塞特（美国，下图）驾驶他的热气球"自由精神"号绕了世界一圈，起飞和降落都在澳大利亚，历时13天8小时33分。这也是首次单人驾热气球环球飞行。
打破首次驾热气球不间断环球飞行纪录——由贝特朗·皮卡尔（瑞士）和布赖恩·琼斯（英国）（详见第203页）1999年创造。福塞特比他们少用了150个小时。

两个热气球间的最快行走
2014年10月4日，中国南京，弗雷迪·诺克（瑞士）在中国中央电视台《吉尼斯中国之夜》表演了在两个热气球之间走钢丝。他走了18米，用时7.49秒到达了另一个热气球。诺克的座右铭恰如其分，"没有什么能够阻止我成功"——这一信念无疑帮助他在2011年获得七天内走七条钢索的纪录。从小他就开始锻炼平衡能力，第一次走钢丝时他才刚满4岁。

如果你更喜欢聚会用气球，详见第92~93页。

热气球飞行最远距离

贝特朗·皮卡尔（瑞士）和布赖恩·琼斯（英国）虽然错失了环球飞行最快冠军，但他们1999年3月1日至21日驾驶"百年灵轨道飞行器3"（右图）的环球飞行仍保持了不间断距离纪录，竟达40,814千米。

空中婚礼

1874年10月19日，美国俄亥俄州辛辛那提体育馆内，玛丽·沃尔什和查尔斯·科尔顿（均为美国），在50,000名观众的注视下，在热气球里举行了婚礼。热气球命名为"PT巴纳姆"，这是为了向他们的老板表示敬意，是他为婚礼仪式支付的费用。

很奇怪，首次热气球蜜月竟先于首次空中婚礼九年。1865年11月8日，约翰·博因顿博士和他的未婚妻玛丽·韦斯特·詹金斯（均为美国）在交换誓言后，乘热气球飞越美国纽约州，从曼哈顿到芒特弗农，飞行了20千米。他们本来也想在气球上结婚，但是牧师拒绝在空中主持仪式。

到达平流层的女人

1934年10月23日，珍妮特·里德隆·皮卡尔（美国）和她的瑞士丈夫让·费利克斯·皮卡尔（来自著名的探险家庭），还有他们的宠物龟，驾驶热气球"前进世纪"号升空，海拔高达17,550米。

女子团队热气球最长飞行历时69小时22分9秒。2009年9月5日至8日由博士安·里奇和博士珍妮特·福克斯（均为英国）成功完成。

数量最多的热气球集体升空

2013年7月31日，在法国洛林举行的洛林国际热气球节（法国）活动中，一个小时内共起飞了408个热气球，打破了以前63个的纪录。这个气球节创办于1989年，又叫做"气球城"，每隔一年在前北约空军基地举行一次。

最高自由落体跳伞

据报道，2014年10月24日谷歌高级副总裁艾伦·尤斯塔斯（美国，右图）从41,420米高空自由落体后，打开降落伞着地。此项纪录仍在等待国际航空协会的验证。这打破了菲利克斯·鲍姆格特纳于2012年10月创下的2453米的纪录。

👤 真正的高人

理查德·布兰森（英国）和驾驶员佩尔·林德斯特兰德（瑞典，照片见下图），一起创造了热气球首次飞越大西洋和太平洋的纪录。此处布兰森告诉我们，他跨越大西洋的飞行是怎样实现的。

你飞越大西洋的灵感是什么？

我刚刚开始经营维珍大西洋航空公司，所以我们想出一些有趣的方式为航空公司做宣传。我成功乘船横渡大西洋，创造了新的时间纪录。一天我听到敲门声，佩尔·林德斯特兰德说："你乘船能做到，我认为我们乘热气球也能做到。"

请和我们谈谈你是怎么想到要破纪录的？

我喜欢冒险。我喜欢尽力去实现我以前没有做到的事情。我第一个尝试的吉尼斯世界纪录就是乘热气球飞越大西洋。当时的最远飞行约600英里（965千米），而大西洋的距离是3000英里（4830千米）。这次飞行距离长，事故多，但我们总算挺过来了。

为什么热气球纪录这么有标志性？

在我们飞越大西洋之前，有七个人曾尝试过；死了六个——所以这次旅行充满了危险。在旅行的最后部分，佩尔跳下大海，短时间内剩下我一人驾驶这个曾经最大的热气球，而我才刚刚学会操控，所以这是一个像劫后余生的结局！我认为"人类对抗自然力量"的挑战真是太少了。

幸存者

如果没有食物，我们可以存活约**30天**，而没有水只能维持**5天**左右

数字集锦

96%
空难幸存者的比例

10,160米
不带降落伞从高处坠下幸存的最高高度

10%
人们被雷电击中死亡的比例

93%
如果能在15分钟内获救的雪崩幸存者比例

1/3
2012年英国新生儿所占人口比例；希望他们都能活到100岁

43%
1982年英国士兵罗伯特·劳伦斯在一次狙击中丧失的大脑内容物的比例；他奇迹般地活下来了

23
斯图尔特·琼特（新西兰）坠下的楼层数；他是从**最高的升降机**并坠下的幸存者，坠落高度为70米

小知识

据猜想，克莱格·布莱德洛夫在他驾驶的汽车失控时已经把时速降低到"只有"300英里/小时（482千米/小时）。在此之前，他的（非官方）平均时速为526英里/小时（846千米/小时）！

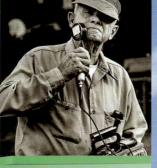

最长的刹车痕迹

1964年10月15日，驾驶员克雷格·布莱德洛夫（美国）在犹他州的邦纳维尔盐碱滩试图冲击陆地速度纪录后减速，结果这部装有喷气式发动机的"美国精神"号失去了控制。因降落装置故障，这部车横穿沙漠，留下了6英里（9.65千米）长的刹车痕迹，之后撞断了电线杆，冲向了盐池（插图）。令人难以置信的是，布莱德洛夫安然无恙。

另外一个叫唐纳德·坎贝尔（英国）的陆地速度驾驶员在博纳维尔也经历了一次幸运逃亡。1960年9月，他驾驶"蓝鸟"发生事故，当时时速为360英里/小时（579千米/小时）。车翻了，坎贝尔颅骨骨折，创下了**时速最快的车祸中幸存**的纪录。

最严重的放射性污染的幸存者

1976年，在美国华盛顿州汉福德核工厂，哈罗德·麦克拉斯基（美国）意外地暴露在高于安全剂量500倍的放射性物质下。有一段时期，他身上携带的放射性极强，以至于他能在15米的距离外引起盖革计数器的反应。

脉搏停止跳动时间最长

1998年8月14日，患有严重的心力衰竭和病毒性心肌炎的朱莉·米尔斯（英国）生死悬于一线。英国牛津市约翰·拉德克利夫医院的医生们选择用平流式血泵（AB180）来维持她的生命，持续了一周。在此期间，她的心跳恢复了。

移除蜂刺最多

1962年1月28日，在津巴布韦（当时的南罗得西亚）万基市瓜伊河畔的卡玛蒂维锡矿山，约翰尼斯·莱利克（津巴布韦）从身上共移除了2443支蜂刺。1支蜂刺约含50微克的毒素，1000支蜂刺足以毒死一个健康的无过敏症的普通成年人。

最大面积烧伤的幸存者

2004年2月15日，在美国加州，托尼·亚利吉安南（美国）因燃气泄漏而导致爆炸造成身体烧伤面积达90%。

血液酒精浓度最高

已有记录中人类最高的血液酒精浓度（BAC）是1.374，相当于每公升血液中含有13.74克纯酒精。具体情境中，英国驾驶员BAC限制为0.08；高于0.4就会导致死亡。我们提到的这个人，是一个姓氏不详的40岁的波兰人，2013年7月，在波兰东南部一个叫塔诺斯基耶·沃利的小村庄，有人发现他躺在路边，意识不清。

经历两次核辐射幸存的第一人

1945年8月6日，当一架美国B-29向日本广岛投掷了"小男孩"原子弹，造成14万人死亡时，山口疆（日本，1916—2010）正身处这个城市。承受着上身的剧痛，山口疆在8月8日回到他

速度最快的摩托车车祸幸存者

2008年，詹森·麦克维卡（美国）在美国犹他州邦纳维尔盐碱滩以时速391千米/小时行驶时，车子失去控制，他当时在参加邦纳维尔速度周赛。人们认为这次事故是轨道上的杂物扎到了他的后车胎导致的。由于高速从盐上擦过，他膝盖骨折，皮肤擦伤，被送往医院。当天他就出了院，但这次事故毁掉了他的铃木隼1300，这是当时最快的摩托车。

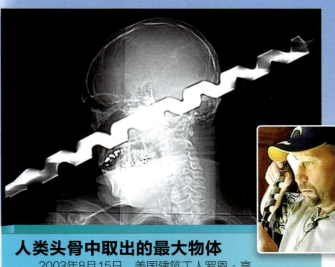

人类头骨中取出的最大物体

2003年8月15日，美国建筑工人罗恩·亨特在使用电钻时从梯子上坠下，面部朝下摔在仍在旋转的长达18英寸（45.72厘米）的钻头上。电钻穿过他的右眼刺透颅骨，从右耳上方穿出。美国内华达华秀医学中心的外科医生们发现，电钻从他的大脑旁边穿过，没有刺穿，他因此得以生还。

在长崎的家。第二天，美国军队向这座城市投掷了"胖人"原子弹。约有73,000人死亡，但山口疆仅受了轻伤。在两起事件中，他距离原爆点都在3千米以内。

最高海拔高度在飞机轮舱内幸存

1986年11月14日，人们在巴拿马航空公司的波音707客机的前轮舱里发现了加夫列尔·帕切科（古巴），这架飞机从巴拿马起飞2.5小时后降落在迈阿密。当时飞行高度为39,000英尺（11,887米），温度为零下63摄氏度，但也许是飞机内部的电子设备的热度帮助他得以幸存。

被龙卷风甩出后幸存的最远距离

2006年3月12日，在美国密苏里州福德兰附近的活动房子里，19岁的马特·苏特被吸入龙卷风中。他被击晕，醒来时只受了轻伤，身处离家398米以外的一个附近的野地里。

从尼亚加拉瀑布跳落幸存的第一人

1901年10月24日，美国教师安妮·埃德森·泰勒成为从高达51米的美国尼亚加拉瀑布跳落后幸存的第一人。当时她藏身于一个圆筒中，从尼亚加拉瀑布最大的部分——马蹄瀑布上滚下。一群人在瀑布下方目睹了这个场景。许多人确信她必死无疑。然而，尽管身有碰伤，皮肤青肿，她还是活了下来。这一天恰逢她63岁生日，这使得她的壮举更令人难忘。

1901年到1955年间，共有15人尝试效仿安妮的大胆行为，其中5人死亡。

海上漂流的最长时间

日本船长小栗重吉和他的一名船员山本音吉在海上漂流了约484天。1813年11月26日，他们的船在日本海岸线被风暴毁坏，他们只好一直在太平洋中漂流，直到1815年3月24日，一艘来自美国加州的船救了他们。

独自在木筏上生存时间最长的纪录是133天，是由英国商船队的二等侍应生潘·林（生于中国香港）创造的。1942年11月23日上午11点45分，他的船"SS本·洛蒙德"号，在大西洋圣保罗岩西面910千米、北纬00°30′、西经38°45′的洋面上被鱼雷击沉。1943年4月5日，林在巴西萨利诺波利斯海岸附近被一艘渔船搭救，他当时仍能自己走上岸。

👤 被灾难所困

下次你过了很糟糕的一天时就想想这只名叫朵萨的狗吧。2003年4月15日，这只混血犬经历了足够持续几辈子的厄运。

这一切开始得再简单不过了。朵萨的主人，鲁伊塔·马拉德放了这只10个月大的比特犬，让她在自己美国加州清水湖的院子中玩耍。朵萨迅速地跳过了栅栏，被一辆车碾过。"她一动不动，目光呆滞，"邻居罗尔夫·比厄杰拉后来透露说。"我对自己说，'这是只死狗。'"

到场的警察完全同意比厄杰拉先生的观点。在检查了朵萨的伤势后，他们得出结论：她生还的希望微乎其微。他们用枪射中了这只不幸的狗的头部，希望让她免受更多的痛苦。警官们把朵萨的身体封进袋子，放进一家动物中心的冷冻库中等待处理。但事情还没有结束。两个小时后，员工发现朵萨正笔直坐着。

显然，子弹从朵萨右眼下方射入，穿透了她的头骨，留在了她下颌的皮肤下，恰巧避开了她的大脑。这只可怜的狗还表现了强大的适应能力，她被过早地置于冷冻库，低温过低，但依然幸存下来。最特别的是，在引起这一系列不幸事件的根源——那场车祸中，她并未伤到骨头。不到24小时内，她就3次死里逃生。

好在至少朵萨还为自己创下了吉尼斯世界纪录，从那天起她就成为了**最坚强的狗**！

体育

小知识

一级方程式赛车温度可达50摄氏度。赛车手血压可能升高50%，心跳速度相当于平时的两倍，每分钟跳200次；体液流失3升。

40,000,000米　木星表面大红斑的直径，这是**太阳系中最大的反气旋**，正在快速缩减

目录

制造商在一级方程式单赛季获胜次数最多

奔驰（德国）在2014一级方程式赛季共取得16次冠军。他们的两位赛车手，刘易斯·汉密尔顿（英国，左上图）和尼科·罗斯贝格（德国，右上图），在3月16日至11月23日，赢得了19个赛段的16个冠军。汉密尔顿赢得11个，罗斯贝格赢得5个，前者还获得了赛车手世界锦标赛冠军。

在同一赛季，奔驰多次包揽冠亚军：8次汉密尔顿第一、罗斯贝格第二（在马来西亚、巴林岛、中国、西班牙、意大利、日本、俄罗斯、美国），3次则反过来（摩纳哥、奥地利、巴西）。这是制造商在一级方程式单赛季中以包揽冠亚军成绩获胜的最多次数。

奔驰在2014年共获得701分，这也是F1单赛季里制造商赢得的最多积分数。

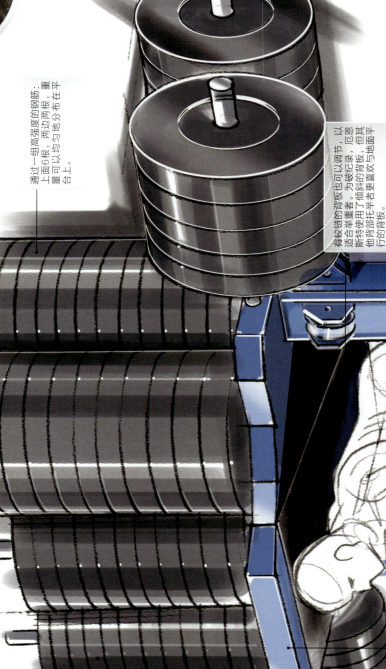

聚焦负重

巨大犀金龟（长戟甲虫）能托起起42千克的重物，相当于一个人举起四辆双层巴士！

纵观历史与文化，举重是人类力量的集中体现，古希腊因此把它变成一项体育运动。

当然，现今我们用举重的东西和我们用举重的方式与以前都有很大差别，现在许多历史说法都受到关注和争议。

就项目而言，背部托举比大多数举重在历史上经历的曲折起伏都多。这种方式也使我们能够比其他任何举重承受更多的重量。通常，运动员跨在载重的平台下，接着用伸直双腿，推动平台上升。

直到现在，实际上所有背部托举都使用由不同材料制成的定制装置，还有使用各种东西作为举重的负载，从保险箱到牲畜。众所周知这种和这种不一致性使得这项运动难以监控。

但随着人类力量研究委员会的形成，这种局面正在改变。委员会是由前力量运动员简和力量运动学者里·托德成立的。这个国际组织旨在严格审查此项有争议的项目，以便使有力量方面的有效成绩获得应该得到的认可。由罗格健身（美国；参见主要插图）开发的新背部托举器对他们的工作帮助极大。

举重方法和技术一直在继续发展，但本质上，该运动都是力量的标志，在这一点上过去和将来没有什么区别。

19/20世纪的举重偶像

约瑟芬·布拉特

"米内尔娃"，又叫做约瑟芬·布拉特（德国/美国，约1865~1923）。直到现在还是最著名的壮士之一。她曾在7岁时说过她"喜欢举重"。她最著名的壮举——1895年在美国新泽西州宝石剧院用臀部牵拉平台，有争议，重量从3564磅（1616千克）到3000磅（1360千克）不等。不管重量到底多少，"米内尔娃"是历史上最强壮的女性之一。

路易斯·西尔

路易斯·西尔（1863~1912）在加拿大魁北克的一个农场长大，在青年时代他就露出了巨大的力量。他18岁第一次参加了壮人比赛，把一个巨大的石头离地面。另一次，据说能经过住了两匹马的神力（他身体的两边各拉住了四匹马的神力）。还有一次，他背部托举确的数字受到争议，但根据早期版本的吉尼斯世界纪录记载，他在1896年托举4133磅（1874千克）。

保罗·安德森

保罗·安德森（1932~1994）在美国格鲁吉亚州长大，是世界现代重冠军。他自称1957年背部托举6270磅（2844千克）为人类负载最大重量。据尼斯世界纪录确认为有史以来最大。但据显示数据有出入，吉尼斯世界纪录决定不再拉出此项。即使没有完整的文件记录，这项是吉尼斯世界纪录本的主流，是他在其中的作用。

格雷格·厄恩斯特

虽然举重的历史纪录经常伴随着出入的报号，但加拿大壮人格雷格·厄恩斯特（右图）在1993年的成绩终于在2014年得到了一个人的确认，成为人类负载最大重量。他用背部托举了一个木制平台，上面有两个人（下面插图），加上两个司机——一共5340磅（2422千克）。当问到厄恩斯特，他的神力对他有什么帮助的时候，他告诉我们："在很多农、制作工具和生活中，很多时候力量我从沟里拖起来。比如把汽车从里挪出来，搬钢琴、制服不守规矩的牛。我的力气还曾经救过我—命，说来话长……"

有铰链的背板也可以调节，以适合举重者。为破纪录，厄恩斯特使用了倾斜的背板，但其他背部托举者喜欢水平进行的背板。

通过一组高强度的钢筋，上面6根，两边两根，重量可以均匀地分布在平台上。

用牙齿拉动的最重船
奥马尔·哈纳帕耶夫（俄罗斯）凭借牙齿的力量把576吨重的油轮给古尔布拖动了15米

一个人拖动的最重飞机
凯文·法斯特（加拿大）把一架188.8吨重的CC—177环球霸王III运输机拖动了8.8米

抛掷最远的洗衣机
2014年比尔及麦基纳斯·萨维卡斯（立陶宛）抛掷洗衣机远4.13米

硬拉最重的轮胎
载其萨维卡斯·萨维卡斯纳尔还保持了这个冠军头衔，2014年，他举起了8个硬拉的轮胎，总重量为524千克

我要背部托举

阿诺德·施瓦辛格（奥地利/美国，上图左）演电影更出名，但他最初是举重出身。这种激情使他与吉姆·洛里默（美国，下右图，与特里·托德）于1989年成立了阿诺德体育节。在这里施瓦辛格和洛里默专门和大家分享他们的复兴背部托举的想法。

"一百多年前，在专业壮人的黄金时代，最重要的一个项目就是背部托举，和其他任何方式相比。有人可能会一次托举起更多的重量。这是最原始的力量比赛，许多人称之为'举重之王'。

"在这个举重项目中的男子举重冠军常以此对外宣称他们是世界上最强壮的人。当然，背部托举的重要性常使得许多人等大他们们的成绩，引发争议。

"但是现在我们有方法可以精确测量背部托举的重量，感谢罗格健身制造了我们在比赛中使用的大部分重型设备。罗格健身为背部托举制作了安全而又可以调节的平台，使它可以适合几乎任何体型的人。今年3月份的节日中展出了这部将近10英尺（3米）高的装置。上面载着厄恩斯特纪录的重量，5340磅（2422.18千克），吸引了很多人。

"我们的计划是2016年组织背部托举比赛，让人们来看并使用这个奇妙的平台。我们相信厄恩斯特的纪录用不了多久就会被打破，希望看到它发生在阿诺德体育节上。"

见第74页更震撼的力量极限挑战

力量举重，比如背部托举，只有训练有素的专业运动员才可以挑战

两个66英寸（167.6厘米）高的方形钢质支柱支撑着平台

在往下施力的时候，支柱上的硬质脚轮可以让平台上下顺利地滑动

手应该垂直于肩，这样推动的力量直接向上

运动员把手放在这个木板上，它为活动员举重往下推力提供了一个坚实的结构

主要底座

举重者站在这部分上，它可以调节升降到合适的高度

该平台含两个钢板中间夹一块木板；它的总重量为1050磅/476千克

木板的底座

罗格健身与格雷·厄恩斯特和其他专家诸如斯特·托德合作，设计了新的平台，以确保它既安全又准确

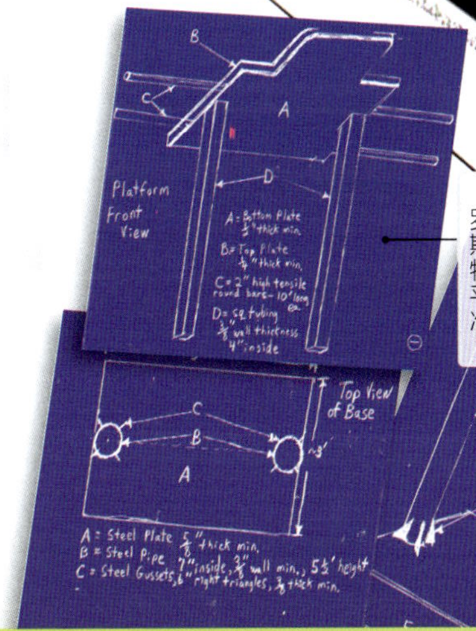

Platform Front View A: Steel Plate B: Steel Pipe C: Steel ...

强壮却奇特

虽然吉尼斯世界纪录中的一些力量举重使用的是传统举重设备，然而其他一些设备更有"想象力"……总有飞机、船只或洗衣机之类的另类举重。

一分钟内沙滩车过头举最多次数

载朱朱纳斯·萨维维卡斯（立陶宛），他在60秒内举起140千克重的ATV沙滩车14次。

小知识

壮女"米内尔娃"的典型早餐包括三分熟牛肉、燕麦片、西红柿和两杯咖啡。晚餐菜单是法国汤、雏鸽、猎物和蔬菜。

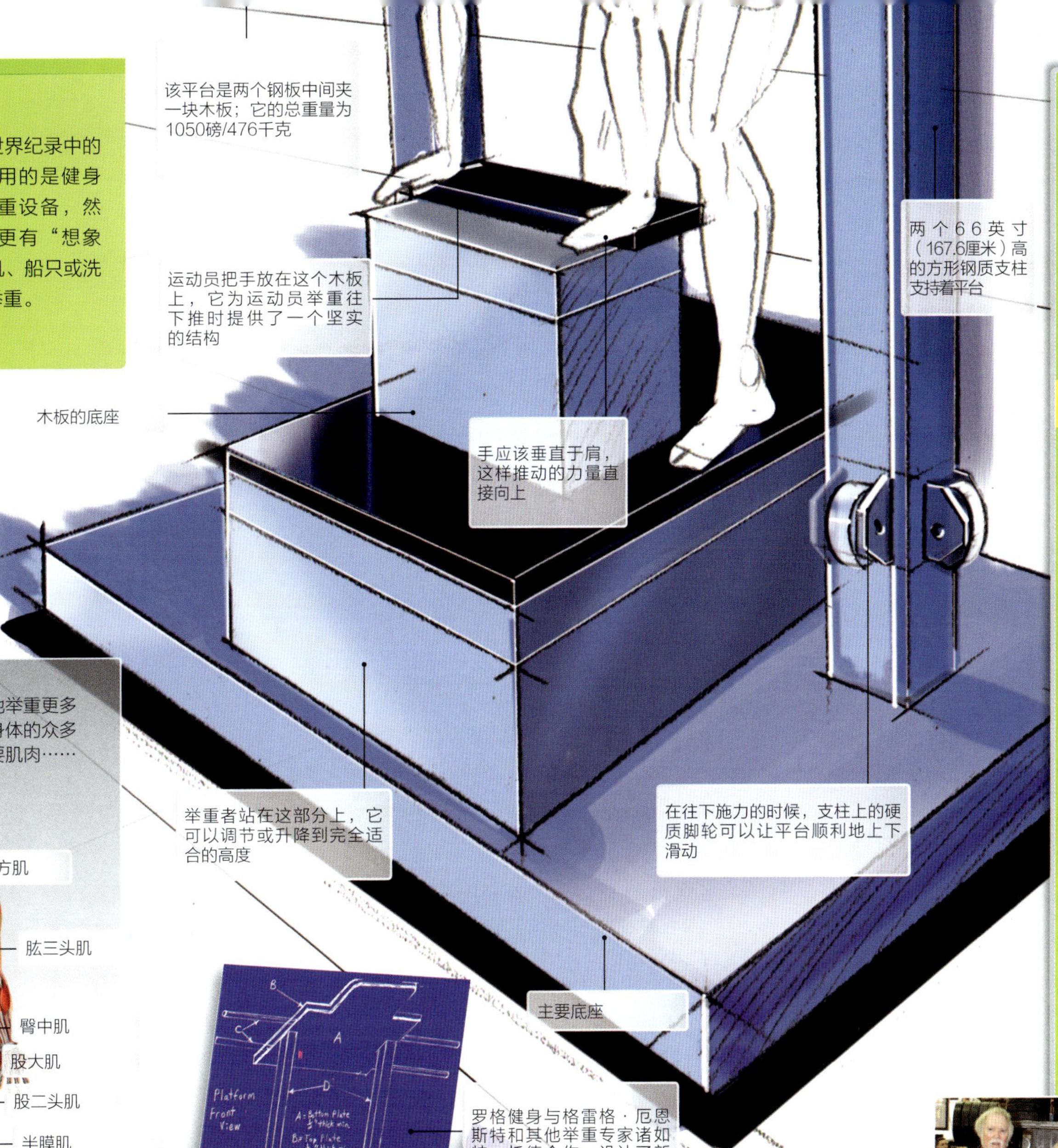

不是只用到背部！

背部托举使我们能够承受比其他举重更多的重量。这主要是因为分散到负载的具体肌肉的众多肌肉群。这本是一些承受压力的主要肌肉……

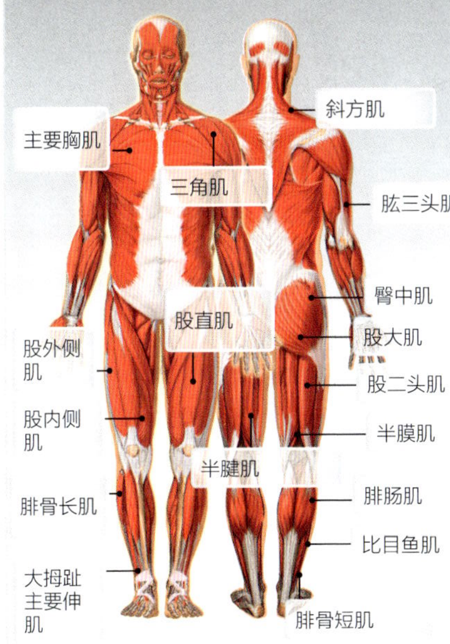

斜方肌 / 肱三头肌 / 臀中肌 / 股二头肌 / 半膜肌 / 腓肠肌 / 比目鱼肌 / 三角肌 / 股大肌 / 半腱肌 / 腓肠肌 / 主要胸肌 / 股直肌 / 股外侧肌 / 股内侧肌 / 腓骨长肌 / 大拇趾肌 / 主要伸肌 / 拇长短肌

美式橄榄球

仅次于感恩节，超级碗星期天是美国单日食品消耗量第二高的日子

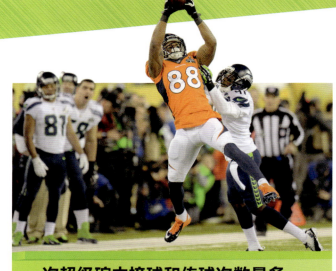

数字集锦

6
在一次超级碗中达阵得分最多，这一纪录由旧金山49人队的史蒂夫·扬在1995年的比赛中创造

13
超级碗职业生涯中达阵得分最多的纪录由新英格兰爱国者队的汤姆·布雷迪创造。他在2001赛季、2003—2004赛季、2007赛季、2011赛季和2014赛季共获得13次达阵

12秒
超级碗比赛中得分用时最短，这一纪录在2014年2月2日西雅图海鹰队与丹佛野马队的比赛中创造

48
超级碗职业生涯中得分最多的纪录由杰夫·赖斯创造。他曾在1989年到2003年间先后效力于旧金山49人队和奥克兰突袭者队

42岁零11天
超级碗史上年龄最大的得分球员：马特·斯托弗。2010年2月7日，在印第安纳波利斯小马队与新奥尔良圣徒队的比赛中，他为印第安纳波利斯小马队打进了一个38码的进球

NFL职业生涯中最短时间内接球10,000码

卡尔文·约翰逊在2014赛季的115场比赛中累计接球10,000码。2007年至今，他一直效力于底特律雄狮队。

NFL史上客场最大逆袭

2014年10月5日，克里夫兰布朗队在3–28落后的情况下，最终以29–28击败了主场作战的田纳西泰坦队，这是美国全国橄榄球联盟（NFL）历史上客场最大逆转。

最受瞩目的NFL冠军赛

据美国全国广播公司报道，2015年2月1日，有114,400,000名观众观看了超级碗新英格兰爱国者队击败西雅图海鹰队的比赛。

第一个同时既参加超级碗也参加棒球世界系列赛的球员

效力于亚特兰大勇士队的戴恩·桑德斯在1992年参加了棒球世界系列赛。他在1995年（效力于旧金山49人队）和1996年（效力于达拉斯牛仔队）都是超级碗冠军队的球员。

1989年，"霓虹灯戴恩"成为第一个在同一星期内既在MLB（美国职棒大联盟）中获得本垒打，又在NFL中完成达阵得分的球员。1989年9月5日，他在纽约扬基队与西雅图水手队的比赛中，为纽约扬基队赢得一个本垒打。五天后，他在亚特兰大猎鹰队与洛杉矶公羊队的比赛中，为亚特兰大猎鹰队完成达阵得分。

完成200码接球的最年轻球员

2014年11月16日，迈克·埃文斯（生于1993年8月21日）为他效力的坦帕湾海盗队完成了7次传球，把球推进209码，帮助坦帕湾海盗队以27–7击败了华盛顿红皮队，这一天他只有他21岁零87天。

最……

以连续进球开始NFL职业生涯的球员

效力于亚利桑那红雀队新秀钱德勒·卡坦扎罗在2014年以17次连续进球开启他的NFL职业生涯。

一次超级碗中接球和传球次数最多

2014年2月2日，第四十八届超级杯冠军之战在美国新泽西州东拉瑟福德的大都会体育场拉开战幕。进入总决赛的两支队伍是丹佛野马队和西雅图海鹰队。效力于丹佛野马队的德玛瑞斯·托马斯在这次比赛中成功完成了13次接球。

一次超级碗中完成传球次数最多的纪录由汤姆·布雷迪创造。2015年2月1日，他以37次成功传球助新英格兰爱国者队以28–24战胜了西雅图海鹰队。

在NFL的一个赛季完成300码传球次数最多

2011年，效力于新奥尔良圣徒队的四分卫德鲁·布里斯投出了13场传球码数300的比赛。这个连续传球超过300码的四分卫还为新奥尔良圣徒队在2011和2012两个赛季中连续9场传球300码。

获得NFL单赛季传球码王称号次数最多的人

新奥尔良圣徒队的德鲁·布里斯在单赛季五次拿到传球码王，平了曾效力于迈阿密海豚队的丹·马里诺和曾经效力于费城老鹰队和华盛顿红人队的索尼·尤根森所创造的历史纪录。

最远开球回攻达阵

2013年10月27日，在明尼苏达维京人队对阵绿湾包装工队的比赛中，效力于明尼苏达维京人队的科达戴尔·帕特森（下图，拿球的人）狂奔109码完成回攻达阵。与他拥有同样最远跑阵纪录的是效力于圣迭戈闪电队的安东尼奥·克罗马蒂。2007年11月4日，在圣迭戈闪电队对阵明尼苏达维京人队的比赛中，球队定位球失败后，安东尼奥·克罗马蒂回攻109码。

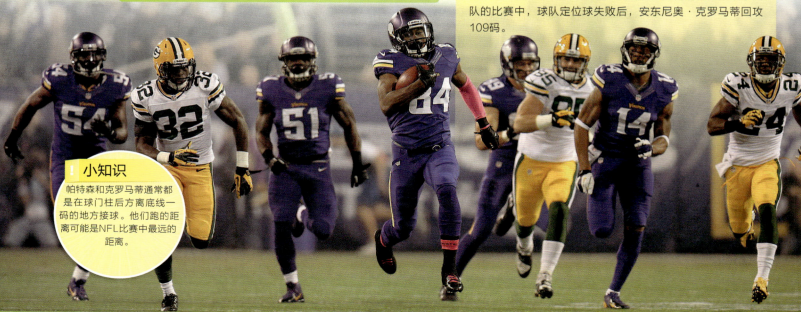

小知识
帕特森和克罗马蒂通常都是在球门柱后离底线一码的地方接球。他们跑的距离可能是NFL比赛中最远的距离。

96,540,000米 每天血液在人体里流动的距离

从2006到2014赛季，效力于圣徒队的布里斯成为NFL中连续传球码数超过4000码的四分卫（9号）。

NFL中完成500码传球

本·勒特利斯贝格尔是第一个完成500码传球的球员。2009年12月20日，在匹兹堡钢人队与绿湾包装工队比赛中，效力于匹兹堡钢人队四分卫的勒特利斯贝格尔完成了503码的传球。2014年10月26日，在匹兹堡钢人队与印第安纳波利斯小马队的比赛中，他完成了522码的传球。

在2014赛季的第八周和第九周，勒特利斯贝格尔完成12次达阵——成为在连续两周的比赛中完成达阵次数最多的球员，打破了汤姆·弗洛里斯在1963年、汤姆·布雷迪在2007年创造的11次的纪录。

小知识

人们十分确信每一次的NFL比赛都会有得分。上一次0-0的成绩发生在1943年11月7日的底特律雄狮队与纽约巨人队的比赛中。

第一位在一场比赛中完成300码传球和100码跑阵的球员

2014年10月19日，西雅图海鹰队虽然以26-28败给圣路易斯公羊队，但是在这场比赛中，效力于西雅图海鹰队的罗素·威尔逊还是贡献了313码传球和106码跑阵的好成绩。他和佩顿·曼宁一同保持着新秀达阵得分最多的纪录：26。

以连续跑出100码的成绩开启NFL赛季

从2014年9月7日到10月27日，达拉斯牛仔队的德马科·默里成NFL历史上第一个在前八场比赛中完成100码以上冲球的球员。

在NFL的一个赛季中达阵后加分最多

2013年，丹佛野马队的马特·普拉特在完成达阵后共得到75分的加分。

在NFL的一个赛季中得分最多的新秀

2014年，效力于费城老鹰队的定位球球员科迪·帕凯在加入NFL的第一年就拿到了150分。

在NFL职业生涯中传球达阵总数最多

佩顿·曼宁为印第安纳波利斯小马队（1998年至2011年）和丹佛野马队（2012至今）共达成530次传球达阵。

汤姆·布雷迪

2010年9月9日，汤姆·布雷迪和新英格兰爱国者队签订了一份为期四年的7200万美元（4700万英镑）续约合同，使他成为NFL收入最高的球员一年薪1800万美元（1200万英镑）。

率领爱国者打出季后赛并在第四十九届超级碗总决赛中以28-24大胜海鹰队，布雷迪用纪录证明了他是史上最伟大的四分卫。

他是NFL历史上参加季后最多的球员（29次）；传球达阵次数最多的球员（53次）；投球码数最多的球员（7345码）；完成传球次数最多的球员（683次）；赢得比赛最多的首发四分卫（21次）。在13个赛季中，布雷迪作为爱国者队首发四分卫（共15次）在比赛中先后把球抛给接球手、跑卫和进攻线锋，成为进攻组的核心成员，并率领爱国者队九次获得联盟冠军，这是NFL历史上前所未有的。

在超级碗比赛中，布雷迪传球达阵次数最多（13次）；传球码数最多（1605码）；完成传球次数最多（164次）。他三夺超级碗最有价值球员称号——他儿时的偶像乔·蒙塔纳是另外一位唯一多次获得常规赛和超级碗最有价值球员称号的人。在2015—2016赛季，虽然布雷迪已经38岁，但是在比赛中他的状态依然很好，没有任何下滑的迹象。

棒球

1963年，吉米·皮尔绍（美国）跑回本垒庆祝他的第100个本垒打

数字集锦

3465
美国职业棒球大联盟中游击手击球最多次数，由德里克·杰特（美国）创造

363
沃伦·施潘（美国）作为投手赢得胜利的比赛场次，这恰好也是他棒球职业生涯中的安打次数

2
乔尔·扬布拉德（美国）的球队同一天参加了两个不同城市的比赛

24
作为世界职业棒球大赛投手，参赛最多的场次，由马里亚诺·里韦拉（巴拿马）创造

10
吉姆·阿博特（美国）在职业投球手生涯中参加的赛季，他没有右手

7
约翰尼·本奇（美国）用一只手能握住的棒球个数

342
明星球员乔治·赫尔曼"宝贝"鲁思（美国）的平均击球率

在美国棒球职业大联盟生涯中最多的全垒打

全垒打是指在比赛中击球者通过环绕所有垒包一周并且最终跑到本垒才能得分的打法。

排名	姓名	职业生涯	全垒打数
1	巴里·邦兹	1986—2007	762
2	汉克·艾伦	1954—1976	755
3	"宝贝"鲁思	1914—1935	714
4	威利·梅斯	1951—1973	660
5	亚历克斯·罗德里格斯	1994—	654
6	肯·小格里菲	1989—2010	630
7	吉姆·托姆	1991—2012	612
8	萨米·索萨	1989—2007	609
9	弗兰克·鲁滨逊	1956—1976	586
10	马克·麦圭尔	1986—2001	583

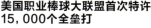

均为美国国籍。来源：MLB.com；修订于2015年2月

美国职业棒球大联盟联赛中投手防御率领先持续最多周

从2011年到2014年的美国职业棒球大联盟（MLB）的连续四个赛季中，洛杉矶道奇队的投手克莱顿·克肖每一季都报出最低投手防御率。之前是前三名，前两名是格雷格·马达克斯（美国）和"左撇子"罗伯特·格罗夫（美国）。

美国职业棒球大联盟跟球员签的最大一单

2014年11月18日，迈阿密马林鱼的詹卡洛·斯坦顿（美国）以3.25亿美元（2.09亿英镑）签署了13年的合约，被认为是体坛史上最大的交易。该合约的持续时间也使其可能成为所有体育项目中最大的合约，这甚至超过了收入最高的足球运动员和一级方程式赛车手。

斯坦顿在2010年出道，并在他职业生涯的第一个五年里打了154次本垒打。作为两届全明星（2012年和2014年），2014年，他以37次本垒打拿下了全国联赛本垒打冠军。

美国职业棒球大联盟首次特许15,000个全垒打

2014年9月21日，在洋基球场纽约扬基队（美国）以5比2击败多伦多蓝鸟队（加拿大）。那场比赛中，布莱特·加德纳成功达成此目标，击败了德鲁·哈奇森。

最长一场美国职业棒球大联盟季后赛

2014年10月4号，一场比赛持续了6小时23分。在国家联盟分区赛的第二场比赛中旧金山巨人队以2比1击败了华盛顿国民队（均为美国）。这场比赛持续了18局，成为美国棒球职业大联盟季后赛以局数计算的最长一场。

美国职业棒球大联盟赛季中犯错最少的球队

2013年，巴尔的摩金莺队（美国）在162场比赛的赛季中仅犯了54次错误。同时，他们防守的百分比是0.991%，这使他们在美国职业棒球大联盟赛季中成为守备率最高的一支球队。

第一个同年参加大学世界系列赛和美国职业棒球大联盟世界系列赛的球员

2014年布兰登·芬尼根（美国）作为得克萨斯基督教大学投手参加了大学世界系列赛。之后，在美国职业棒球大联盟选秀中被堪萨斯城皇家队选中。后来，作为皇家队的成员在世界系列赛的两场比赛中现身。

最……

在季后赛中投手救球

堪萨斯城皇家队的投手格雷格·霍兰（美国）在2014年的

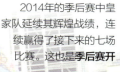

在一个赛季中投三振比率最高的投手

在2014年的美国职业棒球大联盟赛季中辛辛那提红人队的阿罗尔迪斯·查普曼（古巴）创下了5.05比1的投三振比率。

在同一个赛季中查普曼是美国职业棒球大联盟比赛中连续投最多三振的替补投手（49）；每9局中投出最多三振的投手（17.67）；让打者三振出局的比率最高的投手（52.5%）。2010年他投出速度最快球（105.1英里/小时；169.14千米/小时）。

季后赛救球7次。他与其他5人保持同纪录，最近的一位是2013年波士顿红袜队的上原浩治（日本）。

2014年9月30日，在一次美国职业棒球大联盟季后赛局中，皇家队（美国）成功实现最多盗垒：4局。他们在美联外卡比赛中对抗奥克兰运动家队，第八局中取得以上成绩。这场比赛皇家队成员以9比8获胜。

2014年的季后赛中皇家队延续其辉煌战绩，连续赢得了接下来的七场比赛。这也是季后赛开

赛以来，美国职业棒球大联盟球队连续获胜的最多场次（8），他们还是美国职业棒球大联盟季后赛中实现最多盗垒的一支球队（7）。

被美国职业棒球大联盟投手连续淘汰的击球手

2014旧金山巨人队的尤斯梅里·佩蒂特（委内瑞拉）在8场比赛中连续淘汰了46名击球手。

在一个美国职业棒球大联盟赛季使用球员最多的球队

德州游骑兵（美国）在2014年用了64名球员，打破了之前2002年克利夫兰印第安人队使用59名球员以及2002和2008年圣地亚哥教士队使用球员的纪录。

录。2014年，德州游骑兵创下了美国职业棒球大联盟赛季使用投手最多的球队：40。

一个美国职业棒球大联盟赛季中的三振投数（所有球队）

2014年的常规赛期间，未来的美国职业棒球大联盟击球手打了37,441次三振。与此同时，克利夫兰印第安人队（美国）投手投出1450次三振，这是美国职业棒球大联盟赛季投手们投出的最多三振。2014年9月15日，投手雅各布·德格罗姆（美国）以投出最多的三振为美国职业棒球大联盟赛季开场，其中为纽约大都会队投了8次三振，此前这一壮举只有吉姆·德赛（美国）实现过两次。

季后赛生涯中参赛最多

1995年至2014年间，德里克·杰特（美国）作为纽约扬基队成员参加了158场美国职业棒球大联盟季后赛。

在此期间他也实现了很多"之最"：
- 安打（200）
- 得分（111）
- 上垒（734）
- 垒打数（302）
- 打数（650）
- 二垒安打（32）
- 三垒安打（5）——与拉斐尔·富尔柯（多米尼加共和国）和乔治·布雷特（美国）齐名。

一场美国职业棒球大联盟季后赛的最多安打

旧金山巨人队的巴勃罗·桑多瓦尔（委内瑞拉）又名"功夫熊猫"，他在2014年的季后赛中打了26次安打，打破了世界系列赛第七场赛中25次安打的纪录，在那场比赛中巨人队以3比2战胜堪萨斯城皇家队。

小卡尔文·里普肯

从1982年5月30日到1998年9月19日，小卡尔文·里普肯（美国）连续参加了2632次比赛从未间歇，是美国职业棒球大联盟球员连续出赛的最多场次，表现出他对棒球运动的热爱。

在此期间，里普肯荣获一次世界系列赛和两个美联赛的最有价值球员奖、两次金手套奖和八次银棒奖。这些都是他为巴尔的摩金莺队效力时获得的。

纪录期末，这位游击手（三垒手）无可争议地得到了"钢铁侠"的称号。

更令人难忘的是这位名人堂老将还是**连续出赛最多场次从未错过一局的美国职业棒球大联盟纪录保持者**：从1982年6月5日到1987年9月14日共出赛903场。里普肯历史性的连胜最终以他决定坐观自己球队1998年赛季最后一场主场赛而告终。他参加了2001赛季并以3184的安打数和431次全垒打结束了他的职业生涯。

2014年，作为吉尼斯世界纪录成立60周年庆活动的一部分，里普肯被授予一个特别奖章和证书（上图）以认证他的技能。他的纪录在未来几年里看似不会受到挑战。进入2015赛季以来，金山巨人队亨特·彭斯目前最长赛事战绩为参加了383场比赛。

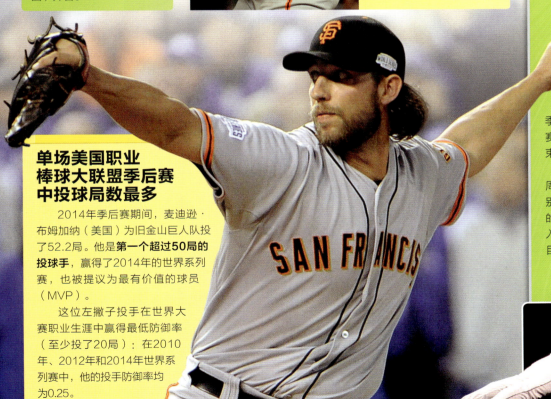

单场美国职业棒球大联盟季后赛中投球局数最多

2014年季后赛期间，麦迪逊·布姆加纳（美国）为旧金山巨人队投了52.2局。他是**第一个超过50局的投球手**，赢得了2014年的世界系列赛，也被提议为最有价值的球员（MVP）。

这位左撇子投手在世界大赛职业生涯中赢得最低防御率（至少投了20局）：在2010年、2012年和2014年世界系列赛中，他的投手防御率均为0.25。

篮球

收入最高的篮球运动员是克利夫兰骑士队的**莱夫龙·詹姆斯**（美国），2014年6月之前的12个月里他的收入为7200万美元（4200万英镑

数字集锦

501
迪克·巴韦塔以此打破了之前的裁判场次纪录（见右图）

18英寸
篮框直径（45.7厘米）

10英尺
篮框到地板的垂直高度（3.05米）

8磅/平方英寸
篮球的压力（0.56千克/平方厘米）

48.4%
2014年，凤凰城水星队取得了美国女子篮球联盟一个赛季中最高的球队投球命中率

2.45米
苏莱曼·阿里·纳什努士（利比亚，1943—1991）的高度——**史上最高篮球运动员**

6
2014年11月3日，哈林队的巴克特·布莱克（美国）在一分钟内投进了最不可思议的半场球

108,713
观看2010年2月14日全明星赛的粉丝人数——**篮球赛观众人数最多的纪录**

最长的常规赛比赛裁判生涯
迪克·巴韦塔（美国），从1974—1975年赛季到2013—2014年赛季后退休，在他39年的职业生涯中连续裁决了2635场美国职业篮球赛（NBA）。

美国女子篮球联盟

职业生涯中的最多助攻
从1998年到2012年，季哈·佩妮切罗（葡萄牙）在454场比赛中共打出2599次助攻（也是**每场比赛中的最多助攻**，5.7次），她曾先后效力于萨克拉门托国王队、洛杉矶火花队和芝加哥天空队。

美国女子篮球联盟全明星赛中单场最多得分
2014年7月19日，美国亚利桑那州的凤凰城第一场美国女子篮球联盟比赛中，施诺伊·席梅尔（美国）狂揽29分，最终助东部明星队在加时赛中以125比124战胜了西部明星队。

2007年、2009年和2014年赛季为凤凰城水星队效力时，戴安娜·陶拉西（美国）共得262分——**美国女子篮球联盟职业生涯最多得分**。她以4分的优势超越了迪安娜·诺兰的（美国）职业生涯纪录。

总决赛比赛中以最大分差获胜
2014年9月9日，凤凰城水星队（美国）以29分的优势，在第二场比赛中以97比68战胜芝加哥天空队。

> **! 小知识**
> 2005年美国的一项运动伤害调查显示：篮球以512,213个案例排行第一，自行车以485,669个案例位居第二，美式橄榄球以418,260个案例排名第三。

这是亚利桑那州球队不断突破的一年。2014年的29场胜利，使这支劲旅稳获**一个赛季胜场最多的美国女子篮球联盟团队**这一荣誉。凤凰城以29胜5负的成绩打破了之前由西雅图风暴队在2010年和洛杉矶火花队在2000年和2001年保持的28场胜利纪录。

一场比赛中最多的封盖
2014年6月29日，凤凰城星队中锋布里特妮·格里纳（美国）比塔尔萨·肖克多11次投篮，从而延续了个人的成功。

代表射手可遇不可求的梦想是排在总封盖榜第一位的玛尔戈·迪德克（波兰）。在323场比赛中她共完成了877次封盖——美国女子职业比赛生涯中封盖最多次数。

美国职业篮球赛和美国女子篮球联盟历史上排名前五的得分手

篮球比赛中，三分线外成功投进一球计3分，线内投球得分计2分，自由罚球投进计1分。

	姓名	赛季	得分
1	**卡里姆·阿卜杜勒-贾巴尔**	**1969—1989**	**38,387**
2	卡尔·马隆	1985—2004	36,928
3	科比·布赖恩特	1996—	32,482
4	迈克尔·乔丹	1984—2003	32,292
5	威尔特·张伯伦	1959—1973	31,419
1	**蒂娜·汤普森**	**1997—2013**	**7488**
2	戴安娜·陶拉斯	2004—	6722
3	田三河·卡钦斯	2002—	6554
4	凯蒂·史密斯	1999—2013	6452
5	莉萨·莱斯利	1997—2009	6263

官方数据来源：NBA.com, WNBA.com

在半场决赛比赛中命中率最高
2014年6月10日，在2014美国职业篮球赛总决赛第三场的比赛中，圣安东尼奥马刺队（美国）对抗迈阿密热浪队，前者上半场命中率高达75.8%。在这场比赛中，马刺队也创造了单节命中率高达86.7%的纪录。最终马刺队以111比92分赢得比赛。

WNBA职业生涯中最多抢断数

自2002年起，印第安纳狂热队的田三河·卡钦斯（美国）用957次抢断证明了她强大的防御技术。

从1984年到2003年，约翰·斯托克顿（美国）为犹他爵士队抢断共计3265次，**在NBA职业生涯抢断数最多。**

NBA

职业生涯最多投球命中数

在效力于密尔沃基雄鹿队和洛杉矶湖人队的20年中，卡里姆·阿卜杜勒-贾巴尔（美国）投中了惊人的15,837球。他20年的职业生涯也使得他的NBA**上场时间达到了最多的**57,446分钟。

相比之下，**职业生涯中最令人怀念的**是科比·布莱恩特（美国），在1996年到2015年间为洛杉矶湖人队效力时，投篮命中13,766个球。

获得总冠军头衔次数最多的球队

波士顿凯尔特人队（美国）奖杯柜都快要装不下了，该队共获得过17次总冠军：1957年，1959年，1960—1966年，1968—1969年，1974年，1976年，1981年，1984年，1986年，2008年。

休斯敦彗星队（美国）是**美国女子篮球联盟获得冠军次数最多的球队**，1997年至2000年间赢得了四次冠军。

最高的NBA选秀状元

2002年6月26日，身高228.6厘米的姚明（中国）在美国纽约2002NBA选秀中，被休斯敦火箭队选中，成为选秀状元。

但姚明的身高还没有达到最高的现役篮球运动员的身高。2013年11月4日在中国北京，他的同胞孙明明（中国）测高236.1厘米。

总决赛出现次数最多的球队

截止到２０１４年２月12日，洛杉矶湖人队（美国）总共参加了31次总决赛，分别是：1949—1950年，1952—1954年，1959年，1962—1963年，1965—1966年，1968—1970年，1972—1973年，1980年，1982—1985年，1987—1989年，1991年，2000—2002年，2004年，2008—2010年。

至今湖人还保持着在1972—1973赛季**连胜次数最多——33场的纪录。**

年龄最大的NBA球员

号称"普罗维登斯压路机"的天才教练希基（美国）在1948年他45岁零363天时将要参加的一场比赛开始训练。2005年为洛杉矶湖人队效力期间，安德鲁·拜纳姆（美国）还是**最年轻的NBA球员**，当时18岁零6天。

单赛中最少的篮板

2014年1月31日，布鲁克林篮网队（美国）仅以17个篮板战胜了俄克拉何马雷霆队。

已故的伟大篮球运动员威尔特·张伯伦（美国，1936—1999）很少错过一个利用投篮不中的机会。他**整个职业生涯抢下了最多篮板——共计取得了**23,924个。

个人半场三分球进球数最多

休斯敦火箭队的钱德勒·帕森斯（美国）2014年1月24日后半场赢得了10个三分球，尽管有此出色表现，但火箭队最终以87比88不敌孟菲斯灰熊队。

帕森斯一举超过了德龙·威廉姆斯（美国）——曾在2013年投中9个三分球。

个人NBA季后赛三分球进球数最多

雷·艾伦（美国）自1996年以来的季后赛生涯已投中385个三分球。同时，艾伦在三分球线界外投球959次，**赢得三分球出手次数最多的纪录。**

小知识

1891年，篮球由体育教师詹姆斯·奈史密斯博士（加拿大）发明，人们认为它由"岩石上的鸭子"游戏发展而来，这一游戏是击打大圆石上的小岩石。

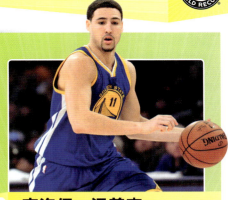

克洛伊·汤普森

在一场比赛中得到37分令人印象深刻，在半场赛中得那么多分不大可能，在单节中得那么多分是不可能的……不是吗？

2015年1月23日，金州勇士队的克洛伊·汤普森（美国）做了一件令人不可思议的事情，他在一节中对萨克拉门托国王队猛砍37分，打破了**单节中得最高分的NBA纪录。**

在NBA历史上，很少球员有过汤普森对阵国王队那样的经历。第三节时，他在场上打出了完美的13投13中、三分球线外9投9中和罚篮2罚2中。他的三分球9次得分也刷新了NBA**单节最多三分球的纪录。**

在汤普森的出色发挥下，勇士队以126比101赢得了比赛。讲到这场比赛的完胜结果，实际上汤普森在破纪录节赢得最初几分前，这场比赛平分58分。结果，他在第三节一分一分地连续拿下19分，并继续以37比26领先于双方球队中的其他球员。

金州勇士队在第四节以30分之差遥遥领先，在比赛还有9分27秒的时候，得分后卫下场休息，结果在后来的33分钟里，勇士队拿下了52分。汤普森在场上的得分没能超过59分以打破张伯伦在1962年创下的**半场得分最多的纪录。**

板球

墨尔本板球场的草皮在夏季每天都要精确地修剪至11毫米

数字集锦

8463
前英国板球对抗赛球员亚历克·斯图尔特取得的分数，巧合的是他的生日是1963年4月8日（8.4.63）

18球
2015年2月20日，布伦登·麦卡勒姆（新西兰）在与英格兰的比赛中，18球就取得了50分，这是**板球世界杯最快拿到的50分**

199
早期板球大师杰克·霍布斯爵士（英国，1882—1963）甲级赛中取得199个百分；他还在甲级赛中作为攻方取得61,760分

465,000
到场人数最多的五日国际板球对抗赛，1982年2月16至20日加尔各答，印度对阵巴基斯坦的比赛

100,024
容量最大的板球场——澳大利亚墨尔本板球场能容纳观众的数量

第一个活到100岁的对抗赛球员

右臂快速投球手诺曼·戈登（南非，1911年8月6日—2014年9月2日），1938年—1939年在南非参加了南非主场对阵英格兰的五场系列赛。比赛中他拿了20桩，每桩对方平均得40.35分。他的职业生涯由于二战的爆发而中断。

最长寿的对抗赛球员

英格兰投球手艾琳·惠兰（生于1911年10月30日）截止到2015年2月18日，活了103岁零111天。1937年—1949年，惠兰打了7场和澳大利亚的对抗赛，拿了10桩，对方得了230分。她也是**第一位活到100岁的对抗赛女球员**。

单日国际板球赛获得百分年龄最大的球员

2014年11月30日，左撇子队长胡拉姆汗（阿联酋）43岁零162天。在阿联酋迪拜国际板球理事会板球场，单日国际板球赛对阵阿富汗的比赛中，他夺得132分，没有出局。

对抗赛第一个获得百分，并拿下10桩的球员

2014年11月3日至7日，孟加拉的沙基卜·阿勒哈桑完成此双项壮举，可以和英格兰的伊恩·博瑟姆媲美。这两项纪录最先是他于1980年2月15日至18日，在印度孟买万克迪体育场，对阵印度时取得的。

国际板球赛中最快的百分

2015年1月18日，在南非约翰内斯堡的新流浪者体育场，单日国际板球赛南非对阵西印度群岛，南非队长AB德比列

世界2020大赛中最成功的追分

2015年1月11日，约翰内斯堡新流浪者体育场，世界2020大赛中，南非得分231个，7人出局，西印度群岛追上南非，以4桩获胜。幸亏克里斯·盖尔（牙买加）41球得90分，并且队长达伦·萨米（圣卢西亚，上图右）没有出局，得了20分，拿下了获胜分，这也是**所有专业2020比赛中最精彩的决胜追分**。

尔斯抽杀31球，取得个人一百分，创下纪录。其中有8个四分球，11个六分球。

对抗赛前三局第一个得到300分的队长

队长维拉·克利（印度）于2014年12月11日和13日，在阿

德莱德市，与澳大利亚的第一场对抗赛中，取得了115分和141分。2015年1月8日至9日，悉尼，在第四场对抗赛第一个击球局中他得了147分。

对抗赛第十桩最佳搭档组合

2014年7月11日至12日，

对抗赛投球局中最佳左撇子投球

2014年8月15日至16日，斯里兰卡科伦坡，僧伽罗体育俱乐部板球场，斯里兰卡的兰加纳·赫拉特在对阵巴基斯坦的比赛中，33.1回合，拿了9桩，对方得127分。比赛中的40桩，29桩是由左撇子拿下的，创下纪录。

单日国际板球赛首次亮相上演帽子戏法的第一个投球手

2014年12月1日，孟加拉米尔布尔，希巴孟加拉国家体育馆，在对阵津巴布韦的日夜赛中，左臂旋转投球手泰朱尔·伊斯兰（孟加拉，左数第二）连续三次投球砸桩。这又减少了处于困境的客场队员的人数，从120分6人出局到124分9人出局。

国内顶级赛获胜最多次数

比赛	球队	冠军次数
谢菲尔德盾（澳大利亚）	新南威尔士州	46
兰治大奖赛（印度）	孟买	40
郡际锦标赛（英格兰/威尔士）	约克郡	32（其中1次并列冠军）
超级联赛（斯里兰卡）	僧伽罗体育俱乐部	31（其中3次并列冠军）
超级联赛（南非）	德兰士瓦/豪登省	29（其中4次并列冠军）
普朗盾（新西兰）	奥克兰/奥克兰的王牌	26
区域四日比赛（西印度群岛）	巴巴多斯	22（其中1次并列冠军）
奎伊阿扎姆大奖赛（巴基斯坦）	卡拉奇蓝调	10
洛根杯（津巴布韦）	马绍纳兰	9
国家板球联赛（孟加拉）	拉杰沙希希县司	5
	达卡司	5

数据2015年3月23日更新

对抗赛取得百分最年轻的球员（双局）

2009年3月6日，8日至9日，在德班举行了澳大利亚与南非对抗赛。3月6日击球手菲利普·休斯（澳大利亚，1988—2014）20岁零98天。在第二场比赛中，第一局得115分，第二局得160分。

228,000,000米 行星TrES-4的直径，是**最大的行星**；发现于2006年，大约比木星大1.7倍，但是密度和软木相似

英国特伦特桥板球球场，英国对阵印度，对抗赛第一场，乔·鲁特和詹姆斯·安德森（均为英国），分别是第5和第11个击球手，他们第十桩得了198分。

总的来说，这一系列的比赛产生了**对抗赛第10桩最多分**：14对搭档，得499分，其中111分由布瓦内什沃·库马尔和穆罕默德·沙米（均为印度）取得。

一年内国际大赛中取得的最多分

2014年，库马尔·桑贾卡拉（斯里兰卡，见右栏）在48场比赛中积累2868分：对抗赛1493分，单日国际板球赛1256分，世界2020大赛119分。他还在57局中取得了八个100分。

国际大赛职业生涯中最多得分

1989年11月16日至2013年11月15日，萨钦·滕德尔卡（印度）取得34,357分。包括单日国际板球赛18,426分，对抗赛15,921分，一次世界2020大赛10分。

滕德尔卡在1992年2月22日至2011年4月2日期间的六场板球世界杯锦标赛中，44局得2278分，是**板球世界杯生涯最多得分**。

板球世界杯一次比赛一个球员的最多得分

2015年3月21日，新西兰惠灵顿的西太平洋银行体育场，马丁·格普蒂尔（新西兰）在与西印度群岛四分之一决赛中，得了237分，没有出局，这也曾经在单日国际板球赛中位列第二精彩击球局。

开局者爆发性的击打，得了24个四分球和11个六分球，使对手克里斯·盖尔黯然失色，他在25天之前对阵津巴布韦的比赛中得了215分。

单日国际板球赛一个球员的最多得分

2014年11月13日，印度加尔各答伊甸园体育场，在印度对阵斯里兰卡的日夜赛中，印度开局者罗希特·夏尔马取得了264分。

世界2020大赛一个球员的最多得分

女： 2014年3月27日，孟加拉国锡莱特，女子世界2020小组赛，在与爱尔兰的比赛中梅格·兰宁（澳大利亚）65球，跑分得了126分。

男： 2013年8月29日，英国南安普顿的富通板球球场，亚伦·芬奇（澳大利亚）在与英格兰的比赛中，取得了156分。

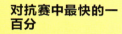

对抗赛中最快的一百分

2014年11月2日，阿联酋阿布扎比，谢赫扎耶德运动场，巴基斯坦队长米斯巴赫·乌尔哈克在对阵澳大利亚的第二场比赛中，56球得100分。追平了1986年威孚·理查兹（西印度群岛）创下的纪录。作为米斯巴赫此场比赛中的第二个百分，这让他成为**一场比赛中得两个百分年龄最大的球员**，当时他40岁零158天。

> **！小知识**
> 格普蒂尔223分钟内163球，跑分得237分，没有出局。罗希特·夏尔马在他的单日国际板球赛的纪录是264分，其中42球（33个四分球，9个六分球）（见上文），比格普蒂尔击球局中的35个边界球要多。

👤 库马尔·桑贾卡拉

截止到2015年2月18日，库马尔·桑贾卡拉（斯里兰卡）是世界上板球对抗赛中最优秀的击球手。除了创下各种不同的纪录（左方和下方），他在2015年1月3日和4日拿下板球对抗赛生涯的第11个双百。只有唐·布拉德曼（澳大利亚）比他多，得到过12个双百。

库马尔·乔克沙曼达·桑贾卡拉1977年10月27日生于斯里兰卡马塔莱，在康堤市长大，七岁第一次打板球。1997年至1998年他首次上场为科伦坡板球俱乐部打顶级赛。接下来的赛季，桑贾卡拉以斯里兰卡最好成绩参加国际板球赛。然后升级到较高级别的球队，在2000年7月5日单日国际板球赛中对阵巴基斯坦。

桑贾卡拉也许是因为一场对抗赛给人们留下了深刻的印象。2006年7月在科伦坡与南非的比赛中，他和队友马赫勒·贾亚瓦德纳积累了惊人的624分：成为**板球对抗赛中最佳搭档组合**。2015年初，他在第224局中创造了纪录，**最快时间积累12,000分**，他是得到这个分数的第五人。

人们发现，桑贾卡拉如果没有抽杀板球，不能使球弹出界绳外，他往往会守桩。截止到2015年3月18日，他是**单日国际板球赛职业生涯造成最多出局的守桩员**

（404场比赛/353局，造成出局482次）。截止到同一天，他还实现了**单日国际板球赛中最多击杀**（99次）。桑贾卡拉创下了国际板球赛（包括对抗赛、单日国际板球赛和世界2020大赛）击杀139次的纪录。

2015年10月，桑贾卡拉38岁，他已经退出了世界2020大赛。2015年世界杯后，他如期退出单日国际板球赛，在2月6日至3月11日的世界杯赛中他取得了4个百分，这是**单日国际板球赛连续最多的百分**。

自行车

大约1200万名观众观看了2012年环法自行车赛——体育赛事中观看人数最多的一次

数字集锦

3663.5千米
2014年环法自行车赛的距离

11秒
1948年环意大利自行车赛中冠军和亚军之间的最小时间差

4
在环法自行车赛中死亡的车手人数

6000—7000卡路里
大环赛自行车手每日需要摄入的热量

198
参加2014年环法自行车赛的车手人数，每组9名车手，共分成22组

在UCI世界巡回赛中赢得最多冠军

从2009年10月17日到2014年10月14日，菲利普·吉尔伯特（比利时）在国际自行车联盟世界巡回赛中赢得了10个冠军。

赢得自行车赛三连冠的第一人

赢得自行车赛三连冠的第一个人是埃迪·麦克斯（比利时），他在1974年赢得了环法自行车赛，环意大利自行车赛和国际自行车联盟世界公路自行车锦标赛的冠军。唯一实现这一壮举的另一个人是1987年的斯蒂芬·罗奇（爱尔兰）。

穿越阿尔卑斯山自行车赛上连续赢得最多冠军

从2008年到2010年，毛里齐奥·万代利（意大利）是第一个打破穿越阿尔卑斯山自行车赛3连冠的自行车手。毛里齐奥的壮举平了丹尼尔·鲁比索约尔（奥地利）2012年到2014年的纪录。

大环赛

连续最多次进入决赛

环法国自行车赛、环意大利自行车赛以及环西班牙自行车赛被称为自行车运动三大环赛。1954年6月13日至1958年7月19日期间，西班牙车手贝尔纳多·鲁伊斯连续12次进入大环赛决赛。

环法自行车赛阶段(团体)中最快平均速度

2013年7月2日，在法国尼斯进行的2013年环法自行车赛第4赛段团体计时赛中，澳大利亚的亚маン刃车队以每小时57.7千米的平均速度获得2013年环法自行车赛冠军。

环意自行车赛（女子）中登上领奖台次数最多

埃迪塔·普辛斯凯提（立陶宛）在环意大利女子自行车比赛中六次杀入前三甲。在1995年至2008年，她的成绩被法比亚纳·卢佩里尼（意大利）扳平；2001年至2009年间，被妮科尔·

布兰德利（智利）扳平。**环意自行车赛（女子）最多获胜次数为5次，是由法比安娜·鲁贝里尼（意大利）从1995年和1998年和2008年创造的。**

**环意男子自行车赛的最多获胜次数也是5次。三位车手同享这个纪录，他们分别是：阿尔弗雷多·宾达（意大利，1925年，1927—1929年，1933年）；福斯托·科皮（意大利，1940年，1947年，1949年，1952—

环法自行车赛出场最多的球员

三位自行车手在环法自行车赛中每人出场17次，他们分别为：在1996年和2012年之间出场的乔治·辛卡皮（美国）；从1997年到2013年都参赛的斯图尔特·欧格雷迪（澳大利亚）；从1998年到2014年（其最后一次环法自行车赛）连续出场的延斯·福格特（德国，右图）。

福格特在他参赛的17个环法自行车赛中完成14个，只是**所完成的大多数环法比赛都没有达到纪录。**亨德里克·"约普"·邹艾特迈克（荷兰）在1970—1973年和1975—1986年间完成了16场比赛，其中1980年获得过一次冠军，六次获得决赛第二名。

1953年），埃迪·麦克斯（比利时，1968年，1970年，1972—1974年）。

UCI世界锦标赛

UCI世界公路自行车锦标赛（男子）中获得的最多公路项目冠军

1927年、1930年和1932年，阿尔弗雷多·宾达（意大利）共赢得三次锦标赛冠军。他的战绩分别在1949年以及1956—1957年被里克·范·史丁柏根（比利时），在1967年、1971年和1974年被埃迪·梅克斯（比利时），在1999年、2001年和2004年被奥斯卡·弗莱雷（西班牙）扳平。

UCI世界公路自行车锦标赛（女子）中获得公路项目冠军最多的次数是5次，在1985—1987年、1989年和1995年由让尼·隆哥-西普雷利（法国）创造。

骑自行车穿越美国的最快速度

克里斯托夫·斯特拉瑟（澳大利亚）在2014年6月10—18日共7天15小时56分内完成了穿越美国自行车赛。在2013年自行车赛中，他成为**在不到8天内骑自行车环美第一人**，用时7天22小时11分。在平均速度这一方面，2014年他以每小时16.24英里（26.43千米/小时）创造了一项纪录。他2013年平均速度为每小时15.6英里（25.1千米/小时）。

小知识

环美国自行车赛的路线每年都在发生变化。2013年的路线比2014年的路线短26.7英里（42.9千米），这使得斯特拉瑟2014年的纪录骑行更加令人印象深刻。

2014年穿越美国自行车赛

2014年穿越美国自行车赛3000英里（4828千米）的路程起始于加利福尼亚州的欧申赛德，结束于马里兰州的安纳波利斯。但是，创办于1982年的穿越美国自行车赛——一场四位自行车手之间的非正式竞争——起点定为位于加利福尼亚州洛杉矶的圣莫尼卡，终点设立在纽约市的帝国大厦。

384,000,000米 地球和月球之间的距离

环西班牙自行车赛上获得的最多冠军

环西班牙自行车赛组织者确认三名自行车手曾经分别三夺环西赛总冠军：从1992年到1994年，托尼·罗明杰（智利）连续获得环西班牙自行车赛冠军。他的纪录分别在2000年以及2003—2004年被罗伯托·埃拉斯（西班牙）扳平；在2008年、2012年和2014年被阿尔韦托·孔塔多尔（西班牙，上图）扳平。

小知识
环法自行车赛是三大环赛中历史最悠久的——第一次赛事始于1903年。环意大利自行车赛诞生于1909年，而环西班牙自行车赛则要追溯到1935年。

男子场地车一小时挑战赛

男赛车手在一小时内骑行的最远距离是2015年2月8日由罗恩·丹尼斯（澳大利亚）在瑞士格伦兴的苏伊士奥林匹克自行车馆创造的52.491千米。这项纪录由亨利·德格朗热（法国）首次创造，他于1893年5月11日骑行了35.325千米。

UCI场地自行车赛团体追逐赛最多的金牌
男子： 1993—2014年澳大利亚队获得10枚金牌。
女子： 在2008年和2014年间英国队获得6枚金牌。

UCI残疾人场地自行车赛最多金牌（男子）
英国在2007年和2014年间这一赛事中成功获得了24枚精英赛金牌。

UCI世界巡回赛年龄最大的冠军得主

在UCI世界巡回赛（2009年推出）中，自行车手从29项赛事中获得积分，包括按日历年算的三大环赛。2014年10月14日，34岁零172天的亚历杭德罗·巴尔韦德（西班牙，生于1980年4月25日）赢得了2014年UCI世界巡回赛冠军。

照片中（插图），他获得了2014瓦隆之箭的冠军，该赛事是在比利时举行的巡回赛之一。

英国的劲敌是澳大利亚，共获得8枚金牌。

UCI女子公路世界杯赛获得最多冠军
玛丽安娜·福斯（荷兰）5次赢得这一头衔，分别为2007年、2009—2010年和2012—2013年。

安娜·米尔斯

她11岁开始骑自行车。用她的话说，她身材矮小、身体纤弱使她多年来一直都表现得不太如人意。但她对运动的纯粹享受，以及她永不言败的奉献精神和数小时的严格训练，使安娜·米尔斯（澳大利亚）成为一位现代场地自行车赛的传奇人物。

如今，安娜是奥运场地自行车奖牌最多的纪录保持者，共获5枚（女子）。她最早在2004年希腊雅典登上领奖台，当时获得了500米计时赛冠军（成为澳大利亚首位场地自行车金牌得主）和个人争先赛铜牌。四年后在中国北京个人争先赛中她获得银牌。最终，在2012年的伦敦奥运会上她摘得个人争先赛桂冠，并与澳大利亚同胞卡勒·麦卡洛克一同获得团体争先赛的第三名。

在北京获得的那枚银牌（澳大利亚在那届奥运会上唯一的自行车奖牌）一定很特别。早在几个月前，在美国洛杉矶的一次世界杯比赛中，安娜在撞车事故中摔断了脖颈。她是坐着轮椅带着脖撑回家的。

2013年12月6日，在墨西哥阿瓜斯卡连特斯的UCI世界杯赛上，她以32.836秒非凡的成绩打破了500米个人站立式起跑赛（女子）的纪录。实际上，安娜原本已经在2004年雅典奥运会上收回了这项纪录，当时她成为在此项目上用时不到34秒的第一位女性。继2013年胜利之后，安娜再次成为在33秒内完成这一项目的第一位女性赛手。

不间断的训练帮助安娜保持在职业生涯的巅峰状态，她每周要训练6天，把时间都投入到健身房、静态自行车训练以及场地和公路赛事上。这些年来，她收获颇丰。截止到2015年1月，她所有比赛奖牌包含110枚金牌、54枚银牌和29枚铜牌。我们完全相信，她还没有到达终点……

场地自行车赛-决赛

男子	起跑	时间/距离	姓名 & 国籍	地点	日期
200 米	不扶车	9.347秒	弗朗索瓦·佩尔韦斯（法国）	墨西哥阿瓜斯卡连特斯	2013年12月6日
500 米	不扶车	24.758秒	克里斯·霍伊（英国）	玻利维亚拉巴斯	2007年5月13日
1 千米	站立	56.303秒	弗朗索瓦·佩尔韦斯（法国）	墨西哥阿瓜斯卡连特斯	2013年12月7日
4 千米	站立	4:10.534	杰克·鲍勃里奇（澳大利亚）	澳大利亚悉尼	2011年2月2日
小组4千米	站立	3:51.659	英国（S. 伯克、E. 克兰西、P. 凯纳夫和 G. 托马斯）	英国伦敦	2012年8月3日

女子	起跑	时间/距离	姓名 & 国籍	地点	日期
200 米	不扶车	10.384秒	克里斯蒂娜·弗格尔（德国）	墨西哥阿瓜斯卡连特斯	2013年12月7日
500 米	不扶车	29.234秒	奥尔加·斯特列索娃（俄罗斯）	俄罗斯莫斯科	2014年5月30日
3 千米	站立	3:22.269	萨拉·哈默（美国）	墨西哥阿瓜斯卡连特斯	2010年5月11日
1 小时	站立	46.065	列昂季耶恩·吉哈拉德-凡·莫塞尔（荷兰）	墨西哥墨西哥市	1996年10月26日

截止到2015年1月13日的更新统计数据

极限运动

万岁式跳伞： 先将降落伞从飞机上扔出去，随后一名跳伞运动员在不背降落伞的情况下跳出机舱，穿上之前扔下去的降落伞

数字集锦

268,390
1999年，由娱乐与体育节目电视网（ESPN）举办的第五届夏季世界极限运动会在美国加利福尼亚州的旧金山拉开帷幕，有268,390人次亲临现场观看——这也是观众数量最多的极限运动赛事。

10
2005年1月31日，在德国柏林附近的热带岛屿度假村，10名跳伞运动员同时完成室内低空跳伞，创下了人数最多的室内同步低空跳伞纪录。

30
2004年7月3日，在俄罗斯莫斯科，30名跳伞运动员同时从奥斯坦金诺广播电视塔上跳下，完成室外低空跳伞，这是人数最多的室外同步低空跳伞。

68
2009年11月11日，68名跳伞运动员在美国加利福尼亚州埃尔西诺湖上空创下了身着翼装自由落体单人跳伞人数最多的纪录。

138
2012年8月3日，在美国伊利诺伊州芝加哥附近的跳伞节上，138名跳伞爱好者头朝下进行了集体垂直跳伞，打破了吉尼斯世界纪录——人数最多的头朝下垂直跳伞。

冬季极限运动会（女子）赢得金牌数量最多的人

琳赛·雅各贝利斯（美国，左图），2003年1月到2015年1月期间，在美国科罗拉多州阿斯彭举办的各届冬季极限运动会上共赢得了9枚金牌。这9枚金牌均由单板滑雪项目摘得。

最大的街头曲棍球比赛
一场名为"加拿大曲棍球之夜"的运动节日于2013年的5月到9月间举行，本场街头曲棍球比赛共有35,970名运动员参加，他们被分为5,360支队伍，这个活动分别在加拿大的21个城市进行。

极限滑板车ISA世界锦标赛获胜次数最多的人
国际滑板车协会（ISA）世界锦标赛始于2012年，举办赛事期间，达科塔·许茨（美国）赢得了所有的三场比赛。2014年，许茨以87分略微领先迪伦·莫里森（澳大利亚）的86.7分。

距离最远的越野摩托车坡道间跳跃
2013年7月6日，亚历克斯·哈维尔（美国）在美国华盛顿西里奇兰的险滩摩托车运动场完成了距离为90.69米的坡道之间的跳跃。

速度最快的速降跳伞运动员
马尔科·维德克尔（瑞士）2013年5月11日在德国金茨堡举办的第一届国际速降协会（ISSA）世界系列赛中以531.42千米/小时的速度速降。
克莱尔·墨菲（英国），2007年6月15日到17日在芬兰乌迪举办的世界杯比赛中，以442.73千米/小时的速度速降，她也成了速降速度最快的女性速降跳伞运动员。

持续时间最长的翼装飞行
乔纳森·弗洛里斯（哥伦比亚）2012年4月20日在哥伦比亚瓜希拉省的上空翼装飞行持续了9分6秒。
第二天，在同一地点，勇敢的弗洛里斯从37,265英尺（11,358米）的高空完成了高度最高的翼装跳跃。
伊藤真一（日本）2012年5月26日在美国加利福尼亚的约洛县上空完成了最远绝对距离为17.83英里（28.70千米）的翼装飞行。

飞行距离最远的滑翔伞运动员（男子）
2008年12月14日，内维尔·休利特（南非）在南非的科帕顿驾滑翔伞创造了502.9千米的最长直线距离纪录。
星湖福冈-内维尔（日本）2012年11月20日在巴西基沙达驾滑翔伞飞行10小时，行驶距离为336千米，她成为了飞行距离最远的滑翔伞运动员（女子）。

极限运动

参加夏季极限运动会次数最多的人
鲍勃·伯恩奎斯特（巴西/美国），安迪·麦克唐纳，布赖恩·迪根（均为美国）和鲁内·格里夫伯格（丹麦），每个人在1995年到2014年期间均参加过23次夏季极限运动会。
1999—2015年滑雪运动员凯莉·克拉克（美国）在这期间参加过17次冬季极限运动会，成为了参加冬季极限运动会次数最多的人。

最高建筑定点跳伞
定点跳伞是从固定的物体上跳下，如大桥或悬崖。2014年4月21日，弗雷德·福根和万斯·雷费（均为法国）一起从828米的高空跳下完成了定点跳伞。他们从阿拉伯联合酋长国迪拜的哈利法塔上跳下，哈利法塔是世界上最高的人工建筑物。一位不愿意透露姓名的摄影师见证了这一切，记录下了他们英勇的一跳。

! 小知识
公平的来说，鲍勃喜欢他的极限运动。2006年，在美国内华达的大峡谷，他滑下一个建在大峡谷悬崖边的滑道，然后越过栏杆，再低空跳伞跳下悬崖。

夏季极限运动会获得金牌最多的人

出生在巴西的美国滑板运动员鲍勃·伯恩奎斯特1997年到2014年6月期间，在夏季极限运动会上史无前例地摘得了共27枚金牌。在一系列训练中伯恩奎斯特获得了12枚金牌，7枚银牌和8枚铜牌，包括垂直壁、大跳台和最佳技巧。然而，他说："我仍旧有很多的事情想做。"

2,510,000,000米 天狼星的直径，是除了太阳外在地球上可以看到最亮的恒星，其视星等为-1.46

速度最快的冰上攀岩

2013年2月9日，来自俄罗斯的帕维尔·巴雷舍夫在罗马尼亚布什泰尼举办的2013年国际登山联合会（UIAA）攀冰世界巡回赛上，用了7.77秒就爬上了15米高的垂直冰壁。2014年，这项运动在俄罗斯的索契冬季奥运会上展示。

最长的滑板斜坡跳跃跨度

丹尼·韦（美国）在2004年8月8日在美国加利福尼亚洛杉矶举办的极限运动会上表演了79英尺（24米）的跨度并在坡道上空360度腾空翻转。

在夏季极限运动会上获得自行车越野奖牌最多的人

戴夫·米拉（美国）在1995—2011年期间共获得23块自行车越野奖牌。

红牛悬崖跳水全球系列赛获胜最多的人

红牛悬崖跳水世界系列赛是高台跳水比赛，始于2009年。至今，最成功的跳水运动员是加里·亨特（英国），在2010年到2012年，以及2014年四次赢得了比赛。2014年系列赛在三个大洲7个不同的地点或"停留站"拉开帷幕。

在夏季极限运动会上获得滑板奖牌最多的人

自1996到2013年，安迪·麦克唐纳（美国）摘得了23枚夏季极限运动会滑板奖牌：8枚金牌、7枚银牌和8枚铜牌。

第一个摩托双后空翻的人

特拉维斯·帕斯特拉纳（美国）2006年8月4日在美国加利福尼亚州洛杉矶，由娱乐与体育节目电视网（ESPN）举办的极限运动12期首次表演了这一危险的绝技。

U型池上最高的单板腾空

2010年1月30日，肖恩·怀特（美国）在美国科罗拉多州阿斯彭举办的冬季极限运动会14期上表演了U型池上23英尺（7米）的单板腾空。

极限摩托跳高赛跳的最高的运动员

极限摩托跳高赛中的最大高度为47英尺（14.33米），由龙尼·伦纳（美国）在2012年6月29日在美国加利福尼亚州洛杉矶举行的极限运动18期创造。

冬季极限运动会上获得雪地摩托车金牌最多的人

塔克·希伯特（美国）在2000年、2007年到2011年以及2013年到2015年的冬季极限运动会上雪地摩托车越野项目中共获得了9枚金牌。

小轮车

池田贵广（日本，上面图右以及下图）保持着三项吉尼斯世界纪录，其中包括一分钟内转动最多次数的小轮车（83次）——他站在车上然后将车旋转360度。

你为什么选择尝试打破这项纪录？

为了给尽可能多的人展示"时光机"的技巧——然后把它做到最好。

在尝试完成这一纪录的时候你认为最大的挑战是什么？

让车在一分钟里保持旋转的状态。通常，演示这个技能需要很少的时间。

身体的哪里最痛？

一开始所有的肌肉都会痛，但是腿拉伤的最严重。

出过严重的事故吗？

很多！我觉得最糟糕的伤就是扭到脚踝。

你在哪里练习？

我通常在公园练习——当我看到一大群孩子为我加油时我很意外——也或者他们只是在盯着我看！

你有哪些建议给那些想要尝试挑战这纪录的人呢？

每一个鼓足勇气的人都应该去尝试挑战一项纪录。赢得这项纪录使我信心倍增，并且这也改变了我的人生。

吉尼斯世界纪录对你来说意味着什么？

我小学的时候在图书馆里读书，对各种类型的纪录都有兴趣。因为我的吉尼斯世界纪录头衔，我的生活变得越来越好。

极限运动会主要奖牌获得者		
夏季极限运动会获得奖牌数最多	27枚	鲍勃·伯恩奎斯特（巴西/美国）
夏季极限运动会获得奖牌数最多（女子）	8枚	卡拉-贝丝·伯恩赛德（美国）
冬季极限运动会奖牌数最多	18枚	肖恩·怀特（美国）
冬季极限运动会奖牌数最多（女子）	13枚	凯莉·克拉克（美国）
冬季和夏季极限运动会金牌总数最多	15枚	肖恩·怀特（美国）
夏季极限运动会金牌总数最多	14枚	戴夫·米拉（美国）
夏季极限运动会金牌数最多（女子）	7枚	法维奥拉·达席尔瓦（巴西）
冬季极限运动会金牌数最多	13枚	肖恩·怀特（美国）
冬季极限运动会金牌数最多（女子）	9枚	琳赛·雅各贝利斯（美国）

截止到2015年3月30日更新统计数据

高尔夫球

高尔夫球有300—500个**坑**。为什么？因为它们有助于球飞的**距离**更远

数字锦集

600
600年前人们第一次在苏格兰圣安德鲁斯沙丘上玩高尔夫球

160英里/小时
一个高尔夫球从球座里飞出的平均速度（257千米/小时）

2
月球上高尔夫球的数量。1971年在执行阿波罗14号任务时它们被击中并留在了月球上

100,000
2009年在尼斯湖底发现的高尔夫球数量

12,500:1
一个业余高尔夫手一杆进洞的大约几率

2.06米
最高的高尔夫球手：马塞尔·皮克尔（德国）

4.25英寸
1891年高尔夫球洞的标准直径（10.8厘米）

一年之内同时赢得运动员锦标赛和美国公开赛的第一位高尔夫球手

2014年5月11日，在美国佛罗里达州的蓬特韦德拉海滩上，德国的马丁·凯梅尔赢得了球员俱乐部索格拉斯比赛（主图）；2014年6月15日，在美国加利福尼亚州的松林度假村，他又夺得美国公开赛冠军（插图）。凯梅尔是第一位来自欧洲大陆赢得美国公开赛的球员。2014年6月12日至13日，在**美国公开赛**上以130（65-65）的成绩，创造了**前36洞总得分最低的纪录**。

在单轮比赛中专业运动员最低得分

2014年9月11日，法国贝恩斯依云小镇举办的2014年埃维昂锦标赛第一轮赛中金孝珠（韩国）得分61分（低于标准杆10杆）。基姆，当时还只是一个19岁的学生，她打了10记小鸟球继而赢得比赛，这是她第一次赢得美国女子职业高尔夫巡回赛。61分的得分无论在男子或女子专业组中都是最低的：**专业组单轮比赛最低得分（男子）**为63分，共24位不同的高尔夫球手26次打出此成绩。

!小知识

高尔夫球的"一轮"包括18个洞。拿着高尔夫球棍，在标准的高尔夫球场打完整的一轮，需要走6.4千米，燃烧掉大约1500卡路里的热量。

规模最大的高尔夫一日锦标赛

2014年6月18日，由深圳观澜湖高尔夫俱乐部举办的观澜湖高尔夫世界纪录挑战赛，共吸引了创纪录的1987人参与。

名人赛中最多新秀参赛

2014年4月10日到13日，在美国佐治亚州奥古斯塔国家高尔夫俱乐部举办的美国名人赛上，24名高尔夫球手中大部分是新秀。

世界排名第一的最年轻高尔夫球手

莉迪亚·高（新西兰，1997年4月24日生于韩国）2015年2月2日，17岁零284天的她排名世界第一。

2012年15岁零122天时，她就是**女子职业高尔夫球协会系列赛最年轻的获胜者**。

最成功的莱德杯队长

沃尔特·哈根（美国）分别在1927年、1931年、1935年和1937年率领美国队四次获胜。

最北端的莱德杯

2014年9月26日至28日期间，主办方在西经3.7475°北纬56.2858°英国苏格兰佩思郡的格伦伊格尔斯酒店举办了莱德杯比赛。

欧洲系列赛中最远的高尔夫纪录

2014年9月18日，尼古拉斯考塞茨（卢森堡，上图）在英国凯尔特庄园举办的威尔士公开赛上打出了一个447码（408米）的球。

老虎伍兹（美国）打出的498码（455米），是1992年以来**美国职业高尔夫比赛中最远的高尔夫纪录**。2002年在美国夏威夷的卡帕鲁阿度假村举办了梅塞德斯—奔驰锦标赛，他在种植园球场上第18洞击出了史诗般的一杆。

世界高尔夫锦标赛（WGC）上最年轻的冠军

2014年3月9日，23岁零216天的帕特里克·里德（美国，生于1990年8月5日），在美国佛罗里达州的蓝魔球场以一杆的优势赢得了2014年WGC凯迪拉克杯冠军。

女子职业高尔夫球锦标赛最年轻的球手是摩根·普雷塞尔（美国，生于1988年5月23日）。2007年4月1日她在美国加利福尼亚州兰乔米拉的观澜湖乡村俱乐部纳贝斯克锦标赛上获得冠军时只有18岁零313天。

最低得分低于标准的PGA巡回赛（72洞）

2003年1月9日至12日，厄尼·埃尔斯（南非）在美国夏威夷毛伊岛的奔驰锦标赛中在72标准杆打出了负31分。埃尔斯以64-65-65-67共计261杆的成绩，获得100万美元（56万英镑）的奖金……外加一辆崭新的奔驰轿车！

职业高尔夫球协会巡回赛上最年轻的年度最佳新人

2013年9月27日，乔丹·施皮斯（美国，生于1993年7月27日）在他20岁零62天时获此殊荣。之前，只有老虎伍兹（美国）在20岁时候获得该荣誉。

> 打出超过300码最多的高尔夫球？
> 参见第80页—81页。

获胜次数最多

英国公开赛	6	哈利·沃尔登（英国）
美国公开赛	4	威利·安德森（英国） 小鲍比·琼斯（美国） 本·霍根（美国） 杰克·尼克劳斯（美国）
美国女子公开赛	4	"贝琪"罗尔斯（美国） 米奇·赖特（美国）
美国职业高尔夫球协会	5	沃尔特·哈根（美国） 杰克·尼克劳斯（美国）
女子职业高尔夫球协会	4	米奇赖特（美国）
美国名人赛	6	杰克·尼克劳斯（美国）

2015年4月27日更新统计数据

最低得分低于标准的PGA巡回赛（72洞）

2003年1月9日至12日，厄尼·埃尔斯（南非）在美国夏威夷毛伊岛的奔驰锦标赛上在72洞打出了负31分的成绩（低于标准杆31杆）。

职业女子高尔夫巡回赛中低于标准杆的最低得分（72洞）是258杆，首次由凯伦·斯图堡（英国）取得。2004年3月14日在美国的亚利桑那州图森的尤里奇高尔夫球场韦尔奇/弗莱的锦标赛上他打出63-66-66-63。这与2013年7月14日安吉拉·斯坦福（美国）和帕克希扬（韩国）分别在曼彻经典灰色井场和加拿大安大略省滑铁卢高尔夫球场打出的63-67-64-64和65-67-61-65不相上下。

在欧洲系列赛中创造的职业生涯最高收益

1989年至2014年南非的厄尼"大易"埃尔斯在欧洲系列赛上共赢得30,314,819欧元（23,958,578英镑；38,643,029美元）的奖金。其他最高职业收入纪录包括：

● 美国职业高尔夫巡回赛：2014年10月26日老虎伍兹（美国）获得了109,612,414美元（68,403,781英镑）。

● 美国女子职业高尔夫球协会系列赛：1993—2009年间安妮卡·索伦斯坦（瑞典）获得了22,573,192美元（17,292,700英镑）。

● 锦标赛：1995—2012年间希·欧文（美国）获得了26,587,272美元（16,759,900英镑）。

● 亚洲赛：1999—2012年间通差·贾第（泰国）获得了4,458,796美元（2,816,717英镑）。

罗里·麦克罗伊

北爱尔兰的罗里·麦克罗伊（生于1989年5月4日）很早就显现了打高尔夫球的天赋。两岁的时候，他打出了第一个40码（36.5米）的球。

麦克罗伊要等的久一些，9岁的时候，他一杆进洞。他的第一次胜利是在佛罗里达州迈阿密举办的世界锦标赛上，他被分在九至十岁组。2004年，15岁时，他是初级莱德杯获胜团队成员之一。接着，他退学专注于练习打高尔夫球。这个决定很快就得到了回报。

麦克罗伊18岁的时候，正式成为职业选手。2009年在迪拜沙漠精英赛中，他获得了第一个职业冠军。第二年，他在英国公开赛的一轮比赛中以最低联合得分创下纪录。在英国费herst的圣安德鲁斯他打出了一轮63杆的成绩。之前高尔夫传奇人物格雷格·诺曼（澳大利亚）和尼克·法尔（英国）才打出过这个成绩。

经历2011年美国名人赛的良好开端之后，麦克罗伊一直状态不佳。但是2011年6月16日到19日在美国马里兰州贝塞斯达的乡村俱乐部举行的美国公开赛中，他的发挥相当稳定。在那场赛事中，这个男孩以低于标准杆16杆的成绩，奇迹般地打出美国公开赛中最低杆的水准，并以268杆（65-66-68-69）的成绩一举打破最低总分（72洞）的纪录，藉此赢得了他的第一个职业冠军。

2012年，麦克罗伊变的越来越强大，他以最大获胜优势拿下了职业高尔夫球协会（PGA）锦标赛冠军。他得了冠军——8月9日至12日，在美国南卡罗莱纳州基瓦岛上进行的比赛中——不可思议地8杆清盘。麦克罗伊完成这个惊人壮举时年仅23岁零100天，也使得他成为"Rors"单杆时代最年轻的PGA冠军得主（自1958年以来）。2014年他获得第143届英国公开赛冠军的时候，麦克罗伊加入高尔夫精英队伍。他是继老虎伍兹和杰克·尼克拉斯（美国）之后唯一在年仅25岁时就赢得此项殊荣的第三人。鉴于这种形势，我们期待麦克罗伊有更多精彩表现……

> ### ！小知识
> 2013年7月，还有两个星期就20岁的乔丹·斯皮思赢得了强鹿精英赛，这使他一举成为82年以来第一位获此成就的年轻人。他将自己的成功归为"那是我最幸运的一击"。

冰球

1930年，守门员阿比·歌德波利裤袋里的**火柴盒**被一个冰球击中而起火

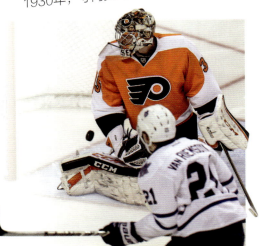

北美职业冰球联赛赛季的最高球场上座率（所有球队）

2013—2014赛季时球迷达到21,758,902人，坐满了北美职业冰球联赛赛季的赛场，超出了2008—2009赛季时21,475,223人的最高纪录。

连胜场次最多的北美职业冰球联赛门将

加拿大门将吉勒斯·吉尔伯特在1975年12月26日至1976年2月29日为波士顿棕熊队服役期间连续赢得了17场比赛。

连胜次数最多的北美职业冰球联赛门将新秀

2013—2014赛季中，马丁·琼斯（加拿大）在为洛杉矶国王队服役期间作为一个新门将赢得了最初的8场比赛。媲美1982—1983赛季中为费城飞人队效劳的鲍勃·弗勒泽（加拿大）的纪录。

北美职业冰球联赛职业生涯中打出制胜球最多的球员

亚诺米尔·亚格尔（捷克）在20个赛季中进球124次，2015年2月又在他21年的职业生涯中刷新了纪录。

马丁·布罗德：超级救星

2015年1月29日传奇门将马丁·布罗德退役。他从1992年开始参加北美职业冰球联赛，出道就效劳于新泽西魔鬼队，从此创造了多项吉尼斯世界纪录。

回顾2003年，他作为门将打出了北美职业冰球联赛赛季后赛最多的完封（7次）。接下来的一年，31岁零322天的布罗德成为了北美职业冰球联赛赛事上赢得400场次的最年轻的门将。到2015年1月，他在北美职业冰球联赛门将生涯中创造了**扑救球最多（28,928个）**，**赢得场次最多（691场）**，**参加常规赛最多（1266次）**，**常规赛上场时间最多（74,439分钟）**的纪录。

数字集锦

7英寸
第一个斯坦利奖杯的高度（17.7厘米）；现在的奖杯高度是之前的5倍

3英寸
冰球直径（7.6厘米）

200英尺
北美冰球场常规长度（61米）

0.75英寸
职业冰球场地冰面厚度（2厘米）

–9摄氏度
职业冰球场地冰面温度

5—10磅
一个运动员参加一次比赛减掉的体重——大部分都是汗水（2.26—4.5千克）

北美职业冰球联赛赛季期间最快得分

2014年3月28日，多伦多枫叶队的詹姆斯·范·莱姆斯迪克（美国）在对阵费城飞人队的第二场比赛中4秒内得分。媲美1957年11月9日蒙特利尔加拿大人队的克劳德·普罗沃斯特在北美职业冰球联赛第一场的纪录以及1986年1月12日丹尼斯·萨瓦尔的纪录（后两者均为加拿大人）。

北美职业冰球联赛赛季第一个罚球进球的球队

2013年10月3日，波士顿棕熊队（美国）的克里斯·凯利在对阵坦帕湾闪电队时为自己的球队赢得了本赛季的第一个罚球进球。

北美职业冰球联赛7场赛事中最多连胜的职业球员

亨里克·伦德奎斯特（瑞典）为纽约游骑兵队连续赢得了7个赛季的5场比赛。而且自从加入了这支球队，在2005—2006年和2011—2012年的赛季中，他已经连续以获胜场数分别为30、37、37、38、35、36和39的成绩创下了**北美职业冰球联赛门将生涯中赛季连胜30场次以上最多的纪录**。

北美职业冰球联赛季后赛追赶的最大比分差距

有四支北美职业冰球联赛球队曾经在比分为3：0的劣势时以连赢4场的成绩夺得了七场四胜的最终胜利。这些球队分别是：1942年多伦多枫叶队（加拿大）战胜了底特律红翼冰球俱乐部；1975年纽约岛人队（美国）战胜了匹兹堡企鹅队；2010年费城飞人队（美国）战胜了波士顿棕熊队；还有最近的，2014年洛杉矶国王队（美国，左图）战胜了圣荷西鲨鱼队。

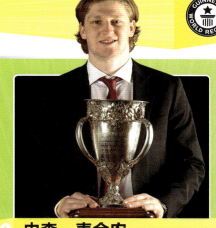

北美职业冰球联赛		
赢得斯坦利杯最多的球队	24	蒙特利尔加拿大人队（加拿大），1916—1993
进入斯坦利杯决赛次数最多的球队	34	蒙特利尔加拿大人队（加拿大），1916—1993
职业生涯中参赛次数最多的球员	1,767	戈迪·豪（加拿大），从1946—1947年赛季到1979—1980年赛季
连胜场数最多的球队	17	匹兹堡企鹅队（美国），1993年3月9日至4月10日期间
最长的不败纪录	35	费城飞人队（美国），从1979年10月14日至1980年1月6日（25胜，10平）
进球最多	894	韦恩·格雷茨基（加拿大）1979—1980赛季至1998—1999赛季
一场比赛中进球最多的队员	7	乔·马隆（加拿大），服役于魁北克公牛队，1920年1月31日对阵多伦多圣帕特里克队
一场比赛中进球最多的球队	16	蒙特利尔加拿大人队，1920年3月3日对阵魁北克公牛队时以16:3获胜

截止到2015年1月21日更新数据

北美冰球职业联赛连得3分的年纪最大的球员

亚诺米尔·亚格尔（捷克，右上，生于1972年2月15日）服役于新泽西魔鬼队，2015年1月3日在美国新泽西州纽瓦克市保德信中心与费城飞人队比赛，当时42岁零322天的他连进3球，最终新泽西魔鬼队以5:2获胜。

北美职业冰球联赛赛季中制胜球最多

创造这项纪录的球员有两位，他们的成绩均为16个制胜球，他们分别是：1970—1971和1971—1972年赛季中服役于波士顿棕熊队的菲尔·埃斯波西托（加拿大）和1983—1984年赛季中魁北克北方人队的米歇尔·古利特（加拿大）。

北美冰球联赛职业生涯中最多的完封

比赛加时后一场比赛的比分持平时会发生完封的情况。布拉德·博伊斯（加拿大）和扎克·帕里塞（美国）在2013—2014赛季中均取得了37次完封的成绩。

北美职业冰球联赛连续参赛最多的后卫

到2013—2014年赛季结束，杰伊·鲍威米斯特（加拿大）已经连续参加了717次常规赛。

道格·贾维斯（加拿大）创造了**连续参赛964场**的新纪录，他在1975年10月8日至1987年10月10日期间服役于蒙特利尔加拿大人队，华盛顿首都队和哈特福德捕鲸人队。

新鲜词汇

7场4胜制：斯坦利杯比赛的规则。每支球队进行最多7场比赛；4场胜出的队伍将赢得比赛和奖杯。

第7场比赛：7场4胜制比赛中的最后一场。

季后赛：在北美冰球联赛季常规赛之后会有16支球队进行季后赛。获胜者将被授予斯坦利杯奖杯。

完封：球队中的门将一分未失即为完封。

小知识

自从2002年参加第一场北美冰球联赛出道以来，鲍威米斯特已经在三支球队服役过：佛罗里达美洲黑豹队（2002—2003年赛季至2008—2009年赛季），卡尔加里火焰队（2009—2010年赛季至2012—2013年赛季）和圣路易斯布鲁斯队（2013—2014年赛季至今）。

内森·麦金农

内森·麦金农（加拿大，生于1995年9月1日）是**北美职业冰球联赛新秀年度奖最年轻的得主**，当时他18岁零296天。

在20世纪90年代和21世纪初，科罗拉多雪崩队在六年中赢得了两次斯坦利奖杯，一直是北美职业冰球联赛中的最佳球队。但从2001年之后他们再没能获得冠军。雪崩队在2013年遴选队员时获得首选权，挑中了内森·麦金农，希望这位年轻的中锋能够使得球队在北美冰球联赛中重获昔日荣光。他果然不负众望，2014年6月24日作为联赛中的最佳新秀赢得了考尔德纪念奖杯。

这个年轻的加拿大人获得了130票，接近全票（总票数137）。麦金农以得分63分（进球24分，助攻39分）的表现成为所有新秀中的第一名。他甚至以连续在13场比赛中得分的成绩打破了传奇人物韦恩·格雷茨基（加拿大）保持的18岁及18岁以下球员单季连续得分最久的NHL纪录。

在他破纪录的新秀赛季，麦金农帮助带领这个曾经独步天下的队伍重归季后赛，并在7场季后赛中得到了10分的成绩。雪崩队的前景似乎又重现光明。

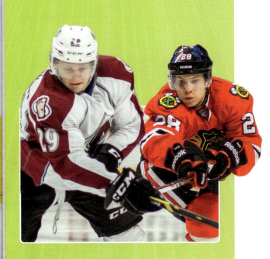

马拉松

1970年首次**纽约马拉松赛**吸引了127名参赛选手——**55人完成整个赛程**

数字集锦

40,600
2014年10月12日，在美国的伊利诺伊州，完成芝加哥马拉松赛的最多人数

500米
在德国图林根州的一个老盐矿举办了**最深的马拉松赛**，举办地点位于海平面下方的米数

13
在2006—2014年期间，泽森内·塔德塞（厄立特里亚）在国际田径联合会（IAAF）世界半程马拉松锦标赛（男子）中赢得的最多奖牌数

163.785千米
2013年12月14日，在美国亚利桑那州的菲尼克斯，扎克·比特（美国）12小时内在跑道上跑的最远距离

5164
在中国举办的长城马拉松，参赛者需要登上的台阶数

7
雷纳夫·法因斯（英国）在2003年用7天时间分别在7个洲完成的马拉松赛次数

最多次赢得国际铁人三项联盟世界铁人三项系列赛（男子）

阿利斯泰尔·布朗利（英国）赢得了18次由国际铁人三项联盟（ITU）组织的年度系列赛。2009年在西班牙马德里，他首次获得胜利，最近一次胜利是在2015年4月26日，在南非的开普敦取得。

2015维珍理财伦敦马拉松赛：新纪录

对于优秀运动员来说，马拉松赛跑是一场严肃的商业运动，但是对于其他的参与者来说，参加世界首屈一指的马拉松比赛：伦敦马拉松是为了乐趣和筹集善款。以下是2015年有趣的角色扮演参赛者，按比赛所用时间排序。

年龄总和最高的三代人跑马拉松

阿南茂次（90岁零51天）、中武康子（54岁零192天）、中武俊（28岁零285天）（均为日本），2015年2月22日参加了在日本东京举办的东京马拉松赛，他们的年龄总和为173岁零163天。

第一个在一个日历年内赢得4大沙漠赛的运动员

比森特·加西亚·贝内托（西班牙）和安妮·玛丽·弗莱默斯尔德（德国）分别赢得了2012期男子和女子的4大沙漠系列赛。这4场分别为期7天，距离250千米的比赛由智利的阿塔卡马穿越、中国的戈壁长征、埃及的撒哈拉赛事和南极洲的南极赛事组成——这些地点分别是地球上最干旱、最多风、最炎热和最寒冷的地方。

最大规模的超长距离马拉松

在南非举办的战友马拉松通常吸引约20,000人参与。2015年的马拉松赛参赛人数上升到23,000人。

赢得柏林、纽约和伦敦马拉松的第一人

威尔逊·基普桑（肯尼亚）2014年11月2日赢得了在美国纽约举办的2014纽约马拉松赛，随后在英国（2012年和2014年）举办的伦敦马拉松赛和2013年的柏林马拉松赛中获胜——全球六大马拉松赛之三。

最快的速度完成……

● **马拉松的连接队伍：**2013年10月6日在罗马尼亚的布加勒斯特，一支名为Legati De Cauza Hospice的队伍以2小时54分17

公路赛

截止到2015年4月8日更新统计数据

赛程	男子	姓名/国籍	日期	女子	姓名/国籍	日期
10千米	26分44秒	莱昂纳尔·科蒙（肯尼亚）	2010年9月26日	30分21秒	葆拉·拉德克利夫（英国）	2003年2月23日
15千米	41分13秒	莱昂纳尔·科蒙（肯尼亚）	2010年11月21日	46分14秒	弗洛朗斯·基普拉加特（肯尼亚）	2015年2月15日
20千米	55分21秒	泽森内·塔德塞（厄立特里亚）	2010年3月21日	1小时1分54秒	弗洛朗斯·基普拉加特（肯尼亚）	2015年2月15日
半程马拉松	58分23秒	泽森内·塔德塞（厄立特里亚）	2010年3月21日	1小时5分9秒	弗洛朗斯·基普拉加特（肯尼亚）	2015年2月15日
25千米	1小时11分18秒	丹尼斯·基米托（肯尼亚）	2012年5月6日	1小时19分53秒	玛丽·凯特尼（肯尼亚）	2010年5月9日
30千米	1小时27分37秒	杰弗里·坎沃若（肯尼亚）	2014年9月28日	1小时38分29秒	迪娜·卡斯托尔（美国）	2010年5月9日
30千米	1小时27分37秒	阿贝拉·库马（埃塞俄比亚）	2014年9月28日	-	（不适用）	-
30千米	1小时27分37秒	埃马纽埃尔·穆塔伊（肯尼亚）	2014年9月28日	-	（不适用）	-
马拉松	2小时2分57秒	丹尼斯·基米托（肯尼亚）	2014年9月28日	2小时15分25秒	葆拉·拉德克利夫（英国）	2003年4月13日
100千米	6小时13分33秒	弘砂田（日本）	1998年6月21日	6小时33分11秒	安部友惠（日本）	2000年6月25日

3,000,000,000,000米 红色特超巨星大犬座VY星的直径，**最大的恒星**，是太阳的2000多倍大

小知识

ITU（国际铁人三项联盟）世界铁人三项系列赛由8场铁人三项比赛组成，全世界每年举办一次。总分数最高的运动员为冠军。

最多次赢得国际铁人三项联盟世界铁人三项系列赛（女子）

从2013年4月19日到2014年9月4日，格温·乔根森（美国）共赢得8场比赛：2013系列赛赢3场，2014年赢5场。最近赢得的这5场比赛是**单赛季中ITU世界铁人三项系列赛（女子）获胜次数最多的。**

秒的成绩完成了马拉松。

● 马拉松的接力队伍（男子）：2014年3月26日，在阿联酋的阿莱茵，阿尔瓦法马拉松队（阿联酋）用时2小时4分32秒完成了接力比赛。

● 马拉松的接力队伍（女子）：2012年2月26日，在意大利都灵举办的都灵马拉松上，皮耶蒙特梦之队（意大利）以3小时9分2秒的成绩完成了接力马拉松。

● 铁人三项比赛（男子）：2011年7月3日，在奥地利克拉根福举办的奥地利铁人三项赛上，马里诺·凡霍纳克（比利时）以7小时45分58秒的成绩完成了铁人三项比赛。

● 伦敦轮椅马拉松（男子）：2009年4月26日，库尔特·费恩利（澳大利亚）以1小时28分57秒

的成绩完成伦敦轮椅马拉松。

● 伦敦轮椅马拉松（女子）：2014年4月13日，在英国伦敦，塔季扬娜·麦克法登（美国）用时1小时45分12秒完成了伦敦轮椅马拉松。

● 柏林轮滑马拉松（男子）：巴尔特·斯温斯（比利时）用时58分10秒。

● 柏林轮滑马拉松（女子）：玛农·坎明加（荷兰），用时1小时7分44秒。两项纪录都于2014年9月27日在德国柏林记录。

最快速度的半程马拉松……

● 拄拐杖进行比赛：2014年3月15日，在美国华盛顿，拉里·赫劳佩克II（美国）用时2小时31分59秒完成比赛。

● 倒跑（男子）：2009年11月28日，在德国北莱茵威斯特法伦州的埃森市举办的第19届八日布鲁曼萨

ITU世界铁人三项系列赛获胜次数最多的人

哈维尔·戈麦斯（西班牙）在2014年的系列赛上第四次成为冠军，其余三次冠军分别在2008年、2010年和2013年获得——该纪录之前由西蒙·莱辛（英国）获得。戈麦斯也在**ITU世界人三项系列赛赢得了最多的奖牌：**从2007年到2014年，共获得8枚。

特比赛中，阿希姆·阿雷茨（德国）用时1小时40分29秒完成比赛。

● 身穿双人演出服：2012年4月16日，在澳大利亚维多利亚的季隆，斯蒂芬·麦克亚当和内森·萨贝（均为澳大利亚）用时2小时3分20秒完成比赛。

● 身穿超级英雄服装（男子）：2014年10月19日，在加拿大多伦多，斯特凡·赫瑟林顿（加拿大）用时1小时17分30秒完成比赛。

运动员最多的一场马拉松

2014年11月2日，美国纽约的纽约马拉松赛50,869人站上比赛起点，50,564人完赛。完赛运动员中有30,144名男性和20,420名女性，他们来自130个国家和美国全部50个州。玛丽·凯特尼（肯尼亚）赢得了女子比赛。

丹尼斯·基米托

在2014年，一项新的马拉松纪录诞生，这是四年来第三次新纪录。这项纪录由肯尼亚运动员在柏林马拉松赛上创造。

2014年9月28日，30岁的丹尼斯·基米托赢得了属于自己的位置，他凭借着自身优越的跑步条件，以2小时2分57秒的成绩完成了柏林马拉松赛（下图）——是**速度最快的马拉松赛**。比之前由威尔逊·基普桑在2013年柏林马拉松赛上创造的纪录2小时3分23秒还要快26秒（见第226页）。之前，帕特里克·马卡乌的荣耀光环已逐渐褪去，他曾在2011年，也是在柏林，跑出了2小时3分38秒的成绩。

最近的一年没有新记录诞生是在2012年，那一年是基米托的马拉松首秀。那年他排在第二位，与他的队友杰弗里·穆塔伊1秒之差。事实上，基米托在2010年和穆塔伊相遇之后才开始进行严格训练，穆塔伊是肯尼亚训练有素的运动员。时间快进到2014年，基米托和另一名肯尼亚运动员埃玛纽埃尔·穆塔伊打破了基普桑的马拉松纪录——基米托先于穆塔伊16秒到达终点。

速度最快的马拉松纪录在11年间被打破6次，这几次打破纪录都是在柏林马拉松赛上。这对于当代运动员的体能是一个极大的肯定，但是这个过程的的确确给运动员带来了好处。场地的地面很平坦并且很少有转弯，例如在每年气温暖和的时候会举办马拉松比赛。

● 运两个篮球：杰里·米里克（美国）4小时10分44秒
● 水果（葡萄）：史蒂芬·金（英国）4小时13分24秒
● 在医院里：劳拉·戈尔（英国）4小时20分21秒
● 两人三足（男子/女子）：罗德和德布·布莱奇尔·戴尔（均为英国）4小时25分23秒
● 乐器（吉他）：托马斯·汉斯（英国）4小时26分12秒
● 电话亭：内维尔·约翰（英国）4小时33分56秒
● 带着40磅的包裹（女子）：伊莎·埃迪克（澳大利亚）4小时34分42秒
● 两人三足（女子）：戴尼毛比·福斯特和存拉（均为英国）4小时45分21秒
● 厨师：史蒂芬·罗杰（英国）4小时47分51秒
● 三人装：安妮·雷尔、劳伦·埃里斯·安迪斯（均为英国）4小时56分24秒
● 3D的马：鲍内·约翰逊（英国）5小时50分53秒
● 带着80磅的包裹：马克·普顿（英国）5小时53分20秒
● 炸弹处理服：伊凡·曼斯（英国）6小时28分6秒

赛车

一级方程式赛车发动机在比赛中只能连续工作两个小时

数字集锦

0.8秒
一个参加NHRA（全国改装式高速汽车协会）直线加速赛的赛车从静止加速到100英里/小时（160千米/小时）所需要的时间

2.05秒
F1最快进站加油时间纪录，由英菲尼迪红牛车队（奥地利）于2013年3月24日在马来西亚大奖赛中创造

8
勒曼24小时巡回赛赛道更改的次数；目前这个赛道长8.45英里（13.59千米）

10
F1赛事中信号旗的数量

31.73英里
曼岛TT摩托车大赛赛道长度（60.72千米），是世界上最长的摩托车赛道（见第229页）

264
曼岛TT摩托车大赛的弯道数量

43
在全国运动汽车竞赛（NASCAR）的一项赛事中赛车数量最多

汽车

大多数的一级方程式职业大奖赛的冠军都是由一名赛车手获得

从1992年8月30日到2006年10月1日，迈克尔·舒马赫（德国）共获得91次F1大奖赛分站赛冠军。

在一级方程式（F1）职业大奖赛中获得积分最高的是费尔南多·阿隆索（西班牙）。他在2003到2014赛季共拿下了1767分。

德国车手塞巴斯蒂安·维特尔在2013年一举拿下397分，是在F1一个赛季中获得积分最多的车手。

从出道开始连续完成F1一个赛季所有分站赛的比赛

从2013年3月17日的F1首秀到2014年5月25日赛季结束，效力于玛鲁西亚车队的马克斯·奇尔顿（英国）完成了本赛季所有分站赛的比赛。

职业生涯中在印地车赛中赢得冠军次数最多

从2003年3月2日至2014年8月24日，斯科特·狄克逊（新西兰）共赢得了印地车赛的34个分站赛冠军。这项赛事创办于1996年，在这项赛事中，除了斯科特·狄克逊，没有人能够赢得30场比赛的胜利。而斯科特·狄克逊的头号竞争对手是巴西车手埃利奥·卡斯特罗内维斯。截止到2014年底，埃利奥·卡斯特罗内维斯共赢得了23场比赛的冠军。

第一个全电动汽车锦标赛

第一个全部由电动汽车参赛的系列赛事是方程式E锦标赛。这项赛事是由国际汽车联盟（FIA）创办的。第一届第一场比赛于2014年9月13日在中国北京举行。这一届赛事在四大洲上演九轮精彩绝伦的比赛。包括小纳尔逊·皮盖、尼克·海菲尔德在内的许多前F1车手都参加了这项赛事的首届比赛。这届比赛一直持续到2015年6月27日。

连续完成F1大奖赛次数最多

从2012年4月22日的巴林大奖赛到2013年7月28日的匈牙利大奖赛，基米·莱科宁（芬兰）都是以排名前10位的成绩连续完成了27个分站赛的比赛。由于在8月25日比利时大奖赛中轮胎故障，他的连胜战绩也随之终止。

连续完成F1赛事次数最多

的是尼克·海菲尔德（德国）。他在2007年法国大奖赛到2009年的意大利大奖赛期间，连续完成了41个分站赛的比赛。

现代NASCAR时期（1972年至今）赢得比赛次数最多

2014年9月28日，杰夫·戈登（美国）在美国特拉华州多佛的多佛国际赛道AAA 400的比赛中赢得了他的第92场胜利。

参加NASCAR时间最长的活跃车队

伍德兄弟车队（美国）成立于1950年。截止到2014年，他们参加NASCAR比赛已经有64年了。

在印地车赛中单赛季冠军最多

在印地车赛2000到2001赛季中，一共有11个不同的冠军，2014年的比赛平了这项纪录。

获得NHRA直线加速赛冠军次数最多

托尼·舒马赫（美国）八次获得冠军头衔：1999、2004—2009、2014。

职业生涯中赢得NHRA直线加速赛次数最多

从1990年到2014年8月3日，约翰·福斯（美国）赢得了141次趣味汽车比赛的冠军。

F1世界大赛中最年轻的积分车手

2015年3月29日，效力于红牛二队的马克斯·费斯塔彭（荷兰，生于1997年9月30日）以第七名的成绩完成了马来西亚大奖赛的比赛，当时他只有17岁零180天。

! 小知识

一级方程式是世界首屈一指的单座赛车运动。"方程式"指的是所有的参赛团队和车辆都必须遵守的规则。而"一"则意味着它是一项顶级赛事。

首次亮相一级方程式大奖赛后连续多个赛季赢得冠军

刘易斯·汉密尔顿（英国，下图）是2008年、2014年两届F1世界冠军得主。2007年，效力于麦克拉伦车队的汉密尔顿初登F1大奖赛的舞台，便在当年的6月10日赢得了第一个分站赛冠军。之后，他在连续八个赛季中每个赛季至少赢得一个分站赛冠军，包括2014年3月30日的马来西亚雪邦大奖赛，当时汉密尔顿效力于梅赛德斯车队。

3,780,000,000,000,000米 猫眼星云（NGC 6543）的直径

在NASCAR斯普林特杯砖道400赛事中获胜最多

砖道400是在美国印第安纳州的印第安纳波利斯赛道举办的一项赛程为400英里（643千米）的比赛。它是NASCAR系列赛中除了代纳纳500之外奖金第二高的赛事。效力于亨德里克车队的杰夫·戈登（美国）分别在1994年、1998年、2001年、2004年和2014年赢得了五次砖道400的冠军。

摩托车

赢得世界摩托车大奖赛冠军次数最多

意大利的瓦伦蒂诺·罗西在2002年、2003年、2004年、2005年、2008年和2009共赢得六次摩托车大奖赛冠军。

本田（日本）摩托车制造商是赢得冠军次数最多的摩托车制造商。它在2002年、2003年、2004年、2006年、2011年、2012年和2013年共赢得8次冠军。

世界摩托车大奖赛的一个赛季中个人赢得冠军次数最多

2014年11月9日，马克·马克斯（西班牙）在西班牙的巴伦西亚赢得了他在2014赛季的第13场胜利。

最快的曼岛TT超级摩托车赛

2013年6月2日，在英国曼岛首府道格拉斯，迈克尔·邓洛普（英国）驾驶着发动机排量为1000毫升的本田TT传奇以1小时45分29.98秒的成绩完成了六圈的赛程。

曼岛TT超级摩托车赛中最快圈数是17分6.68秒。这个成绩是由驾驶本田CBR1000RR的布鲁斯·安斯蒂（新西兰）于2014年5月31日在道格拉斯比赛中创造的。

一年内赢得曼岛TT大赛次数最多的是伊恩·哈钦森（英国）。他在2010年6月赢得五次冠军（高级、超级、顶级、超级运动1和超级运动2）。这个重大战绩也是标志着**曼岛TT大赛中连续赢得冠军次数最多**。

一名车手在挎斗车世锦赛赢得冠军次数最多

这项赛事也被称为挎斗越

野摩托车世界锦标赛。这个一年一度的赛事最早起始于1980年，一直由国际摩托车联合会（FIM）组织举办。丹尼尔·威廉森（荷兰）在这项赛事中共赢得10次冠军。在这些比赛中他的"乘客"（配合车手）分别是马塞尔·威廉森（1999年）、卡斯帕斯·斯图佩里斯（2003年和2004年）、斯文·韦布吕热（2005年、2006和2011年）、雷托·格吕鲁特尔（2007年和2008年）、格蒂·伊金科（2010年）和肯尼·范·加伦（2012年）。

参加勒芒24小时耐力赛最年轻的车手

2014年6月14日，效力于凯特勒姆车队的马修·麦克默里（美国，生于1997年11月24日）参加了在法国举办的勒芒24小时耐力赛，当时他只有16岁零202天。比赛第二天，他成为史上**完成勒芒24小时耐力赛最年轻的车手**，当时他16岁零203天。

单人连续在世界摩托车大奖赛的一个赛季中赢得冠军次数最多

贾科莫·阿戈斯蒂尼（意大利）连续在1968年、1969年和1970年夺得10次摩托车大奖赛冠军。后来，他的纪录分别被来自澳大利亚的米克·杜汉在1997年的比赛中和马克·马克斯（西班牙，见左图）在2014年3月23日到8月10日的比赛中追平。2013年11月10日，马克斯（生于1993年2月17日）成为史上**最年轻的世界摩托车大奖赛冠军**，当时他只有20岁零266天。

曼岛TT大赛

英国议会通过一项法案，禁止在公路上赛车，1903年英国法律规定机动车行驶速度不能超过20英里/小时（32千米/小时）。但是曼岛（位于爱尔兰海，英国）政府使这项法律变得更灵活……

1904年，赛车运动来到了曼岛，1907年5月28日，第一届曼岛旅游奖杯（TT）摩托车大赛拉开了帷幕。1911年，该项赛事又增添了斯内山山地赛。在比赛初期，车手们要竭力应付艰难的路线，因为这条路线不仅仅到处都是污泥，而且在两个赛场之间还有城门。领先的车手要负责拉开城门；最后的车手要负责关门。

随着线路和车辆的改进，车手的单圈车速也在不断提高。到1920年，赛会纪录是52.62英里/小时（84.68千米/小时）；到1939年，已经到达了90英里/小时（144千米/小时）；1957年鲍勃·麦金太尔（英国）创造了第一个官方的纪录——单圈100英里/小时（160千米/小时）。

对于许多人来说，曼岛TT大赛的黄金十年是从20世纪50年代末到20世纪60年代初，这一时期的传奇车手有英国的迈克·黑欧伍德（14次TT大赛冠军）和意大利的贾科莫·阿戈斯蒂尼（10次冠军，从1966年到1972年）。1977年见证了乔伊·邓洛普（英国，下图）的第一场胜利，在20世纪80年代他连续获得了TT大赛的六个冠军，并于1980年创造了单圈速度超过115英里/小时（185千米/小时）的新纪录。截止到2000年，**职业生涯中他获得TT大赛胜次数最多**：26次。

卡尔·福格蒂（英国）和史蒂夫·希斯洛普（英国）点亮了20世纪90年代的赛事，但自2000年以来，约翰·麦吉尼斯（英国，上图）以21场胜利的战绩引领了整个大赛——他最新的一场胜利，也是最大的TT零级别赛事冠军，是在2014年6月4日获得的。

赛车手们也需要有非凡的勇气。自1911年以来，曲折的赛道，有些甚至要穿过市区和街道，已经导致近250名车手死亡。

小知识

摩托车手在通过一些弯道时必须要将他们的赛车车身倾斜大约60度。每次比赛，由于条件不同，他们的轮胎温度可以达到华氏200度至240度（93.3摄氏度至115.5摄氏度）。

奥林匹克预览

2016年里约奥运会将是**第31次现代夏季奥运会**

数字集锦

1984
中国第一次赢得奥运奖牌的年份

386
中国赢得奥运奖牌的数目

4
美国举办夏季奥运会的次数——美国是**所有国家中举办奥运会次数最多的**

13
1896年在希腊雅典举办的第一次现代奥运会中参赛国家的数量

204
中国北京2008年奥运会参赛国的数量

0
1896年奥运会允许参赛的女性运动员数量

4847
2012年伦敦奥运会参赛的女性运动员的数量

夏季奥运会名人堂

按奖牌数量排名的最成功的夏季奥运会选手

	姓名	时间	奖牌数	金	银	铜
1	迈克尔·菲尔普斯（美国）	2004—2012	22	18	2	2
2	拉里莎·拉特尼娜（苏联/现乌克兰）	1956—1964	18	9	5	4
3	尼古拉·安德里阿诺夫（苏联/现俄罗斯）	1972—1980	15	7	5	3
4	鲍里斯·沙赫林（苏联/现乌克兰）	1956—1964	13	7	4	2
	爱德华多·曼贾罗蒂（意大利）	1936—1960	13	6	5	2
	小野卓志（日本）	1952—1964	13	5	4	4
7	帕沃·努尔米（芬兰）	1920—1928	12	9	3	0
	比吉特·菲舍尔（原东德/现德国）	1980—2004	12	8	4	0
	加藤泽男（日本）	1968—1976	12	8	3	1
	珍妮·汤普森（美国）	1992—2004	12	8	3	1
	达拉·托里斯（美国）	1984—2008	12	4	4	4
	阿列克谢·涅莫夫（俄罗斯）	1996—2000	12	4	2	6
	纳塔莉·库格林（美国）	2004—2012	12	3	4	5

资料来源：olympic.org

观众人数最多的奥运会

1996年美国佐治亚州亚特兰大奥运会——常被称作"百年奥运会"——售出门票总数达830万。这相当于持续两周的赛事中每天都有超过50多万的观众来观看比赛。2012年伦敦奥运会和残奥会售出门票数量约为1100万。2016年里约奥运会预计有750万张门票，其中约有380万门票价格将低于30美元（19英镑）。

宣布夏季奥运会开幕次数最多的个人

伊丽莎白女王二世曾于1976年宣布蒙特利尔奥运会开幕（下图），时隔36年，2012年7月27日，女王宣布英国伦敦奥运会开幕（主图）。上图为特技演员加里·康纳利扮演的女王在2012年奥运会开幕式上空降到位于伦敦斯特拉特福德的奥运会体育场。

获得奥运个人项目奖牌数目最多的运动员

拉瑞萨·拉提尼娜（苏联/现乌克兰）在1956年至1964年的奥运会期间个人项目共获得了14枚奖牌。在团体项目中又获得了4枚奖牌。

右图为拉提尼娜在澳大利亚维多利亚的墨尔本参加1956年夏季奥运会。下图为1964年东京奥运会中拉提尼娜参加女子艺术体操个人全能项目的高低杠比赛。

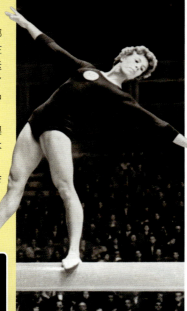

参赛国家最多的夏季奥运会

2008年一共有204个国家奥委会（NOCs）成员国和地区出席了在中国北京主办的夏季奥运会。其中有三个国家——黑山共和国、马绍尔群岛共和国和图瓦卢分别在2008年、2006年和2008年得到奥委会认可，成为其中的新成员后首次参加奥运会。

共有166个国家残奥委会（NPCs）成员国和地区派选手参加了2012年英国伦敦残奥会，这是**参加夏季残奥会国家最多的**一次。其中有15个国家——包括8个来自非洲的国家——首次参加夏季残奥会：安提瓜和巴布达、文莱、喀麦隆、科摩罗、吉布提、刚果民主共和国、冈比亚、几内亚比绍、利

奥运火炬传递的最远距离

在中国北京举办的第29届夏季奥运会上，火炬传递的距离为13万7000千米。这次火炬传递于2008年3月24日开始从希腊雅典出发，途经21个国家，到达北京国家体育场，出现在2008年8月8日的开幕式上。图为登山队员们手持奥运火炬站在珠穆朗玛峰之巅。

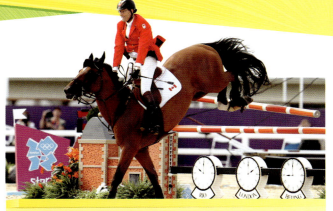

出席奥运会次数最多的选手

加拿大马术选手伊恩·米勒也被称作"加拿大队长"，2012年8月4日参加伦敦奥运会时已是65岁高龄，这是他第10次代表国家出席奥运会参加骑马越障比赛。米勒第一次参加奥运会是在1972年，当时他25岁（插图）。他连续参加了1984年至2012年间的8次奥运会。

比里亚、马拉维、莫桑比克、朝鲜、圣马力诺、所罗门群岛和美属维尔京群岛。

以上两条纪录有望在2016年里约奥运会被打破：205个国家计划参加奥运会，176个国家计划参加残奥会。

2012年英国伦敦残奥会总共售出270万张门票，是**售出残奥会门票最多**的一次，也是这场赛事52年历史中首次门票售罄。在比赛期间，最初配置的250万门票售罄后对座位计划做了调整，随后又额外发布了20万张门票以供购买。

获得夏季残奥会奖牌最多的国家是美国，从1960年至2012年共获得了2067枚奖牌。

比赛项目最多的奥运会

根据2016里约奥运会官网显示，在巴西里约热内卢举行的第31届奥运会计划设有306个奖牌项目。

奥运举办权第一次回归

巴黎是第一个两次举办奥运会的城市，分别在1900年和1924年。1924年，法国在位于阿尔卑斯山脉的沙蒙尼举办了冬季奥运会，成为**第一个在同一年举办夏季和冬季奥运会的国家**。美国和德国也分别于1932年和1936年获得了这样的荣誉。

年纪最大的夏季奥运会金牌获得者（女性）

西比尔"王后"纽沃尔（英国，生于1854年10月17日）在1908年7月18日英国伦敦白城体育场举办的奥运会射箭项目双轮射箭比赛中荣获金牌。当时她53岁零275天。

纽沃尔的胜利标志着英国女子弓箭手最后一次获得奥运奖牌。直到2004年，艾莉森·威廉森获得了铜牌。

2016里约申奥之路

在举办了值得纪念的2014年世界杯之后，里约热内卢把精力转向了奥运会（2016年8月5日至21日）和随之而来的残奥会（9月7日至18日）。这是奥运会和残奥会首次在南美举行。官方吉祥物维尼修斯（图左，代表巴西的动物）和汤姆（图右，代表巴西的植物）看来对前景欣喜不已……

在长达17天的奥运会期间，里约将款待来自205个国家的10,500名运动员，他们将在42项体育运动中角逐。残奥会将设约180万张门票，有来自176个国家的4350名运动员参加528个奖牌项目的竞争。

奥运场馆34个（残奥会场馆21个），大部分位于里约四个不同地区。此外，分处巴西四个城市的场馆将为奥运足球比赛助力。

2016年里约奥运会也标志着两个奥运项目的回归：英式橄榄球（中断了92年）和高尔夫球（最近的一次奥运赛事已是112年前）。同时，残奥会迎来了两个全新的运动项目：残疾人皮划艇和残疾人铁人三项。当然，这样的体育盛典开销不菲。截至2014年4月，奥运会的开销预算已达367亿雷亚尔（163亿美元；97亿英镑）。

单届奥运会赢取金牌数量最多

在2008年北京奥运会8月9日到17日之间，迈克尔·菲尔普斯（美国）获得了8个游泳比赛项目的金牌：400米个人混合泳、4×100米自由泳接力、200米自由泳、200米个人混合泳、100米蝶泳和4×100米混合泳接力。他在三届奥运会上包揽了13枚奖牌，成为了**获得奥运奖牌最多的个人（男子）**。

小知识

2012年伦敦奥运会上，菲尔普斯个人包揽了4枚金牌，超过了西班牙、巴西和南非（分别获得3枚金牌）以及丹麦、波兰和挪威（分别获得2枚金牌）获得的金牌数量。

橄榄球

1905年，威尔士裁判吉尔·埃文斯第一次在橄榄球世界杯联赛上用口哨为每一场比赛开球

数字集锦

61,823
在一次橄榄球联合会的超级橄榄球比赛中的最多出席人数：澳大利亚悉尼市，2014年决赛，瓦拉塔队（澳大利亚）对战十字军队（新西兰）

39
在橄榄球联盟的世界俱乐部挑战赛上的最高比分差：2015年2月22日，南悉尼兔队（澳大利亚）以39比0击败圣劳伦斯队（英国）

3
将橄榄球作为民族体育的国家数量：新西兰、威尔士和马达加斯加

4
有橄榄球竞赛的奥运会：1900年、1908年、1920年和1924年

58
橄榄球世界杯上最多的罚球得分，该纪录由容尼·威尔金森（英国）创造

40岁零26天
橄榄球世界杯比赛上出现的最年长运动员的年龄：1999年10月15日，迭戈·奥马切亚（乌拉圭）与南非队对抗

以团队形式在女子橄榄球世界杯决赛上出场最多

自1991年威尔士首届"非官方"女子世界杯以来，除1998年以外，英格兰队每年都能进入决赛，共计出场六次。她们在1994年以38比23击败了美国队，2014年以21比9击败了加拿大队，两次取得冠军。新西兰队赢得**女子橄榄球世界杯冠军的次数最多**，达到4次（1998—2010年）。

最高的现役英超橄榄球联合会运动员

威尔·卡里克-史密斯（英国）身高2.11米，在2014—2015年赛季，他为埃克赛特酋长队效力。像橄榄球联合会里的所有高个运动员一样，他在第二排做锁球队员。

国际橄榄球联合会最高的运动员是理查德·梅特卡夫（英国），身高2.13米。在2000—2001年，他为苏格兰队打了9场比赛。

第一个在橄榄球世界杯上触地得分者

1987年5月22日，在新西兰的奥克兰市，迈克尔·琼斯（新西兰）在全黑队与意大利队对抗时，成为第一位世界杯带球触地得分的运动员。

第一个在加赛时间决定胜负的英超橄榄球联赛决赛

2014年5月31日，在英国伦敦市特威克纳姆区，诺桑普顿圣人队和萨拉森队之间的2013—2014年度决赛持续了100分钟。在比赛的最后一分钟，诺桑普顿圣人队取得了该队有史以来的第一个英超冠军（24比20）。

第一个没有罚人下场的国家橄榄球联盟（NRL）赛季

2014年的国家橄榄球联盟赛季是联盟106年的历史上第一个没有罚人下场的赛季。这种形式的竞赛方式开始于1998年，当时17个球员被罚下场。

最……

一个队伍赢得澳大利亚国家橄榄球联盟冠军
从1908—1909年的开幕季开始，当时还被称之为新南威尔士橄榄球联赛，截止到2014年，南悉尼兔队已赢得21次冠军。

橄榄球联盟世界俱乐部挑战赛获胜俱乐部
威根俱乐部（英国）于1987年、1991年和1994年成

个人在单次橄榄球联盟世界俱乐部挑战赛创造了最多次触地得分

2014年2月22日，在澳大利亚悉尼足球体育场，迈克尔·詹宁斯（澳大利亚）为悉尼雄鸡队效力，与威根勇士队对抗中完成了一次帽子戏法。詹宁斯的表现助该队第三次获得冠军。

为第一个总计三次获得冠军的俱乐部，继而被布拉德福德公牛俱乐部（英国）于2002年、2004年和2006年追平。后来，又被他们的同胞利兹市犀牛俱乐部于2005年、2008年和2012年追平。悉尼雄鸡俱乐部（澳大利亚）在1976年、2003年和2014年也获得了这个荣誉。

> **！ 小知识**
> 第一批橄榄球是由皮革包裹猪膀胱制造的，然后通过粘土管吹气使之膨胀——如果猪膀胱有病的话，这是一种难闻且有潜在危险的工作。

66,200,000,000,000,000,000米 小麦哲伦星云的直径，一个环绕银河系运行的卫星星系；它被归类为不规则矮星系。

第一个在超级联赛决赛中被驱逐离场的运动员

2014年10月11日，在英国曼彻斯特市老特拉福德球场，本·弗劳尔（英国）为威根勇士队效力，与圣海伦斯队对抗，开场3分钟就因殴打躺在地上的对手新西兰人兰斯·豪哈尔被驱逐离场。因为少了一名队员，威根队接下来以14比6输了比赛。

在一场橄榄球联盟挑战杯比赛中的得分数（个人）

2011年3月6日，在英国约克郡亨廷顿体育场举行的2011年度挑战杯第三轮比赛中，克里斯·托尔曼（英国）得了54分，帮助约克城骑士队以132比0击败了诺桑比亚大学队。这个比赛结果是骑士队在单次**橄榄球联盟挑战杯比赛中**的最高得分（团体）。

在超级联赛职业生涯中的触地得分数

从2002年6月22日至2014年9月12日，前锋丹尼·麦圭尔（英国）为利兹市犀牛队取得了215个触地得分。令人不可思议的是，仅仅在2005年，在27次出场中他取得了23个触地得分。他打破了前队友基思·西尼尔截止到2011年创造的199次带球触地得分的纪录。

在超级联赛总决赛中出场最多的人

在1999—2014年间，保罗·威仑斯（英国，下图）为圣海伦斯效力，出场10次且赢得了5次冠军。在2001—2012年间，杰米·皮科克（英国）在为布拉德福德公牛队和利兹市犀牛队效力时，参加了10次比赛且赢得了8个冠军。

在国际橄榄球联合会一年中的比赛从未被打败

在2013年度的季赛中，尤其是在主力队员丹·卡特（见右图）的帮助之下，全黑队（新西兰）在全部14场比赛中全无败绩，这是自国际橄榄球赛开始以来的第一次。决定性的胜利是2013年11月24日在都柏林阿维娃体育场对战爱尔兰队以两分（24-22）的微弱优势取得的胜利。

职业生涯中在橄榄球联合会超级橄榄球联赛中出场最多的人

2015年3月7日，凯文·美亚拉姆（新西兰）在他的第163次超级橄榄球联赛中领导布鲁斯队对战雄狮队，超过内森·夏普（澳大利亚）一次。美亚拉姆还使得奥克兰的布鲁斯队以152次参赛次数成为**参加超级橄榄球联赛最多的队伍。**

丹·卡特

2015年10月，在法国巴黎市，当他加入排名14的地铁赛车俱乐部，这位新西兰籍的外侧前卫将成为橄榄球联合会有史以来薪水最高的运动员。他签了一个三年的合约，而且据说会得到150万欧元（79万英镑；1,670,570美元）的薪水。

进入2015年，卡特在他12年的国际橄榄球联合会职业生涯中实现了最多的附加得分（260）、最多的罚球得分（258）和最多的进球得分（1457），为他带来了102项荣誉。他的速度和战术意识使他不仅仅成为一位杰出的运动员，而且现在这位33岁运动员在国际橄榄球比赛中还有着不可思议的88.72%的胜率。卡特在2011年赢过一次世界杯，而且在11场联赛中得到531分，这是**橄榄球锦标赛（原来的三国橄榄球赛）中的最高分。**

在俱乐部层次，他为以坎特伯雷大学队为基础的十字军俱乐部效力，赢得了超级橄榄球锦标赛的四次冠军，使之拥有7个冠军头衔，成为竞赛史上最成功的俱乐部。卡特是仅有的9名参加超过100场俱乐部比赛的运动员之一。现在他希望能够在法国地铁赛车俱乐部效力时创造更多的纪录。

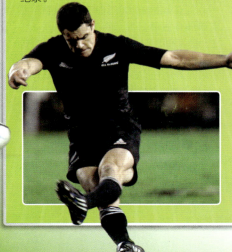

足球俱乐部

巴西传奇运动员**贝利**第一个称足球为"美丽游戏"

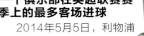

数字集锦

6
在国际足联俱乐部世界杯上出场次数最多的队伍：奥克兰城足球俱乐部（新西兰），2006—2014年

38岁零59天
在欧洲冠军联赛上踢进一球的最年长运动员的年龄：2014年11月25日，弗兰切斯科·托蒂（意大利）为罗马体育俱乐部效力时

124
进球最多的守门员：1998年—2015年，罗热里奥·切尼（巴西）为圣保罗俱乐部效力；截止到2015年4月1日，他也是为同一俱乐部赢得比赛最多的人：共606场

2
在欧洲女子联赛中连续夺冠最多场次，默奥IK足球俱乐部（瑞典）、奥林匹克女子足球俱乐部（法国）和沃尔夫斯堡足球俱乐部（德国）共享此殊荣

85
一个女子足球队在国家女子足球顶级联赛上连胜的最多场次：阿波罗女子足球俱乐部（塞浦路斯）于2009年至2014年取得

一个俱乐部在英超联赛赛季上的最多客场进球

2014年5月5日，利物浦俱乐部在它们本赛季的最后一场客场比赛中对战水晶宫俱乐部，共进3球，使他们在2013—2014年赛季的客场进球数达到48球。共19场客场比赛，他们在其中的10场比赛中，进了3个或3个以上的球，比曼联队在2001—2002年赛季创造的纪录仅多一球。

由替补队员创造的开球后最快英超联赛进球

2015年2月11日，曼联队对抗伯恩利俱乐部，在开场5分9秒后，曼联队的克里斯·斯莫林（英国）头球创造了一个破纪录的进球（22秒前作为替补队员上场）。比赛在英国曼彻斯特市老特拉福德球场进行。中场休息前，他再次进球，成为**英超联赛在上半场进球最多的替补队员**。

冠军联赛上的最多进球

截止到2015年5月6日，利昂内尔·梅西（阿根廷）为巴塞罗那俱乐部在欧洲冠军联赛上踢进了77球，比为曼彻斯特连队和皇家马德里足球俱乐部效力的克里斯蒂亚诺·罗纳尔多（葡萄牙）多进了一球。在一场比赛中，梅西踢进了5球，平了单场比赛的进球纪录。

正式比赛中的最远距离进球

2013年11月2日，英超联赛上，在英国斯托克市的不列颠尼亚球场，守门员阿斯米尔·贝戈维奇（波斯尼亚和黑塞哥维那）为斯托克城足球俱乐部效力，对战南安普顿足球俱乐部，他在91.9米外射门进球。在接受吉尼斯世界纪录证书时，贝戈维奇说："以这种方式得到荣誉，我感到很惊讶……（它）将成为我家墙上尤为引人骄傲的东西！"

单次转会市场上的最高费用（同一赛区）

据报道，2014年7月1日到9月1日的夏季转会市场上，英超联赛共计花费了8.35亿英镑（13.4亿美元）。这个数额打破了之前也是由英超联赛保持的6.03亿英镑（9.01亿美元）纪录，也轻易地超过其他欧洲大型联赛。曼联花费的最多：大约1.5亿英镑（2.21亿美元）。据报道其总数的一半给了阿根廷边锋安赫尔·迪马里亚。

一个球队在法甲联赛单赛季的最多得分

在2013—2014年赛季，巴黎圣日耳曼队（法国）赢了27场比赛。唯一未能击败的队是摩纳哥队。他们平了8场，输了3场，成为**法甲联赛单赛季得分最高的队伍**（89）。

赢得欧洲杯/冠军联赛最多的足球经理

备受尊敬的卡洛·安切洛蒂（意大利）带领AC米兰俱乐部（意大利）

进球最多的一场欧冠赛

2014年10月21日，在白俄罗斯鲍里索夫市的鲍里索夫竞技场，路易斯·阿德里亚诺（巴西）在乌克兰为顿涅茨克矿工足球俱乐部效力时对战鲍里索夫BATE俱乐部，打进了5个进球。这平了2012年3月7日利昂内尔·梅西对战德国拜尔勒沃库森俱乐部的壮举。

✚ 兰帕德的射门天赋

在为切尔西足球俱乐部效力的13年中，兰帕德以211个的进球数变成足球俱乐部的顶级运动员。他在曼彻斯特城俱乐部与他的前俱乐部对战，在比赛即将结束时，他的一记好球扳平了比赛，这是这位36岁中场队员在超级联赛上的第172个进球，也使城市俱乐部免于二次连续主场失利并且终止了切尔西俱乐部的连胜。

英超联赛上与最多的不同队伍对抗得分

从1995年到2015年，在为西汉姆联足球俱乐部、切尔西俱乐部和曼彻斯特城队效力时，中场队员弗兰克·兰帕德（英国）共与46个俱乐部对战，在与其中的39个对战中他都进了球。2014年9月21日，在英国曼彻斯特市的艾提哈德体育场，他对战第39个俱乐部——切尔西，再次进球得分。

283,820,000,000,000,000,000米 宇宙中最低沉的音符的波长——降B调，比中音C调低57个八度（比人类能够探测到的低十亿的一百万倍）

赢得南美杯的最年轻教练

2014年12月10日，在阿根廷布宜诺斯艾利斯市，年仅38岁零326天的马塞洛·加利亚多（阿根廷，生于1976年1月18日）带领阿根廷的河床足球俱乐部战胜麦德林国民足球俱乐部。

在2003年、2007年和2014年，皇家马德里俱乐部（西班牙）共赢得三次胜利。这平了鲍勃·佩斯利（英国）在1977年、1978和1981年当利物浦队经理时的纪录。

意大利甲级联赛上出现次数最多的外籍运动员

从1995年8月27日到2014年5月18日，哈维尔·萨内蒂

德国甲级联赛的最长个人不败纪录

从2012年11月3日到2014年12月19日，后卫杰尔姆·博滕为拜仁慕尼黑队效力时，保持了56场不败。在纪录开始后，博滕没有参加拜仁被击败的两场联赛（被奥格斯堡俱乐部和普鲁士多特蒙德俱乐部击败）。

小知识

2010年6月23日，在南非，杰尔姆（德国）和凯文·普林斯（加纳）成为第一对在国际足联俱乐部世界杯上对抗的兄弟。

（阿根廷）为国际米兰俱乐部出战615次。在这期间，他赢得意甲冠军5次、意大利杯4次，还赢得欧洲杯、欧冠赛和俱乐部世界杯。截止到2014年，他还成为了为阿根廷国家队出战最多的人。

南美解放者杯比赛上最快被罚下场的人

2014年3月11日，在哥伦比亚的麦德林市，在为麦哲林国民俱乐部效力与乌拉圭民族足球俱乐部对战中，亚历杭德罗·伯纳尔（哥伦比亚）开场27秒后被红牌罚下场。

最多进球……

在西班牙甲级联赛职业生涯中

2005年5月1日到2015年3月14日，前锋利昂内尔·梅西在西班牙国家顶级联赛西甲联赛上为巴塞罗那俱乐部打进第275个进球，赢得了另一项纪录（详情见第234页）。

在南美解放者杯上

1960年4月19日到1972年3月22日，在为佩纳罗尔和巴塞罗那足球俱乐部效力时，阿尔贝托·斯潘塞（厄瓜多尔）在南美洲最负盛名的俱乐部赛事——南美解放者杯上，累计进球54球。

在国际足联俱乐部世界杯上

代表蒙特雷足球俱乐部的阿

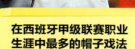

根廷边锋塞萨尔·德尔加多在国际足联俱乐部世界杯上已共进了5球。他在2012年联赛中进了3球，在2013年五人制季后赛中进了2球。

在西班牙甲级联赛职业生涯中最多的帽子戏法

2010年5月5日到2015年5月2日，克里斯蒂亚诺·罗纳尔多（葡萄牙）为皇家马德里队效力完成了24个帽子戏法，最近的一个是与格拉纳达队的世纪之战中开场八分钟完成的，最后以9比1结束比赛。这意味着罗纳尔多现在平了利昂内尔·梅西的纪录。

在职业足球大联盟职业生涯中

2001—2014年，兰登·多诺万（美国）为圣何塞地震足球俱乐部和洛杉矶银河队效力时，共进144球。2014年，他退役前的最后一个赛季，他在常规赛中进了10球。洛杉矶银河队闯进季后赛，赢取了创纪录的第五个职业足球大联盟赛奖杯。多诺万还做了136次助攻，在41场比赛中进了球，而且还赢得了6次职业足球大联盟杯。

何塞·莫里尼奥

何塞·马里奥·多斯桑托斯·莫里尼奥·费利什（葡萄牙，生于1963年1月26日），从2013年第二次担任切尔西俱乐部（英国）的经理，在他15年的教练生涯中，他已经赢得20个冠军并且打破了大量的纪录。

在之前一年赢得欧洲联盟杯后，2004年，41岁的莫里尼奥带领波尔图队成为赢得欧洲冠军联赛的最年轻的教练。在欧洲的成功使切尔西俱乐部的老板俄罗斯亿万富翁罗曼·阿布拉莫维奇抢先一步雇佣了他。

2005年5月，他签订了一份年薪520万英镑（98万美元）的合同，成为**年薪最高的足球经理**。紧接着是一个破纪录的赛季，切尔西俱乐部成为**英超赛季上得分最多**（95）而且也是**丢球最少**的俱乐部。

莫里尼奥在国际米兰共两年，在2010年，这位意大利籍的伟大人物获得了非常罕见的三胜荣誉。其中包括2004年他带领波尔图队赢得了欧洲冠军杯。此时莫里尼奥创造了一项纪录，他成为**带领不同俱乐部赢得欧洲冠军杯冠军最多的经理人**。2012年，49岁零312天的他在担任皇家马德里经理人时，成为**参加了100场欧洲冠军杯赛的最年轻的经理人**。

在第二次执教切尔西俱乐部时，莫里尼奥在主场被击败，结束了他在英超主场**最多次（77次）的不败纪录**。

国际足球运动员

为了能在黑白电视上突显足球，**1970年世界杯**上第一次使用了**黑白球**

数字集锦

171
单届FIFA（国际足联）世界杯最多得分，分别在1998年法国世界杯和2014年巴西世界

35亿
依据《经济家》估算出的英式足球爱好者人数，使得英式足球成为最受欢迎观赏性强的运动

17岁零249天
世界杯最年轻的冠军的年龄：纪录来自1958年6月29日夺冠的巴西球员佩莱

0
巴西球员佩莱和加林沙（一位耀眼的球员）同时上场输掉的比赛场次

6
东道主国家赢得世界杯的次数（20次联赛中）

欧洲足球联赛（UEFA）最年轻的球员

2014年10月13日，马丁·厄德高（挪威，生于1998年12月17日），作为在挪威奥斯陆举行的挪威和保加利亚比赛的替补选手，当时15岁零300天。这个中场球员帮助队伍进一球，以2比1赢得比赛。厄德高之后去了西班牙并加入皇马俱乐部。

指导国际比赛场次最多的教练

1983年3月15日到2009年6月20日期间，博拉·米卢蒂诺维奇（塞尔维亚）执教过八个国家队：墨西哥队（104场比赛），哥斯达黎加队（9场），美国队（96场），尼日利亚队（11场），中国队（46场），洪都拉斯队（10场），牙买加队（7场），伊拉克队（4场），共计287场比赛。

国际足球比赛连胜最多次

从2008年6月26日到2009年6月20日，西班牙队赢下15场比赛，第一场是在2008年欧洲足球联赛半决赛上3比0战胜俄罗斯队。他们的第15次取胜是2009年洲际国家杯小组决赛中以2比0赢得南非队。

国际比赛中进球最多的个人

截止到2015年3月6日，美国前锋阿比·万巴赫（美国）共获得178分，这一纪录从2001年9月9日开始。她超过了其前队友米娅·哈姆在2013年6月20日创下的158分的纪录，其中有4球是对战朝鲜队时获得的。

国际比赛中进球最多（男球员）得分为109分，纪录由阿里·代伊（伊朗）在1993年到2006年期间保持。

规模最大的联赛（女足）

2013年电信杯美洲杯由名为Fundación Telmex的电信公司（墨西哥）冠名赞助，1月2日至12月15日期间，在墨西哥共有33,534名球员、1863支队伍参加了这次联赛。

举办最持久的国际足球比赛

南美洲锦标赛（自1975年更名为南美解放者杯）从1916年开始举办。首届在阿根廷举行，阿根廷也是举办南美解放者杯最多次国家纪录保持者（9次）——分别在1916年、1921年、1925年、1929年、1937年、1946年、1959年、1987年以及最近的2011年。

南美解放者杯出场最多的球员

是阿莱士·阿吉纳加（厄瓜多尔）——8次，出场年份分别为1987年、1989年、1991年、1993年、1995年、1999年、2001年以及2004年。他持平了安盖尔·罗马诺（卢森堡）在1916年到1926年创造的纪录。

非洲国家杯上获胜最多的球员

艾哈迈德·哈桑在1996年到2010年期间为埃及效力出战该杯赛8次，赢得4场比赛：分别在1998年、2006年、2008年以及2010年。

塞缪尔·埃托奥（喀麦隆，下方插图），在1996年到2010年期间为喀麦隆效力，保持着非

参加FIFA世界杯最多次的球员

洛塔尔·马太（德国）是一名参加过5届世界杯的老将（1982年、1986年、1990年、1994年和1998年），安东尼奥·卡瓦哈尔（墨西哥）同样持有这一纪录，但是这位德国球员参加过最多场次世界杯比赛（25场）。马太称自己的世界吉尼斯纪录为"一份让我特别骄傲的礼物"。

洲国家杯中进球最多的球员的纪录：进球18个。

亚洲杯单场进球最多的球员

2015年1月16日，在澳大利亚墨尔本举行的亚洲杯比赛中，哈姆扎·阿勒杜多尔（约旦）在对战巴勒斯坦队时打进4球。这一纪录是由法里纳在1980年9月22日首次创下的，之后被阿里·代伊（均为伊朗）在1996年12月16日以及伊斯梅尔·阿卜杜勒-拉蒂夫（尼泊尔）在2011年1月24日分别追平该纪录。亚洲杯比赛上共记录16次帽子戏法，其中4次是以上纪录保持者创造的。

2015年1月15日，在澳大利亚堪培拉举行的比赛中，阿里·玛考特（阿联酋）在开赛后14秒就打进一球，成为亚洲杯最快进球。阿联酋也以2比1赢得比赛。

大洋洲国家杯(OFC)单场得分最多的兄弟

2012年6月1日，在所罗门群

连续最多次获得年度非洲足球先生

亚雅·杜尔（寇特，左图）是第一个连续四次获得该荣誉的球员：从2011年至2014年。2004他在科特迪瓦国家队，也称"大象队"首次出战，2014年代替迪迪埃·德罗巴之位成为队长。图雷代表科特迪瓦人参加了6次非洲国家杯，在他23年的领导下他们在2015年2月8日第一次得到科特迪瓦的称号。年度非洲足球先生这一奖项从1970年开始设立，塞缪尔·埃托奥（右图）获得过4次，但不是连续获得的：2003年、2004年、2005年以及2010年。

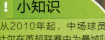

! 小知识

从2010年起，中场球员杜尔在英超联赛中为曼城队效力。在2015年3月1日，他在比赛中第一次对战他的哥哥科洛——一位利物浦队的后卫球员。

第一支在不同大洲获得大洲称号的球队

2015年1月31日，澳大利亚队成为第一支赢得两个洲奖杯的球队，在澳大利亚悉尼举办的2015年澳大利亚亚洲杯中以2比1战胜朝鲜。他们之前在1980年到2004年期间在大洋洲足球协会（OFC）国家杯中获胜4次。2015年亚洲杯上他们吸引了共计650,000人次的观众。

岛霍尼亚拉的罗森塔玛体育馆举行的2012年OFC比赛上，在塔希提对战萨摩亚时，三兄弟——长子乔纳森·特奥以及他的两个双胞胎弟弟洛伦索和阿尔温，共打进8球。乔纳森打进2球，洛伦索打进4球，阿尔温打进2球，同时他们的表兄陶努伊·特奥也在进球名单中，在10比1大胜中贡献1分。

特奥兄弟在随后对阵新喀里多尼亚队、瓦努阿图队和所罗门群岛队的比赛中也有得分。塔希提继而赢得了该联赛，这也是除了澳大利亚队和新西兰队之外的队伍第一次夺冠。

OFC女子国家杯夺冠最多的队伍

2014年10月25日到29日期间举办了第10届该联赛。新西兰女足队获得了她们的第五次胜利。之前四次夺冠分别在1983年、1991年、2007年以及2010年。

UEFA中进球最多的人，包括预选赛

2004年6月12日至2014年11月14日，葡萄牙的克里斯蒂亚诺·罗纳尔多在37场比赛中打进23球：包括17场预选赛和6场欧洲冠军赛。他通过在欧洲2016年一组预选赛中战胜亚美尼亚而打破了约恩·达尔·托马森（丹麦）和哈坎·许屈尔（土耳其）创下的22球的纪录。

国际比赛上连败最多的队伍

在2004年9月4日到2014年10月14日期间，圣马力诺队被记录输了64场比赛。他们在2004年8月迎来了一次顶峰，以1比0战胜列支敦士登队，获得他们唯一一次国际比赛中的胜利。这场胜利之后的连败结束于2014年11月15日，在欧洲杯预选赛上0比0战平爱沙尼亚队——这是他们在预选赛上得到的第一个积分。

UEFA欧洲杯获胜最多的队伍

自从1960年欧洲杯开始到2012年，德国队（见下图和右侧边栏）赢得了23场比赛。

体育活动中每分钟推特发布最多

2014年7月13日，在巴西里约热内卢举行的德国对阵阿根廷的FIFA世界杯决赛上平均每分钟有618,725条推特发布：这一纪录是两队在决赛中碰面时的三倍。推特发布量在德国队获胜的一刻达到了顶峰。

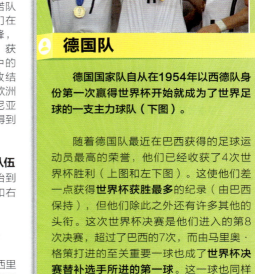

德国队

德国国家队自从在1954年以西德队身份第一次赢得世界杯开始就成为了世界足球的一支主力球队（下图）。

随着德国队最近在巴西获得的足球运动员最高的荣誉，他们已经收获了4次世界杯胜利（上图和左下图）。这使他们差一点获得世界杯获胜最多的纪录（由巴西保持），但他们除此之外还有许多其他的头衔。这次世界杯决赛是他们进入的第8次决赛，超过了巴西的7次，而由马里奥·格策打进的至关重要一球也成了世界杯决赛替补选手所进的第一球。这一球也同样是德国队的第224个进球——世界杯最多进球。

在半决赛中，德国队以7比1大比分打败巴西队，这也是世界杯东道主国家遭遇的最大败绩。这场比赛也见证了老将前锋球员米罗斯拉夫·克洛泽（上图，手捧大力神杯）在世界杯上的第16个进球——世界杯决赛进球最多的球员。

自德国队在2000年欧洲杯这个通常由他们主宰的比赛中出局，在失望中该队实施了年轻球员发展计划，这使得他们在巴西取得巨大胜利。德国队保持参加最多场欧洲杯比赛的纪录（43场）以及最多场欧洲杯胜利（23场）纪录。

2016年，德国队希望继续他们近期的成功以及重新夺回最近由西班牙队获得的最多个欧洲杯头衔的纪录，两支队伍同样都3次捧起大力神杯。

游泳与水上运动

水球起源于英国，是一种在河或湖中进行的"**水上橄榄球**"，当时的球用**猪胃**做成

数字集锦

100千米/小时
某些运动员在水球项目中的投球速度

70万
奥运会游泳池的水量（加仑）

14小时31分
1926年，格特鲁德·埃尔德（美国）泅渡英吉利海峡所用时间——快于之前所有的男子游泳者

600
一位水球运动员在一次比赛中每小时消耗的卡里路

102
2004年1月26日，潜水员维奥拉·卡迪·克拉恩（美国）正式登上国际游泳名人堂时的年龄

第一个由兄弟组成的接力队伍

2010年12月15日，四位阿尔雅斯米亲兄弟奥贝德、赛义德、巴希特和费萨尔（均为阿联酋）参加了在阿拉伯联合酋长国的迪拜举行的国际泳联世界短池游泳锦标赛（25米）4×100米自由接力赛。他们以3分35.72秒的成绩在预选赛中排名第十四。这是四兄弟在国际泳联锦标赛中第一次参加同一项目。

在单次国际泳联短池游泳世界锦标赛上单人项目获得奖牌最多（25米）

2014年12月3日至7日，卡廷卡·霍苏（匈牙利）在卡塔尔多哈举办的第12届国际泳联游泳世界锦标赛上获得8枚奖牌。她在100米仰泳、200米仰泳和100米、200米个人混合泳中获得了金牌，400米个人混合泳、200米自由泳和200米蝶泳中获得了银牌，50米仰泳中仅获得了一枚铜牌。

世界跳水系列赛3米跳板得冠最多者

女子：从2009年至2014年5月4日，何姿（中国，上图）19次夺得冠军。2013年，她不可思议地赢得了六项个人赛中的五项冠军。2014年，她延续了优秀的表现，三次夺冠。

男子：从2007年9月至2014年6月，何冲（中国）12次夺得冠军；在2014年的世界大赛中，他赢得了六项比赛中的四项冠军。

最多奖牌获得者……

国际泳联世界短池游泳锦标赛（25米）

从2004年10月7日至2014年12月7日，瑞安·罗切特（美国，见第239页插图）在短池世锦赛上累计获得奖牌38枚，其中21枚金牌、10枚银牌、7枚铜牌。这其中包括2012年在土耳其伊斯坦布尔举行的一次锦标赛上，他创造了一人独得8枚奖牌的纪录；2014年卡塔尔多哈游泳锦标赛他再次赢得相同数量的奖牌。

国际泳联男子水球世界杯

匈牙利队共计得到了9枚水球世界杯奖牌，包括1979年、1995年和1999年的3枚金牌，2014年匈牙利队第四次获得银牌，1993年、2002年和2006年他们也是第二名，1989年和1997年，他们获得了两枚铜牌。

国际泳联花样游泳世界杯（团体赛）

1979年花样游泳世界杯创设以来，在每届比赛上，加拿大和日本都上演激烈角逐，至2014年两国各赢得了31枚奖牌。

200米静水皮划艇赛中最快的划艇/皮艇（女子）

2014年8月10日，在取得500米皮划艇比赛银牌的数小时后，莉萨·卡林顿（新西兰）在俄罗斯莫斯科举行的世界皮划艇锦标赛以37.898秒取得桂冠。这是她第三次在皮划艇世锦赛200米冲刺项目上夺冠。在2012年奥运会上她也取得该项目的金牌。

2014年游泳世界纪录

2014年，游泳锦标赛在世界各地举办——从澳大利亚的佩斯和黄金海岸到阿拉伯联合酋长国的迪拜以及美国加州的欧文湾——在男子、女子和男女混合的长短池项目上创造了新的世界纪录。

最快的	姓名/国家	时间（分：秒）
400米长池自由泳（女子）	凯蒂·莱德克克斯（美国）	3:58.86
1500米长池自由泳（女子）	凯蒂·莱德克克斯（美国）	15:28.36
4×100米长池自由泳接力（女子）	澳大利亚	3:30.98
4×100米长池自由泳接力（男女混合）	澳大利亚	3:23.29
4×100米长池混合泳接力（男女混合）	澳大利亚	3:46.52
1500米短池自由泳（女子）	劳伦·博伊尔（新西兰）	15:22.68
200米短池蛙泳（男子）	丹尼尔·久尔陶（匈牙利）	2:00.48
50米短池仰泳（男子）	弗洛朗·马努多（法国）	22.22
100米短池蝶泳（男子）	查德·勒·克洛（南非）	48.44
100米短池个人混合泳（男子）	马库斯·戴布勒（德国）	50.66

*国际泳联待核准

最快的200米短程蝶泳

女子： 2014年12月3日，在卡塔尔多哈举行的国际泳联世界锦标赛上，米雷娅·贝尔蒙特（西班牙，如图）以1分59.61秒的成绩完成比赛，这标志着第一次有女子运动员在两分钟内完成了该项目。

男子： 2013年11月4日，在新加坡举行的国际泳联游泳世界杯上，查德·勒·克洛（南非）以1分48.56秒的速度完成比赛。

帆板运动

世界帆板锦标赛得冠最多

男子： 自从五岁开始，帆板运动员安东尼·阿尔比优（法国）分别于2005年在澳大利亚、2007年在巴西、2010年在阿根廷和2011年在波多黎各四次夺冠。

女子： 多萝塔·斯塔谢夫斯卡（波兰）于2000年、2001年、2002年和2004年四次夺冠。

持续时间最长的一波帆板冲浪

2013年8月19日，在阿斯科佩的奇卡马，卡米尔·朱邦（法国）在一个波峰上冲浪长达7分3秒。

最快的帆板冲浪速度（女子）

2012年11月17日，在纳米比亚的吕德里茨，帆板运动员扎拉·戴维斯（英国）使用米斯特拉尔41号板和5.5便携式西默尔图表冲浪记录仪创造了45.83节的成绩。她在500米限时冲浪中以高超的技术创造了水上冲浪项目的女子纪录。

皮划艇运动

国际皮划艇联合会皮艇水球世界男子锦标赛夺冠最多

1994年，在英国的谢菲尔德，皮艇水球正式被国际皮划艇联合会立项。澳大利亚是第一个在1994年、1996年和1998年三次夺冠的国家。紧接着，荷兰在2004年、2008年和2012年也三次夺冠。法国也在2006年、2010年和2014年三次夺冠。

国际皮划艇联合会皮划艇激流回旋锦标赛获金牌数最多

在1949年第一届世界锦标赛上赢得了八枚金牌中的四枚之后，2014年法国队再次通过赢得四枚金牌，重归奖牌榜首。从1949年8月30日到2014年9月21日，法国是唯一一个赢得50枚以上金牌的国家。

参与者最多的国际龙舟联合会世界龙舟俱乐部锦标赛

2014年9月3日至7日，在意大利的拉韦纳，国际龙舟联合会世界龙舟俱乐部锦标赛在338轮竞赛中吸引了5400名参赛者。中国式龙舟每队有20名运动员。来自伊朗、以色列和西班牙的俱乐部首次参加，然而奖牌榜上，第一和第二名均来自加拿大的两个俱乐部获得。

国际泳联男子水球世界杯赛最多连胜

塞尔维亚队在2006年、2010年和2014年8月24日的哈萨克斯坦的阿拉木图点球大战后连续三次夺冠。同年塞尔维亚队还赢得了欧洲水球锦标赛和水球世界联赛。

🏅 瑞安·罗切特

"著名的罗切特"——三次获得国际泳联年度最佳游泳者和两次世界游泳杂志评选的全美年度最佳游泳者——一位破纪录者，他将目光投向了2016年的里约……

这位31岁的美国人在混合泳、自由泳和仰泳的100米、200米和400米项目中成为主力已经长达10年。他第一次参加2004年的雅典奥运会上就赢得了5枚奥运金牌，这其中包括了美国男子队4×200米自由泳金牌，该队还有迈克尔·菲尔普斯。他的第一个奥运会游泳项目个人胜利是北京奥运会的200米仰泳冠军，该项目中他打破了自己同胞亚伦·佩尔索尔创造的世界纪录。

进入2015年，罗切特保持着**200米混合泳（长池和短池）、100米、200米和400米短池混合泳**个人世界纪录。他也是2009年罗马**4×200米自由泳**赛中以少于7分钟游完全程的四人组中的一员。

罗切特在不同泳道多个游泳项目上的能力使他在世界锦标赛上获得许多金牌，尤其是在25米池中，他的水下速度更是出众。毫无意外，**他保持着国际泳联世界游泳锦标赛短道游泳的获得最多金牌的纪录**（见第238页）。

他的成就受到了游泳协会的关注：自从国际泳联年度游泳运动员奖正式设立以来，他三次获此殊荣（2010年、2011年和2013年），远超其他运动员。

最快的50米长池蝶泳（女子）

2014年7月5日，在瑞典的布罗斯，萨拉·舍斯特伦（瑞典）在瑞典国家锦标赛上创造了24.43秒的闪速。

这个21岁的女孩打破了保持5年的25.07秒的世界纪录。稍后在女子400米混合接力赛中她游出了个人55.73秒的成绩，助其团队获得第二名。

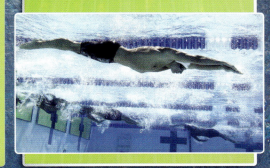

网球

1498年，国王查理八世（法国）在**进入网球场**时因撞击到头部而去世

数字集锦

8毫米
温布尔登网球场草坪高度

4000万澳元
大满贯最高奖金
2015年澳大利亚网球公开赛总奖金（2160万英镑；3250万美元）

50,970
最长的连续对打
是由父亲弗兰克和儿子丹尼斯·富尔曼（均为德国）创造的

198厘米
赢得大满贯最高球员的身高，这一纪录的拥有者是胡安·马丁·德尔波特罗（阿根廷，2009年）和马林·西里奇（克罗地亚，2014年）

获得网球锦标赛单打冠军最多的球员

女子：马丁娜·纳芙拉蒂诺娃（美国）在她的职业生涯（1975—2004）中共获得1442场比赛的冠军。

男子：吉米·康纳斯（美国，上图）从1972年到1996年共获得1253场单打比赛的冠军，其中包括109个冠军头衔——他也是获得**网球锦标赛冠军头衔最多的球员**。

连续获得轮椅网球单打冠军最多的球员

女子：截止到2012年9月7日，埃丝特·费海尔（荷兰）凭借在伦敦残奥会赢得的第四个冠军，已经连续获得470场比赛的胜利。

大满贯

最大罚单

塞雷娜·威廉姆斯（美国）可能是女子网坛收入最高的球员（见下图），但她也是在大满贯赛事中获得最大罚单的球员。2009年9月12日，在美国网球公开赛的半决赛中，她因对裁判做出恶劣行为被罚82,500美元（52,590英镑）。

男子：从2008年1月23日到2010年11月20日，日本选手国枝慎吾连续赢得106场单打比赛的胜利。

第一个以团队为基础的国际型网球联赛

首届国际网球超级联赛（IPTL）在2014年11月28日拉开战幕，并于12月13日落下帷幕。这项赛事云集了21个大满贯冠军球员和14个世界第一和前世界第一球员。他们被分为四个队，分别代表获得特许权的四个亚洲城市：印度王牌队、新加坡撞击者队、马尼拉小牛队和阿联酋皇家队。其中印度王牌队——球员包括罗格·费德勒（瑞士）、皮特·桑普拉斯（美国）和安娜·伊万诺维奇（塞尔维亚）——赢得了冠军，获得净奖金100万美元（636,000英镑）。

观众人数最多的ATP世界巡回赛总决赛

2014年11月9日至16日，职业网球联合会（ATP）世界巡回赛总决赛在英国伦敦举行。本次赛事吸引了263,560名观众。巡回赛中排名最高的男子单打和双打选手进行了巅峰对决，15场比赛中有9场比赛观众爆满。

赢得网球联赛双打冠军头衔最多的球员

2015年2月22日，在赢得佛罗里达州德尔雷比奇公开赛冠军后，美国双胞胎组合鲍勃和迈克·布赖恩的双打冠军头衔已经达到104个。

2014年10月12日，他们成为**第一个获得"职业金大师"称号的双打球员**——每次ATP世界巡回赛1000大师赛中至少赢得一次冠军——当时他们正在中国上海大师赛中一路过关斩将。

最快的发球

女子：2014年7月29日，在美国加利福尼亚州举办的西部银行精英赛中，扎比内·利斯基（德国，左图）的发球时速达到210.8千米/小时。即使在当时，利斯基也表示："我知道发球很重要。"她这样和吉尼斯世界纪录的工作人员说，"这一周我一直苦练发球。"但是她也承认，尽管"发球在我的比赛中非常重要……，但是我没想到我能打破纪录。我想在某一天，可能会发生。"

男子：2012年5月9日，塞缪尔·格罗思（澳大利亚）在韩国釜山的ATP大师赛上发出了一个时速为263千米/小时的发球。

网球生涯中收入最高的球员（女子）

塞雷娜·威廉姆斯（美国）1995年转为职业选手。截止到2015年3月9日，这位19次大满贯冠军得主已经累积获得66,211,528美元（44,782,600英镑）的奖金。这个奖金额度几乎是网球女子选手中收入第二高的玛丽亚·莎拉波娃（俄罗斯）收入的两倍，尽管莎拉波娃的收入已经达到34,094,202美元（22,656,100英镑）。

拥有17个大满贯单打冠军头衔的罗格·费德勒（瑞士）曾是**网球职业生涯中收入最高的球员（男子）**，截止到2015年3月9日，他的累积收入已达89,280,550美元（59,328,100英镑）。

1,040,000,000,000,000,000,000,000米 室女座超星系团——包括银河系在内的一个超星系团——的直径

连续打进ATP世界巡回赛总决赛最多的球员

2014年，罗格·费德勒（瑞士）连续第十三次打进ATP世界巡回赛总决赛，超过了伊万·伦德尔（捷克/美国）连续12年打进总决赛的纪录（1980年至1991年）。费德勒凭借6个冠军头衔成为拥有ATP世界巡回赛总决赛单打冠军头衔最多的球员。

第一个"黄金一盘"

在2012年温布尔登网球公开赛中，雅罗斯拉娃·舍夫多娃（哈萨克斯坦）在与萨拉·埃拉尼（意大利）比赛中未失一分。这是大满贯历史上第一次出现的"黄金一盘"。

用时最长的单打比赛

在2010年温布尔登冠军赛中，约翰·伊斯内尔（美国）与尼古拉斯·马于（法国）的比赛于6月22日下午6：13开始。由于光线逐渐暗淡，比赛不得不在打完第一盘后中止。第二天，当他们的比赛进行到第五盘时，因为光线问题，比赛又一次

赢得大满贯轮椅组冠军年龄最小的球员（女子）

2014年9月6日，上地结衣（日本，生于1994年4月24日）与乔丹尼·韦利（英国）合作，在美国纽约赢得了美国公开赛轮椅双打冠军。这一天，上地结衣只有20岁零135天。

中止，直到6月24日下午4：48比赛最终结束，共历时11小时5分。

打满五盘比赛最多的球员

截止到2015年1月22日，莱顿·休伊特（澳大利亚）在大满贯赛事中一共打出43场五盘的比赛，胜负比是26：17。2014年，他不但平了而且还打破了由安德烈·阿加西（美国）保持的41场打满五盘的大满贯比赛。

连续参加大满贯单打比赛最多的球员

从1994年的温布尔登网球赛到2009年的美国公开赛，杉山爱（日本）一共连续参加了62次大满贯单打比赛。直到2015年3月，杉山爱的耐力壮举才受到了来自罗格·费德勒（连续61次参加大满贯赛事）和弗兰切斯卡·斯基亚沃内（意大利，连续58次参加大满贯赛事）的威胁，他们连续参加大满贯比赛的次数在2015年澳大利亚网球公开赛中继续增加着。

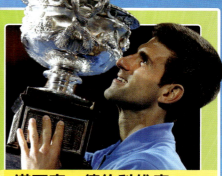

👤 诺瓦克·德约科维奇

截止到2015年2月，已经拥有49个单打冠军头衔——包括8个大满贯——的网坛世界第一德约科维奇（塞尔维亚）已经成为目前ATP巡回赛当之无愧的王者。下面，我们来回顾一下他职业生涯中一些最精彩的时刻。

2015年2月1日，在澳大利亚的墨尔本公园，德约科维奇赢得了他最新的一座大满贯奖杯（在编写本书时）：他在阳光普照的罗德·拉沃球场打满四局战胜了安迪·默里（英国）。

这不仅是塞尔维亚人的第五个澳网公开赛冠军，也使他在33场"澳大利亚"大满贯比赛中的胜利增加到32场。

从2011年到2013年，德约科维奇在澳大利亚网球公开赛中获得三连冠，这也使他成为第一个连续三次夺得澳网冠军的球员（公开赛时代）。

2014年度ATP最佳球员德约科维奇获得14,250,527美元（9,173,650英镑）的奖金，比他以前的最高年收入高出150万美元（100万英镑）。

2014年，他荣获7个ATP冠军头衔，包括第二个温网冠军和连续第三年ATP世界巡回赛总决赛冠军，这也使他成为第23位在公开赛时代赢得里程碑式的600场比赛胜利的球员。但是，也许他人生中最骄傲的时刻并不是在网球场上，而是他和青梅竹马的爱人耶莱娜·里斯蒂奇交换结婚誓言的时候，是他当上父亲的时候。

在2012年的澳大利亚网球公开赛上，德约科维奇在与拉斐尔·纳达尔（西班牙）又创造了一项新的纪录。2012年1月28日，历时5小时53分的比赛成为大满贯决赛中用时最长的比赛。最终，德约科维奇以5-7，6-4，6-2，6-7，7-5赢得了比赛。

这是他的第8个大满贯冠军——追平了公开赛时代传奇人物吉米·康纳斯（美国）、伊万·伦德尔（捷克/美国）和安德烈·阿加西（美国）所获得的冠军数量。非凡的战绩、斗志和运动员精神使他成为最伟大的球员。局点、盘点、赛点——德约科维奇。

💡 小知识

诺瓦克·德约科维奇是唯一一位在所有四大大满贯赛事中击败罗格·费德勒的球员。而费德勒同样是唯一一位在这四大大满贯赛事中击败德约科维奇的球员。

田径

在最初的古希腊奥运会中，**标枪运动员**在**马背**上竞赛

数字集锦

13,471
十项全能中的最高得分

9971
七项全能中的最高得分

16磅
国际田联男子运动员使用的铅球重量（7.26千克）

2.3米
国际田联女子运动员使用标枪的最大长度

85毫米
2012年奥运会的奖牌直径——这是**最大的夏季奥运会奖牌**

213
截止到2015年2月国际田联的成员数

126
钻石联赛的最多积分纪录，由瓦莱丽·亚当斯（新西兰）在2010年至2014年间创造

3小时32分33秒
50千米竞走的**最短时间纪录**，由约安·迪尼兹（法国）于2014年8月15日在瑞士苏黎世创造

获得钻石联赛冠军最多

撑杆跳选手雷诺·拉维莱涅（法国）在钻石联赛——由国际田径联合会（IAAF）组织的每年一度的田径赛事——中5次获胜。另有3名**女子**运动员以4次获胜的成绩获得此项殊荣，她们分别为赛跑选手米尔卡·切莫斯·切瓦（肯尼亚）、铅球选手瓦勒瑞·亚当斯（新西兰）和跨栏选手凯利斯·斯潘塞（牙买加）。

田联室内世锦赛

赢得奖牌最多

女子：1993年至2008年之间，玛丽亚·穆托拉（莫桑比克）在800米赛跑中夺得9枚奖牌。这个成绩可以与纳塔利娅·娜扎洛娃（俄罗斯）在1999年至2010年间400米赛跑和4×400米接力中的成绩相媲美。

男子：古巴跳高运动员哈维尔·索托马约尔在1985年至1999年间赢得了6枚奖牌。

国家：最成功的国家当属美国，在1985年至2014年间包揽了214枚奖牌。

年纪最大的奖牌获得者

女子：1997年3月9日，俄罗斯赛跑运动员叶卡捷琳娜·波德科帕耶娃在法国巴黎夺得1500米长跑金牌，当时她已经44岁零271天。

男子：2014年3月9日，伯纳德·拉加特（美国，生于肯尼亚）在波兰索波特市赢得3000米长跑银牌，当时他39岁零87天。

奥运会与残奥会

100米赛跑速度最快（T11）

男子：2014年4月18日，残奥会选手大卫·布朗（美国）在为有视觉缺陷的运动员设置的T11组别的赛跑中跑出了10.92秒的成绩，比原来的纪录缩短了0.11秒。

女子：2012年9月5日伦敦残奥会上，特雷济尼亚·吉列尔米娜和她的引导者吉列尔梅·圣安娜（均为巴西）在12.01秒内跑完了100米的赛程。

残奥会获得金牌最多的运动员

女子：1996年至2008年间，尚塔尔·帕蒂可莱克（加拿大）在为脊髓损伤运动员设置的T53级和T54级的竞赛项目中摘取了14枚金牌。

男子：弗朗兹·尼特利斯帕奇（瑞士）在1980年至2000年间获得了轮椅竞速的14枚金牌。

20千米竞走速度最快（女子）

2012年8月11日伦敦夏季奥运会上，埃琳娜-拉什马诺娃（俄罗斯）速度计时为1小时25分2秒。

室内4×400米接力赛速度最快

2014年3月9日，在波兰索波特市举行的2014室内田径世锦赛上，金德·小巴特勒、戴维·费尔堡、卡尔文·史密斯和凯尔·克莱蒙斯（均为美国，由左至右）跑出了3分2.13秒的成绩，打破了波兰维持了15年的3分3.01秒的纪录。

室外径赛项目（男子）			
项目	**时间**	**姓名（国籍）**	**日期**
100米	9.58秒	尤塞恩·博尔特（牙买加，如图）	2009-8-16
200米	19.19秒	尤塞恩·博尔特（牙买加）	2009-8-20
400米	43.18秒	迈克尔·约翰逊（美国）	1999-8-26
800米	1分40.91秒	达维德·鲁迪沙（肯尼亚）	2012-8-9
1000米	2分11.96秒	诺厄·恩格尼（肯尼亚）	1999-9-5
1,500米	3分26.00秒	希沙姆·艾尔·格鲁杰（摩洛哥）	1998-7-14
1英里	3分43.13秒	希沙姆·艾尔·格鲁杰（摩洛哥）	1999-7-7
2000米	4分44.79秒	希查沙姆·艾尔·格鲁杰（摩洛哥）	1999-9-7
3000米	7分20.67秒	丹尼尔·科门（肯尼亚）	1996-9-1
5000米	12分37.35秒	克内尼萨·贝克莱（埃塞俄比亚）	2004-5-31
10,000米	26分17.53秒	克内尼萨·贝克莱（埃塞俄比亚）	2005-8-26
20,000米	56分26.00秒	海尔·格布雷西拉西耶（埃塞俄比亚）	2007-6-27
25,000米	1小时12分25.4秒	摩西·切普科特·莫索普（肯尼亚）	2011-6-3
30,000米	1小时26分47.4秒	摩西·切鲁约特·莫索普（肯尼亚）	2011-6-3
3000米障碍赛	7分53.63秒	赛义夫·赛尔得·沙欣（卡塔尔）	2004-9-3
110米跨栏	12.80秒	埃里斯·梅里特（美国）	2012-9-7
400米跨栏	46.78秒	凯文·扬（美国）	1992-8-6
4×100米接力	36.84秒	牙买加	2012-8-11
4×200米接力	1分18.63秒	牙买加	2014-5-24
4×400米接力	2分54.29秒	美国	1993-8-22
4×800米接力	7分2.43秒	肯尼亚	2006-8-25
4×1500米接力	14分22.22秒	肯尼亚	2014-5-25

室外田赛项目（男子）			
项目	**米**	**姓名（国籍）**	**日期**
跳高	2.45	哈维尔·索托马约尔（古巴）	1993-7-27
撑杆跳	6.14	雷诺·拉维莱涅（法国）	1994-7-31
跳远	8.95	迈克·鲍威尔（美国）	1991-8-30
三级跳远	18.29	乔纳森·爱德华兹（英国）	1995-8-7
铅球	23.12	兰迪·巴尔内斯（美国）	1990-5-20
铁饼	74.08	尤尔根·舒尔特（东德）	1986-6-6
链球	86.74	尤里·谢德赫（苏联）	1986-8-30
标枪	98.48	扬·泽列兹尼（捷克）	1996-5-25

项目	得分	姓名（国籍）	日期
十项全能	9039	阿什顿·伊顿（美国）	2012-6-23

数据更新截止到2015年2月17日

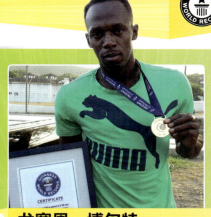

室外径赛项目（女子）

项目	时间	姓名（国籍）	日期
100 米	10.49秒	弗洛伦丝·格里菲思·乔伊纳（美国）	1988-7-16
200 米	21.34秒	弗洛伦丝·格里菲思·乔伊纳（美国）	1988-9-29
400 米	47.60秒	玛瑞塔·科吉（东德）	1985-10-6
800 米	1分53.28秒	娅尔米拉·克拉托赫维洛娃（前捷克）	1983-7-26
1000 米	2分28.98秒	斯韦特兰娜·马斯捷尔科娃（俄罗斯）	1996-8-23
1500 米	3分50.46秒	曲云霞（中国）	1993-9-11
1 英里	4分12.56秒	斯韦特兰娜·马斯捷尔科娃（俄罗斯）	1996-8-14
2000 米	5分25.36秒	索尼娅·沙利文（爱尔兰）	1994-7-8
3000 米	8分06.11秒	王军霞（中国）	1993-9-13
5000 米	14分11.15秒	蒂鲁内什·迪巴巴（埃塞俄比亚）	2008-6-6
10,000 米	29秒31.78秒	王军霞（中国）	1993-9-8
20,000 米	1小时05分26.6秒	泰格拉·洛鲁佩（肯尼亚）	2000-9-3
25,000 米	1小时27分05.9秒	泰格拉·洛鲁佩（肯尼亚）	2002-9-21
30,000 米	1小时45分50.0秒	泰格拉·洛鲁佩（肯尼亚）	2003-6-6
3000米障碍赛	8分58.81秒	古丽娜拉·加尔金娜（俄罗斯）	2008-8-17
100 米 跨栏	12.21秒	约尔丹卡·冬克拉（保加利亚）	1988-8-20
400 米 跨栏	52.34秒	尤利娅-佩奇昂基娜（俄罗斯）	2003-8-8
4x100米 接力	40.82秒	美国	2012-8-10
4x200米 接力	1分27.46秒	美国 "蓝队"	2000-4-29
4x400米 接力	3分15.17秒	苏联	1988-10-1
4x800米 接力	7分50.17秒	苏联	1984-8-5
4x1500米接力	16分33.58秒	肯尼亚	2014-5-24

室外田赛项目（女子）

项目	米	姓名（国籍）	日期
跳高	2.09	斯泰芙卡·科斯塔迪诺娃（保加利亚）	1987-8-30
撑杆跳	5.06	埃琳娜·伊辛巴耶娃（俄罗斯）	2009-8-28
跳远	7.52	加琳娜·奇斯佳科娃（苏联）	1988-6-11
三级跳远	15.50	伊涅萨·克拉韦茨（乌克兰）	1995-8-10
铅球	22.63	纳塔利娅·利索夫斯卡娅（苏联）	1987-6-7
铁饼	76.80	加布里埃莱·赖因施（东德）	1988-7-9
链球	79.58	阿妮塔·沃达尔奇克（波兰）	2014-8-31
标枪	72.28	芭尔博拉·斯波塔科娃（捷克）	2008-9-13

项目	得分	姓名（国籍）	日期
七项全能	7,291	杰姬·乔伊纳-库西（美国）	1988-9-24
十项全能	8,358	奥斯特拉·斯库吉特（立陶宛）	2005-4-15

数据更新截止到2015年2月17日

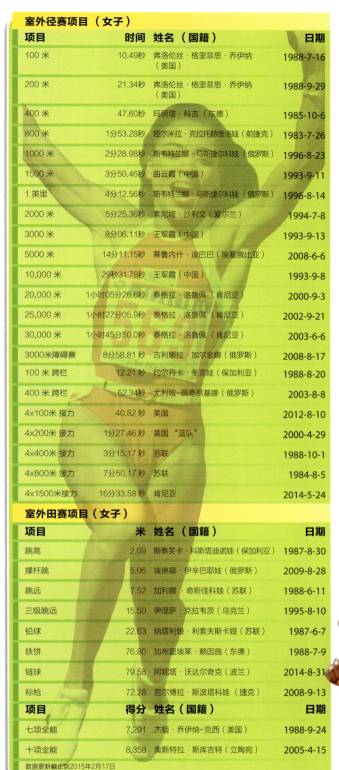

投掷链球最远（女子）

2014年8月31日，在德国柏林奥林匹克体育场举行的国际田联挑战赛期间，阿妮塔·沃达尔奇克（波兰）投掷链球达79.58米远。沃达尔奇克曾经在2009年和2010年创造了这项纪录。

参加钻石联赛项目最多

尼日利亚田径运动员布莱辛·奥卡格巴雷在2010年7月3日至2014年9月5日间参加了38个钻石联赛的项目。奥卡格巴雷的特长为100米和200米短跑以及跳远（见下图）。

获得奥运奖牌最多的运动员

男子： 芬兰赛跑选手帕沃·努尔米在他的运动员生涯中分别于1920年、1924年和1928年获得了12枚奖牌（9金3银），令人惊讶不已。仅在1924年巴黎夏季奥运会上，他就赢得了5枚金牌，成为至今为止在**单届奥运会上获得金牌最多的运动员**。

女子： 1980年俄罗斯莫斯科奥运会至2000年澳大利亚悉尼奥运会之间，牙买加短跑选手默琳·奥蒂获得了100米和200米共9枚奖牌——3枚银牌，6枚铜牌。

奥蒂以1983年至1997年共获得14枚奖牌的成绩在女性运动员中高居榜首，成为**获得田联世锦赛奖牌最多的运动员**。

尤塞恩·博尔特

每一项运动都有它的英雄人物，但几乎没有人的名望能够达到短跑运动员尤塞恩·圣·里奥·博尔特（牙买加）的高度。他不仅是100米和200米纪录的创造者（见表格），同时也是第一个连续在几届奥运会上100米和200米项目中获胜的运动员。但是这个速度最快的人是如何成为一名体育明星的呢？

小时候，尤塞恩·博尔特经常因为极度活跃而受到指责。在十几岁时，他投身到体育运动中，希望借此机会有效利用他过剩的精力。

最初博尔特喜爱板球，但他父母注意到他的速度后，鼓励他把精力投入到田径运动中。他的第一枚奖牌——一枚铜牌——是在他13岁上高中时获得的。尽管这只是一枚80米跨栏的奖牌，但最初的胜利足以激发他在体育运动上的雄心。

2002年，在牙买加金斯敦举行的国际田联青年世锦赛上，他首次在国际上亮相。年仅15岁的他在200米项目中跑出了20.61秒的成绩，为他的祖国赢得了这个项目上唯一的一枚金牌。

尽管有一段时间病痛缠身，他还是参加了2008年北京奥运会，又回到赛场上继续奋斗，打破了**100米、200米和4x400米接力**的纪录——在随后的比赛中又刷新了这些纪录。

当被问到在吉尼斯世界纪录60周年纪念期间（上图）赢得奖牌感想如何时，博尔特告诉我们："人们一想到吉尼斯世界纪录，卓越和非凡这样的词就会涌现在脑海中。我也一样，我感到很荣幸，很开心。"

中国篇章

最大的永久3D立体地画

　　最大的永久3D立体地画面积为2632平方米，2014年12月23日在中国山东青岛，由2014青岛国际园艺博览会、青岛世园（集团）有限公司和青岛理工大学艺术学院（均为中国）共同创作。

一分钟装载机开啤酒瓶最多

一分钟装载机开啤酒瓶最多的纪录是30个，是郭凯（中国）与2016年1月11日在中国北京的《吉尼斯中国之夜》录制现场创造的。

30秒做360度绕颈旋转次数最多

穿轮滑鞋在30秒内360度绕颈旋转最多为102次，此项纪录是由来自沈阳金鹰青年杂技剧团的王刘晨和王晨雨（均为中国）于2015年1月11日在中国江苏省江阴市举办的中国中央电视台《吉尼斯中国之夜》上创造的。

一箭射破水球最多

一箭射破最多水球为38个，此项纪录是由路易·迪·米歇尔（意大利）于2015年1月11日在中国江苏省江阴市举办的中国中央电视台《吉尼斯中国之夜》上创造的。

用人工吹气方式抬起最重的车

用人工吹气方式抬起最重的车重达1990.25千克，此项纪录是由布莱恩·杰克逊（美国）于2015年1月12日在中国江苏省江阴市举办的中国中央电视台《吉尼斯中国之夜》上创造的。

自行车杆下滑行距离最远

自行车杆下滑行最远距离为30.02米，此项纪录是由蒂姆·诺尔（美国）于2015年1月12日在中国

牙刷转篮球坚持时间最长

牙刷转篮球坚持最长时间为40.12秒，此项纪录是由萨尼瓦尔·古拉盖（尼泊尔）于2015年1月5日在中国江苏省江阴市举办的中国中央电视台《吉尼斯中国之夜》上创造的。

30秒倒编花跳绳最多

30秒倒编花跳绳最多为66个，此项纪录是由吴波波（中国）于2015年1月5日在中国北京举办的中国中央电视台《吉尼斯中国之夜》上创造的。

一分钟喷火次数最多

一分钟喷火次数最多为189次，此项纪录是由朱建高（中国）于2015年1月9日在中国江苏省江阴市举办的中国中央电视台《吉尼斯中国之夜》上创造的。

江苏省江阴市举办的中国中央电视台《吉尼斯中国之夜》上创造的。

腹部吸碗悬空时间最长

腹部吸碗悬空最长时间是12分2秒，此项纪录是由周鹏程（中国）于2014年9月9日在中国福建省厦门市举办的中国中央电视台《吉尼斯中国之夜》上创造的。

跳跃十个横杆用时最短

跳跃十根横杆用时最短为6.14秒，此项纪录是由张云鹏（中国）于2015年1月13日在中国江苏省江阴市举办的中国中央电视台《吉尼斯中国之夜》上创造的。

头发拉最重汽车

头发拉动的最重客车重达9585.4千克，此项纪录是由何益群（中国）于2015年1月13日在中国江苏省江阴市举办的中国中央电视台《吉尼斯中国之夜》上创造的。

两人30秒在健身球上做最多次后空翻

30秒内两人在健身球上最多完成25次后空翻，此项纪录是由梁刘涛和王刚（均为中国）于2015年1月13日在中国江苏省江阴市举办的中国中央电视台《吉尼斯中国之夜》上创造的。

在头顶旋转轮上做360度旋转最多

在头顶旋转轮上做360度旋转最多数量为12个，此项纪录是由鲍里斯拉瓦·瓦内娃和瓦伦汀·迪诺（均为保加利亚）于2015年1月13日在中国江苏省江阴市举办

一分钟自行车开啤酒瓶最多

一分钟自行车开啤酒瓶最多为21个，此项纪录是由本尼托·罗斯（西班牙）于2015年1月9日在中国江苏省江阴市举办的中国中央电视台《吉尼斯中国之夜》上创造的。

的中国中央电视台《吉尼斯中国之夜》上创造的。

30秒钻网球拍次数最多

30秒钻过网球拍最多次数是22次，此项纪录是由萨尼瓦尔·古拉盖（尼泊尔）于2015年1月13日在中国江苏省江阴市举办的中国中央电视台《吉尼斯中国之夜》上创造的。

一分钟飞扑克牌扎进西瓜最多

一分钟飞扑克牌最多扎进17个西瓜，此项纪录是由白登春（中国）于2015年1月14日在中国江苏省江阴市举办的中国中央电视台《吉尼斯中国之夜》上创造的。

全身接触冰块坚持时间最长

身体与冰块零距离接触最长时间是1小时53分10秒，此项纪录是由金松浩（中国）于2014年9月4日在中国福建省厦门市举办的中国中央电视台《吉尼斯中国之夜》上创造的。

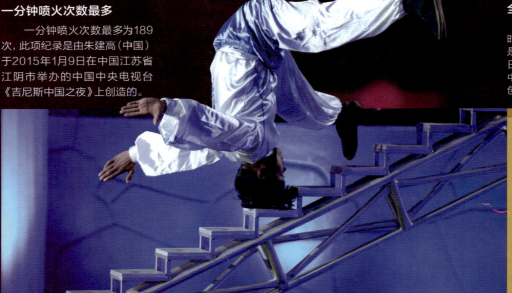

倒立用头上台阶最多级数

倒立用头上台阶最多为36级，此项纪录是由李龙龙（中国）于2015年1月5日在中国江苏省江阴市举办的中国中央电视台《吉尼斯中国之夜》上创造的。

一分钟蹦床跳到平台人数最多

一分钟蹦床跳到平台人数最多的纪录是36人，是中华武校（中国）2016年1月9日在中国北京的《吉尼斯中国之夜》录制现场创造的。少林塔沟武术学校（中国）在同日同地平了这个纪录。

一分钟内吹鸡蛋翻转最多

一分钟内把置于杯中的鸡蛋吹翻使其掉头落入杯中的最多数量为49个，此项纪录是由丁兆海（中国）于2014年9月5日在中国福建省厦门市举办的中国中央电视台《吉尼斯中国之夜》上创造的。

嘴接两个乒乓球次数最多

嘴接两个乒乓球最多为304次，此项纪录是由姜国营（中国）于2014年9月8日在中国福建省厦门市举办的中国中央电视台《吉尼斯中国之夜》上创造的。

一分钟头顶头上台阶数量最多

连续头顶头上台阶数量最多为25个，此项纪录是由唐涛和粟增显（均来自中国）于2014年9月10日在中国福建省厦门市举办的中国中央电视台《吉尼斯中国之夜》上创造的。

蒙眼连续抛接40千克重物最多次

蒙眼连续抛接40千克重物最多13次，此项纪录是由王炳荣（中国）于2014年7月22日在意大利米兰的《纪录秀》节目上创造的。2015年1月12日，他在中国江苏省江阴市举办的中国中央电视台《吉尼斯中国之夜》上平了这一纪录。

一分钟下腰叼花最多

一分钟下腰叼花数量最多为11个，此项纪录是由朱莉亚·根瑟（又名泽拉塔，德国）于2015年1月5日在中国江苏省江阴市举办的中国中央电视台《吉尼斯中国之夜》上创造的。

大泡泡里吹最多的肥皂泡

大泡泡里吹肥皂泡数量最多为779个，此项纪录是由苏仲太（中国台湾）于2015年1月13日在中国江苏省江阴市举办的中国中央电视台《吉尼斯中国之夜》上创造的。

重卡斜坡飞跃距离最远

重卡斜坡飞跃最远距离为26米，此项纪录是由张海鸥（中国）于2014年12月25日在中国山西省运城市举办的中国中央电视台《吉尼斯中国之夜》上创造的。

三车同时漂移入位间距最短

三车同时漂移入位最短间距为59米，此项纪录是由贾翰，李龙和夏洪军（中国）于2014年12月25日在中国山西省运城市举办的中国中央电视台《吉尼斯中国之夜》上创造的。

中国社会面面观

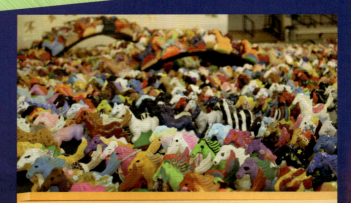

绕腿抛接4个空竹持续时间最长

绕腿抛接4个空竹持续时间最长的世界纪录是由彭湛于2014年8月24日在中国北京中央电视台的《少年中国强》节目中创造的。他绕腿抛接4个空竹一共持续了1分21秒。

单人创作的最长丝绢画

2014年10月14日，画家林龙顺在中国辽宁营口创作出长达164.8米的丝绢画，这幅画成为单人创作的最长丝绢画。

最大的茶拼图

最大的茶拼图由5280杯茶组成，这一纪录是在2014年8月30日由天下第一泉风景名胜区管理中心（中国）在山东济南大明湖创造。

最多人接受面部护理

2015年5月4日，在中国山东济南，有1000人接受了由济南莎蔓莉莎管理咨询有限公司（中国）举办的面部护理，创造了最多人接受面部护理的世界纪录。

最大的永久性投影屏

最大的永久性投影屏为1580.94平方米，安装在横琴海洋王国的5D城堡剧院，所有者为珠海长隆投资发展有限公司海洋王国（中国）。屏幕于2015年5月30日对公众开放。

最多参赛队的龙舟赛

2015年6月19日至20日，在中国浙江省温州市，203艘龙舟参加温州市人民政府组织的龙舟赛，创造了最多参赛队参加的龙舟赛世界纪录。

在5个生鸡蛋上切钢丝的用时最短

在5个生鸡蛋上切钢丝用时最短的纪录是由陈伟（中国）创造的。2014年7月24日，他在意大利米兰的《纪录秀》节目中只用23.35秒就在5个生鸡蛋上切断了钢丝。

最大规模的玉器收藏

2015年6月20日，吉尼斯世界纪录在中国香港认证了林钟欢（中国香港）拥有最多的玉器收藏品，他一共有7176件玉器藏品。

最大规模的可回收材料制成的雕塑展览

香港青年协会（香港）在香港沙田马场中展出了10,074个雕塑，这个展览于2015年4月2日被认证为最大规模的可回收材料制成的雕塑展览。

最大规模的泳装时装表演

2015年6月23日，在中国辽宁省葫芦岛，有502人参加了葫芦岛市政府（中国）举办的泳装时装表演，创造了最大规模泳装时装表演的世界纪录。

最大规模的葫芦丝合奏

2015年12月27日，顺德职业技术学院（中国）在中国广东省佛山市举办了规模最大的葫芦丝合奏，参与演奏的人

最大规模的空中武术表演

2014年8月16日，在中国江苏省南京市举办的2014南京青奥会开幕式上，由登封市少林塔沟武术学校和南京青奥组委会（均为中国）一起创造了最大规模的空中武术表演，共106人参加空中表演部分。

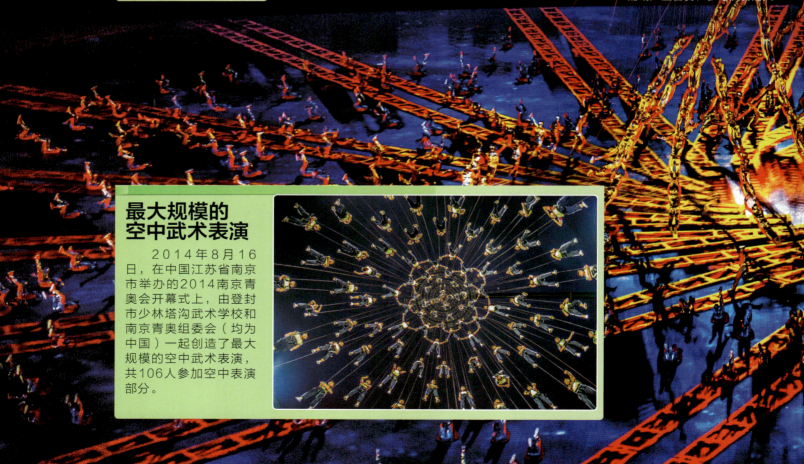

数达1589人。

最大规模孕妇瑜伽课（多场地）

2015年10月25日，博生医疗投资有限公司（中国）在中国一些城市创造了多场地最大规模孕妇瑜伽课的世界纪录，参与瑜伽课孕妇达1443人。

最大的大米拼图

2014年11月8日，中国道教民俗文化协会（中国台湾台北）在台湾台北的彰化市创造出了世界上最大的大米拼图，面积达1798平方米。

最大规模的品茶活动（单一场地）

2014年11月16日，武夷山市茶业同业公会（中国）在中国福建武夷山举办了规模最大的品茶活动，参与者多达1105人。

最大规模的咏春拳表演

最大规模的咏春拳表演参与者多达10,121人，这项纪录由四川西南航空职业学院（中国）于2015年1月8日在中国四川成都创造。

最大的3D气球雕塑

最大3D气球雕塑是由104,668个气球构成的玩具熊。2014年11月28日，在中国香港太平山山顶广场，由王钰璋（中国香港）同一组气球造型艺术家制作。

最大规模的转场舞

2014年11月29日，在中国贵州黔南布依族苗族自治州册亨县，9770人参与了册亨县人民政府举办的转场舞，创造了最大规模的转场舞世界纪录。

最大的水族馆展示窗

最大的水族馆展示窗为39.965米×8.3米，位于中国成都海滨城浩海立方海洋馆（中国），于2014年12月31日建成。

最多人一起吹灭蜡烛

2015年1月16日，在中国云南省昆明，顺城购物中心的841名工作人员一起吹灭蜡烛，创造了最多人一起吹灭蜡烛的世界纪录。

最大的饺子拼图

2015年4月12日，在中国安徽省合肥天龙广场，安徽骏普投资置业有限公司（中国）拼出了9.92平米的饺子拼图，创造了最大饺子拼图的世界纪录。

最大规模的唐卡展示

2015年6月20日，迪庆香格里拉文化发展有限公司（中国）在中国云南省迪庆藏族自治州香格里拉的香巴拉坛城文化博览中心展出了1699幅唐卡，创造了最大规模唐卡展示的吉尼斯世界纪录称号。

最高的珐琅佛像

最高的珐琅佛像18.04米高，由上海传世珐琅、上海凯特琳和上海康渊企业发展有限公司（均为中国）制作。此珐琅佛像位于中国山东的兖州兴隆文化园，于2014年1月19日通过吉尼斯世界纪录认证。

最大的银行卡拼图

2015年5月20日，在中国广东佛山，广发银行信用卡中心（中国）拼出了129.42平方米的银行卡拼图，创造了最大银行卡拼图的世界纪录。

最多人同时挖冰淇淋

2015年6月27日，在中国上海的正大广场，中国冰雪皇后冰淇淋店创造了270人同时挖冰淇淋的世界纪录。

最大的寄宿制足球学校

最大的寄宿制足球学校为中国广东省的清远恒大足球学校（中国），截止到2015年2月8日，注册学生有2577人。

最大的指印画

2015年4月3，香港赛马会（中国香港）为纪念其成立130周年，于社区节日期间在中国香港沙田马场制作了153.06平方米的手指绘画，创造了最大指印画的世界纪录。

吞剑提起的最大重量

吞剑提起的最大重量为29千克，此项纪录是由詹姆斯·洛克伦（澳大利亚），别名空中曼岛猫，于2015年1月10日在中国澳门威尼斯人酒店举办的吉尼斯世界纪录星光汇表演上创造的。

最大的3D坛城

最大的3D坛城高7.371米，直径14.23米，由迪庆香格里拉文化发展有限公司（中国）在中国云南迪庆藏族自治州香格里拉建成，2015年3月12日通过吉尼斯验证。

京权图字：01-2016-2108

Chinese language translation © 2015 Guinness World Records Limited
This edition of Guinness World Records is published by arrangement with Guinness World Records Limited.

图书在版编目（CIP）数据

吉尼斯世界纪录大全. 2016/英国吉尼斯世界纪录有限公司著. —— 北京：外语教学与研究出版社，2016.5
ISBN 978-7-5135-7545-4

Ⅰ.①吉… Ⅱ.①英… Ⅲ.①科学知识–普及读物 Ⅳ.①Z228

中国版本图书馆CIP数据核字（2016）第104810号

出版人　蔡剑峰
责任编辑　李双
美术编辑　李双双
出版发行　外语教学与研究出版社
社　址　北京市西三环北路19号（100089）
网　址　http://www.fltrp.com
印　刷　北京盛通印刷股份有限公司
开　本　635×920 1/16
印　张　16
版　次　2016年6月第1版
　　　　2016年6月第1次印刷
书　号　ISBN 978-7-5135-7545-4
定　价　208.00元

购书咨询：（010）88819929
电子邮箱：club@fltrp.com
外研书店：http://www.fltrpstore.com
凡印刷、装订质量问题，请联系我社印制部
联系电话：（010）61207896
电子邮箱：zhijian@fltrp.com
凡侵权、盗版书籍线索，请联系我社法律事务部
举报电话：（010）88817519
电子邮箱：banquan@fltrp.com
法律顾问：立方律师事务所 刘旭东律师
　　　　　中咨律师事务所 殷 斌律师
物料号：275450001

主编
克雷格·格伦迪
高级执行主编
斯蒂芬·福尔
版式设计
罗布·迪默里，艾丽斯·皮布尔斯
项目编辑
亚当·米尔沃德
游戏编辑
斯蒂芬·多尔特瑞
校对
马修·怀特
索引
玛丽·洛里默
图片编辑
迈克尔·惠蒂
图片副编辑
弗兰·莫拉莱斯

图片研究员
萨伏龙·弗拉德利，劳拉·尼贝格
达人研究员
珍妮·兰格里奇
出版副总裁
珍妮·赫勒
采购主管
帕特丽夏·马吉尔
出版经理
简·保特菲尔德
生产顾问
罗杰·霍金斯，丹尼斯·索恩
印刷和装订
德国莫恩媒体，德国居特斯洛
封面制作
斯拜克忒拉蒂科（特里·康韦和迈克·福斯特）应用程序界面，固德生产（贝恩德·萨莱夫斯基）

资深美术编辑
保罗·奥克利
设计
乔恩·艾迪生，尼克·克拉克，尼尔·克伯尼，尼克·埃文斯，简·麦凯纳，丽贝卡，布坎南·史密斯，奈杰尔·赖特（阿比维尔）
插图
蒂姆·布朗，威廉·多诺霍，威尔斯卡·费拉利，蒂姆·斯塔基
封面开发
保罗·迪肯，尼尔·菲特
复印
博恩团队
原始图片
克里斯蒂安·巴尼特，理查德·布拉德伯里，丹尼尔·德迈，詹姆斯·埃勒克，保罗·迈克尔·休斯，上冈信介，拉纳尔德·迈克肯尼，吉尔·蒙塔诺，凯文·斯科特，拉莫斯，瑞安·斯库德，沃尔特·苏库

公司办公室
全球总裁：阿利斯泰尔·理查兹

专业服务
首席财务官：艾莉森·奥赞
财务总监：安德鲁·伍德
收账经理：莉萨·吉布斯
助理会计师：杰斯·布莱克
付账经理：维多利亚·艾维
管理会计：谢巴纳·扎法尔，丹尼尔·拉罗夫
法律和商业事务总管：雷蒙德·马歇尔
律师：特伦斯·曾
法律和商业事务执行官：曹湘芸
办公室经理：杰基·安格斯
IT主管：罗布·豪
桌面管理员：斯耐尔·艾哈迈德
开发人员：坚克·塞利姆
初级开发人员：刘易斯·艾尔斯

全球品牌战略
全球品牌战略高级副总裁：萨曼莎·费伊

全球产品营销
全球产品营销总裁：凯蒂·福德
B2B产品营销经理：塔尼娅·巴特拉
数码产品营销经理：韦罗妮卡·艾恩斯
在线编辑：凯文·林奇
社区经理：丹·索恩
数字视频制作人：马特·马森
设计师：乔恩·艾迪生
初级设计师：丽贝卡·布坎南·史密斯
产品营销助理：维克多·费内斯

电视和节目编制
全球电视内容&销售主管：罗布·莫洛伊
高级电视分配经理：丹尼斯-卡特-斯蒂尔/卡罗琳·珀西
高级电视内容主管：乔纳森·惠顿

纪录管理团队
高级副总裁，纪录：马可·弗里加迪
聚生网管业务负责人：雅基·夏洛克
纪录经理：山姆·戈林，山姆·梅森，维多利亚·特成迁，克里斯·林奇，科琳娜·伯恩斯，马克·麦金利
数据库研究经理：凯瑞姆·瓦莱里奥
判定经理：本·巴克豪斯

专业纪录经理：阿纳托尔·巴布科海恩
客服经理：路易丝·迈克拉伦/珍妮特·卡弗里
高级项目经理：阿兰·匹克斯利
项目经理一景点：路易丝·汤姆斯
项目经理：山特哈·齐内阿赫
纪录顾问：亚历山大·威皮瑞林克，苏菲·莫洛伊
官方认证官：伊娃·诺鲁瓦，洛伦佐·韦尔特里，普拉文·帕特尔，安娜·奥福特，杰克·布罗克班克，福图那·伯克，露西娅·西尼加加列西，赛义达·苏巴·盖米吉，克里斯·希迪，索菲娅·格里纳克，伊夫琳·卡雷拉，迈克尔·爱姆普力克，菲利普·罗伯逊，梅·麦克米伦，格伦·波拉德，贾斯廷·帕特森，约翰·加兰，布里塔尼·邓恩

欧洲、中东和非洲及亚太地区
欧洲和亚太地区高级副总裁：娜丁·考西
创意副总裁：保罗·奥尼尔
公关总监：阿迈里斯·惠蒂
公关经理：道格·梅尔
高级公关：马达娜·比勒费尔德
英国&国际新闻发布官：杰米·克拉克
B2C营销经理：贾斯廷·汤米
B2C销售主管：克里斯泰勒·贝·特隆
B2B营销经理：马瓦·罗德里格斯
出版销售主管：约翰·皮利
销售和分销经理：理查德·斯滕宁
批准出版，出版：埃玛·戴维斯
商业销售主管：山姆·普罗瑟
商业帐户经理：露西·佩塞罗，罗曼·索斯诺夫斯基，杰西卡·蕾
商业客户经理：萨迪·史密斯
印度商业代表：尼基尔·舒克拉
中东和北非地区国家经理：塔拉勒·奥马尔
项目经理：萨默尔·克哈罗夫
B2B营销经理：利拉·伊萨
商业客户经理：穆赫辛·贾拉勒

美洲
美洲高级副总裁：彼得·哈珀
销售发布和产品总监：珍妮弗·吉尔摩
客服主管：阿曼达·莫肯

聚生网管主管一拉丁美洲：卡洛斯·马丁内斯

聚生网管负责人一北美：金伯利·帕特瑞克
账户经理：妮科尔·潘多，亚历克斯·安格特，拉尔夫·汉娜
商业代表，拉丁美洲：拉尔夫·汉娜
初级客户经理：汉娜·库巴特
公关经理：克里斯滕·奥特
B2B营销执行主管：塔威亚·利维
项目经理：凯西·德桑蒂斯
纪录经理：安妮·阮
人事和办公室经理：凯莉·菲力克

日本
日本副总裁：埃丽卡·小川
办公室主管：北川富美子
聚生网管主管：石川馨
项目经理：彩·麦克米兰
纪录经理：马里科·科伊克，古娜兹·乌卡索娃
设计师：桃子·昆宁
公关及促销经理：上冈风弥
数字和出版内容经理：铃木孝史
商业销售和营销总监：威哈格·库尔施莱丝塔
销售主管：船津明日美
客户经理：丸山久保琢郎
高级客户经理：片山大介
客户经理：伊藤美波

大中华区
总裁：罗文·西蒙斯
办公室主任：石月梅
办公室助理：王笑秋
市场总监：王怀英
公关主管：王蕾
市场经理：侯颖
市场主管：崔丽萍
纪录管理部总监：王晨
对外合作经理：程东
纪录管理经理：李白
纪录管理经理：赵安琪
纪录/项目管理经理：姜菲
内容总监：吴晓红
商务总监：费为民
高级客户经理：高尚
数字商务经理：袁博
高级客户经理：李佳杰
客户经理：刘思齐

致谢

感谢以下人员对《吉尼斯世界纪录大全2016》编纂作出的贡献：

James Acraman; Roger Acraman; Alexa; Carmen Alfonzo de Hannah; Jamie Antoniou; Tarik "Cilvaringz" Azzougarh; Andrea Bánfi; Anthony Barbieri-Low (UCSB); API Laminates Ltd; Oliver Beatson; Theresa Bebbington; Bergsteigerschule Pontresina (Gian and Jan Peer); Brian Birch; Luke Boatfield; Joseph Boatfield; Ryan Boatfield; Brandon Boatfield; Betty Bond; Brighouse High School; Joe Brown; Saul Browne; Cartoon Museum, London; Ren and Una Cave; CERN (Frédérick Bordry, André David, Heather Gray, Rolf-Dieter Heuer, Joanna Iwanska, Kate Kahle, Abha Eli Phoboo); Frank Chambers; Martyn Chapman; Stuart Claxton; Clod Magazine; Adam and Carey Cloke; Collaboration Inc. (Mr Suzuki, Miho, Kyoto and all their colleagues); Connection Cars (Rob and Tracey Dunkerley); Grace Coryell (ESPN X Games); Cosplay Sky; Fiona Craven (Bluehat Group); David Crystal; Martyn Davis; Fernando Delgado; Denmaur Independent Papers Limited (Julian Townsend); Mrs M E Dimery; Amy S Dimstail; Christian Duarte; Warren Elsmore (BRICK); Europroduzione (Stefano and Orsetta); Europroduzione srl (Renato, Paola, Alessio, Gabriela, Marcy); Amelia and Toby Ewen; Benjamin Fall; Rebecca Fall; Jonathan Fargher; Jonathan de Ferranti; FJT Logistics Ltd (Ray Harper, Gavin Hennessy); Formulation Inc. (Yuko Hirai, Mr Suzuki, Kyoko, Miyabi); Forncett St Peter CEVA Primary School; Bob Fox; Marshall Gerometta; Martha Gifford; Damien Gildea; Global Eagle Entertainment; Paul Gravett; Great Pumpkin Commonwealth (Ian Paton, Dave Stelts); Victoria Grimsell; H J Lutcher Stark Center for Physical Culture & Sports; Quinton Hamel; Hampshire Sports and Prestige Cars; Amy Cecilia Hannah; Sophie Alexia Hannah; Bob Headland; Johanna Hessling; The Himalayan Database; HoloLens Technology Co., Ltd; Marsha K Hoover; Hotel Cour du Corbeau, Strasbourg; Colin Hughes; Icebar by Icehotel Stockholm; ICM (Michael, Greg and Greg); Integrated Colour Editions Europe (Roger Hawkins, Susie Hawkins, Clare Merryfield); International Committee for the Study of Human Strength (ICSHS); Rich Johnson (Bleeding Cool); Enid Jones; Michael Jungbluth; Res Kahraman; Richard Kebabjian (www.planecrashinfo.com); John Kendall (www.rubymurray.org); Harry Kikstra; Rex Lane; Orla Langton; Thea Langton; David Lardi; Lionsgate (Bianca Boey, Emma Micklewright); Frederick Horace Lazell; Kuo-Yu Liang (Diamond Comic Distributors); Lion Television (Simon, Jeremy, Nick, Kirsty, Sarah, Millie, Susan, Tom, Ruth); Rüdiger Lorenz; Jason Mander (Global Web Index); Jonathan Mann; Kez Margrie; Christian de Marliave; Dr Niki Mavropoulou; Dave McAleer; Helen McCarthy; Mercedes-Benz Hanover; Sevim Mollova; Harriet Molloy; Sophie, Joshua, Florence and Amara Molloy; Colin Monteath; Alan Moore; Leah Moore; Dan Mudford; Oakleigh Park School of Swimming; Victoria (Tori) Oakley; Percy Inc; Olly Pike; Abhishek Ponia (International Premier Tennis League); James Pratt; Dr Robert Pullar (University of Aveiro); Harro Ranter (Aviation Safety Network – www.aviation-safety.net); Brandon Reed; John Reed (World Sailing Speed Record Council); Martyn Richards; Joe Rodriguez; the Rogers; Royal Museums Greenwich (Emma Gough, Rory McEvoy, Sheryl Twigg); Edward and Thomas Rushmere; RZA (aka Robert Diggs); Dr Michael Delle Selve (FEVE – the European Glass Container Federation); Michael Serra (São Paulo FC); Ben Shires; Shotokan Karate, Barnet; Dr Marios Skarvelakis (D-Waste); Mr Pedro Sousa (Quercus); Spectratek Technologies, Inc. (Terry Conway, Mike Foster); Glenn Speer; Bill Spindler; St Chad's CEVA Primary School; Samantha Stacey; Peter Stanbury; Chris Staros (IDW/Top Shelf Productions); David Stelts; Ray Stevenson; Kay Sugihara; Amy Swanson; Sebastian Sylvester; TG4; Holly, Daisy and Charlie Taylor; Simon Thompson; Ellan Tibbs; Terry and Janice "Jan" Todd; Martyn Tovey; UPM Plattling, Germany; Visual Data (Anita and Amy); Sierra Voss; Jonah Weiland (Comic Book Resources); Wensum Junior School; Sevgi and Lara White; William, Charlie, Sally and Poppy Whelton; the Whittons; Beverly Williams (Production Suite); Mr Jim Wood (American Iron & Steel Institute); Daniel Woods; Fraser Wright (IMG Tennis); Nigel Wright (XAB Design); WSSA; Madeleine Wuschech; Freddie and Stanley Wynne; Matthew D Zolnowski (J A Green & Company)

Picture credits

1: Ronald Mackechnie/GWR **2**: Reuters, Paul Michael Hughes/GWR, Alamy, Ranald Mackechnie/GWR, Daniel Deme/GWR **3 (UK)**: Supercell, Getty, Reuters **3 (US)**: Supercell, Getty, Reuters **3 (CAN & INT)**: Supercell, Getty, Alamy **4**: Paul Michael Hughes/GWR, Europroducciones, CCTV **5**: Ranald Mackechnie/GWR, Diana Santamaria **6 (UK)**: Fitzwater Photography, Trevor Adams/Matrix, Ranald Mackechnie/GWR, Hemal Raichura, Paul Michael Hughes/GWR **6 (US)**: Alamy **6 (AUS)**: Kirsty Macdonald, David Doyle, Rebecca Mercia **7 (UK)**: Roger Allen, Daniel Deme/GWR, Paul Michael Hughes/GWR, Mark Maxwell/GWR **7 (CAN)**: Ranald Mackechnie/GWR AP/PA **7 (ME)**: Yasir Saeed **8 (UK)**: Gary Moyes, Alamy, Anne Caroline/GWR **8 (AUS)**: Brett Hemmings **8 (ME)**: Nadja Wohlleben, Jorge Ferrari **9 (UK)**: Zander Photography Tim Anderson **9 (US)**: Matt Groening **9 (CAN)**: Philip Robertson/GWR, Derek Ruttan **9 (ME)**: David Ludvik **10**: Alamy, NASA, Th.Hubin, Dono **11**: Alamy **12**: Alamy, Thinkstock **14**: Tim Brown, Map Resources, William Donohoe **15**: TopFoto, Alamy, Bridgeman **16**: Alamy, AP/PA **17**: Cabinet Magazine, Alamy **18**: Alamy, Paulina Holmgren **19**: Reuters, Bethel Area Chamber of Commerce **20**: Shutterstock, Corbis, Alistair McMillan, iStock **21**: Shutterstock, Aurora Photos **22**: Alamy, Getty **23**: Alamy, Rex AP/PA **24**: Shutterstock, Alamy **25**: Getty, Reuters, PA **26**: AFP, Euronav, Zhong & Huang, Corbis **27**: Corbis, Reuters **28**: Amanda Brewer **30**: Tim Brown, Matthew H Adjemian, William Donohoe **31**: Alamy, Shutterstock **32**: Alamy, Rex, FLPA **33**: Alamy, Getty, Corbis, Getty **34**: Alamy, Fotolia **35**: SuperStock, Alamy, FLPA, Reuters, SuperStock **36**: Nature PL, Getty, Photoshot **37**: Alamy **38**: Ronai Rocha, SuperStock, Alamy, SuperStock **39**: Science Photo Library, Nature PL, Steve Woodhall, Manchester Museum, Alamy **40**: Alamy, Ardea **41**: Alamy, iStock, US Navy, Plymouth University **42**: Reuters, FLPA, iStock **43**: Alamy, Getty, Reuters **44**: Alamy, cowyeouw/Flickr, Nature PL **45**: Alamy, NHPA **46**: Alamy **47**: Alamy, Blair Hedges, Rex, Discover Fossils **48**: Getty, FLPA, Alamy **49**: Science Photo Library, Getty, SuperStock, Mandy Lowder, Reuters **50**: Paul Michael Hughes/GWR **52**: Alamy, Shutterstock **53**: Alamy **54**: Reuters **55**: Alamy, Jessica McGowan/GWR **56**: Ranald Mackechnie/GWR, Paul Michael Hughes/GWR **57**: Paul Michael Hughes/GWR, Ranald Mackechnie/GWR, Prakash Mathema/GWR **58**: Ranald Mackechnie/GWR, Gil Montano/GWR **59**: Ranald Mackechnie/GWR **60**: Abraham Joffe/Diimex, Walter Succu/GWR, Dermablend **61**: Jorge Silva/Reuters, Cristian Barnett/GWR **62**: Alamy, Mirrorpix, AP/PA, Mary Ellen Stumpfl **63**: Getty, AP/PA, NASA **64**: Paul Michael Hughes/GWR **65**: Memory Sports, Paul Michael Hughes/GWR **66**: Roger Baer **67**: Alamy **70**: Richard Bradbury/GWR, Richard Bradbury/GWR **71**: Andi Southam/Sky **73**: Getty, Paul Michael Hughes/GWR **74**: Fitness Sutra, Paul Michael Hughes/GWR **75**: Paul Michael Hughes/GWR **76**: Erik Svensson, Christian Horn **77**: Ryan Schude/GWR, Andreas Lander, Paul Michael Hughes/GWR **78**: Paul Michael Hughes/GWR **79**: ESPN, Paul Michael Hughes/GWR, Sandro Zangrando **80**: Paul Michael Hughes/GWR, Matt Crossick **81**: Ranald Mackechnie/GWR, Ryan Schude/GWR **82**: Kevin Scott Ramos/GWR **84**: William Donohoe, Nigel Andrews, Alamy **86**: Ranald Mackechnie/GWR, Richard Bradbury/GWR, Paul Michael Hughes/GWR **87**: Paul Michael Hughes/GWR **89**: Philip Robertson/GWR **90**: Alamy, Ranald Mackechnie/GWR **91**: Getty, Kevin Scott Ramos/GWR **92**: National Geographic **93**: Getty **94**: Steve Zylius, Alamy **95**: Andres Allain **96**: Ranald Mackechnie/GWR, Michel Bega **97**: Ranald Mackechnie/GWR **98**: Paul Michael Hughes/GWR, Kevin Scott Ramos/GWR **99**: Ranald Mackechnie/GWR, Cindy Goodman/North Shore News, AP/PA, Paul Michael Hughes/GWR **101**: Shropshire Star, Reuters **102**: Reuters, Alamy **104**: Getty, Alamy **105**: Alamy, Disney/Rex, New Line Cinema, Marvel/Rex **106**: Getty, Reuters, iStock **107**: Erik Kabik, Reuters, Alamy **108**: Richard Bradbury/GWR **109**: Costa Coffee, Matt Writtle **110**: Walt Disney Pictures, US Navy **111**: US Navy, Getty, Jean Leon Gerome Ferris **112**: Reuters **113**: Columbia Pictures, Alamy, Getty **114**: USAF, Alamy **115**: AP/PA, PA, Alamy **116**: Caters, Reuters **117**: Omar Almarrie, Alamy, Lindsey Hoshaw, NOAA **118**: James Ellerker/GWR, Kevin Scott Ramos/GWR **119**: Kevin Scott Ramos/GWR, Ranald Mackechnie/GWR **120**: James Ellerker/GWR, Shinsuke Kamioka/GWR **121**: Paul Michael Hughes/GWR **122**: Richard Bradbury/GWR **124**: Tim Brown, Alamy **125**: Getty, Alamy **126**: NASA, Iwan Baan, Red Bull **127**: Reuters, Visit PA Dutch Country, Alamy, Camera Press, Rex Features, Alamy **128**: Alamy **129**: Alamy, Getty **130**: Alamy, Fotolia **131**: Alamy **132**: Alamy, Brightsource, AP/PA **133**: Getty, Alamy, PA **134**: Alamy, Getty **135**: Getty, Corbis **136**: PA **138**: Daniel Deme/GWR **139**: Daniel Deme/GWR, Paul Michael Hughes/GWR, Cristian Barnett/GWR **140**: Daniel Deme/GWR **141**: Alamy, Paul Michael Hughes/GWR **142**: Corbis **144**: Tim Brown, Alamy, William Donohoe **146**: Michael McAlpine/Princeton University, Getty **147**: Frank Wojciechowski, Steffen Richter, Getty **148**: Alamy **149**: Alamy, Rex, Science Photo Library **150**: AP/PA, Getty, Bridgeman, Alamy **151**: Science Photo Library, US National Library of Medicine, Science Photo Library, Institute For Forensic Art, Alamy **152**: Johan Reinhard, Getty **153**: Alamy, Museum of London, Alamy **154**: AP/PA **155**: IBM Research, USAF, Alamy **156**: Alamy, USAF **157**: Alamy, Reuters **158**: Getty, NASA, Reuters **159**: NASA, Getty, NASA, Science Photo Library, Alamy **160**: Ranald Mackechnie/GWR **161**: Richard Bradbury/GWR **162**: Lucasfilm **164**: Alamy **165**: Alamy, Andrew Jameson **166**: Universal Pictures, New Line Cinema, Marvel Enterprises, Twentieth Century Fox, DreamWorks Animation, Paramount Pictures **167**: Alamy, Marvel Studios, Reuters, Reuters, Alamy **168**: LEGO, Alamy **169**: Zoltán Simon (SimonZ), Alamy, Ryan Schude/GWR **170**: Alamy, Getty **171**: Reuters, Alamy, Reuters, Walt Disney Pictures **174**: Paul Michael Hughes/GWR **175**: Alamy **176**: George Kalinsky, Getty, Joi Ito, Getty **177**: PA, Getty, Alamy **178**: Paul Michael Hughes/GWR, Getty **179**: Reuters, Getty, Rex, HBO **180**: Reuters, Matt Crossick, Marvel Entertainment **181**: Alamy **182**: Harambee Institute of Science & Technology **183**: Getty **185**: Sony Music, Disney, Reuters, Getty **186**: Tom McShane, Reuters **187**: Rex **188**: Red Bull **190**: Tim Brown **191**: NASA **192**: Sarah McNair-Landry, Simon Foster **193**: Tim Soper, South Pole Epic, Ranald Mackechnie/GWR, PA **194**: Shinsuke Kamioka/GWR, Alamy, Rex **195**: Paul Michael Hughes/GWR, Getty, Reuters **197**: Marcin Kin/Source, The North Face **198**: Ellen Hoke, Getty **199**: Richard Rossiter, Greg Roberts, Corbis, Getty **200**: Reuters **201**: Reuters, Scuttlebutt Sailing News **202**: AP/PA **203**: AP/PA, Paul Michael Hughes/GWR, Rex, Rex **204**: Corbis, The Seattle Times, Robert Carp, Robert Carp **205**: AP, Corbis, Alamy **206**: Reuters **207**: Alamy **208**: Tim Starkey, AP/PA **209**: Terry Todd/Rouge Fitness, AP/PA, Alamy **210**: Getty, Alamy **211**: Getty, Reuters **212**: Reuters **213**: Reuters **214**: AP/PA, Getty, Alamy **215**: Getty, Reuters **216**: Reuters, Getty, AP/PA, Getty **217**: Getty, Reuters **218**: Alamy, Lupi Spuma, William Donohoe **219**: Alamy, Getty, Reuters **220**: ESPN, Red Bull **221**: Dreamstime, Red Bull, Paul Michael Hughes/GWR **222**: Alamy, Reuters, Getty **223**: AP/PA **224**: Alamy, Reuters **225**: Alamy, Getty **226**: Reuters **227**: Alamy, Getty, Trevor Adams/GWR **228**: Getty, Reuters, Alamy **229**: Getty, John Brooks, AP/PA, Alamy **230**: Getty, Reuters, Getty **231**: Reuters, Topham, Reuters **232**: Getty, Rex **233**: Alamy, Getty **234**: Alamy, Phil Greig, Reuters **235**: Reuters, Alamy **236**: AP/PA, Getty, Alamy **237**: Reuters, Alamy **238**: Alamy, Giorgio Scala, AP/PA **239**: Alamy, Joel Marklund/Bildbyrån, Russell McKinnon, Reuters **240**: Getty, Reuters, Philip Robertson/GWR **241**: Alamy, Getty, Reuters **242**: Getty, Alamy, Reuters **243**: Reuters, Alamy, Reuters **252 (UK)**: Paul Michael Hughes/GWR, Ryan Schude/GWR, Europroducciones, High Noon Entertainment **253 (UK)**: Lion TV/BBC **252 (US)**: Alamy, Red Bull, Alamy, Ranald Mackechnie/GWR **253 (US)**: Richard Bradbury/GWR, Barry Gossage, Paul Michael Hughes/GWR **254 (UK)**: Paul Michael Hughes/GWR, Ranald Mackechnie/GWR, Alamy **255 (UK)**: Paul Michael Hughes/GWR, Ranald Mackechnie/GWR **254 (US)**: Shutterstock, Getty **255 (US)**: Getty, Reuters, Alamy, Reuters **254 (CAN & INT)**: Alamy **255 (CAN & INT)**: National Maritime Museum, Reuters **Endpapers**: Valesca Ferrari

孙英馨、毕宏伟、刘旭彩、宋楠、王蕾、王耀敬、杨璐、张丹菊、张丽影

贡献者

汉斯·奥克斯泰特

汉斯对飞行的兴趣始于孩童时代收到的一份礼物，那是一本名为《特工比格斯》的书。他因此对飞行所怀有的热情使他后来终于取得了滑翔许可证。1962年汉斯加入瑞典空军。1963年获得飞行员勋章。1969年开始成为一名引航员，直到2002年退休。除了其他成就之外，1974年起，汉斯成为国际航空协会委员会的代表；2010年起，他又成为国际航空航天的一员。

马克·阿斯顿博士

英国皇家天文学会会员、C物理学家、英国皇家物理研究学会学术成员、光学物理学博士、物理学和天体物理学荣誉学士，还是一位技术专家，在学术和工业领域拥有20多年的经验。无论建造望远镜，还是探索太空的神秘，或者设计高能见度的红绿灯，马克都拥有着广泛的科学技术经验并且和吉尼斯世界纪录有着5年多的合作。

伊恩·博登教授

学士，文学硕士，理学硕士，博士，英国建筑皇家协会荣誉会员。他既是建筑和都市文化的教授，又在伦敦大学学院担任巴特利特交流学院副主任。伊恩写过100多本书，内容包罗万象，涉及建筑、城市、汽车驾驶、电影和滑板。

罗布·凯夫

英国媒体文学荣誉学士；取得剑桥成人英语教学证书。罗伯以关于野生动植物的百科全书以及电气工程的杂志开始了出版事业，然后开始写作和编辑有关他的两大爱好——连环画和电视游戏的书籍。他曾在"冷血"网站工作，著有《500年基本漫画小说》（2008）和《死前必读的1001篇漫画》（2011）。他还在吉尼斯世界纪录担当连环画、漫画和图片小说的顾问，且承担了《吉尼斯世界纪录·游戏玩家版》的工作。

创意城市项目公司

创意城市项目公司是一家专业钻研电缆车的城市规划商，使用最先进应用性及适应性研究方法，辅以跨学科思维过程，创造新想法，帮助城市解决面临的特殊困难。

迪克·菲迪

作家/研究人员，主攻档案和当代电视。他曾经做过一段时间的喜剧电视编辑，后来，他担当英国广播公司及英国电影协会的组织顾问。

戴维·费希尔

戴维写了大量关于体育方面的书籍，最近刚出版的有《德里克·杰特》（2014）和《感谢那段记忆和直面马里亚诺·里韦拉》（2014）。他曾为《纽约时报》和《儿童体育画报》撰稿，也为体育画报、国家广播公司体育台、国家体育报工作过。2006年以来，戴维一直是吉尼斯世界纪录的美国资深体育顾问。

迈克·弗林

迈克写过一些畅销书，也是网络写作获奖者，并且举办过开创性的展览，在伦敦曾任科学博物馆馆长。迈克的出版物涉猎许多领域，包括科学、技术、数学、历史、流行文化和音乐。

贾斯廷·加瓦诺夫克

1988年，贾斯廷跟人合创英国过山车俱乐部，并继续为过山车粉丝们创立《第一次坠落》杂志。1996年，他创立欧洲过山车俱乐部，贾斯廷还参与设计了大量的过山车，并为多个公园的过山车和自行车制造商拍照。

H.J.拉彻·斯塔克体育文化中心

斯塔克中心以美国奥斯汀的得克萨斯大学为基地，由特里和简·托德教授夫妇管理，是世界上收藏体育文化物品最多的地方。托德家是世界举重纪录的保持者；简对吉尼斯世界纪录有着十多年的重要贡献。二人共同出版了名为《铁游戏的历史》的杂志，他们还是研究人类力量组委会的成员，正致力于规范力量型体育项目。

本·哈格

本出生于一个电影爱好者的家庭，他的高曾祖父在威尔士是一位默片的开拓者。当本还是个三岁的孩子时，在他爸爸的电影院里观看了《森林王子》之后，他开始热爱电影。30年过后，他仍然尽力用更多的时间从事电影的研究与写作，当然，最重要的是看更多的电影。

拉尔夫·汉娜

历史学荣誉学士、狂热的体育爱好者，对统计有着灵敏的嗅觉，拉尔夫已经在吉尼斯世界纪录工作八年了。当前他生活在巴拉圭，在那里帮助当地人打破新的世界纪录。他也是阿森纳的粉丝，最喜欢的纪录就是**英超联赛最长的不败纪录**。

戴夫·霍克斯特

戴夫担任吉尼斯世界纪录的重要科学顾问及贡献者长达15年。他对天体物理学和行星科学有着深厚的背景知识，并热衷于和广大读者谈论科学难题。他还曾在电视台、教育、政府和商业太空部门工作，戴夫还是英国行星论坛的创立者。

布鲁斯·纳什

布鲁斯是纳什信息有限责任公司的董事长，电影产业数据及研究服务

的第一供应商，这家公司经营着三大服务机构：提供票房和视频销售跟踪的网站"数字"（www.the-numbers.com）、名为"Opus数据"的电影数据服务机构，以及为一些最大或最小的电影工作室及产品公司提供研究服务。

埃伯哈德·亚高尔斯基

当埃伯哈德还是个孩子的时候，他就深深被大山所吸引，并在1981年正式开始记录亚洲的高山。他发明一种"高度平等"度量制——一种分类山脉和海拔的通用方法。他的网站（8000ers.com）已经成为喜马拉雅山脉和喀喇昆仑山脉海拔的主要统计资源。他与人合著了《挑战8000米以上山峰》，可称为世界14座8000米以上山峰的权威指南。

国际海洋赛艇协会

国际海洋赛艇协会是肯尼思·F.卡兹奴和彼得·伯德在1983年创立的，之后又有汤姆·林奇和塔蒂亚娜·雷兹巴亚·卡兹奴的加入，它保持着所有在海洋或重要水域赛事的纪录，例如塔斯曼海、加勒比海，以及在英国的划船探险。该协会还分类、检验和判定海洋赛艇的成就。

格伦·奥哈拉

现代历史学硕士，经济历史理学硕士，博士。格伦在牛津布鲁克斯大学任现当代历史教授，之前还在布里斯托大学和牛津大学任教。他写了一系列关于当代英国的书，包括《1600年后的英国和海洋》（2010）和《战后的英国统治：进步的悖论，1951—1973》（2012）。

保罗·帕森斯博士

接受研究型科学家培训，他取得理论宇宙学博士学位。保罗·帕

森斯成为英国广播公司科教杂志的核心编辑。也是《神秘博士背后的科学》作者。目前他正在英国一家出色的出版社工作，也建造一些精确的体育模型。

克拉拉·皮奇里洛博士

材料科学博士克拉拉·皮奇里洛对材料科学和微生物学有着近20年的研究，她也对公众的科学交流颇有兴趣。她还在网上撰写关于科学研究与发现及其在日常生活中实际运用的文章。（详见www.decodedscience.com/author/clara-piccirillo）

南希·L. 西格尔

心理学和英语学士，社会科学硕士，行为科学博士，明尼苏达大学的博士后研究助理（1982—1991）。西格尔博士是美国加利福尼亚大学富勒顿分校的心理学教授和双胞胎研究中心的主任。她已经发表过200多篇和数本关于双胞胎的作品及书籍。《一起出生——分开养育：明尼苏达州的双胞胎研究》（2012）为她赢得了2013年美国心理学会的威廉·詹姆斯图书奖。2005年，她也获得了国际组织关于双胞胎研究的詹姆斯盾牌奖，奖励她对双胞胎研究的一生贡献。

娜塔莎·谢尔登

古代历史和考古学学士，古代历史和编撰学硕士。娜塔莎研究并撰写了关于古代史和考古方面的作品。她的文章发表在Italianvisits.com、TravelThruHistory.com及DecodedPast.com等网站上。娜塔莎的书籍包括《发现庞培》（2013）、《没有一个去往莱斯特的指南》（2013）和《莱斯特的100个日日夜夜》（2014）。她的网站是www.ancienthistoryarchaeology.com。

卡尔·P. N. 舒凯尔

心理学学士，动物学和比较生理学博士，伦敦动物学会的科学研究员，皇家昆虫学会会员，作家协会成员。卡尔是动物学自由撰稿人、媒体顾问，并撰写了21本书籍和数百篇文章，内容涵盖自然历史的方方面面。他的作品重点关注非常规动物，包括一些新的、再发现的和还没有被认知的物种，以及高级（破纪录）动物，还有那些传奇神话里的野兽。

马修·怀特

马修校对并研究了最近四期的"流行音乐圣经"、英国热门单曲和专辑（2002—2006），他也是网络书籍版本的编者。2008年以来一直从事吉尼斯世界纪录的校对，自2009年以来开始校对《游戏玩家版》。马修还是吉尼斯世界纪录的音乐、板球和网球顾问。马修对流行音乐的了解很好地表现在他的书中，比如，《最畅销的40张专辑》（2009）和《摇滚阿特拉斯》系列（2011年起至今），也很好地体现在百代唱片和官方排行榜公司的项目中。

英国皇家空军箭牌队队长斯蒂芬（已退休）

斯蒂芬从克伦威尔皇家空军大学毕业后成为一名飞行员，他负责运输飞机。他曾经作为交换飞行员服务于德国空军，后来指挥47中队（赫拉克勒斯）。再后来，他负责情报和军事联络，并担任国防专员。在过去的15年里，他一直担任国防顾问。另外，斯蒂芬还是语言学家。

罗伯特·D. 扬

老人学硕士，历史学硕士。罗伯特是吉尼斯世界纪录老年学问题的资深顾问。他一直持有从1999年以来世界最大年龄人员的名单，并且和马克斯·普朗克合作建立老人学研究机构和关于长寿的国际数据库。2015年，他成为老人学研究小组超级百岁老人部门的负责人。著有《非裔美国人的长寿优势：虚构还是现实》（2009）。

最大规模的《西游记》纪念品收藏

截止到2016年1月30日，六小龄童共收藏1508件《西游记》纪念品，创造了最大规模的《西游记》纪念品收藏的吉尼斯世界纪录称号。

最新消息

1997年12月至2014年间，尾田荣一郎（日本）发行了**320,866,000本**《航海王》——**是发行最多的日本漫画杂志**

数字集锦

8.04秒
2015年2月23日，挪威人托马斯·甘斯特**不借助手吃一块费列罗巧克力的最快时间**

1小时16分36秒
2015年3月15日，在日本石川县能美，铃木雄介（日本）创下了**男性20公里竞走的最快速度**

60年
欧洲歌唱大赛自开办以来持续至今的时间；它是**持续时间最长的年度电视歌曲大赛**

70,252
2015年4月19日，在美国得克萨斯州阿灵顿举行的第50届美国乡村音乐学院奖颁奖礼创下了**在音乐颁奖典礼上参与人数之最**

26,710
2014年10月1日，在艾伯塔省卡尔加里，青年中心公司和Cenovus能源公司（均属加拿大）在**一小时内所做三明治的数量之最**

最大的口腔卫生课

2015年3月24日，在埃及开罗，牙膏巨头洁诺（埃及）举办了由1148人参与的刷牙活动，其中95%是儿童。此举是为庆祝2015世界口腔健康日，鼓励人们按时刷牙，保持牙齿和口腔卫生。

最大的空中杂技表演

2014年8月16日，在中国南京举办的南京青年奥林匹克运动会开幕式上，106名来自南京青年奥组委和登封少林塔沟武术学校（均属中国）的青少年在夜色映衬下组成了一个精致的窗格造型。这个表演需用5千米绳索，

一些表演者被吊在离地高达42米的空中。

最大的烟火图像

2015年3月28日，在阿拉伯联合酋长国之一迪拜的美丹马场，格鲁奇（美国）的烟花创造出了覆盖65,526平方米的图像。它描绘的是阿拉伯联合酋长国国旗，通过648条不同的"像素""绘制"而成，这些"像素"是嵌入芯片以控制爆炸的烟花壳，此次活动是为庆祝迪拜世界杯20周年而举办的。

最高分辨率的天文图像

美国国家航空和宇宙航行局/欧洲航天局于2015年1月第一次公布哈勃太空望远镜捕捉到像素为780,800x1,388,160的仙女座星云图像。

最大的彩带舞

为鼓励年轻人从事表演艺术，在美国加利福尼亚州洛杉矶市区的音乐中心，每年都要举办蓝丝带儿童节。2015年4月9日，来自当地学校的2321名老师和同学们表演了5分多钟精心编排过的彩带舞。

Facebook上最"受欢迎"的人

2015年4月20日，哥伦比亚歌手沙基拉（出生姓名沙基拉·迈巴拉克·里波尔）在社交媒体分享了一张自己拿着三项世界吉尼斯纪录证书的照片，分别是Facebook上最"受欢迎"的人（截止到2014年4月25日受到87,042,153人喜欢）、第一位达到被10亿人"喜欢"的人（于2014年7月18日）和在美国流行拉丁歌曲排行榜排名第一时间最长的纪录（《极度深痛》25周排名第一）。然而到2015年5月6日，我们将要出版此书时，沙基拉已失去了Facebook上最"受欢迎"的人的头衔，输给拥有102,782,302人"喜欢"的皇家马德里队球星克里斯蒂亚诺·罗纳尔多（葡萄牙）。即便如此，这位拉丁流行摇滚明星仍然是**Facebook上最"受欢迎"的女性。**

最大系列的······

● **宝贝龙大事记**：截止到2015年1月27日，美国佛罗里达州佩斯的克里斯托弗·德萨莉萨拥有4100个百般达电子游戏的独特装备。

● **与金字塔有关的物品**：弗拉基米尔·斯皮瓦科夫斯基（乌克兰）已经积攒了1292个与吉萨金字塔有关的特殊物品，所有清点工作是2015年3月2日在乌克兰基辅进行的。

● **有亲笔签名的高尔夫球**：乔·加利亚尔迪（美国）收集了204个由不同职业高尔夫运动员亲自为他签名的高尔夫球，这一点于2015年3月1日在美国加利福尼亚州丘珀莱诺得到证实。1989年，他得到的第一个签名来自于传奇人物阿诺德·帕尔默。

骑自行车从开罗到开普敦的最快速度

从2015年1月2日到3月2日，基根·隆盖拉（南非）骑车穿行整个非洲大陆，从埃及开罗到南非开普敦，用时59天8小时30分——这是一次史无前例的旅程，行程10,500千米。

最年轻的体外循环心脏手术患者

2014年2月24日，在英国纽卡斯尔，出生后一分钟的婴儿查妮尔·默里什（英国，出生于2014年2月24日）接受了手术。她生有罕见病，只有半个心脏在跳动。一周后，她接受了第二次手术，并于3个月大时获准出院。

最长的马拉松式主持广播脱口秀（团队）

2015年4月1日至3日，在俄罗斯莫斯科的俄罗斯广播工作室，"晨间广播节目"主持人瓦季姆·沃罗诺夫、阿莉萨·谢列兹尼奥娃、德米特里·奥列宁主持了一场长达60小时的脱口秀。此项活动是为庆祝广播电台成立20周年而举办的，主持人团队是2010年第一次创造52小时广播纪录的原班人马。

最大的由人摆出的笑脸图案

2015年3月27日，微笑大型超市（卡塔尔）在卡塔尔多哈的城西公园国际板球体育场摆出了由4047人参与的笑脸图案。为庆祝大型超市在中国城综合中心开业，学生们和孩子们组成了这个笑脸。

> **！ 小知识**
> 沙基拉的《极度深痛》也失去了纪录，在流行拉丁歌曲排行榜上连续26周排名第一后，于2014年10月被恩里克·伊格莱西亚斯（西班牙）的《跳舞吧》赶超；该歌曲连续41周排名第一。

获得剑玉五段最年轻的人

2015年3月21日，当大和大川（日本，生于2008年11月26日）通过"杯球"玩具日式旋转资格考试时，他只有6岁零115天。

山中奔跑人数之最（一座山）

2015年1月4日，在印度朱纳格特，由阿洛科·库马尔·潘迪（印度）组织的一年一度的活动中，2122人在古吉拉特的吉尔纳尔山上下奔跑。

一分钟内在钢丝绳上单腿手枪深蹲个数之最

2015年4月1日，在意大利米兰，西尔维奥·萨巴（意大利）完成了14个深蹲。西尔维奥最新的纪录还有2015年3月6日在英国伦敦，一分钟内在钉床上单腿手枪深蹲个数之最：30个；2015年1月4日，在意大利米兰，一分钟内在手背上堆叠硬币个数之最：91个。

在空气中自由摆动的最精准的机械摆钟

"Clock B"归唐纳德·萨夫（英国）所有，从2015年1月6日起在英国皇家格林尼治天文台接受为期100天的测试。最初，这个摆钟比协调世界时慢0.25秒；并于2015年4月16日得到证实，以它比协调世界时慢0.875秒结束了此次测试。马丁·伯吉斯于1975年开始在18世纪钟表商约翰·哈里森（均是英国人）未完成的设计基础上建造Clock B，该设计应该精确到100天内不差1秒钟。在其他钟表商的帮助下，伯吉斯在建造Clock B时使用了现代材料，代表着哈里森理论的第一个科学测试。

人数最多的抱树活动

2015年3月21日，韩国森林服务局在韩国抱川国家植物园组织了由1200人参加的抱树活动。其目的是宣传在一片曾被工业发展破坏的土地上重新种植的重要性。

超大型的食物……

- **最重的草莓**：2015年1月28日，在日本福冈，科吉纳考的草莓重250克。
- **最重的西瓜**：2014年10月4日，在美国田纳西州的塞维尔维尔，克里斯·肯特因他提供的150千克——相当于两个一般人体重的西瓜而赢得第一名。
- **最大的比萨盒**：2014年8月9日，在美国印第安纳州的米德尔伯里，鲁利的意大利餐馆推

出了一个长7.18米、重96.37千克的比萨"盒子"——长度比划艇的稍小点。

- **最大的吉士片**：2014年10月1日，在澳大利亚维多利亚州霍舍姆，炉门面包房制作出极重的677.07千克的糕点。似乎是因这一壮举而得到启发，2015年2月14日，在中国山东省青岛万象城，举办了**最大的烹饪课**，有3687人参加。

最多人同时接受面部护理

2015年5月4日，济南莎曼莎莉管理顾问（中国）在中国山东省济南市同时给1000位女性做30分钟的面部护理。一排排的按摩台在足球场搭建起来，此次面部护理包括四个步骤：清洗皮肤，贴敷面膜，皮肤保湿，和面部按摩。

连续参加达喀尔拉力赛次数最多

从1983年至2015年，义政菅原（日本）参加了32场拉力赛——除了被取消的2008年赛事。2015年达喀尔拉力赛于1月4日在阿根廷布宜诺斯艾利斯开赛，并穿越阿根廷、智利和玻利维亚。41岁的义政菅原在第一赛段骑摩托车，然后转成汽车。从1992年开始，他一直驾驶日野500系列卡车比赛，七次赢得10升以下级别冠军。

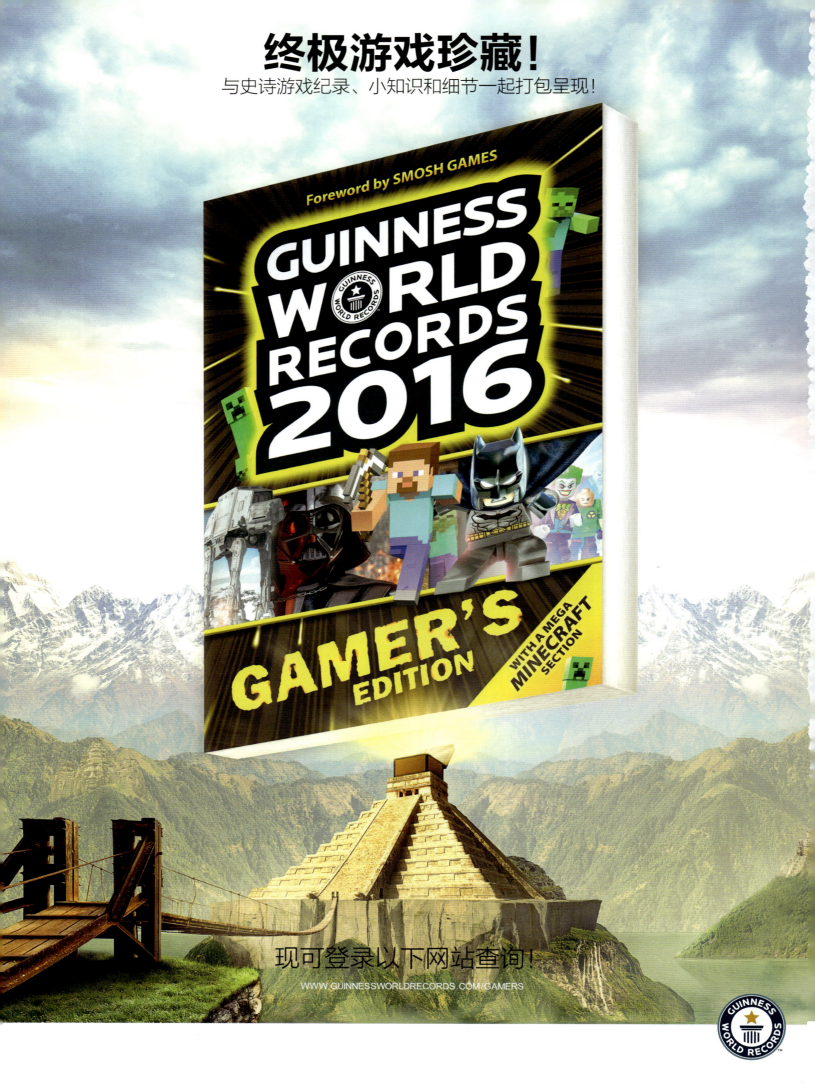

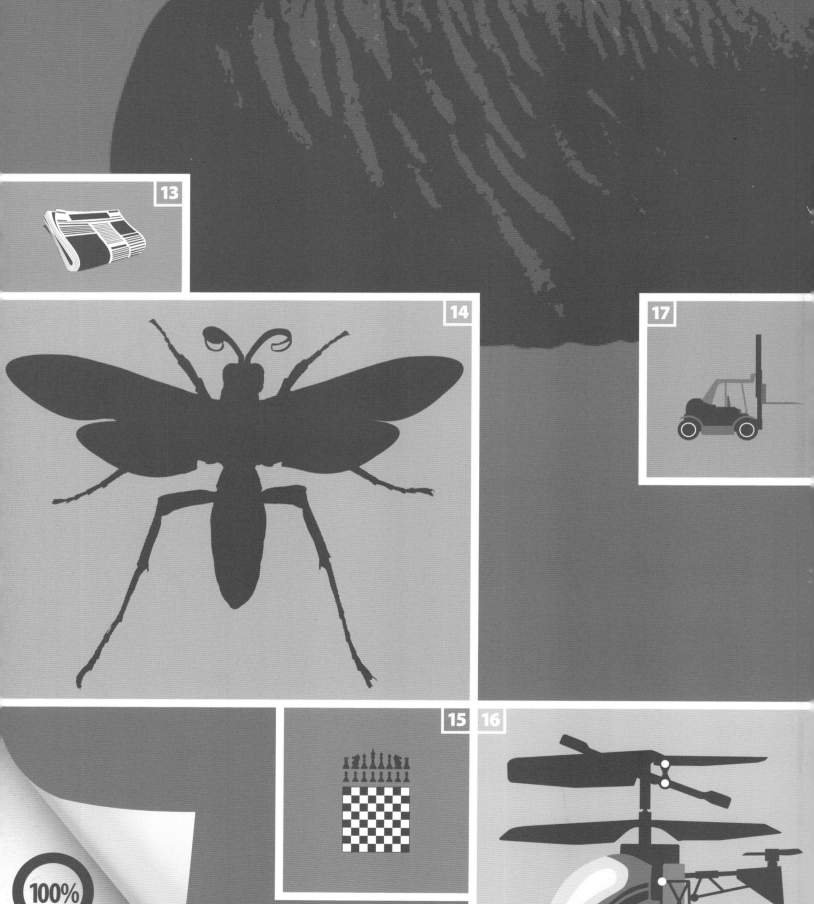

13

14

15

16

17

100%